颜真卿的人生

跌宕多舛

风骨凛然

史上绝无仅有

......

颜真卿的书法

经天纬地

书史巅峰

后世无可比拟

......

中國風骨

颜真卿 和他的时代

宋焕起 著

中国大百科全书出版社

图书在版编目（CIP）数据

中国风骨：颜真卿和他的时代 / 宋焕起著 .
北京：中国大百科全书出版社，2024. — ISBN 978-7
-5202-1637-1

Ⅰ . K825.72

中国国家版本馆 CIP 数据核字第 2024GF1999 号

出 版 人	刘祚臣
策 划 人	曾　辉
责任编辑	邬四娟
责任校对	易希瑶
责任印制	李宝丰
封面设计	鲁明静
出版发行	中国大百科全书出版社
地　　址	北京阜成门北大街 17 号
邮政编码	100037
电　　话	010-88390636
网　　址	www.ecph.com.cn
印　　刷	北京汇瑞嘉合文化发展有限公司
开　　本	710 毫米 ×1000 毫米　1/16
印　　张	31.75
字　　数	410 千字
印　　次	2024 年 12 月第 1 版　2024 年 12 月第 1 次印刷
书　　号	ISBN 978-7-5202-1637-1
定　　价	99.00 元

本书如有印装质量问题，可与出版社联系调换。

序

2022 年春节后,《文汇报》的记者采访了我,他们问了我两个问题:您认为文学的意义和价值是什么? 您 40 年来孜孜不倦的文学创作传递的是什么?

我的回答是:"文化天下"是中国文化的特征,这当然会使文化的责任甚大。

文学是文化的组成部分,长期以来,戏剧、小说、诗歌等其他文学体裁,乃至绘画、书法、舞蹈、音乐等其他艺术,都会肩负起"化人"的任务。这些艺术形式,其内部细分又是各式各样的,但"化人"之一派,从未缺席。我只要求自己尽量从作家的视角,做好一名时代的书记员罢了。要做好就得抓住点儿意义,即使别人都不信,自己也要信。我通过文学所反复传达的,无非这样一种叩问:在心性方面,人应该是怎样的,又可以是怎样的? 尤其是生而普通、命定平凡的人,其人生如何与"可敬"两字结伴而行。

我是一个作家,一般说,于书法而言是个外行。但我知道,文学与书法虽然隔行却并不隔山,两者有相通之理。它们都是以文字为载体,通过文字来表达书写者的思想情感，传达相应的主题和内涵。基于这一点，就引发一个问题，应如何评价书法艺术的价值？尤其在手工书写越来越多地被电脑输入所取代，书法已然远离实用的当下。这个问题，之所以能够引发我的思考，就在于我注意到，很长一段时间以来（当下愈演愈烈），很多人对于书法，仅仅把它当作纯艺术品（甚至商品）来欣赏，看重展览，看重收藏，看重其市场价值。这当然有非常好的一面，比漠视它要好，但这是远远不够的。依我所见，书法的意义和书法的传承，绝不仅仅在于当下出了多少有名的书法家，这些书法家又在书法艺术上做了如何的探索，而在于我们是否能把传统的中国书法转化为时下人们的情感认同和行为习惯，通过书法艺术去传承中国人独有的审美情趣、性情品德、心灵修养，乃至人生价值取舍等更为深层和宏阔的、超乎技艺乃至艺术层面的丰厚内涵，也就是我所认为的"化人"之功效。

这便是书法的文化属性和文化功能。我对书法的欣赏习惯是：看字不仅看其形态、笔画，看其运笔和章法，更看重书法的文化属性和文化功能。之所以如此，是因为我受中国传统文论"文若人然""书若人然"的影响——既阅字还看人。书法不应是束之高阁的，而应是接地气的，能融入寻常百姓家的。文学、书法唯有回归生活，回归"人世间"，一代代人，一点一滴、一笔一画、一字一句地读写，方可以浸润心灵，文脉得以赓续。

在此方面，一千二百年前的颜真卿和他的书法，在他的舞台和领域为后世树立了"可敬"的楷模——他把个体的追求拓展开来，并纳入到社会、时代的宏大的诗性的叙事中，他的书法于是更有生命力，人生也更有价值。

颜真卿的名字，对于广大读者来说并不陌生，皆知他是大书法家，有颜体传世。但这个"家"究竟有多大，为什么是他独创了颜体而不是别人？颜真卿是一个什么样的人？恐怕人们就思之有限了。

事实上，有唐一代书坛大家、名家众多，就对后世的影响来说，无论是成就之高、造诣之深还是贡献之大、影响之深远，无出颜真卿之右者。何以如此？颜真卿以其刚烈贞直的高尚人格，宽厚博大的胸襟气度，将其身体力行的儒家思想、颜氏家学与历史背景、个人遭际等熔铸为一体，具有分明的个性和鲜明的时代特征，成就了划时代且影响深远的独特书艺、书风。因此，颜真卿在中国书法史上有着崇高的地位。如同其字"清臣"那样，人如其书，书如其人。

颜真卿书法体现的是一种入世精神，用宏博雄浑的体势、厚重端庄的笔致、遒劲内敛的运笔，表现了一种昂扬自信的书法精神，甚至能从中见出泱泱大唐的盛世风韵。不仅如此，他更以刚正不阿的精神品质、不惧权贵的凛然风骨、书生带兵的豪侠气质及知行合一的人生轨迹，赢得了千秋万代的敬仰。学习颜体，如果不能知人论世，不对颜真卿进行从人到书再从书到人的追溯研习，恐怕是容易知其然而不知其所以然，难以窥见万仞宫墙后的宗庙之美、百官之富的。

历代对颜真卿的评价，多为"以人论书"，有对其书艺细剖者，也多因文言表达方式的简介和感悟式的品评，失于碎片。

如前述所述，书法不仅是一种技艺，更是一种精神追求和人文表达，自有其历史渊源和文化内涵。即如对颜真卿及其书法而言，研究成果虽多，可要找到既能对其行状行事、历史背景、文化渊源等文史方面有深入剖析，又要对其书体书艺、书史地位、传承流变等艺术方面有深刻见解的，却也不多。因此，当这本由中国大百科全书出版社策划、出版的《中国风骨：颜真卿和他的时代》交到我手中时，读之悦然，眼前一亮。

作者宋焕起是我的老朋友了，在他任中国出版集团出版业务部主任时，我曾应邀参加了"读者大会"和"诵读中国"等阅读活动，这是一份缘，我们便认识了。此后，他到中国出版集团东方出版中心任总编辑和总经理，我的三部作品《欲说》《返城时代》和《小人物走过大时代》先后在那里出版，我们的友谊更深了。

焕起兄已经退休多年。然而，他卸下了"职业出版人"的担子，写作之忱重燃——捡拾起原本的专业和喜好，写了这部"颜真卿传"。全稿以图辅文，煞是好看，堪称书法、为传统文化，也是为传记文学做了一件好事。我真替他高兴，也由衷地祝贺他！

焕起兄自童蒙起就习字摹书，并与颜真卿结旷世缘。在做出版前，他曾在高校任教，教授美学和书法，多年教育工作和出版的职业浸染，使他对书法艺术及像颜真卿这样的艺术巨匠的体悟，不止于技艺和技法，也非一般的鉴赏，而能从文化传承的角度有着更高层次的思考和更深层面的把握，尤其是关注于当下时代的精神需求，去挖掘颜真卿在书法艺术之外蕴含的巨大宝藏，诚如作者在后记里所言："在我们这个时代，既需要颜真卿的书法，也需要了解颜真卿的成长历程，更需要看到颜体之所以成为书法艺术千古典范的背后，颜真卿足以为万世所敬仰的修身进德和精神价值追求。"

这样的写作初心，让宋焕起的《中国风骨：颜真卿和他的时代》，在写作内容上，突破传统的单向书写颜真卿书法家的身份和书法艺术造诣的局限，而是将人物还原于其所生活的社会历史当中，并基于严谨的史实，刻画了颜真卿刚正清廉、忧国忧民的忠臣义士形象，尤其对颜真卿伟岸人格和崇高精神予以揭橥，写出了颜真卿所代表的中国古代士大夫立道、行义、济世、修身的优秀品质和中国风骨——伟大的颜体非颜真卿莫属，是本书的亮点和真知所在。

焕起兄自身即书法艺术的行家里手，他有实践，也有理论。在实践方面，他长年研习书法，并将书法艺术与绘画、字体研究、装帧设计等融会贯通。他独立设计的《红楼梦艺术论》等一批作品获国家和省部级书籍装帧大奖；在理论方面，他厚积薄发，著有《书法艺术审美论》《书装艺谭》《汉字艺用十六讲》等书法艺术类专著和作品。在出版社领导岗位上，他主持出版了《中国古代书画鉴定实录》等一大批高端书法、绘画和艺术理论的出版物。所以，焕起兄在书艺创作、书法教学、书学研究和书画出版等多方面的造诣，使得宋版"颜真卿传"中对颜氏书法艺术的评价是比较精准到位、恰如其分的，即王国维所言：不隔——通过深入浅出的赏析与解读，引领读者真正认识和领会颜真卿书法在中国书法史上里程碑式的贡献，以及颜真卿在中国文化史上的重要地位和独有价值。

特别有意义的是，宋版"颜真卿传"带人们走入颜真卿的书法世界，那不过是一个路径，走入颜真卿所处的那个时代，走进颜真卿的内心世界，还原一个完整的并非纯粹书法家的颜真卿才是本书的意旨所在。从书中，人们能感受到颜真卿的毅魄风神，也能读到颜体书法的发展嬗变过程，读到对颜体作品深刻而细致的剖析，感受到大唐王朝的社会状况和人物，更体悟以"家国情怀"和士文化为精神血脉的中国文化的道统延续……

还是那句话：我非书家，但爱颜字，更是景仰颜真卿的人格和风骨，赞赏宋版"颜真卿传"，因为他笔下写的是一个不一样的，超出书法范畴的，血肉丰满的、铮铮傲骨的、大写的、可敬的、人世间的颜真卿！

这是我特别珍视，也是特别欣慰的。

是为序。

梁晓声

2024 年 4 月 25 日于北京

目　录

开篇

古时少有职业书家
颜真卿也不是
但颜真卿的颜体
开天辟地
震古烁今……
且不止于书法的标签
更蕴含着大写的士文化和中国风骨

大唐乾元元年（758）九月三日。

秋风吹过中条山谷，草木摇落，蒲州[1]一片萧瑟。

郡衙院内的老槐树，树叶凋零已尽，唯有虬枝裸露，满庭枯黄。

郡衙之内的最后一进院落，是州郡刺史的起居之所兼书房所在，是夜，这里的烛火仍旧通明。刺史颜真卿伫立于书案前，原本魁梧的身躯，此刻像是负荷千钧，被压得含胸前倾，在墙壁上投下一个硕大而沉郁的影子，这烛影黑如墨色，重如磐石。四周的空气像是凝固了一样，静得如死寂。

两年前渔阳鼙鼓般嘈杂、悚栗的动地之声，再次冲击着颜真卿的耳鼓，堂兄颜杲卿等人慷慨赴死的惨烈景象在脑海中挥之不去，并痛刺脏腑，沦肌浃髓；白日里祭奠英灵的情境重现在颜真卿的眼前……

史书都言唐玄宗时代乃昌明盛世。

其实，开元盛世之后的天宝年间，汇融天下、气象万千的大唐已呈式微之势；那位英姿勃发、有胆有识、励精图治的天子李隆基已经变了，变得昏庸昏聩、不理朝事、任用谗佞，社稷危情四伏。

天宝十四载（755），安史之乱爆发，那个令无数后人神往的盛唐自此就成为传说了。

安史叛军由老巢范阳[2]起兵，直指大唐中央长安，其势如地动山摇，

1. 蒲州：今山西省永济市一带。
2. 范阳：范阳郡，辖今北京市大部、天津市、海河以北和河北保定地区小部。

其力如浊浪滔天。长期安于太平盛世的朝野上下，早已刀枪入库，马放南山，哪曾见过这等战乱场面，更何况毫无思想准备。

叛军兵锋所指，河北[1]、河南[2]、河朔官兵闻风丧胆，四处逃窜，河北二十四郡有十七郡沦陷。

长安岌岌可危。

做惯了太平天子的唐玄宗李隆基恼怒、怨恨、不解、寒心、失望……连连慨叹：河北二十四郡，竟无一位忠臣？

偌大河北，岂能如后世后蜀的花蕊夫人《述国亡诗》所言，"十四万人齐解甲，更无一个是男儿"？

"疾风知劲草，板荡识诚臣"；"时穷节乃见，一一垂丹青"。颜真卿、颜杲卿兄弟及其子侄就属于碧血丹心、欲挽狂澜于既倒的忠烈之士，明知会玉石俱焚，仍于家国危急时刻挺身而出，奋勇反抗。他们岂能坐视社稷江山遭叛军践踏？更不忍百姓惨遭蹂躏！须知保靖安民是做臣子的天职，更是颜家世代的家风传统！

在安贼起兵前，颜真卿和颜杲卿弟兄对其蛛丝马迹已有察觉，因而做了一些防范准备。现在叛军已如蝗群过境，所过一空，还等什么？二人议定后，联合周围郡县，毅然决然地于第一时间举起讨逆义旗，与叛贼不共戴天！

周边郡县纷纷响应。

惶惶不可终日的唐玄宗闻知这个消息，眼里放光，对身边的臣工大声慨叹：他们竟能如此忠义！

---

1. 河北：指河北道。唐初将天下分为十个道，到唐玄宗李隆基在位时增加到十五个道。开元后河北道治所在魏州（今河北大名东），辖今北京市、天津市、河北、辽宁大部，河南、山东古黄河以北地区。
2. 河南：指河南道，开元后治所在汴州（今河南开封），辖今河南、山东两省黄河故道以南（唐河、白河流域除外），江苏、安徽两省淮河以北地区。

巧了，颜真卿颜杲卿兄弟二人皆官居太守[1]，颜真卿在平原[2]，颜杲卿在常山[3]，两地同处于叛乱前安禄山的管辖之下。颜杲卿是颜真卿伯父颜元孙的二子，比颜真卿年长十七岁。颜真卿三岁丧父之后，有很长一段时间是寄居在伯父家，由伯父抚养。兄弟二人生活起居、读书求学都在一起。杲卿性格淳厚，又长真卿很多，处处做榜样，时时给予照护，虽为堂兄弟，却情如手足，亲如同胞。

颜杲卿是由门荫[4]入仕的，开元年间任魏州录事参军[5]，因为勤奋努力，好学上进，工作有政绩，遂被简拔到范阳郡任户曹参军[6]。这范阳乃安禄山的辖地，户曹参军恰在安禄山的手下当差。

颜氏为世家望族，杲卿虽然不是进士及第，但这个家族的后代晚辈，人人知书达理，一身儒雅之气。这在胡将粗勇中是非常稀见的，可谓鹤立鸡群，出挑打眼。安禄山很是赏识颜杲卿，对他屡屡提拔，先是任用为营田判官[7]，又向朝廷举荐擢升为节度判官[8]，直到兼任常山太守。

正是因为这个缘故，颜杲卿起兵反抗叛乱，是安禄山无论如何想不到的，也接受不了的。

后方起火，光焰冲天，火势蔓延，足可燎原。

河北举义给了沦陷地区乃至全国，甚至朝廷莫大的信心。

已在洛阳自立为大燕皇帝、做着夺取天下美梦的安禄山受不了了。他紧急派遣副将、死党史思明，率骁将蔡希德返回老巢灭火。

---

1. 太守：隋炀帝至唐玄宗时州郡长官。
2. 平原：郡名，隋大业至唐天宝、至德时德州为平原郡。
3. 常山：郡名，唐初治所在今河北省正定县。
4. 门荫：借先人之功绩循例入官。在唐代，是科考以外的另一种为官的制度。
5. 录事参军：晋代置，亦称"录事参军事"。王府、公府及大将军府等机构属官，掌管各曹文书、纠查府事。
6. 户曹参军：负责户籍管理的州县属官。
7. 营田判官：唐代节度使兼支度、营田使，置副使、判官各一人。营田判官为农田水利管理等事务的属官。
8. 节度判官：唐代节度使、观察使、防御使均置判官，为地方长官的僚属，辅理政事。

　　常山遭遇了数万叛军的攻击，双方力量悬殊，常山难以抵抗。然而，面对强敌，颜杲卿依然选择战斗下去，他希望能坚守到唐军到来，但直到城破也未见援军影子。

　　经过六天六夜的浴血鏖战，"井竭，粮、矢尽"，常山寡不敌众，必败无疑。

　　六十七岁的老人家仍然镇定自若地指挥着身边仅存的士兵……

　　与颜杲卿一道被俘的还有副手袁履谦和儿子颜季明。

　　为了逼迫颜杲卿屈服，叛军抓来他的小儿子颜季明，把刀架在季明的脖子上，放话道：只要说一句投降，儿子就可以活命。颜杲卿没有吭声。儿子被杀，他没有吭声；在被押送洛阳的途中，他没有吭声；在遭受各种严刑拷打时，他也没有吭声……直到在洛阳见到了叛贼安禄山，他才开口说话。

　　安禄山身着帝王常服，端坐大殿，既恼怒又不解，腮边和身上的肥肉随着情绪的剧烈波动而起伏，他首先发问：是我提拔你做了太守，哪里亏待了你，你因何背叛？

　　此时此刻，颜杲卿心中怒火如地下岩浆，奔腾欲发，听罢安贼的斥责，遂瞋目反诘，慷慨陈词：你安禄山本是营州[1]牧羊的臊羯，天子委任你为三镇节度使[2]，恩宠无比，哪里有对不起你的，你又因何造反？我家世代为大唐臣子，纵使接受过你的表奏奖掖，那也是朝廷所擢。如今奉忠守义，为国讨贼，怎么能说是背叛？

　　安禄山被骂得哑口无言，尴尬异常。

　　颜杲卿越骂越恨，喊道：要杀便杀，无须多言！

---

1. 营州：隋唐时期控制东北地区的军事重镇及交通门户。唐代属河北道，治柳城（今辽宁朝阳）。安禄山曾任营州都督。
2. 三镇节度使：当时安禄山身兼范阳、平卢、河东节度使，故称。节度使，古代职官名。唐代开始设立的地方军政长官。因受职之时朝廷赐以旌节，节是当时一种全权印信，受有此全权印信者便可全权调度，故称节度使。

安禄山再也听不下去了，恼羞已极，喝令左右，将颜杲卿及与他一起并肩奋战、忠贞不降的长史[1]袁履谦凌迟处死。

天宝十五载（756）正月十一日，洛阳上空阴云密布，遮天蔽日，北风凛冽，寒气彻骨。

颜杲卿和袁履谦被押赴刑场，捆绑于洛阳天津桥柱之上。

天津桥始建于隋代，最初是铁链浮桥，武则天时改造为石桥。因有河汉（银河）之象，得名"天津桥"。这里原本是繁华枢纽，今日却无人通行，安静得没有一丝生息，如同死寂，唯有北风呼号……

安禄山亲自监刑。

颜杲卿真乃大丈夫也，刑场之上见到安贼仍旧大骂不止，恼怒的安禄山不想再听下去，竟残忍地让人割去颜杲卿的舌头。顿时，颜杲卿满口是血……安贼不无得意地问道：还敢骂吗？硬汉颜杲卿双眼迸射出冲天怒火，没有了舌头，发音模糊不清，却依旧从喉咙中发出闷雷般的吼声，振聋发聩，经久不息。他蔑视眼前这个逆贼，咒骂不止，其声刺破云雾，震撼天地，口中血水喷向安禄山。

刽子手动手了，屠刀之下，剐肉剔骨，残肢解体，惨烈之状令人不忍直视。烈士的鲜血染红了桥身，染红了桥下的洛水，染红了冰封的大地……

顷刻，寒风骤起，飞云浮动，如席的雪花从天而落，随着风力，打着漩，漫卷着、狂舞着，迷住了人们的眼睛，遮住了城垣和屋宇，白了世界，寒了人心。

颜杲卿幼子颜季明，还有颜杲卿的孙子、侄子、外甥，老少三代，一门三十余人同时被害。

长空为之动容，大地为之哀鸣！英灵不朽，山河永念！

---

1. 长史：地方官府佐官。唐制，上州刺史别驾下，有长史一人，从五品。为幕僚性质的官员，相当于幕僚长。

颜真卿《祭侄文稿》（局部一）

唐·颜真卿书，行书，纸本，乾元元年九月。高 28.1 厘米，宽 72.3 厘米。24 行。现存为草稿，原迹藏于台北故宫博物院

这一幕人间惨剧，就这样在盛世戛然而止、乱世骤然而至的历史时刻，血淋淋地发生了。作为幸存的至亲，颜真卿每每思之，怎能不瞋目而视、怒发冲冠、目眦欲裂？

星陨如雨。历史不会忘记这一时刻，历史的星空因之更为璀璨。

颜泉明，乃颜杲卿的长子，颜真卿的堂侄，他在颜杲卿收复井陉[1]的土门[2]之役后，遵照父命，带着在战役中斩杀的叛军大将、安禄山义子李钦凑的首级赴长安献捷[3]。不料，途径太原时，被太原尹[4]、河东节度使王承业窃功。就是这个王承业，他在常山守卫战前，本与颜杲卿约定前去增援，却因不愿做"陪衬"而临危按兵不动，致使常山孤城陷落。更令人不齿的是，他竟窃取颜杲卿土门之役的功绩，向皇帝邀功。

是可忍孰不可忍！

颜泉明被拘禁，幸被好人搭救，流落河北。直至长安和洛阳收复之后，颜泉明才敢往长安归转。

颜泉明行至洛阳的时候，决意觅寻父亲和弟弟的遗骸，迁回长安，家人团聚。

经苦苦探访，颜泉明才从当年行刑刽子手那里求得父亲、弟弟及袁履谦的尸骨。弟弟颜季明的断头找到了，却没了身骸。

颜泉明怀着巨大的悲痛，将亲人和烈士的遗骨入殓棺木，打算经蒲州探望叔父颜真卿，再向西南而归。

消息传来，颜真卿携家眷亲友、衙署官员，早早出东门迎候。

此刻，迎熙门迎来的不是光明与晨光霞蔚，而是泪眼望去，乌云蔽日，田陌之上，一辆载着亲人、英烈灵柩的车子，摇摆颠簸，发出扎心

---

1. 井陉：今河北省石家庄市井陉县。
2. 土门：今河北省石家庄市鹿泉区东、西土门村。又称土门关、井陉口，为"太行八陉"之第五陉的井陉东口，与潼关齐名。是山西、陕西从古驿道通往华北的必经之路和咽喉要地，具有十分重要的军事价值，为历代兵家必争之地。
3. 献捷：古代打胜仗后，进献所获的俘虏及战利品，也指报捷。
4. 尹：唐五代时府一级行政区划的长官。如凤翔府尹、成都府尹等。

的响动，轮辋卷起尘埃如烟，由远及近……

安史之乱，颜氏一族死了多少人，无以计数；国家死了多少人，无以计数——国破家亡的凄惨景象！

东门外，颜真卿怔怔地看着昔年英姿勃发而今却容貌枯槁、瘦削沉默、颤颤巍巍下车拜见的颜泉明。叔侄相见，是梦是真，悲喜交加。悲的是战乱摧残，亲人死伤惨烈；喜的是犹能幸存，留此有用之身继续报效家国。颜真卿扶起泉明，拍着他羸弱的肩骨，先是哽咽，继而二人相拥，放声恸哭，泪水打湿了他们的衣衫……

即日，衙署庄严凝重，颜真卿为堂兄颜杲卿、长史袁履谦、堂侄颜季明举行隆重祭奠。

芦管和唢呐奏响的《祭灵》《追思》幽咽低回。供台之上，放置着清酌、庶馐、纸钱等一应祭品，香烛之烟袅袅……

衙署官员、乡绅闻人、士农工商，四里八乡的人们皆前来祭奠。

颜氏家族和袁公忠肝义胆、为国捐躯的事迹，令众人痛惜不已、悲愤不已、思念不已、景仰不已。

最令人痛心的是，颜杲卿的幼子季明英年（十九岁）遇害，叔父祭侄，却不见身骸，唯有头颅，这首榇¹之状，做叔父的实难忍视，能不呜呼哀哉！

国殇家恨，令颜真卿哀思郁勃，悲痛欲绝，情不自禁，秉笔而书：

　　惟尔挺生，夙标幼德。宗庙瑚琏，阶庭兰玉，每慰人心，方期戬谷。何图逆贼间衅，称兵犯顺。尔父竭诚，常山作郡，余时受命，亦在平原。仁兄爱我，俾尔传言。尔既归止，爰开土门，土门既开，凶威大蹙。贼臣不救，孤城围逼，父陷子死，巢倾卵覆。天

---

1. 榇（chèn）：指只有头颅的棺椁，而躯体一般由稻草编织而成，与头颅共同组成传统中国极为看重的"全尸"。

不悔祸，谁为荼毒？念尔遘残，百身何赎。呜呼哀哉！

颜真卿忆起，季明自幼德行出众，为同龄人少有，犹如宗庙中的重器，又像庭院中的香草仙树，给家人带来莫大欣慰和期望；忆起，安禄山反叛之际，季明奔走于常山郡与平原郡之间，为父亲和叔父传递讨逆作战消息，形成两郡掎角之势，才有了收复土门之捷，季明是功勋之人；忆起，常山孤城被叛军所围，那个不齿贼臣太原尹王承业拥兵不救，致使季明父死子亡；忆起，常山城被叛军攻陷，巢毁卵碎的残败情境……

面对三十余口阵亡的惨祸，颜真卿悲从中来，忍不住质问苍天，你不是号称"天道无亲，常与善人"吗？怎么又制造了这场祸及臣下的大劫难了？"天地不仁，以万物为刍狗"，你不仁倒也罢了，为什么要让亲人们那么惨厉地赍志以殁、至死不能瞑目啊？

念及季明遭遇的残害，做叔父的纵使有一百副身躯又岂能换回他的青葱生命啊？

话音未止，颜真卿已然泪雨滂沱，泣不成声。衙署祭堂四下悲声动地。

悠悠蒲坂[1]，黄河涑水呜咽，中条尧山静穆。

《祭侄文稿》卓然独步，千载谁堪伯仲间！

这是一篇血泪交迸的祭文，又是一幅椎心泣血的书法之作，全篇字迹粗犷、章法开张、行草参差、意气跌宕，将中国人的精神与气节寓于书法笔墨之中，其意义已经超越了书法作品本身。

笔者特将《祭侄文稿》的成书背景，以历史再现的方式提到本书开篇，是为了强调，书法史上所称道的该文稿之磅礴峻涩、龙蛇飞动、涂抹甚多而极具震撼力，引发不同时代书家争议，凡此种种，其根源就在于——颜真卿绝不仅仅是一个书家。

读者诸君，请随本书走入颜鲁公的人生，或许可以找到个中答案。

---

1. 蒲坂：上古地名，舜的治所。代指古代蒲州，今指山西省永济市蒲州镇。

颜真卿《祭侄文稿》（局部二）

颜真卿《祭侄文稿》（局部三）

家学渊源

1. 远祖与家风

旧时中国，有一句家喻户晓、雅俗共赏的民谚，叫"忠厚传家久，诗书继世长"，在市井、街坊，即便是村舍与乡里，也时常见于宅第门扉之上。

就以北京来说，徜徉于古巷、胡同中，但凡稍微规整、像样子的院落，街门之上皆镌刻着寓示福禄寿喜的门对，频率最高的就属这句民谚。虽说漆面已然斑驳，而雕工手艺依旧，主人的信奉与推崇由此可见。即便不是豪门巨贾，也非书香之家的平民百姓，也有高雅的追求，也有清心傲骨；即便门扉不雕，也可于年节喜庆之际，自书这一民谚，表达心愿。那红底黑字的对子，经风沐雨，颜色退了，字迹却依稀可见，入眼入心。

这一副对子，质朴笃实，道理深邃，已经沉淀为一种修身齐家的文化，千百年来相传不竭。

如果用一句经典的民谚来诠释本书传主颜真卿的家世遗风，恐怕没有比这句更适用、更贴切、更典型的了！

很多人都对这副俗谚楹联推崇备至，若问颜家有什么不一样的，最大的不同便是，有些人是将它悬于中堂或刊于门第之上，而颜家是将其融于世代血脉和不衰的家风之中。

颜氏祖籍为琅琊[1]临沂。颜真卿自称是琅琊人，原因即在于此。

实际上，从十三世祖颜含随晋元帝司马睿由长安南渡，定居于建康上元[2]的时候起，颜氏早已成为江南一族了。

晋元帝司马睿是个"跨界"皇帝——西晋被匈奴所灭，司马睿就逃至江南，在这里延续晋朝，史称东晋。

南北朝时，北周攻灭北齐后，都城设于长安，颜真卿天祖颜之推随驾迁回北方，世居京兆万年[3]，所以就有了颜真卿是万年人的说法。

关注颜氏家族如此变迁，对颜真卿而言有什么意义吗？

当然有，祖上先是北方人，中间一段时间是南方人，后又回归北方人，由此北方人的豪放和南方人的细腻皆沉淀于颜真卿的身上，也沉淀于他日后的思想、为人、书法、文学中。

俗话说："亲不过五服。"但祖宗是一个家族的根，对后世子孙的立身之道及人生命运有着千丝万缕的影响。

颜氏远祖，最早可追溯到颜回。颜回，字子渊。颜回十三岁即拜孔子为师。

颜回是孔子最得意的弟子，居孔子三千弟子中的七十二贤之首，也是孔门十哲之一。孔子欣赏颜回，称赞的话由衷而不加掩饰，《论语·雍也》中有记载，孔子说："贤哉，回也！一箪食，一瓢饮，在陋巷，人不堪其忧，回也不改其乐。贤哉，回也！"颜回吃的是一小筐饭，喝的是一瓢水，住在陋室，别人都受不了这种贫苦，而颜回却能安贫乐道。

颜回这种坚定和坚韧的品格得到孔子的高度评价，孔子将其引为同道，可见他在孔子心目中的地位，所以后世才称颜回为"复圣"，意思是"又一个圣人"。

---

1. 琅琊：古郡名。唐称沂州或琅琊郡。现琅琊已成为山东省临沂市的别称。
2. 建康上元：今江苏省南京市江宁区。
3. 京兆万年：京兆府万年县。唐代都城长安设京畿道京兆府（即今陕西西安），下辖多个县。万年为其中一县，在今西安市长安区。

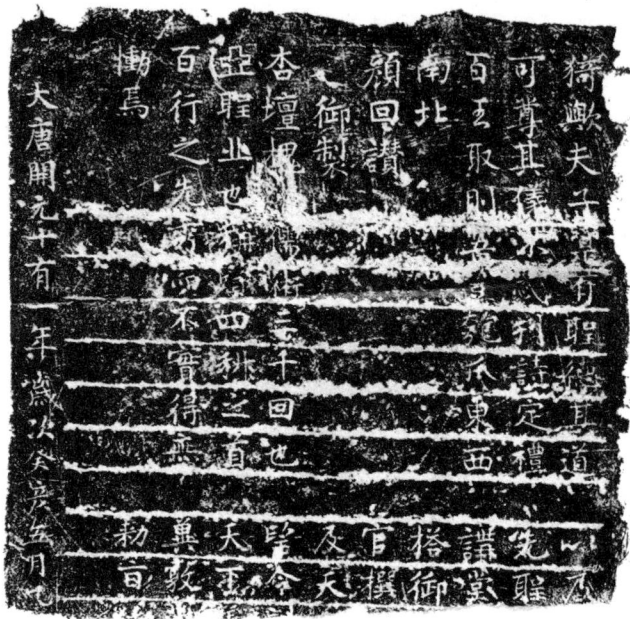

《颜回赞》残碑拓片（局部）
开元十年（722）立碑，赞
颂"颜回为亚圣"，残拓 11
行，碑面有明显的毁损痕迹

远祖虽远，却家风渊远，泽被后世。

颜含，字弘都，就是那位跟随东晋开国之君琅琊王司马睿举家南渡
的十三世祖，是颜回的第二十六世孙。

颜含担任过国子祭酒[1]、西平靖侯[2]，直至东晋侍中[3]，是皇帝近臣，官
职从一品。颜含以孝悌闻名，《晋书·孝友传》记其"少有操行，以孝
闻"，说他侍奉病床上的兄长，体恤入微，一照顾就是十三年。

颜含是侍候兄长，并非侍候生养他的父母，手足之情能做到如此地
步，令人折服。后人敬他孝举，就将他的居所住地称为"孝悌里"。

十世叔祖颜延之，字延年，是文章大家，冠绝当时，与山水大诗人

---

1. 国子祭酒：古代学官名。该官职为朝廷最高学府国子监长官，掌大学之法与教学考试。
2. 西平靖侯：封西平县侯，谥"靖"。
3. 侍中：古代职官名。东晋时置门下省，侍中为其长官，与尚书省长官尚书令、中书省长官中书
监、令为实际的宰相。

谢灵运齐名，人称"颜谢"。其官做到金紫光禄大夫[1]，虽非实职却职级不低，死后赠官散骑常侍[2]、特进[3]。说来，他的名气不在官爵，而在翰墨学问。

九世祖颜腾之，字弘道，任过南朝宋巴陵[4]太守、度支校尉[5]。颜腾之的书法极好，字有风格，尤以草书著称，梁武帝在《草书评》、颜真卿在《颜氏家庙碑》中皆有明确记述。

六世祖颜协，字子和，颜之推之父。曾任南北朝梁朝湘东王[6]萧绎（后来的梁元帝）的国常侍[7]兼府记室[8]，青春年少即有才学，广涉群书，尤工草隶。

草隶是个什么样子？是隶书的早期样子，是一种过渡性书体。彼时，荆楚一带的碑碣多出于颜协的手笔。

2. 五服之内

自五世祖（天祖）颜之推迁居长安以来，又过去一百三十多年。百余年中，颜氏家风赓续，地灵人杰：

颜之推，字介，生于乱世，历仕南朝梁、西魏、北齐、北周、隋，

---

1. 金紫光禄大夫：古代加官名，无具体执掌。
2. 散骑常侍：古代加官名，无具体执掌。
3. 特进：帝王授予列侯中有特殊地位的人，位在三公之下。
4. 巴陵：治所在今湖南省岳阳市。
5. 度支校尉：三国时期军事职官名。魏国置，掌诸军兵田。晋和南朝宋在郡中置度支校尉，掌财赋会计漕运。
6. 湘东王：即湘东郡王。湘东郡，南朝重镇，辖今湖南省衡阳市湘江以东诸县。
7. 国常侍：即王国常侍。侍从王的左右，备顾问应对。
8. 府记室：即湘东王府记室参军。记室，官名。东汉置，自三公府至郡县皆置为佐吏，具体名称不一，掌章表书记文檄。后世因之，魏晋南北朝以来有记室令史、记室督、记室参军、中记室参军等名目，省称记室。

曾在北齐出仕二十载，任黄门侍郎[1]，是皇帝的近臣，负责传达诏令，处理朝廷事务，职级不低。

颜之推年少就聪慧博识，鄙视那些不善读书的"俗间儒士"。及长，不仅延续颜家字写得好的传统，还精通文字学，文章更是了得，是一位大学问家，著有《承天达性记》《训俗文字略》《证俗文字音》《急就章注》《笔墨法》《集灵记》《冤魂志》《诫杀训》《八代谈薮》《七悟》，以及《稽圣赋》等，是个著作等身的人物。

在颜之推的著述中，声名最大的是《颜氏家训》。

古来圣贤关于忠孝、立身、齐家、慎言和为学等方面的著述并不鲜见，但颜之推很是自信，不怕人有，但求出新，仍以自己的人生阅历和处世之道写成《颜氏家训》，希望对子孙后代有所警示，有所约束，足见其家风正家规严。

果不其然，与历代同类著述相比，《颜氏家训》确有特色，即不独叙述立身治家之法，辨正时俗之谬，还兼论文字书写、字词注音释义，考证典故，品评文艺作品，以及教授如何遣词造句等内容。

《颜氏家训》成为中国古代一部非常独特的"家族教科书"，它不仅仅适用于颜氏本族，还流传于世，赢得历代学人儒生尊崇。后人莫不以为"篇篇药石，言言龟鉴"[2]。

当然，五世祖颜之推写作《颜氏家训》的本意终是针对自家子弟的。嗣后，颜氏一族"严循家训，步趋唯谨，研习经史，探讨小学，相沿而为传统"[3]。

---

1. 黄门侍郎：古代职官名。秦、西汉为郎官加"给事黄门"省称，亦称"黄门郎"，无员数，为中朝官员，给事于宫门之内，侍从皇帝，顾问应对，出则陪乘。与皇帝关系密切，多以重臣、外戚子弟等充任。东汉与给事黄门合为一官，遂成为"给事黄门侍郎"省称。魏晋至隋初因之，为侍中省或门下省次官，位颇重要。

2. 清人王钺《读书丛残》："北齐黄门颜之推家训二十篇，篇篇药石，言言龟鉴。凡为人子弟者，当家置一册，奉为明训。"药石，古时指药和治病的石针。龟鉴，也称"龟镜"，龟可以卜吉凶，镜可以比美丑。喻作借鉴。

3. 李洪峰：《跨越千年的辉煌与感动——颜真卿的当代启示》，《中国书法》2019年6月。

高祖颜思鲁，字孔归，是五世祖颜之推长子，他做官与治学的时候，历史已经步入隋唐。颜思鲁未经科举考试，是门荫入仕。

颜思鲁的官位虽属门荫，但并不意味着他无才不学，相反，他本人很好地继承了颜家鸿儒治学一脉。其官位并不算高，多与学问相关，如起初任北齐卫府行参军。入隋朝后，先任秘书郎，以后转任东宫学士[1]、长宁王[2]侍读[3]之类的职位。到了唐代，任记室参军，所任皆为文字性和学问一类的职务。

颜思鲁存世的名声，以及对家族后辈的影响，当属"博学善文"，精于文字和音韵的学问。据说，他当年经常与刘臻辩论经籍义理。刘臻乃是以研究"两汉"而被称作"汉圣"的大学问家。足见颜思鲁学养与造诣之深。

颜真卿曾祖父一辈有兄弟四人。

大伯祖颜师古，字籀，官至秘书监[4]，名气很大。自幼好读书，年少起继承家业，与兄弟颜勤礼、颜相时，都以文学入选为崇贤、弘文两馆学士。

崇贤馆和弘文馆是唐代中央官学之一，近似于现代国立大学。学士主要掌管审查校正书籍、讲学带徒，还参与朝廷制度沿革和礼仪规制的完善等。

日理万机的唐太宗十分重视典藏工作，他发现一些古籍因时间久远，辗转传抄，多有错讹，必须修订。其中考正"五经"[5]的任务就派给了颜师古。

颜师古不负重托，认真订正，如期完工复命。太宗召集诸儒审议。

---

1. 东宫学士：古代职官名。南朝梁、陈置，东宫文学侍从，任者皆为才学之士。
2. 长宁王：隋朝开国皇太子杨勇长子杨俨。
3. 侍读：古代职官名。职责是陪侍帝王读书论学或为皇子等授书讲学。
4. 秘书监：中央政府设置的专掌国家藏书与编校工作的机构和官名。存续时间长达1500余年。
5. "五经"：指儒家五部经典著作，即《诗》《书》《礼》《易》《春秋》的合称。

这些"学者"因受旧学的束缚，观念保守，不但不赞成，还纷纷非议。颜师古面对群儒并不慌乱，他广引晋、隋以来的典籍，一一解答，所依据的文献材料详细准确，令诸儒颇感意外，自此叹服不已。

唐太宗对颜师古自是赞赏有加。

颜师古在训诂方面也颇有造诣，比如他在秘书少监[1]任上，那些专门负责文字工作的人，每每遇到奇书难字不能解释的，皆求教于他，他都能给予指导，答疑解惑。颜师古也曾用《颜氏家训》的训导之义，为太子李承乾注释《汉书》，因注释得好，一时享有班固"忠臣"的美誉[2]。

颜师古传世的著作不少，有《匡谬正俗》《急就章注》及《颜氏字样》等，皆承续祖先学问。后世的评价很高，说他是有唐一代训诂研究的先驱。

颜师古的字也写得好，传世书法有著名的《等慈寺碑》。不是书法圈子的人对此碑不是很了解。事实上，在书史上，它是魏晋楷书向唐代楷书过渡的转型书体，学术价值极高。

千年之后，有学识有眼光的书法方家都推崇其书法，认为其书法堪为追溯传统、继承魏晋风度的范本。碑碣现已不在。幸好尚有碑帖流传至今，亦十分稀贵。

二伯祖颜相时做过秦王府学士。秦王是谁？是后来成为唐太宗的李世民。为秦王当差，非常人可以胜任，定要有本事。以后颜相时还担任过谏议大夫[3]和礼部侍郎。

曾祖颜勤礼，字子敬。李渊晋阳起兵后，颜勤礼跟随敦煌公李世民平定京城。李世民登基后，擢颜勤礼为朝散大夫[4]、校书郎[5]。以后他还

---

1. 秘书少监：秘书监的副手，佐秘书监掌图书典籍。
2. 颜真卿：《颜氏家庙碑》。
3. 谏议大夫：古代职官名。掌谏诤议论。
4. 朝散大夫：古代散官名。隋始置。唐为从五品下，文官第十三阶。
5. 校书郎：古代职官名。掌校雠典籍，订正讹误。

做过铠曹参军[1]、轻车都尉[2]、著作郎[3]等职位，差事尽职，很受李世民的赞誉，官至崇贤、弘文馆学士。

至此，一门有三兄弟同为学士，是十分风光的事情。除秉持家学、训诂学问深厚以外，颜勤礼的字写得尤其好，书法造诣过人，他特别擅长篆籀[4]。关于曾祖的生平事迹，作为重孙的颜真卿有撰文并书的《唐故秘书省著作郎夔州都督府长史上护军颜君神道碑》，即非常著名的《颜勤礼碑》，在颜真卿的诸多作品中地位很高，具有标志性意义。

祖父颜昭甫，字周卿，官至晋、曹二王[5]侍读，也做过汝州[6]太守。论起颜昭甫的影响力，还是在学问和书法上，他也是一位学养深厚的训诂学家和书法家。在训诂上，他很受伯父颜师古的器重，凡有著述校订之事，都叫他参加。

有一次，外邦献给唐太宗一尊古鼎，上面镌铸有数十个篆籀铭文，群臣皆不能辨识，唯独颜昭甫全部读出，遂有"硕儒"的美称。

在书法上，颜昭甫尤精篆、隶和草书，对金文、鼎文颇有研究，与堂妹夫、彼时书法大家殷仲容[7]齐名。两人相比，颜昭甫在笔法的劲力上胜过殷氏。

伯父颜元孙，字聿修，与颜真卿的父亲颜惟贞兄弟二人少小丧父，皆由舅父殷仲容抚养并开蒙授书。两人都很勤奋，学业和书法均优异。颜元孙考取进士，善文辞，工书法，很受唐玄宗的青睐，有"翰墨之妙，莫至于先"的赞誉。所著《干禄字书》影响十分广泛，颜元孙也随之饮誉朝野，被尊为正字学的始祖。

---

1. 铠曹参军：掌戎杖器械的铠曹长官。
2. 轻车都尉：古代勋官名。
3. 著作郎：古代负责编修国史的职官名。
4. 篆籀：大篆、古篆，类似《石鼓文》上的文字。
5. 晋、曹二王：晋王李治，即后来的唐高宗，唐代第三位皇帝；曹王是太宗李世民的十四子李明。
6. 汝州：今属河南。
7. 殷仲容（633—703）：初唐书法家、画家，官至秘书丞、工部郎中、申州刺史。善篆、隶书，尤精于榜书题额。其妻颜顾为颜师古之女，颜真卿之堂姑祖母。

《等慈寺碑》（局部）

唐·颜师古奉敕撰书，魏楷，贞观元年（627）。高470厘米，宽153厘米。碑文32行，每行65字，计2080字。藏于郑州博物馆

颜元孙做过长安尉、太子舍人，历任滁州、沂州和亳州刺史，死后追赠秘书监。其子为颜杲卿。

有一桩事能看出颜元孙的为人品行，也能看出伯父对子侄颜真卿的成长、成才、成事起到了重要的作用。

有官王志愔，是颜元孙的同朝同事，进士擢第，有学问，也有作为，开元年间做到按察使[1]，其职责是"纠官邪，戢奸暴，平狱讼，雪冤抑"，以"振扬风范而澄清吏治"。据说王大人执法刚正，很多官员都惧怕他，人们给他起了个外号叫"皂雕"（鹰雕的一种），意思是说他看待官吏就好像猛雕看待燕雀一样。

王志愔官运亨通，做到刑部尚书、银青光禄大夫[2]。其有一女，待字闺中，王家看中了颜元孙的公子，意欲与颜家结为秦晋之好。彼时，王志愔圣眷正隆，官阶还高于颜元孙，此乃门当户对、求之不得的好事。

可是颜元孙竟拒绝了这桩儿女亲事。

什么原因？是三观不同，还是八字不合？反正是惹了麻烦——如此不给面子，你颜元孙有什么了不起的？王志愔恼了，而且恼羞成怒，遂上书诬告。

皇上竟听信谗言，当真罢免了颜元孙的官职。

"父母之命，媒妁之言"，想娶谁家之女乃自家私事，颜元孙当然有拒绝"拉郎配"的自由。虽然史书所载，王志愔是个好官，但在自己的私事上，对待颜元孙的做法就有失厚道，行径未免落了下乘。

至于王志愔诬告颜元孙什么，以及颜元孙决绝的理由，史无记载。

对王、颜二人做一点"人肉搜索"（考察）倒是令人生出感慨。一是王志愔在饮食上非常讲求食不厌精，脍不厌细；然而，他招待宾客却

---

1. 按察使：唐初仿汉刺史制设立，但置废无常，名称多变，其功能重在监察地方官吏之优劣与社会之治乱。
2. 银青光禄大夫：古代官名。初为兼官，无职掌。隋朝以为正三品散官，炀帝改为从三品。唐朝为从三品文散官，宋代以后废。

用刚刚脱壳的糙米，如此做法，让人不齿。二是开元九年（721），皇上巡幸东都（洛阳），将京师的留守职责交给了王志愔，足见宠信。

翌年，发生了京兆人权梁山谋逆事件。某天夜半时分，贼逆拥兵百余人自景风门、长乐门斩关杀入宫城，欲杀王志愔。留守王志愔翻墙避贼。很快，屯营兵剿杀了权梁山等五人，并将其首级传至东都。此事着实难堪，王志愔"惭悸卒"——因羞愧害怕而死。

相比较而言，颜元孙是有骨气的人，如果不是这样的家风家教，其子颜杲卿又岂能做到征讨安贼，浴血奋战，被俘之后也不屈不挠、视死如归？

颜元孙傲然闲居十年，除去与好友名士交游外，倒也乐得有了大把时间来教诲家族子弟，颜真卿受益尤多。颜真卿曾在写给伯父的神道碑铭中有过深切的记述，说伯父于他，不只是如父亲般的恩泽，还是他求学问道的良师。[1]不单是经史文学，在书艺上，伯父给予的影响也极深——以木石作笔，在泥墙上书画，伯父提臂悬腕、自在挥运的书法功夫煞是了得。伯父把这套真功夫也传给了子侄，日后颜真卿能书写大字榜书，雄健浑厚，笔力非凡，当是出自家学。

姑母颜真定，聪慧、明理、仗义，虽为女流，却继承家学，精于国史，通晓礼经，在武周一朝被选入朝做了武则天的女史，能得到这样的职位，不是易事，可见其才学不凡。

颜勤礼先后有两位夫人。原配夫人生颜昭甫、颜敬仲。续弦柳氏是当朝中书令柳奭的妹妹，柳奭还是唐高宗皇后王氏的外祖父。高宗冷落皇后王氏，意欲册立武则天为后。柳奭站出来反对，惹怒了皇帝被诛。颜勤礼也遭牵连，贬至夔州做长史。朝廷有令：凡是柳夫人所生之子，终生不得入仕做官。颜敬仲并非柳氏所生，却也因此遭到酷吏诬害。颜真定看不下去了，作为颜敬仲的侄女，她不顾丢掉女史的职位，不惧武

---

1. 颜真卿：《颜鲁公集》卷九。

后的权威，亲率两个妹妹割耳诉讼，为叔父鸣冤。此孝烈之举，对少小的颜真卿影响很深。

颜真卿失怙后，姑母非常关心颜真卿的教育，她腾出时间，给颜真卿讲授史上名家名篇，循序渐进，谆谆教诲，为颜真卿后来的文学艺术成就打下了坚实的底子。

姑母之子殷嘉绍，即颜真卿的表兄也善书法，其小篆有"寸字飞动，劲利绝伦"[1]的美誉。

父亲颜惟贞，字叔坚，是颜昭甫的第二子。颜惟贞与兄长颜元孙因早年丧父而孤，由舅父抚养并开蒙授业。颜惟贞刻苦用功，写字少纸笔，就在墙上练习，所谓"黄土扫壁"。日久天长，他的草隶居然写出了名气。在武周天授元年（690）官府组织的文章考试中，颜惟贞成绩优秀，名列前茅，获得官职，当过衢州参军，温县、永昌县尉，后升任太子文学[2]。

景龙四年（710）六月，唐中宗李显被韦皇后毒死，韦后立了年仅十六岁的李重茂为皇帝，改年号为唐隆，韦后临朝称制。李重茂即位后不足一个月，相王李旦第三子临淄王李隆基和太平公主联手发动政变，诛杀了韦后和安乐公主。李重茂做皇帝不足一个月，就下诏将皇位让给了自己的叔叔李旦。宫廷政变造成朝臣的人事和职位沉浮变迁是免不了的。颜惟贞品行正派，为官清廉，学问也好，他的工作倒未有大的波动，由太子文学改任新职，即薛王僚属，成为薛王的近身随员。

薛王是玄宗李隆基的弟弟李隆业，因避玄宗名讳改名李业。李业勤勉好学，曾任秘书监和太子太保。玄宗与李业兄弟一脉同气，关系甚好，李业病逝，玄宗悲不能食，后追封其为太子，谥号惠宣。

成为薛王僚属后，颜惟贞尽职尽责，深得薛王倚重，不久即提职为

1. 颜真卿：《殷君夫人颜氏碑》。
2. 太子文学：太子属官，品秩、员数无考。当时太子为唐中宗李显第四子李重茂。

《萧思亮墓志》（局部）
唐·颜惟贞书，小楷，
景云二年。碑文 26 行，
每行 26 字，计 676 字

薛王友[1]。在唐代，太子文学与薛王友都是正五品的官职。官阶虽不甚高，可这是服务薛王的差事，前途还是光明的。只可惜，颜惟贞因忧患时局不稳，又不堪养家重负——七个儿子、三个女儿，加上夫妻二人，共计十二口之多，终积劳成疾，一病不起，卒于唐玄宗先天元年（712）七月。那一年颜惟贞四十四岁。

朝廷对其不薄，死后给了不少荣誉，加勋上柱国[2]、赠秘书少监、国子祭酒和太子少保[3]。

---

1. 王友：即王之师友，散官。散官，相对于有实职的官阶和官衔而言。王友的职责主要是陪伴在王的身边，从为人处世诸方面规劝讽喻，亦师亦友。颜惟贞原来职事官品低于薛王友，所以颜真卿在《颜氏家庙碑》里称"行"薛王友，即低职高聘。
2. 上柱国：战国楚制，凡立覆军斩将之功者，官封上柱国，位极尊宠。此后未有设置。北魏置柱国大将军，北周增置上柱国大将军，唐宋也以上柱国为武官勋爵中的最高级，柱国次之。
3. 太子少保：东宫官职之一，后成为加官。太师、太傅、太保都是东宫官职，均负责教习太子。太师教文，太傅教武，太保保护其安全。少师、少傅、少保分别是他们的副职。后来名存职异，成为荣誉称号。

3. 底色

追溯颜真卿的家世，会发现三个现象：

其一，颜门中不少年幼丧父、由娘舅养育的情形，这当然不是家传，但确是事实，远的如颜协，近的如颜元孙与颜惟贞兄弟，再就是颜真卿。

失怙自然不是好事，但它的另一面是把人逼迫得身处清俭而能砥砺求成，原本的"不利"转换成为一种能力，久而久之，反倒积淀成一种不是传统的"传统"。

"吾家风教，素为整密"[1]，正是在这样风教整密的家世中，德行、书翰、文章、学问，子孙相承，家声弘扬；学人、良臣、豪杰，奕叶[2]重光，青史垂名。

颜真卿就是其中一个典型代表。

人的出身和家世本无可选择，而一旦降生于一家一族，那么它就会在你的人生中烙下深深的印记。

颜真卿是幸运的。

其二，颜氏一脉，从远祖颜含以来，南北朝时，几代所居官位较高，有侍中、中丞，一般也是侍郎、太守，并且还有爵位。入隋以后则显得官位偏低了，多是记室、侍读、王友、学士一类的清望官。所谓清望，即高洁美好的名声。偶有三品刺史如伯父颜元孙，也是进士及第，靠科举获取功名，其名在学识。

何故如此？是因为遭诬陷而被贬谪，受到株连？是如颜真卿父亲颜惟贞，虽有前途却英年早逝，未能尽展才华？史书并无记载。不过，这

---

1. 颜之推：《颜氏家训》。
2. 奕叶：累世，代代。

个并不重要，重要的是，不管官爵高低，颜氏家族彪炳于史且绵延不绝者更在学问和翰墨。就连女辈颜真定也是才学等身，为帝君所称誉。

家世如风，代代相袭。

有才学，重学问，是颜真卿家世的特色和传统。

对于上述情状，颜真卿在《颜氏家庙碑》中专有记述："有若子泉、弘都之德行，巴陵、记室之书翰，特进、黄门之文章，秘监、华州之学识，肇自鲁国，格于胜代，纷纶盛美，遂举集于君。"文中的"子泉"即远祖颜回，"弘都"即十三祖颜含，"巴陵"即九世祖颜腾之，"记室"即六世祖颜协，"特进"即十世叔祖颜延之，"黄门"即五世祖颜之推，"秘监"即颜师古，"华州"即伯父颜元孙。

这段记述名为颂扬其父，实际上是讲明颜氏家学——起始于祖籍琅琊，经历代而成体系，渊博纷繁臻于美善，最终融汇于后辈，发扬光大。

其三，颜氏一族，人人擅长书法，世代几乎都是书法家，即便不是以书法名世，也是写字的妙手、高手，说颜家乃书法世家也未尝不可。

为什么有这样的祖风和家传？

我们知道，印刷术是古代中国人为世界文明做出的巨大贡献，而雕版印刷起于隋唐，直到大唐中兴才至普及。活字印刷则是宋代的事了。在此之前，中国人不论帝王贵胄还是寻常百姓，不论社稷朝廷还是坊间邻里，凡制度、礼仪、学问、著述、信函、诉状诸事，只要是文字之事，皆赖人抄手誊，文化传播亦是如此。

颜家世代为官，又世代为学，特别在文字学、训诂学等学术领域造诣深厚。学问与写字相辅相成，是不可须臾分开的，如此这样，代代因袭。比之其他人家，颜家多了书写的讲究，字不仅要写得对，还要写得好；写得好还不行，还要写得美。于是乎，写字成了一种生活方式。

此外，当书写成为书法，汉字衍生为艺术，则人与字的关系又升华为人高养字、字高养人的审美境地。

故此看来，颜真卿之所以在为德、为人、为官、为学和为书上成就斐然，成为唐代科举取士的佼佼者，成为治国安邦的能臣，成为训诂学问的翘楚和超越"二王"、创建颜体、影响千年不衰的书法巨擘，成为不惜抛头颅，洒热血，以生命捍卫国家统一的仁人杰士，皆可溯源于颜氏祖德和家学渊源。

颜家世代在朝为官，且不论职位高低，其属"官宦"之家是肯定的。然而，就官爵和官声而论，与一些地位至高、名声显赫的达官名仕相比较，颜家属于"书香＋官宦"才是更确切的。

就是说，历史上的很多人物，他们有的是寒士出身，未必有书香传统，也无官宦荫护，靠的是什么？是寒窗苦读，学优则仕，鱼跃龙门。

此乃真本事，令人钦佩。

搜诸史册，历代世家中有的虽为高门上第，但并无翰墨浸淫，属于纯粹的官宦，既不是代代书香，更非学问等身。当然，有渊源的家世，有父辈荫蔽，也是好的。

"书香"是一种文化，可以绵延不朽，沁入骨髓，犹如血脉传承。探讨此点，对于研究其他名家而言，本是无可无不可的事情，但对于研究颜真卿来说却是有必要做的追溯，是必需的功课。读懂颜氏家世的这一层，就会理解为什么颜真卿能够为官清正廉明，殉国刚烈凛然，文章学问传世，书法立身且彪炳千秋。

仅以书法为例，可以这样说，如果不是如此，就永远也读不懂颜真卿的书法，理解不了他的划时代意义，甚至总被王羲之、王献之父子的"二王书风"遮蔽双眼，真的以为颜真卿只是天下第二！这是大错特错的，他们应当、起码是两峰耸立，并驾齐驱。而这一切，前贤做不到，后人不可追，唯有颜真卿，没有之一。

因此说，"书香"最是颜氏一门的标配，颜真卿所特有的家世背景，是他未来既可成就威名，又以书艺传世的重要因素和宿命的"这一个"。

颜真卿的家世，就是如此风气正派、书香弥远。溯源家世不是为了标榜"血统论"，也无意于宣扬宿命论。家世对于传主颜真卿而言，无非是一份宝贵的财富——人的素质、禀赋和品性养成的财富；无非是一种深邃的渊源——生于斯，长于斯的颜真卿，身上必定有着深刻的烙印，这烙印犹如品牌，其品质确是不凡。颜真卿的一生，荣也好，辱也罢，科考、入仕、为官、治学……诸般经历和成就，特别是他的忠贞殉国和书法开山立派，都可以从溯源中找到家世的底色和"基因"。

第二章

少年勤学

4. 盛世浩荡

　　每个人都活在一个个具体的家庭中，家庭、家族的血脉相当于一个人成长、成人乃至成事的内在基因。同时，每个人又都活在当时的社会环境中，活在一个个具体的生活情景中，而这个因素相当于一个人成长、成人及至成事的外在背景，这个背景不可小觑，其影响力是深刻而巨大的。

　　唐高宗上元二年（675），也就是颜真卿出生前三十多年，"等终军之弱冠"、意气风发而不甘示弱的王勃在洪州写下传诵千古的骈文名篇《滕王阁序》，其中有两句为"孟尝高洁，空怀报国之情；阮籍猖狂，岂效穷途之哭"，用两个典故表达了士人无法选择自己所处的时代，一旦遭遇末世、乱世则只能抱恨以终的悲痛感慨。东汉孟尝曾任合浦太守，有"合浦珠还"的政绩。他廉洁奉公，却为官场所不容，只有称病辞职，终不见用，终老于家。西晋名士阮籍不满世事，佯装狂放，常驾车出游，路不通时就痛哭而返。他曾登临、观看昔年楚、汉争战处，叹曰："时无英雄，使竖子成名！"反之，如果生逢明时，而又得循正途而青云直上，是何等幸事！

　　今人如此，古人如此，没有人可以例外，一千三百年前的颜真卿，不仅不能例外，还堪称典型。

　　这样说吧，若是将一句今人熟悉的俗语套用在颜真卿的身上，那就是"生在新纪元，长在盛世下"。

　　所谓的"新纪元"和"盛世"，就是世人熟稔的盛唐，开创和缔造这个时代的是妇孺皆知的唐玄宗李隆基。

　　李隆基为何如此幸运，以及他是如何坐上皇帝宝座的，后面的章节里会有涉及和讲述，这里不展开。但有一个常理，想必读者是知道的，那就是无论是哪个朝代，哪位明君圣主，只要他本人不是一个独子，他的子嗣也非一个，以及还有活着的叔叔、大爷、姑母等，那么，涉及立储和帝位的赓续，就难免会引发一场大规模的明争暗斗，甚至于血雨腥风。

　　道理非常简单——最高权力的诱惑实在是太大了，大到连骨肉手足、血脉亲情在其面前都是苍白无力的。

　　李隆基上位也不例外。

　　客观地说，李隆基确实非等闲之辈，胆识过人，格局宏大。睿宗李旦把皇位禅让给了李隆基，李隆基便有了清晰的想法：是时候了，要施展拳脚，做一个伟大的君主，改正父辈们的所有错误，让这个帝国在自己的掌控下，再次回到正常的轨道上。同时，要让所有为了这一天的到来付出代价的人，不论是朋友还是政敌都知道，李隆基才是重兴帝国的最佳选择。

　　事实证明，李隆基的心思是对的。

　　通常，史家对历代王朝的兴衰赓续，多以"初""中""晚"三个时期来评述，以便揭示其中的演化规律，唯独对唐代十分偏爱，在所谓"三期"论中增加了一个"盛唐"。没有人怀疑，盛唐的确值得单独拎出来大写特写，因为它是中国古代史乃至世界史上的高光时刻——玄宗先天元年至代宗大历元年的五十多年，即 712—766 年。其中尤以开元时期（713—741），由唐玄宗李隆基治下的近三十年最为辉煌，史称开元盛世。

　　史家偏爱，爱得客观，爱得有道；普天之下皆爱，爱它体现了唐朝的不凡与特色。

　　唐玄宗李隆基准备开创属于自己的盛世了，他很清楚，要实现这样一个宏伟目标，单凭自己的力量是远远不够的，他要有人来辅佐，有高人、能人与他一道擘画未来的蓝图。

能够担当此任的是姚崇，他与房玄龄、杜如晦、宋璟并称"唐朝四大贤相"。他曾任武后、睿宗两朝宰相。现在，唐玄宗亲政了，依旧倚重这个老臣，拜他为兵部尚书、同平章事[1]，迁中书令，封梁国公。执政三年，他被誉为"救时宰相"。

据说，唐玄宗请姚崇出山时，已逾花甲之年的姚崇并未立即应允。竟有这样的人？唐玄宗感到意外。姚崇遂说道，他有十项"改革措施"，如果皇帝李隆基觉得不可行，他便不敢接受任命。

唐玄宗让他说来听听。

唐玄宗与姚崇的君臣对话非同寻常，成为永载青史的一幕。

姚崇：自从垂拱[2]以来，朝廷多以严刑峻法治理天下，臣希望日后施政，能够先施仁义后谈刑罚，如此可以吗？

玄宗：朕真心希望你能如此行事。

姚崇：朝廷自出师青海失利[3]后，从未认真反思过，臣请求在任期间，朝廷不再追求开疆拓土，息兵休战，可否？

玄宗：可以。

姚崇：近年来，一些得到皇帝宠信的大臣违法乱纪，却被赦免，臣请求对这些人依法惩处，可否？

玄宗：朕对这类现象也切齿痛恨久矣。

姚崇：自武后临朝以来，宫中顾问之官多用阉人，臣请求陛下禁止宦官干政，行吗？

玄宗：此事我也思考很久，是该解决了。

---

1. 同平章事：全称同中书门下平章事。同中书门下平章事简称同平章事，同平章事初用于唐太宗时。自高宗永淳元年始，实际担任宰相者，或加以同中书门下平章事的名义。

2. 垂拱：唐睿宗李旦年号（685—688），实际上是武则天操纵朝政，睿宗毫无实权。一般算作武则天的年号。

3. 青海失利：唐高宗仪凤三年（678），吐蕃大军进攻安西，中书令李敬玄率十八万大军在青海湖附近与吐蕃主力激战，唐军大败。

姚崇：眼下，豪强大族竞相以奇珍异宝向上级献媚，是非常不好的风气，甚至蔓延到地方，影响极坏，臣请求一概杜绝正常赋税之外的所有额外进贡，可否？

玄宗：这个可以接受。

姚崇：武后以来，武氏族人、韦氏族人、太平公主、安乐公主相继专权用事，朝廷吏治混乱不堪，臣请陛下同意皇族及后妃宗亲族属今后不得担任朝廷要职，凡斜封官[1]、待阙官[2]、员外官[3]等名目一律废止，可以吗？

玄宗：此乃朕之夙愿。

姚崇：先朝对待臣工十分怠慢，君臣之间连最起码的尊敬都不存在，臣请求陛下能对臣子以礼相待，如何？

玄宗：当然可以！

姚崇：自从燕钦融[4]、韦月将[5]因直言进谏被杀后，言官们个个三缄其口，不敢作声，希望陛下能允许所有朝中大臣逆鳞犯谏，可乎？

玄宗：朕不仅要包容谏言，还会采纳他们合理的建议。

姚崇：武后修建福先寺，中宗修建圣善寺，太上皇修建金仙、玉真两观，皆耗资上百万，臣希望陛下禁止再行建造任何佛寺道观，行吗？

玄宗：朕每每看到这些建筑，都感到惶恐不安，岂会自己再下令建造呢？

---

1. 斜封官：也称"墨敕斜封官"，唐代非正式任命官员。唐中宗时，韦后及太平、安乐、长宁等公主皆依势用事，贪贿受赇，卖官侧门降墨敕，斜封付中书授官，号"斜封官"。

2. 待阙官：等待补缺任命，还没有实授官职。指官员经吏部铨选拟定某官或某差遣后，须等待现任官员任满后，才能赴任。

3. 员外官：正式编制外添置之官。多用以安置退免臣僚，无实际职事。

4. 燕钦融（？—710）：唐朝大臣，洛州偃师（今属河南）人。门荫入仕，累迁许州司户参军。景龙四年，上书揭发韦皇后和安乐公主的罪行，被赐死。

5. 韦月将（？—710）：唐雍州（治今陕西西安）人。神龙二年，上书中宗，言武三思私通韦后，必谋反。中宗大怒，命斩之。黄门侍郎宋璟请重审，中宗不准。左御史大夫苏珦、给事中徐坚等皆言不宜杀。中宗命杖流岭南，为广州都督周仁轨所杀。

大明宫麟德殿的复原图

姚崇：汉朝因马、窦、阎、梁、王等几家外戚乱了天下，最后还因此断送了社稷江山，臣请求陛下以史为鉴，警惕此类事情再次发生，以为万代之法？

玄宗：此类事可谓刻骨铭心，朕能做到。

见玄宗全部答应自己的要求，姚崇立即郑重下拜：

这是陛下行仁政之初，乃为臣千载一遇，天下幸甚，天下幸甚！

敢与当今圣上这般"摆谱"、讲条件，姚崇果真不凡。

为什么不厌其详地复述李隆基和姚崇的这段对话？实在是因为这次对话对大唐王朝来说太重要了——相当于史上诸葛亮之于刘备的隆中对。

彼时的李隆基俨然明君圣主的样子！日后开元盛世的基本治国纲领也是围绕这十条而确定的，核心和基本点就是：力主实行新政，推行社会改革；兴利除弊，整顿吏治，淘汰冗职，选官得才；抑制权贵，发展生产。

这次对话为开元盛世的出现奠定了理论基础。

其重要性还在于可以解释开元盛世终结的原因。约三十年后，安史之乱的爆发使大唐险些断送在李隆基手中，原因很多，其中重要的原因就是李隆基违背了这一天许下的部分承诺。

　　颜真卿生命的起点和青葱岁月，是合着盛世的大幕徐徐开启的——他生于唐中宗景龙三年（709），比开元盛世的起点早了三四年，但从颜真卿记事起，直到三十三岁的这段时期，其求学、进士及第（734年，二十六岁）和铨选入仕，都是处于开元盛世之中。

　　盛世给予颜真卿的影响，虽然是间接的、背景性的、氛围上的、宏观的，但对于颜真卿的成才、格局、荣辱观、三观等，乃至日后的一切遭际来说，都是息息相关的，绝不多余。

　　大唐是当时世界上经济繁荣、社会稳定、文化发达的显赫封建王朝，与此同时的拜占廷帝国[1]、印度、大食帝国[2]也曾强盛，却长期处于分裂、动乱之中，唯有地球的东方，大唐帝国版图达到一千多万平方公里，人口约计七千万，举世无与伦比。首都长安，大约是拜占廷首都君士坦丁堡的七倍、大食帝国首都巴格达的六倍，是名副其实的世界第一城。

　　光是都城面积大，不能说明就是繁盛。城中两市店铺、酒肆栉比鳞次，买卖兴隆，货物丰盈，人流摩肩接踵。不只如此，人流中还有来自世界各地、长相迥异、身着奇装异服的商贾、客人。李白的诗句中有"挥鞭直就胡姬饮"（《白鼻骢》）、"胡姬貌如花，当垆笑春风。笑春风，舞罗衣，君今不醉将安归"（《前有樽酒行二首》），写了人们喜饮胡酒的乐事，从中可以看出彼时盛唐与西域及外夷交往的境况。

　　都市繁华也不能代表九州富庶，论天下太平、百姓安居乐业，还要看长安之外，而长安之外也不能只看一贯富庶的关中、关东，以及陡然崛起的江南地区，更要看边疆和民族地区——大唐实施"四夷可使如一家"的民族政策，中原与边陲同样国泰民安，各民族和谐相处，物阜民

---

1. 拜占廷帝国：罗马帝国的后继者东罗马帝国的别称。330年，罗马皇帝君士坦丁一世在古希腊移民城市拜占旧址定都，后改名为君士坦丁堡。395年，罗马帝国分裂为东、西两部分。东罗马帝国建都君士坦丁堡，因此又称拜占廷帝国。由于其领土大部在希腊人居住地区，故也称希腊帝国。
2. 大食帝国：大食帝国与唐王朝大致建立于同时，两国人民都创建了光辉灿烂的文明，从7世纪后半期起，交往日益频繁。

唐人常用的货币——开元通宝

丰，这才显示盛世的不凡。

盛世重科举，礼贤儒士，读书问学蔚然成风。唐初因战事纷扰，国家仍不安定，人才的选拔和晋升是鼓励军功，以立功入仕。开元以来，官学和私学如雨后春笋，非常兴盛，天下英才士子热衷读书科考，求进士及第，苦读经史子集，潜心问学，"耻不以文章达"。儒家思想当家，有志者"修齐治平"，平民子弟也有上升的机会和空间，乃一派积极奋发、锐意进取的气象。

与汉代"独尊儒术"不同，大唐盛世之际，儒、释、道三教并行不悖，儒学昌明、佛教兴盛、道教风行，国人既可以中途由儒入佛，也可以由佛入道。

信仰自由了，文化便可多元并存，人们的思想观念则有了更广阔的发展空间，国家和民族思维品质大大提升。

盛唐还是中国佛教的黄金时代，除了天台宗创立于隋代之外，其他如唯识宗、三论宗、华严宗、禅宗、律宗、净土宗、密宗等中国化佛教宗派，都是在唐代真正定型的。这意味着什么呢？外来的佛教不再是纯粹的舶来品，而是融入了本土道学、儒学等中华民族优秀宗教思想和中国哲学精华，成为体现中国传统文化开放性与包容度的一抹亮色。

盛世的重要标签之一，是文学艺术大繁荣。其中最有代表性的是诗人辈出，佳作纷呈，孟浩然、王维等人的田园诗、山水诗，清幽自然；岑参、王昌龄、崔颢等人的边塞诗，豪迈雄浑；贺知章的诗乐观豁达、语言朴实、洒脱自然。更有号称"诗仙"的李白和"诗圣"的杜甫，或奔放豪迈、超凡脱俗，或沉郁顿挫、厚重老成，成为中国古代诗歌的两座高峰。

诗言志。隽永的诗作，岂是"文学"二字可以概括的，那是一代诗人（歌者）将自身命运熔铸于非凡的时代而呈现的中华人文精神。

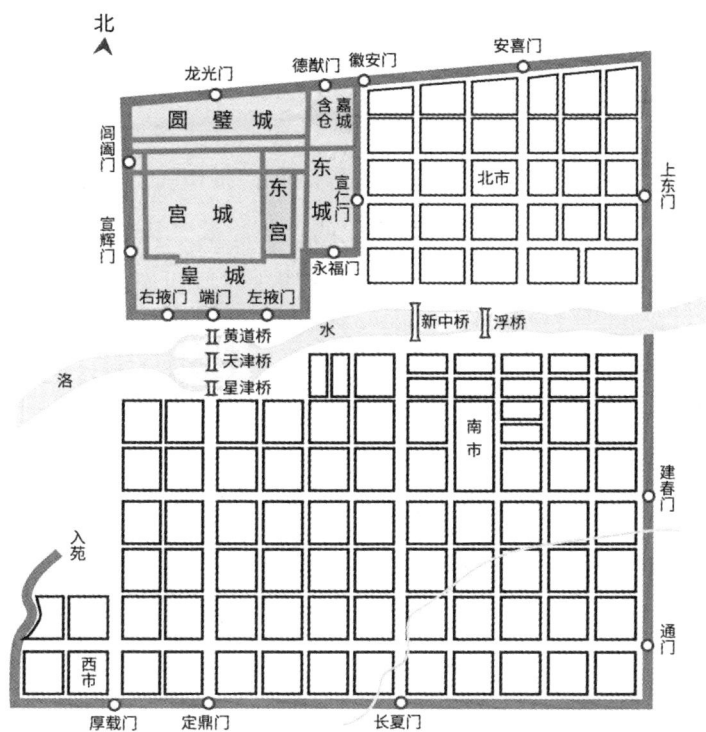

唐代洛阳城示意图

唐章怀太子墓壁画《客使图》

与唐诗媲美的书法、绘画、雕塑、音乐、舞蹈等艺术，也绚烂夺目。人物画达到艺术巅峰，"画圣"吴道子是那个时代的标志性人物，其开创的"吴带当风"之技艺传承千古。

山水画也渐成熟，王维不仅诗写得好，画也画得好，用水墨作画，是水墨山水之祖，"画中有诗"是他的贡献。要知道，绘画题材是遵循先人物后山水的衍生逻辑的，因此"盛唐山水画也渐成熟"一句其实包含着盛世精华。

还有赫赫有名的曹霸、张萱、韩干等，都是那个时代绘画艺术的扛鼎人物。

雕塑艺术成就斐然。特别是石窟艺术，那些开凿于前朝的著名洞窟，如敦煌莫高窟、洛阳龙门石窟、天水麦积山石窟等都在盛世期间得到续雕，艺术风格进入宏阔与精致、雄伟与浪漫杂糅的全新境界。那尊坐落于四川乐山的弥勒大佛，雕凿的时间是开元元年（713），耗时九十年告竣，气势磅礴，恢宏奇伟，举世闻名，与那个时代的精神太契合了，不仅是彼时"打卡地"，还是千年后"网红"地标。

音乐与舞蹈融合的乐舞，雅俗共赏，上到帝王贵胄，下到黎民百姓无不喜爱。开创大唐基业的唐太宗李世民曾编制了大型作品《破阵乐》，舞者百二十人，奏乐者不计其数，每逢演出，舞姿矫健，声播百里，撼动天地。

唐玄宗李隆基继承先祖衣钵，不仅也好此道，而且有过之而无

《西方净土变》壁画，莫高窟第 112 窟，唐

不及，他亲自创作了《霓裳羽衣曲》。如果不谈政治，只谈艺术，其艺术造诣绝对是超一流的水平。

至于唐玄宗晚年昏聩并沉迷享乐，甚至是听着《霓裳羽衣曲》与杨贵妃卿卿我我的时候得知安禄山起兵谋反的，大唐几乎毁在他手里，则是另当别论了。

真正代表盛世乐舞水准的，还要算宫廷首席乐师李龟年。据载，李龟年兄弟三人，都是音乐"达人"，李龟年尤其善歌，创作的《渭川曲》是那个时代的标杆作品，受到唐玄宗的赏识。王公大臣、富商大贾也非常推崇他，兄弟三人经常出演堂会，每次得到的赏赐都成千上万。于是他们在东都洛阳建造宅第，其规模甚至超过了公侯府第。这个故事从另一个角度看出盛世音乐舞蹈的火爆程度。

至于书法艺术，"初唐四家"的欧阳询、虞世南、褚遂良、薛稷以谨严的艺术法度，将王羲之、王献之父子创制的"魏晋风度"推到一个新境界，为后面的中唐包括盛世在内的书法奠定了扎实的基础。

盛世景象看上去很美，而上述所列，包括具体事例，一定是挂一漏万的。唐朝艺术成就之大，影响之深远，举不胜举，述不胜述。如果用最少的字来概括，那便是：气象万千，恢宏磅礴。

说一千道一万，盛世的生态给颜真卿的影响是巨大的，不是阳光雨露，却胜似阳光雨露。他的胸襟、他的胆识、他的正直、他的忠君，以及他所创制的颜体，无不打上了时代的印记。

5. 出生

唐中宗景龙三年，初夏，黎明时分，晨曦染映了都城长安，亮了宫阙，亮了街坊……

这是一座出了名的"棋盘"城市——循着阳光走向而造，讲究南北东西坐标，蕴含着阴阳五行之道，纵横规整，气势磅礴，不仅是中国营造史的杰作，也是彼时立于世界城建之林的独有范式。

长安外城以北，内城东南的一带，自隋以来便是朝臣居住的地界。贯通南北的朱雀大街嵌于其间，大街向南的第二个巷子名为"通化坊"。坊中有一座大宅，灰墙黛瓦，形制不俗，经风历雨，虽不恢宏，却颇具气象。

一缕温润的曙光落在朱门匾额之上，"颜氏宅第"四字榜书斑驳遒劲。此地不是别处，正是颜氏祖居。今日颜宅有喜事——老宅侧院的一间卧房中，颜惟贞之妻殷氏临盆在即，一个新的生命即将诞生。

颜惟贞，是未来新生儿的父亲，此刻的他被"赶出"厅堂，徘徊于院中，惴惴不安地等候消息……

颜家祖居起初是五世祖颜之推购置下的，至此已历一百三十年风雨沧桑了。

颜宅有几进院落，外带颜氏家庙。到了高祖颜思鲁这辈，是颜思鲁夫妇侍奉颜思鲁母亲殷氏居住，奔走堂前的是颜思鲁的四个儿子。与颜思鲁共居一院的是颜勤礼和颜育德兄弟。

颜氏有家庙，就设在宅院中。古代中国，凡在朝廷做官的，皆有家庙，以供奉祖先。家庙与祠堂的最大不同是，任何家族都可设立祠堂，家庙则不是谁都可建的，这体现了社会身份，体现了地位等级。

颜氏家庙原是颜思鲁夫妇居处的后堂，后经改建而成。

颜惟贞和其兄颜元孙都出生在这个大宅里。

颜氏的左邻右舍亦不寻常。

颜家的姻亲，也就是颜惟贞的高祖奶奶殷氏也住在通化坊。同颜家一样，殷氏祖上自初唐已然定居于此。殷家也是高门大户，为世家望族。颜、殷两家门当户对，相邻和睦，数代联姻。

通化坊还住着欧阳询。他是初唐人士，所作《九成宫醴泉铭碑》和

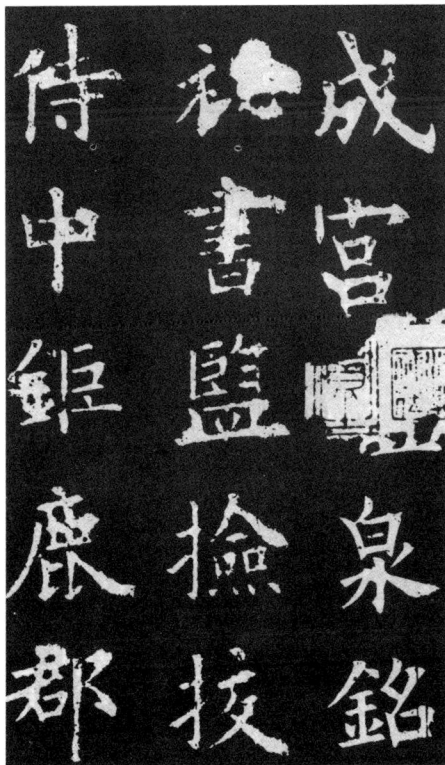

欧阳询《九成宫醴泉铭》（局部）

《皇甫诞碑》皆为传世经典。欧阳询也不是"书协会员"，书法于他而言，只是多个身份、角色中的一个，不是唯一。欧阳询的官职有银青光禄大夫、太子率（lǜ）更令[1]、弘文馆学士等，是御用的学问家，与颜家曾祖颜师古同朝为臣，皆是初唐文化的主将。

　　除了欧阳家，通化坊还住着另一位"书法达人"冯承素，官至弘文馆直学士[2]，职位不高，其他政绩后世记载也不多，但立世知名的是他所

---

1. 太子率更令：古代职官名。秦始置。秦汉时，掌知漏刻，故曰率更。唐沿袭，称率更寺令，加掌皇族次序、礼乐及刑法事。

2. 弘文馆直学士：古代职官名。唐门下省弘文馆、中书省集贤殿书院皆置学士，掌校理图籍，六品以下称直学士。后凡官资较浅者，初入直馆阁，为直学士，班在学士下，待制上。直学士无品秩，充任直学士的官员可以上至三品大员、下至八九品小官。

临写的《乐毅论》和《兰亭集序》，皆为书史珍品。

彼时，字写得好，乃做官的本领；写得合法度且有道，即为书艺。书与琴棋画合在一起玩赏切磋，这是一种人文素养。其中佼佼者被奉为书法家是顺理成章的事。

至于做了邻里，全赖彼此均为大唐朝廷臣工，所谓"人以群分"，是在论的。

上述几人是从书家和文化影响力的角度拎出来的，但若还原其在当时的实际身份，他们都是地地道道的大唐官员。

不管怎么说，这么多重量级的大家居住在此，可以想见当年通化坊的文化底蕴多么深厚。如此浓郁的"社区"文化，一定影响了颜氏后裔。同时，颜家的风尚也融汇于社区文化之中，相互作用。

忽然，房内传出新生儿的啼哭声，洪亮，清脆，煞是动人。颜惟贞听闻大喜！是个男婴。

在此之前，颜惟贞夫妇已经生养了五个儿子。

又是弄璋之喜。

该起一个什么样的名字呢？

顺着颜惟贞兄长家侄儿和同祖堂侄的排行，这个男婴就是"颜十三"。大名即学名叫什么？这是父亲的功课，颜惟贞思索了一下，说叫"真卿"。"卿"字表的是辈分，颜家这一支男孩名字当中皆带"卿"字。"真"字才是专属，与"卿"字合二为一，饱含了父母的希望——真卿者，做人则恪守正道，正直、正义；为官则清正、清明，乃真正坦荡荡的君子也。

有学名还要有乳名，乳名由母亲来起。

母亲早已拟好了，叫"羡门子"。

"羡门子"是什么？他是古代传说中的一位神仙，擅长法术，既能济民生，又能自保。母亲的爱深且细，她当然希望儿子能继承家学家风，出人头地。但人生不易呀！平安、顺遂更是重要。"羡门子"这个名字，图的是吉利——借仙道之法护佑这个刚刚出世的儿子。

可怜天下父母心！

6. 失怙而不孤

流光如梭，颜真卿三四岁了。

懵懂的幼儿尚不记事，而朝廷和家里却已发生了大事。

景龙四年，颜真卿二岁。

这一年，唐中宗李显薨逝，死因成谜。比较多的说法是被韦皇后与安乐公主母女设谋毒死的。为什么要杀夫弑父？自超不出宫廷权位争斗的逻辑。

安乐公主就是唐中宗李显的第七女李裹儿。史载，中宗李显是个昏懦之主，堪称史上少有的倒霉帝君。李显前后两次当政，总共在位五年半。李显在政治上毫无抱负，生活上窝窝囊囊。皇后韦氏和其女安乐公主便乘机参与政事，两人都想效法武则天，独掌政权，君临天下，做下一个女皇。

弘道元年（683），李显第一次即位，就被强悍的母亲武则天临朝称制，废为庐陵[1]王，先后迁于均州[2]、房州[3]等地。

安乐公主就是李显第一次被废后，与韦氏赴房州时，韦氏于途中分娩的。因当时情况窘迫，匆忙中韦氏以衣服做褓褓，所以公主取名为裹儿。

李裹儿姿性聪慧，容貌美艳，中宗与韦氏对她十分宠爱甚至溺爱。

---

1. 庐陵：今江西省吉安市。
2. 均州：今湖北省丹江口市。
3. 房州：今湖北省房县。

待中宗被召回到东宫后，嫡祖母武则天看见孙女如此秀外慧中，也格外欣赏，给了她一个封号——安乐公主。

安乐公主虽被称为唐代第一美人，但论起心性来却如蛇蝎一般，骄横任性。她利用父皇的昏懦无为，大肆干预朝政，开府设官，贿买官爵，一时间，宰相以下的官员多出其门，就连屠夫酒肆之徒、为奴为婢之人，只要给钱，明码标价，就可以当官。她所做的一切就是笼络人心，聚敛钱财，伺机篡位——仿效武则天当女皇。

为了达到自己的目的，安乐公主的第一步是企图让唐中宗立其为"皇太女"。中宗并未应允，于是她联络同样野心勃勃的韦氏，将唐中宗毒死。

韦氏与安乐公主虽共谋弑君，却各怀鬼胎：韦氏的算盘是立自己的儿子为帝，然后操纵皇帝，做实际上的女皇。安乐公主的野心前文已述。但好景不长，十多天后，李显的亲弟弟李旦的第三子临淄王李隆基与姑母太平公主联袂举兵，率御林军攻入宫内，一番殊死搏斗之后，韦后和安乐公主被诛杀。姑侄二人拥立李旦为帝，即睿宗。

复位的皇帝高兴，论功行赏是必然的：亲儿子李隆基诛恶有功，睿宗立其为太子；亲妹妹太平公主的功劳也不小，则准予参政，亦属殊荣。

这便是历史上的"唐隆之变"。

之后，宫廷的"基本面"倒是平静下来，却暗流涌动。比如太平公主绝非等闲之辈，她拉拢人心，培植党羽，劝李旦废黜李隆基的太子之位，其野心膨胀，昭昭可见。

有道是：韦氏与安乐公主之"乱政"被平定了，代之而来的是太平公主与太子李隆基之姑侄对抗。对此，懦弱无能的睿宗无力决断。

果决的李隆基等不及了，他要抢在太平公主的前面"上位"，否则必将成为姑母的阶下囚。经过一番谋划，软弱无能的睿宗以禅让的方式腾出皇位，做了被架空的太上皇，李隆基终于堂而皇之地登基称帝。

一年后，李隆基将太平公主赐死。至此，天下算是真正太平起来。

先天元年，李隆基登基，这一年颜真卿四岁。

国事如此，而家事更为牵动人心——父亲颜惟贞病逝，年幼的颜真卿和自己的兄弟姐妹一起失怙！

家翁不在了，对于不少人家来讲，孤儿寡母的，生计顿无着落。

然而，颜氏家族和殷氏家族和睦，同气连枝，姻亲相敬的家风及经济条件优渥的家境，使得遭遇孤寡不幸的颜真卿一家呈现的是另一番景象。

听闻颜惟贞病逝的消息后，在忻州刺史任上的兄长颜元孙，远在钱塘的长姐、钱塘县丞殷履直的夫人颜真定，先后匆匆赶回都城长安，祭奠弟弟，安排遗孀和孤儿的生活。

颜元孙和颜真定明白，仅凭弟妹殷氏一人抚育十个孤儿，那怎么可能？家族必须伸出援手，予以帮助和接济！否则，如何对得起死去的高堂和弟弟？

姐弟二人便郑重安慰弟妹：从今往后，做母亲的只管尽心教育好子女，吃穿用度之事不必操心，有伯父和姑母在，侄儿侄女绝不会挨冻受饿。

不仅有安慰，更有落实。

落实什么？

接济之钱物和责任之人。颜真定与颜元孙姐弟二人把日后所谓照料之责托付给了一位最靠谱之人——殷践猷。殷践猷不是别人，是弟妹殷氏的兄长、颜惟贞的内兄、颜真卿的舅父。

俗话说得好，爹娘亲，娘舅亲，打断骨头连着筋。旧时代有"嫁出去的女儿泼出去的水"的陈俗，意思是出嫁已为人妻的女子，一旦遇到生活危机，娘家兄弟是甩手不管的。其原因主要是物质匮乏，但也有家风不良和人性不善之故。

舅父殷践猷不然，他理解颜元孙和颜真定的难处——皆在外埠，照护不便。他完全赞成他们所做的安排，义不容辞，慨然允诺。于是，颜真卿一家人住进了舅父家。

殷践猷家离得不远，就在通化坊的另一头。

母亲殷氏娘家不凡，是典型的名门望族——祖居陈郡长平[1]，崛起于远祖殷羡。

殷羡，字洪乔，东晋大臣。相传有个段子叫"生子之勋"，说的就是殷羡的故事。晋元帝的幼子司马昱出生后，晋元帝很高兴，赏赐群臣。

殷羡推辞说：皇子降生，普天同庆。臣没有什么功劳，却能领到赏赐，实在惭愧。

晋元帝笑答：此事怎么能让你有功劳呢?

殷羡因平定苏峻之乱有功，授豫章[2]太守，在即将离京赴任时，很多人都托他带信，他把信一一收下。结果殷羡来到石头渚[3]时，启开这些书信，发现这些信的内容大多数都是拉关系、跑人情之类的，他非常反感，于是将信都抛进了水里，一边抛一边念道：沉者自沉，浮者自浮，殷羡不能做致书邮（送信的邮差）。于是就有了"付诸洪乔"的典故。后世把这一典故当作书信遗失的雅称。

五世祖殷峤，字开山。他祖父、陈朝司农卿殷不害在陈朝灭亡后便徙居雍州鄠县[4]，此后便成为关中人士。殷峤父亲殷僧首乃隋朝的秘书丞，殷峤这一代便由隋入唐，举家迁至长安。

殷峤因跟随李渊、李世民征战，功绩卓著，成为唐朝开国元勋，任过兵部尚书、吏部尚书。

贞观十七年（643），唐太宗为表彰功臣，辟了凌烟阁，命画师在阁之四壁绘制功勋彩像，其中有长孙无忌、房玄龄等人，号称"凌烟阁

1. 长平：今河南省西华县。
2. 豫章：治所在今江西省南昌市。
3. 石头渚：在今江西省南昌市西北赣江西岸。
4. 雍州鄠县：今陕西省西安市鄠邑区。

二十四功臣"，殷峤入画，名列第十三位。死后追赠郧国公。

在中国古代，名门望族间的联姻是非常普遍的现象。

殷氏家族不仅与名门联姻，还有国婚。国婚者，就是与皇室通婚。据考，殷氏家族仅国婚就有四例，与望族的联姻更是不少，其中包括与琅琊王氏王羲之家族、陈郡谢氏谢安家族的联姻。至北朝和隋唐以后的两百年间，联姻不断，主要是殷氏家族琅琊颜氏家族，比如颜思鲁、颜昭甫，还有颜惟贞娶的都是殷氏之女。

当然，殷家也娶颜氏女，比如殷仲容娶的就是颜家之女。

名门望族之间的联姻，一方面使得族系和家世保持高贵，这是一种血脉的传承；另一方面，还包含着精神的传承，这是文脉的绵续。有的时候，文脉的绵续更珍贵，影响更深远。

名门联姻现象的优劣势不是我们的关注点，但对于传主颜真卿而言，意义则大不相同。颜、殷联姻，包括殷家自身的地位都是颜真卿生存、成长、发展，乃至颜真卿之所以是颜真卿的重要因由，是生活于那个时代的人物不能脱离的事实。从某种意义上说，血脉与文脉的传承，除颜氏本族，殷家谱系也是颜真卿所享有的一份特有的社会文化资源和财富。

殷氏家族对颜真卿的影响有直接的和间接的。殷仲容和殷践猷伯侄二人，也就是颜真卿的伯舅爷和舅父，对颜真卿影响最直接、最深。

伯舅爷殷仲容，字元凯，乃唐高宗和武则天时代的人，官至秘书丞、工部郎中、申州[1]刺史等。他还是初唐著名书法家、画家，擅长篆、隶书，尤精榜书题额，彼时京师名胜到处有他的匾额题迹。他的书法造诣高深。

只可惜，书画史历来重视标志性人物，往往易忽略过渡性书家，因而后世对殷仲容的大名少有知晓。

1.申州：治所在今河南省信阳市浉河区。

过渡性是什么意思？

以书法为例，唐代初年楷体书法的面貌和地位，是以"初唐四家"为标志和代表的。此前是南北朝，以及隋代的王僧虔和智永和尚，他们定格了那个时代楷书的水准。殷仲容隐于中间。其绘画，"工写貌及人物、花鸟，妙得其真，或用墨色，如兼五彩"[1]。"写貌"即写生，可做到惟妙惟肖。"五彩"即"墨分五色"，用水调节墨色，分出多层次的浓淡干湿。

墨分五色是一个非常重要的国画技法，直至今日，一千三四百年来沿用不衰。这是由殷仲容始创的，可见其贡献之大。颜元孙和颜惟贞兄弟二人也是自小没了父亲，由母亲带着二人寄居在舅舅殷仲容家，除去经史子集的文化课之外，两人的书画还得其舅父真传，颜惟贞"特以草隶擅名"。

舅父殷践猷，字伯起，禀赋极高，做过杭州参军，后升至秘书监学士[2]兼丽正殿学士[3]，官位不是很显赫，但博学善记，尤其精通《史记》、《汉书》、历法、族姓学和医术，是一位大学问家。

重要的是，殷践猷为官为学皆好，为人方正善良，不仅帮助姐姐抚养外甥、外甥女，还担负起他们的教诲、训导之责。舅父至爱堪比乃父！

常言道，舅好不如舅母好。殷践猷之妻萧氏明事理，人贤淑，能读《易》《论语》，阅遍史传，且把颜家子女如自己的孩子一样照看呵护。能有这样的舅父、舅母，真是颜真卿兄弟姐妹的福气。

伯父和姑母虽是托付舅父代为照料，却也不曾推卸自己的责任。殷家与颜氏老宅相邻不远，往来亦便利。不论回京述职、省亲，还是日后归隐故里，都少不了亲情团聚，关怀备至。

---

1. 张彦远：《历代名画记》。
2. 秘书监学士：相当于秘书省长官的秘书。
3. 丽正殿学士：唐玄宗开元六年（718）改乾元院修书官置，以六品以下充任。至十三年丽正殿书院改为集贤殿书院，丽正殿学士改为集贤院学士。

显然，颜真卿及兄弟姐妹汇入了一个更大的有温度的家庭，他们虽属寄居，却非寄人篱下，既无衣食之虞，也没有被歧视伤害，而是殊享厚爱，虽然失怙，却孤而不孤。

实岁三岁，乃人的性格养成的第一个"关键期"，此为现代教育观。而照中国传统之经验，叫作"三岁看老"。准不准？反正在颜真卿这儿是应验的。

世间失怙因而寄人篱下者，性格孤僻、偏执、报复心强的不在少数，而在颜真卿身上却没有。不论堂亲还是表亲，兄友弟恭，既相与嬉戏，又读书为伴，和睦怡怡。

失怙是个连锁效应，生存难，连带的就是失学即教育的缺失——饭都吃不饱，何谈读书？而在颜家、在殷家，没有这个问题。颜真卿兄弟姐妹十人，享受了与舅父、伯父的子女们同等的教育。在这个家庭里，舅父殷践猷和伯父颜元孙家的子女，包括长颜真卿好几岁甚至十几岁的自家哥哥姐姐，人人自强，个个争先，读书精进，堪为表率，这恐怕是颜真卿日后科举及第，铨选入仕的"元动力"！

有道是：颜真卿幼年丧父，原本不幸，而实际境况却是经历了一场与常人不一样的失怙。

7. 椿庭自有良师

开元四年（716），颜元孙因儿女亲事得罪了按察使王志愔，遭报复而被罢官[1]，黜归故里，赋闲十年。这本是冤枉倒霉之事，而对于一身傲

---

1. 罢官：罢官有两种情形，或是辞官弃职，或者是免除官职。后者属于正常"换届"和"轮岗"。按照唐代吏治，官员任官秩满即去职另有任用。通常在州三年一秩。

骨、心性达观、看透官场的颜元孙来说，也不全是坏事——不但可以休养生息，还可以分担姻亲殷践猷的负担，尽抚养、教导侄儿侄女们的责任，也对得起九泉之下的惟贞兄弟了。

于是，颜元孙将颜真卿母子从舅父家接回颜氏老宅，开始了新的生活。

这一年，颜真卿八岁。

一大家人的生计如何谋划？除去积蓄之外，颜元孙便以替人书写卷帙、碑铭的笔润补贴家用，虽生活不宽裕，却全家老少安稳，甘之如饴。

衣食用度自是重要的，而颜元孙最快意的，当属教诲训导子侄后辈。他每日都拿出大半天的时间，把子侄召集到一起，按不同年纪分别授业：给大孩子如杲卿、允南讲诗书，给小孩子如真卿、茂曾讲《论语》《孟子》。进士出身的颜元孙既教授典籍，又指导绘画，还包括写字，读帖、握笔、运行、墨色……且讲且示范，要求严格，一丝不苟。一天下来，口干舌燥，人困马乏，却乐此不疲。

开元二十年（732）七月初，这位不屈服权贵、孤傲清高、甘愿做全职"主男"的颜元孙燃尽对家人的热爱，病逝于其子颜春卿翼城[1]县丞任所。

颜元孙有文集三十卷，所著《干禄字书》影响广远，蜚声朝野，且饮誉后世，被尊为正字学的始祖。唐大历九年（774），颜真卿将《干禄字书》书后刻石立于湖州[2]。

颜真卿难忘伯父的养育之恩，曾满怀深情地回忆道：我从小就跟随伯父开蒙授业，总是得到他特别的表扬和勉励。伯父于我来说，何止是爱侄如父，还是我的恩师。[3]

---

1. 翼城：今属山西。
2. 湖州：今属浙江。隋仁寿二年（602）以其地滨太湖而名湖州，为设立之始。唐代湖州为上州。
3. 颜真卿：《朝议大夫守华州刺史上柱国赠秘书监颜君神道碑铭》。

姑母颜真定也极尽"师父之训"。姑母曾做过武则天的女史，是出了名的才女；又因是家中长女，父亲过世早，曾帮助母亲抚育、教诲弟弟颜元孙和颜惟贞，是一位极有家庭担当的女性。

以往，姑母因随夫远居钱塘，照看颜真卿一家实属不便。现在姑父致仕[1]，归隐长安老家，姑母就可与伯父元孙一道照看、教诲侄男侄女了。姑母满腹经纶，学问过人，她辅导颜真卿他们读《诗》《书》；讲解时人传诵之经典美文，如东汉王延寿《王孙赋》、崔瑗《飞龙篇》；还讲授张衡的《二京赋》与左思的《三都赋》合二为一的"五都赋"，以及南朝梁江淹的《造化篇》等。

对颜真卿而言，听姑母的精妙赏析，沉浸于如此美文之中，真是开窍养心，受益匪浅。姑母的书法也是了得，指导晚辈们研习书法自在其中。

在颜、殷大家庭里，除了长辈的垂教，堂兄表兄，还有自己的嫡亲兄长皆学而有成，对于少小的颜真卿而言，他们亦可为师。堂兄春卿工翰墨，杲卿文理俱佳，曜卿工草书和五言……皆可以己所长辅导堂弟。自家二哥允南大颜真卿十五岁，他文章流畅，书法亦精，教习弟弟识字、读书、作诗，真乃兄长如父。

其他几个哥哥也是好学上进，皆为颜真卿的表率。

8. 苏州省亲

颜真卿十三岁那年，即开元九年，慈爱如父的舅舅殷践猷病故，享年四十八岁。舅父的英年早逝是殷氏家族的一大损失，对外祖父殷子敬

---

1. 致仕：辞官退休。

来说更是沉重的打击。殷践猷的人品、声名曾是做父亲的莫大骄傲，现在他却先父亲而去，白发人送黑发人乃人生之大悲，殷子敬怎能受得了啊！

这个时候，殷子敬尚在苏州吴县[1]县令任上。

突遭变故，一家人遂兵分两路——舅母萧氏携子女扶灵东去陈郡安葬舅父，那里是殷氏祖籍和祖陵所在之地；母亲殷氏则携真卿兄弟几人下苏州去安慰、探望年迈的外祖父，此乃一次艰辛的省亲之旅。

从长安至苏州，路途迢迢。

东出长安春明门，先是绕过高耸险峻的华山，再穿越喧闹的东都洛阳，然后由旱路转水路，乘舟向东南，辗转抵达苏州。一路跋涉，舟车劳顿。还好，因有伯父提供的盘缠，虽辛苦倒也顺利。

老年丧子，外祖父悲痛不已。现在，女儿和外孙们的到来给老人家带来了莫大的慰藉，老人家的心情平复了许多。

那时，长安与苏州两地相隔甚远，一切消息唯有鸿雁传书。此刻立在面前的颜真卿已是总角之年[2]，个头快要赶上母亲了，面庞俊朗，眉宇清澈，出息得几乎认不出了。变化之大，令外祖父万分感慨。

外祖父殷子敬是殷仲容的堂兄弟，其生平事迹史载不多，官位也不显达，但他为官清正，兢兢业业，老而不怠，是典型的好官好人。殷子敬承继殷氏家学，饱读诗书，文章翰墨精湛。因常年外放为官，不能周济照料远在京城的家人，心中总觉亏欠。眼下女儿和外孙们省亲而来，正好是个弥补的机会，也可以教授、督促孙辈功课，尽享天伦之乐。

殷子敬虽俸禄不甚丰裕，但还是给女儿和外孙们提供了尽量好的生活与学习条件。馆舍藏书之多，是颜真卿最开心的。在这里，颜真卿和

---

1. 吴县：今江苏省苏州市姑苏区。
2. 总角之年：古代儿童会把头发分为左右两半，在头顶各扎成一个结，形状就如两个羊角，故称"总角"。总角代表的年龄是八九岁至十三四岁。

兄弟们不仅可以聆听外祖父的教诲，还发现了很多在长安家中不曾有的善本典籍，虽说不能看懂，但很是新奇。

偶然中，颜真卿还接触到舅父殷践猷写给外祖父的一些书信。笺纸上亲人的家常倾诉，遣词造句的文笔，以及隽永的墨迹，都深深地感染了颜真卿。

颜真卿自出生到现在，还是头一次出远门，来到千里之遥的江南名郡吴县，其好奇与兴奋是可以想象的。

长安，是镶嵌于西北、关中平畴沃野平原上的一颗明珠，北濒渭河、南依秦岭，向东南眺望，便是凤栖原、白鹿原（灞陵原）和绵延不尽的黄土高原。传说这里是中华文明龙脉之所，不管有没有道理，算上唐代，有十三个王朝在此建都确是真的。

这座都城留给颜真卿的深刻记忆是繁盛、宏阔、厚重和雄浑。

而江南吴县，也是故国都城，同为文明的发祥之地，却是另一番光景——城内城外无处不有水，隋炀帝开凿的大运河穿境而过，烟波浩渺的太湖紧邻城郭，百姓的居舍临水而筑。这里见不到莽莽苍苍的山脉，唯有水天一色中若隐若现的丘陵。人们行的是舟，吃的是米，枕的是河，说的是吴侬软语……

若是在长安，冬天里，草木皆枯，一派肃杀，而江南依旧郁郁葱葱，绿草如茵。一切都是新鲜的、别样的，与久居的老家长安相比，反差太大，连空气的味道都不一样。正所谓泱泱中华，东西南北，风物不一，各具千秋。无怪圣贤说，读万卷书，行万里路。

最让颜真卿感兴趣的，当属江南的人杰地灵及人文掌故。"吴王金戈越王剑"的典故，还有伍子胥过昭关一夜白头、孙武向吴王阖闾进献兵法等都与这里息息相关。当初，父兄讲授这些春秋历史的时候，颜真卿是懵懵懂懂的，不甚明了其深意。此刻，环境变了，心境变了，那些书本上的人物与事件像是活了起来……

读书虽苦，闲暇随外祖父出游却是乐事。苏州山青水绿，如诗如画，名胜古迹颇多，印象深的还是城郊西北的虎丘。这里原是吴王阖闾的离宫，古树荫翳，绝壁兀立，风景旖旎。阖闾在吴越争战中负伤而亡，其子夫差将父葬于此地。传说下葬三日后，竟有白虎盘踞在坟丘之上，遂有了"虎丘"之名。

六朝时，这里建造了两座寺院，一座叫东寺，一座叫西寺，香火很旺，成了佛教圣地。[1] 庙宇东西对峙，很是庄严。

在不远处，还有一景令颜真卿流连忘返，那便是剑池。据传此处埋着阖闾生前喜爱的三千柄宝剑，后世的秦始皇、项羽、孙权等都来"挖宝"，却一无所获，空手而返。

引人入胜的还有剑池的摩崖石刻。左壁上篆书"剑池"二字，说是王羲之所书，而记忆里，"书圣"向以行楷名世，为何此处倒是篆书？

颜真卿既为"书圣"墨迹所痴迷，也心生些许疑问。

少年颜真卿一定不会想到，五十年后，他因奸臣谗佞而贬谪为抚州刺史，任上他再次游览了虎丘，他在《刻清远道士诗，因而继作》诗中写道："不到东西寺，于今五十春。揭来从旧赏，林壑宛相亲……"诗作抒发了颜真卿的无限感慨，物是人非，旧迹仍是亲切难忘。

书以神情为魂魄。颜真卿的这首诗文经自己书丹上碑，留下一通传世墨宝。其书用笔和婉，结字舒朗，比之同时期的《颜勤礼碑》，少了肃穆苍劲，多了温润闲适，与诗文内容十分贴切，显示了颜真卿于同一大风格的前提下，尚能根据创作情境做出微调的对审美的驾驭能力，成为其众多墨迹中鲜见的颇具特色的精品。

江南行旅，对于少年颜真卿来说，是一段难得的阅历，因为年纪尚小，很多东西未必全懂，但印象是深刻的。尤为重要的是，他对新鲜事物敏感、不排斥，善于接受，融会贯通。日后，他又于北方、南方多地

---

1. 东西寺：东晋司徒王珣及其弟司空王珉各自在虎丘山中营建别墅，咸和二年（327）双双舍宅为虎丘山寺，仍分两处，称东寺、西寺。

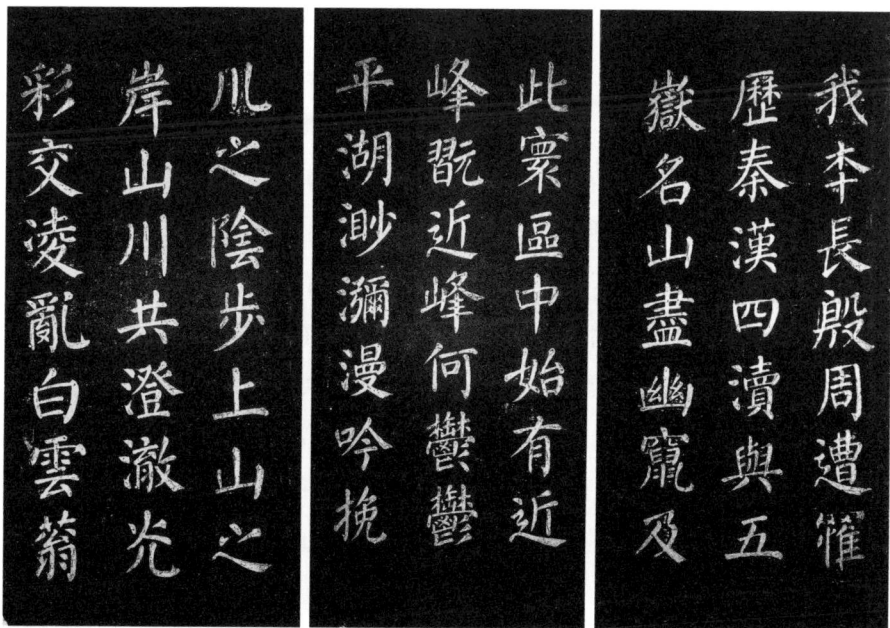

《清远道士诗》（局部）
唐·颜真卿书，楷书。9行，计82字。藏于浙江省博物馆

任职，对各地人文风土之精髓皆能博采、吸纳。一次次"读书"与"行路"的积累和升华，终铸成颜真卿不论为官还是为学，不论是诗文还是书法，所少不得的厚重感、融和性和雍容度。

9. 黑发即知勤学早

苏州归来，颜真卿长大了。

不单是个头蹿高了许多，更是明事理、懂报恩，这是一个非常重要的变化。颜真卿知道母亲含辛茹苦为的是什么，也知道伯父、姑母和舅父的养育与教诲所寄予的厚望。他暗下决心，一定要苦读诗书，求取功名，报答母亲和亲人，并告慰先人，不坠家声。

自此以后，学业上的事不再劳烦母亲、兄长和亲人。诵书、背诗、练字诸般功课，他都很自觉、很用心、很刻苦，日日不懈，孜孜以求。"三更灯火五更鸡，正是男儿读书时。黑发不知勤学早，白首方悔读书迟。"此诗作者正是颜真卿，题目叫《劝学》，后世广为传诵。

中国古代，以"劝学"为题的励志诗文着实不少，荀子有，孟郊有，朱熹也有，唯"颜版"最是通俗、质朴，道理深刻又深入浅出。诗是颜真卿晚年所作，却是他个人青葱岁月的真实追记。

颜真卿自幼失怙，却因有至亲倾力接济和帮扶，未曾有过委屈，蒙学教育尤为完善全面，"孤而不孤"，实属一段稀世佳话。

事分两面说，颜父去世后，颜家毕竟少了重要的经济来源，家境败落，殷氏带着十个儿女，日子不宽裕亦是实情。伯父和舅父是天下少有的重情义之人，但两门都是清廉之家，贵而不富。也就是说，颜真卿虽为名门望族、世家子弟，却无半点纨绔子弟的习气，其原因在此。"立志""节俭""勤奋""感恩"是颜真卿取得功名前生活的主题词。事实上，这种情形何止于青少年时代，颜真卿的一生都在诠释着这种品性。

懂事的颜真卿自然懂得节俭。母亲很早就讲过父亲与伯父"以墙为纸"的故事——读书习字缺少纸笔，兄弟二人便以墙壁当纸，以树枝、木棍或石子为笔，苦苦练字，如此节省了不少纸墨。可以想象，粗粝的墙壁，其质地远非纸张可比，此为不利之处，但练得久了，臂力稳健，视线亦宽阔，字越写越好，倒也挥洒自如，生出朗朗之气。

这是不曾料到的意外收获，可谓无心插柳柳成荫。

伯父颜元孙更是深得其舅父真传，艺高一筹。后来，唐玄宗曾命颜元孙辨别诸家书法墨迹之真伪，他皆能卷卷有结，研判得当，备受赏识。

现在，颜真卿也效法父亲和伯父，在墙上练字。反反复复，寒暑易节，练习不辍。纸毕竟是纸，书法终是以纸、笔、墨为载体而呈现的艺术样式，"墙书"不能替代"纸写"。所以，每每"以墙为纸"练得差不多了，再在纸上研习。即使以纸练习，颜真卿也知节俭——先用淡墨写一遍，再用较浓的墨写第二遍，最后才用浓墨写第三遍，直至用尽纸利，黑成一片。

苦难虽非自找，却是一种不可替代的人生磨砺，颜真卿享有这份特别的"财富"，他身上的勤奋、节俭，领悟力强的特质，悲天悯人的情怀，以及知恩图报之品德，就是这样形成的。

10. 贺伯的熏染

俗语讲，近朱者赤，近墨者黑。

颜真卿的祖辈、父辈多是鸿儒大家，颜家及母系的殷家均有着深厚的家世传统。远的不说，伯父颜元孙进士及第；姑母颜真定是武则天的女史；父亲颜惟贞生前官位虽不显，也是做过太子文学的；舅父殷践猷是秘书监学士兼丽正殿学士。

在颜惟贞病故后，父辈中很多故友旧好皆尽关照之谊。他们皆是贤达名仕、文人墨客，交集与交游中自然少不了翰墨的切磋，文房的把玩和收藏，以及饮酒赋诗的唱和雅集。颜真卿寄居在颜、殷大家之中，自记事起，就生活在这种浓郁的文化氛围中。因此，颜真卿在立志、求学和成长过程中，从中受到熏陶和影响是毋庸置疑的。

这其中，颜真卿对贺伯的印象尤深，两家乃通家之谊。

贺伯，乃贺知章。

贺知章是父亲颜惟贞生前的好友。

贺知章的名声足够显赫——唐朝前期重要诗人。杜甫称他"饮中八仙"[1]之首，其他那几位"酒仙"是李琎、李适之、崔宗之、苏晋[2]、李白、张旭和焦遂。不止于此，他又与陈子昂、卢藏用、宋之问、王适、毕构、李白、孟浩然、王维、司马承祯并称为"仙宗十友"。

贺知章头顶上的桂冠还有很多，每一个都显示了他的过人才气，都彰显了他的品行、个性。

贺氏作诗，以绝句见长，诗风乐观豁达，清新潇洒，气度雍容。

贺知章乃武周年间的状元，那年他三十六岁。就自隋唐开科取士以来的"三十老明经，五十少进士"这一普遍现象来说，他已属年少有为了，而且他还是浙江历史上第一位有史料记载的状元。因此他"年少才高"，入京后一待便是近五十年，后以远超法定退休年龄告老还乡。这说明什么？干得好呗。

贺知章入仕后曾授国子四门博士[3]，又升任太常博士[4]，以后历任礼部侍郎、秘书监等职。可以这样说，直到今日，世上不知道其名的人是有的，不知其官衔、名誉的更多，但不能诵出"碧玉妆成一树高，万条垂下绿丝绦。不知细叶谁裁出，二月春风似剪刀"这首七言绝句的则很少。这是贺氏标志性的诗作。其他如"少小离家老大回，乡音无改鬓毛衰。儿童相见不相识，笑问客从何处来""离别家乡岁月多，近来人事半消磨。唯有门前镜湖水，春风不改旧时波"等，也是脍炙人口、入选历代唐诗选本的佳作。

---

1. 饮中八仙：唐代李白等八人嗜酒善饮，故称。杜甫有《饮中八仙歌》。《警世通言·李谪仙醉草吓蛮书》："（李白）乃益纵酒自废，与贺知章、李适之、汝阳王琏、崔宗之、苏晋、张旭、焦遂为酒友，时人呼为'饮中八仙'。"

2. 苏晋（676—734）：字号不详，唐代大臣、兖州都督苏珦之子。雍州蓝田县（今属陕西）人。出身武功苏氏，爱好属文，作《八卦论》。举进士出身，累迁中书舍人、崇文馆学士，负责撰写制命。出任泗州刺史，袭封河内郡公。开元十四年（726），迁吏部侍郎，负责选官事务，颇有时誉。开元二十二年，迁太子左庶子，卒于任上。

3. 国子四门博士：古代学官名。正七品上，掌教七品以上文武官员、侯伯子男之子，以及有才干的庶人子弟。

4. 太常博士：唐代古官职名，设在太常寺，故称太常博士，掌管教授弟子读经。遇朝中有疑难之事，则提供咨询。

贺知章为人旷达不羁，有"清谈风流"之誉，晚年更是纵情，自号"四明狂客""秘书外监"。贺知章有两件事创纪录，一是饮酒，他好酒到什么程度？杜甫写道："知章骑马似乘船，眼花落井水底眠。"说他喝醉以后骑在马上前俯后仰的，就像坐在船上一样。醉眼昏花地掉到井里头，他干脆就在井底睡着了。常人哪怕喝得烂醉如泥，冷水一喷也就醒过来了，他喝醉了落到井里也醒不过来，所以够得上头号"酒仙"。

再一件事是唐玄宗为他退隐饯行、赋诗。贺知章在八十五岁时仍未退休，大病一场，躺在床上已经不省人事了，得苍天保佑，竟起死回生。这一次他上表皇帝，坚持退休，请求恩准他回乡当道士。唐玄宗允了，还允准他把自己在京城的家捐赠出来做道观，赐名"千秋"，并下诏在京城东门设立帐幕，让百官为之饯行。这还不算，唐玄宗又亲自写诗为他送行，在诗与诗序中满是赞誉和殷殷之情，遂成一段稀世之君臣佳话。

贺知章身上还有一可创纪录之处，那便是他的长寿。悉数唐朝诗人，神童王勃只活了二十七岁，"诗鬼"李贺也是二十七岁；其他文采斐然的大诗人中，李商隐四十九岁，孟浩然五十二岁，杜甫五十九岁，王维六十一岁，李白六十二岁。

都说人生七十古来稀，在古代能活到七十岁确实很难。毕竟盛唐时期人均寿命也不过是三十多岁。然而就这样，贺知章活到了八十六岁。他在返乡的第二年去世。

贺知章是大诗人，还是大书法家，善草隶。唐代书法评论家窦蒙[1]评唐代书家多讥贬，不知因何缘由，唯推崇贺知章，是二人有交集，是爱屋及乌——爱贺的诗歌而爱其字，还是其他什么原因，不得而知。窦蒙评贺知章书法"与造化相争，非人工所到"，还真是抓住了贺知章书法的特征。书乃心之迹也。贺知章的诗歌在那摆着，其书法也是为人秉

---

1. 窦蒙（生卒年不详）：著有《述书赋语例字格》，以其四弟窦臮（jì）《述书赋》注有未尽，意有未穷，另作此书为注释。后人简称为《字格》《画拾遗录》等。

性、诗品风格的呈现和承载。只可惜，贺书名气很大，而墨迹留传很少，造成今人很难一睹。

应该说，是他的名气遮掩了其书法影响力。

贺知章传世书法作品中，尚有绍兴城东南宛委山南坡飞来石上的《龙瑞宫记》石刻，还有就是流传到日本的《孝经》草书。《孝经》全卷纵笔如飞，一气呵成，有龙蛇飞舞之态，笔意略取隶意，又融入章草，书风高古。

因为有着对书法的同好，颜氏与贺氏的联络和交集自然密切了。至少雅聚之时少不了书法、书艺的话题。

颜惟贞做太子文学的时候，与贺知章同为朝臣，又都是学问官职，贺知章长颜惟贞十岁，却因志趣相投，时常走动。颜惟贞去世后，贺知章不时差使家人送钱送物，嘘寒问暖。

贺伯的关照，包括有关贺伯的趣闻轶事，皆为母亲讲给颜真卿的。

说来，舅父殷践猷也与贺知章共事过，而且两人是莫逆之交，尚有一段趣事流传后世。贺知章有才富五车的学问，朝中地位也高，又恃才傲物，一般之人哪入得他眼，他唯对殷践猷另眼相看。他经常以一些冷僻的、稀奇古怪的问题"考问"年轻人，很多人被问倒了，而殷践猷却每每应答如流，"问无不知也"。贺知章心中甚是欣赏，便称殷践猷为"五总龟"。

"五总龟"为何物？传说龟每两百岁生出两尾，称"一总"，长到千岁即生出五总，称"一聚"。五总之龟，就是千年一聚，已是无所不知了。所以，"五总龟"是古人对知识渊博者的誉称。[1]颜真卿寄居舅父家的时候也常听舅父说起贺伯。

贺知章与颜元孙尤为熟稔，在颜真卿的记忆里，贺知章是伯父家的座上宾。每次来访，二人谈天说地，饮酒赋诗，总有聊不尽的话题。一

1.参见《新唐书·殷践猷传》。宋代阮阅编撰的诗话集《诗话总龟》（原名《诗总》）即取其意。

《孝经》（局部）

唐·贺知章书，草书，书写时间不详。高 26 厘米，宽 265.1 厘米。计 1000 余字。藏于日本三之丸
尚藏馆

次二人畅饮，贺知章说，李白的诗"与尔同销万古愁"一句最能道出饮酒之妙，颜元孙非常赞同，二人遂举杯一饮而尽，齐声吟诵"与尔同销万古愁"，非常尽兴，非常投缘。少年颜真卿哪知饮酒之乐，却也被伯父与贺伯微醺之状态所感染。

贺知章对颜元孙遭贬的境遇十分同情，多次劝他再仕。这次又劝道：元孙兄该出山了！

颜元孙知其好意，却仍旧坚持自己的执念：我已届花甲，尚有四子学而无成，还有弟弟惟贞留下的十个侄儿侄女，都需要抚养。子侄中的真卿端正、早慧，乃一棵好苗，这是贺兄知道的。若不训教成才，岂不可惜？若真是耽误的话，将是不孝、不义、不仁之过，我颜元孙是无法面对九泉之下的弟弟和高堂的……

贺知章全然明白了，颜元孙遭贬谪后赋闲居家，专注于子侄们的学业与功名，不再出山为官，其做法是委屈了自己，却至义、至孝和至慈。

贺知章不再相劝，转而对颜元孙的选择表示理解、钦佩，并且赞叹不已。

贺知章也关心颜真卿的学业和志向，鼓励他早立志，立大志。贺知章问颜真卿：你打算何时而立？

颜真卿稍稍思索，遂念出孔子《论语·为政》的一段话：

> 子曰："吾十有五而立志于学，三十而立，四十而不惑，五十而知天命，六十而耳顺，七十而从心所欲，不逾矩。"

贺知章因势利导，问道：能讲出是什么意思吗？

颜真卿大大方方回答道：孔子说，自己十五岁立志于学，三十岁自立，四十岁能辨是非而不被迷惑，五十岁明白了天地宇宙之道，六十岁修行以致成熟，再无因听不进话而惊慌失措之事，到了七十岁便能够随心所欲又不违背准则。

贺知章大加称赞，继而追问道，孔夫子十五岁志于学，闻听羡门子不到十五岁就已经立志发奋读书，报答家人？

颜真卿大声答道，我岂敢与孔子相比，但我不能等到三十才自立，因为家道艰难，母亲辛劳，伯父和舅父也都为此操尽心血，我要早早立身做事，奉养母亲，还要报答伯父和舅父等亲人们。

一番仁心大志，着实感动了贺知章，也让伯父倍感欣慰，他觉得自己的心血没有白费。

11. 胜友如云

伯父颜元孙的故友旧谊很多，还有陆象先[1]、寇泚[2]、源光俗[3]、苏晋、崔璩[4]等，他们既是朝廷的官员，又是满腹经纶的学问家。伯父赋闲归家以后，因为身无官职，与这些名仕大儒交游起来反倒轻松自在。

此外，仲兄颜允南也与这些前辈有了交集，甚至交集不浅。彼时的颜允南已经入仕为官，所拜郎中[5]职位虽然不高，却能接触很多当朝的名仕重臣。兄长品性高雅，有才华，谦虚好学，待人又真诚，特别受前辈

---

1. 陆象先（665—736）：唐代名臣。太平公主篡政时期被荐为宰相，却不肯依附公主，极力反对其废帝阴谋，对唐玄宗有"保护"之功。先天政变后，又极力保护曾投靠太平公主门下的官员，在一定程度上保证了政变后的朝局稳定。罢相之后任益州、蒲州等地地方官，施政宽仁，深得治下官吏百姓的爱戴。
2. 寇泚（生卒年不详）：唐中宗朝为长安尉。张仁愿在朔方，奏用分判军事。开元十三年（725），帝自择刺史，寇泚由兵部侍郎出守宋州，赋诗祖饯诗一首。
3. 源光俗（生卒年不详）：抚爱诸弟，以友义闻名，为官亦有令誉。初为中书舍人，与杨滔、刘令植等人同删定《开元新格》。历刑部、户部二侍郎。开元十一年（723）在尚书左丞任，后授太常卿。开元十三年，玄宗自选诸司长官有声望者为诸州刺史，遂出为郑州刺史，寻卒。
4. 崔璩（生卒年不详）：宰相崔玄暐子。以文学知名。玄宗开元二年，上愍其父谪殁荒海，授璩朝散大夫。历中书舍人，袭爵博陵郡公。九年，官礼部侍郎。卒于任。
5. 郎中：秦汉时掌管宫廷侍卫的官员，隋代后为六部内各司的主管。

的赏识，像陆象先、寇泚等均十分推重颜允南。

不仅如此，颜允南还与相国房琯、尚书韦陟[1]为忘年交。如此的人际关系，对于兄长而言，乃是他历练和精进的资本；对于颜家来说，则是得到了他们所给予的关怀与关切。

这样的关怀与关切，不管是听哥哥谈起，还是自己直接感受到，都是一种潜移默化的影响——这些人的身上具有一种感染力，一种重进取、讲清誉、忧国忧民的人文情怀。这些对少年颜真卿来说都是无形和无声的鞭策。

如果说颜真卿原本的立身、报恩、为国效力的目标还是抽象和模糊的，那现在似乎变得可以触摸，甚至见到了标杆。

这些人中，陆象先最有故事，又是颜真卿的贵人。陆象先曾官至宰相，而他这个宰相却是"捡来的"——陆氏原本是个不起眼的秭官。陆象先官位不显，人却正直，生性淡泊，学识渊博，是一位言辞高妙、口碑极好的人。

那个时候，朝廷连着发生两件大事，一件是神龙政变[2]，另一件是唐隆政变。此后不久，参与辅政的太平公主欲学母亲武则天，也想做个天下女主，便将原来的盟友、侄子、太子李隆基冷在一边。她要拔擢自己的心腹崔湜做宰相。这崔湜有意思，他因自己才疏学浅，能力也差，便向太平公主力荐陆象先，夸赞陆如何高过自己，如何有水平、有才干，如果不让陆做，他即辞官。

世界真乃无奇不有，还有这等"实诚"之人。

太平公主无奈，人得有，事得做，她只好拜崔湜与陆象先两人为相。

虽说陆氏这么上位，也算是太平公主门下之人，可陆象先就是陆象

---

1. 韦陟（697—761）：字殷卿，京兆杜陵（今陕西西安）人。唐朝时期大臣、文学家，左仆射韦安石之子。唐玄宗时先后任礼、吏、工部尚书。
2. 神龙政变：神龙元年（705），太子李显、宰相张柬之、崔玄暐等大臣在首都洛阳发动兵变，逼迫女皇武则天退位，大周帝国终结，大唐复兴。

先，他不肯依附太平公主，极力反对公主废帝的主张。他问公主，当今皇帝是怎么即位的？公主回答，是因为功劳即位的。陆象先说，既是因功劳即位，若想令其退位须有罪名。而当今皇帝并无罪过，怎么能逼他退位？

真没办法，前有崔氏虽贴心却不堪重任，后有陆氏才干过人却太不听话！太平公主在陆象先这儿碰了钉子，却未善罢甘休，其勃勃野心已如箭在弦上。她到底还是发动了先天之变[1]，但以失败告终。

在这场事变中，陆象先立下保护唐玄宗李隆基之功，受到奖掖，加授银青光禄大夫，晋爵充国公，赐实封二百户。

世事绝非这么简单。

陆象先原本是那样上位的，还受到唐玄宗的赏识、重用，已属世上少有。现在唐玄宗要进一步清算太平公主的党羽，而陆象先并不赞成。不赞成也就罢了，他还暗中予以营救，使很多受太平公主胁迫的官员得以保全。

陆象先这样做，从全局观的角度说，是维护了政变后朝局的稳定，但唐玄宗却这样想：合着这些人都是太平公主的门徒和拥趸，与我二心，这样的人还能用？

结果不用想，陆象先被罢免宰相之职，外放益州[2]做了大都督府长史[3]、剑南道按察使，后又改任河中[4]尹。

正派人终究是正派人，陆象先做地方父母官的时候，施仁政，与民休息，深得官吏和百姓的爱戴。

---

1. 先天之变：先天二年（713）七月，太平公主图谋政变，准备以羽林军起兵夺权。李隆基先发制人，诛杀左、右羽林将军和宰相等人。太平公主见党羽被诛杀殆尽，不得不逃入南山佛寺，三日后返回。太上皇李旦出面请唐玄宗恕其死罪，被唐玄宗拒绝，太平公主最终被赐死家中。
2. 益州：今四川省、重庆市一带。
3. 大都督府长史：古代职官名。大都督设于三国时期，为战争而临时设置的加官，无固定府属。唐高祖，改大总管府为大都督府，为地方高级军政机构。
4. 河中：唐方镇名。治所在蒲州（旋升河中府，治今山西永济西南蒲州镇）。

这一天陆象先来颜元孙家做客，这次造访，除去聊见闻，聊学问，闲话之外，还带来一个好消息——朝中太学正在招生。

太学是中国古代最高的国立学府，可以理解为是古时的大学。太学的叫法历代有所不同，太学最初兴起于汉代，到了唐代称国子监，包括"七学"，就是七种学校，分别是国子学、太学、广文馆、四门学、律学、书学、算学等。

这个消息令人振奋。颜真卿的年纪已经达标，让其入学深造也是伯父颜元孙的夙愿。

然而，入学条件中，年龄不是问题，关键是要有资质。这个资质在唐代叫作资荫，是指要依凭父祖的官爵招选。颜真卿的父亲早逝，伯父又被免官，怎么办？

陆象先道，只要想学，后面的事情自有办法。

原来，少年真卿聪敏好学，立志图强，在陆象先等几位世伯眼里是一个难得的好后生，未来可期！于是他们联名向国子监做了推荐。真卿要做的，就是好好准备功课。

第三章

科举入仕

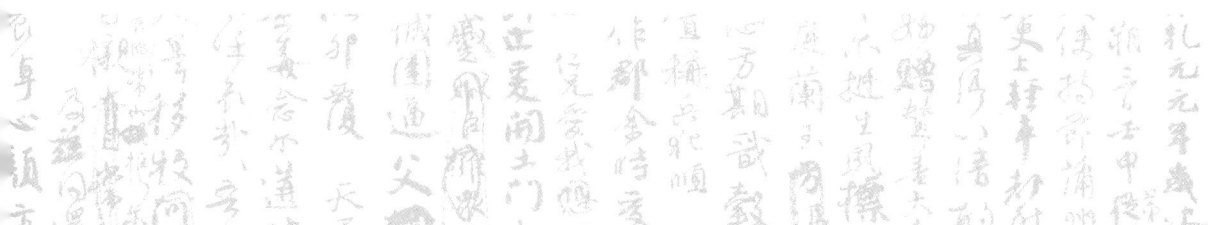

12. 进士及第

颜真卿的仲兄颜允南入仕为官以后，就有了朝廷发放的俸禄，这样一来，母亲和伯父的负担减轻了许多，家境日渐好转，颜真卿读书也更加专注。

国子监太学的确是个读书的好地方，这里师者诲人不倦，弟子学而不厌，课业紧张有序。

颜真卿进入太学，如鱼得水，比从前还要用功，苦读不辍。早先立下的那些志向和宏愿，变得越来越清晰、真切，也越来越紧迫……

几年过去，凭借原本厚实的家学底子，再经过此番系统、扎实的研习、训练，颜真卿以优异的成绩顺利地通过了国子监的经学科考，只待应举。

在中国古代，想要入仕为官，出人头地，有三条路径：察举、恩荫和科举。

第一条路是察举。"察举"者，察而举之的意思，起于汉武帝时代。具体做法是由地方长官在辖区内考察、选取人才，然后推荐给上级或中央，经过试用和考核再任命官职。察举每年举行一次，是有人数限定的，如汉和帝在位年间，郡县人口二十万的，每年举孝廉一人；人口四十万的，每年举孝廉两人；人口不满十万的，每三年举孝廉一人。

察举并不简单，具体的名目很多，其中"举孝廉"是最常见的，即以人的品德和才学论取舍。人能不能用，不但要"察举"，还要考试，只有两关皆过才可录用。

考试的内容主要是经学大师的一家学说。其实，察举制的弊端也是显而易见的。其一，被选拔的人才会主动或被动地聚拢在恩主（举荐人）周围，其感恩戴德的对象是举荐官，并非皇帝，那句"皇恩浩荡"变成了空话，恩德流失了，皇帝的权力被削弱了。其二，人才的优劣也未可知——主观性超过客观性，水分大，含金量小，用谁不用谁主要取决于举荐人态度。因此，唐代以来，这条路子基本废止了。

《张迁碑》（局部）

第二条路是"恩荫"，也称门荫，意思是得恩惠，受荫庇。具体说就是因祖辈、父辈的地位而使子孙后辈在入学、入仕等方面享受特权待遇。

说白了，恩荫是世袭制的变种。

恩荫制在汉代时就有了，到了魏晋南北朝本已衰落，而在唐初又开始复兴，为什么呢？原因在于大唐李家江山是靠金戈铁马、打打杀杀定鼎的，打仗亲兄弟，上阵父子兵，奖励军功是必然的，门荫升温就成为必然。照这个制度，如果出身嗣王[1]，其子孙可授从四品以下的官职。由此可见，出身真的很重要，父辈高贵，后世子孙不需太多的努力就可以获得诸多特权。出身寒门的子弟，或是官僚集团中地位不高的子弟则很难有翻身的机会。

---

1. 嗣王：高于郡王、低于亲王的爵位。

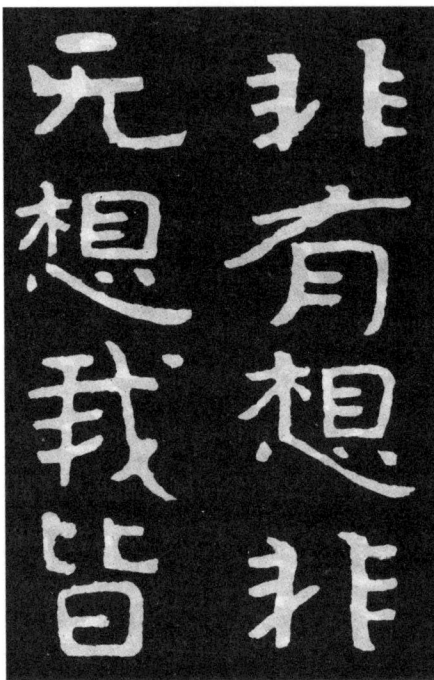

《泰山经石峪金刚经》（局部）

显然，这不是一件好事，长此以往，贵族会结成门阀势力，威胁皇权永续。

同时，朝廷延揽不到优秀人才，造成吏治平庸，也殃及社稷稳定。唐代的帝王们已经预感到了危机，敏感的武则天更是忧心忡忡。

改制，必须改制。新的科举制代之而起。

伯父颜元孙应举的时候，已经是恩荫与科举混搭了，伯父于"混搭"中靠学识和本事进士及第。而到了颜真卿这儿，恩荫制基本废了。再说，恩荫制有一条规定，叫长兄优先，承袭有序。就是说，即便恩荫有效，也轮不到做弟弟的。

颜真卿们唯有科考一途。

科举者，即"分科举士"，是学子通过参加朝廷的考试而入仕的选官制度。这的确是一个好办法，不管门第出身，凡欲求入仕为官的，只要读书考试，就有机会。在开元、天宝年间，科考分为常举和制举两种。常举也称贡举，是常年按规定举行的考试。制举则是由皇帝亲自主持的考试，不定期、非常规，考试地点也不在考场，而是在皇宫之内。

常举的科目有秀才、明经、进士、明法、明书、明算、史科等科，明经和进士为主要科目，而以进士科为最难。

明经考试，就是明习经学，测试考生对《易》《书》《诗》、"三礼"、"三传"等经典掌握的程度。这一考试科目很对颜氏家族的路子——颜家向以经学传世，乃传统强项。因此，自颜思鲁以下，除颜元孙进士及第外，其他子弟皆以明经入仕。

说来，进士考试是最难的，要经历三试：先考经学，再考命题诗赋，最后考策对。策对是考官根据时务出题，由考生当场回答自己的见解，目的是看看考生有无治国理政的谋略。三试皆定去留，即每一试后定去留，一试失误，全盘皆输。

进士考试的难度还在于每年录取率极低，只二三十人，也就是全体考生的百分之一左右，如此则连年赴考不中者不计其数。还是那句老话，"三十老明经，五十少进士"——三十岁的明经太老了，五十岁的进士还是年轻的，科考形势严峻，竞争亦激烈到了白热化程度。

进士应试的时间是在春季，故称春试（闱），因为"共会一处，比试科艺"，也称会试。自古以来，进士及第是科举考试的最高功名，由此入仕，平步青云。颜真卿凭借自己的实力，要搏的就是此一考。

开元二十二年（734）春，二十六岁的颜真卿怀着对未来无限的憧憬，带着家人寄予的厚望，信心满满地参加了他人生的第一次大考。

主考官是尚书省考功员外郎[1]、知贡举[2]孙逖。

第一试考帖经[3]，内容为《礼记》和《春秋左氏传》。第二场考诗赋，分别以"武库"和"梓材"为题作诗作赋。第三试考策对。

三试下来，颜真卿文思如泉涌，答得轻松顺利，感觉不错。

春日里，京师长安处处桃李争妍，生机勃勃。

紫气东来，祥云西去。一年一度的科考放榜了！

春节本是大年，而对于寒窗苦读的学子，对家有考生的家庭来说，放榜才是年。当然，落榜的则另当别论。

---

1. 考功员外郎：古代职官名。为尚书省吏部考功司副长官，位列考功郎中下，与考功郎中共掌文武百官功过的考查。考功郎中掌判京官考，员外郎掌判外官考。
2. 知贡举：特命主持进士考试的大臣，通常由朝廷有声望的大臣担任。
3. 帖经：遮住经书某页的左右两侧，只露出一行，再用纸贴去三字，由考生填空补全，并对这句话做出诠释。

《始平公造像记》(局部)

灿灿金榜之上，颜真卿大名在列。不仅及第，而且成绩优异，"经策全通"，即帖经和策对两试均是满分，成绩优异，进入甲等。

至此，自朝廷实行科考以来，颜真卿是琅琊颜氏第二个进士了。可以说，颜真卿立志笃行，没有辜负自己，也没有辜负家族，算是梦想成真，光宗耀祖。

光宗耀祖，今天的人听起来会觉得俗，可这是事实，谁能免俗？它是那个时代和社会风气的真实反映——一个读书人如果不入仕途，就少有机会表现他的才学、特长，

发挥他的创造能力，也不能给一家、一族带来荣誉。所以，一个人的进学与中举，表面上似乎只是他个人聪明和努力的结果，实则父祖的节衣缩食，寡母的自我牺牲，贤妻的茹苦含辛，常常是功成名就不可或缺的背景所在。正因为此，皇帝每每赐给臣子的告身[1]也体现了这一实情——恩赐荣典，大多包括祖父妻室，即使获得告身的先辈早已离世，也无碍授予，告身可以传之百世，作为后世楷模。如此政策，是一种情感的体恤，也是皇帝广纳天下英才而用之的彰显。

人生科考及第，心中喜悦是一定的！

扬眉吐气，心花怒放，自由自在，会有说不尽的畅快。当然，伴随着喜悦，也有凄凉酸楚的、狂放傲慢的，还有表现为立志的、谦逊的、报恩的……各种心态皆有。心态百出，是社会制度的客观反映，也是个

1.告身：古代授官的凭信，类似后世的任命状。

《郑文公碑》（局部）

人出身、经历、性格的折射，很正常，不足为奇。

人同此心。颜真卿也不例外。

后世没有看到颜真卿金榜题名诗的感言，也未看到相关的即兴诗作，但彼时他的心境用兴奋、快活、满足、得意，且得意得"无以言表"来描述，应该是最恰切的。

可以推想，颜真卿是个早熟的青年，谨严的训教，端正的家风，即使遇到进士及第这样的人生大事，他也不会轻狂、骄傲，他是一个内敛、笃实，志向远大，有定力的年轻后生。

春试发榜之后，京城要举行一系列的庆典，有曲江饮宴、雁塔题名、星源赏花、月灯打球等，好不热闹。

把活动办成盛事实际上是一种宣教——选天下英才而用，以显示帝王的圣明；莘莘学子求学入仕，乃一条康庄之路。盛典之下，当然少不了进士们和父族母族，乃至亲朋的荣光，也是新科进士们交结英才、畅叙友情的社交机会。

在这场活动中，颜真卿见到了同榜的进士，其中有状元李琚[1]，有杜鸿渐[2]，还有郗昂[3]等，这些人日后多为显官名士。

这一年对颜真卿来说是好运之年。

旧时俚俗，应试的学子如果考前未得婚配，又一考而中的，必然有女儿长成之家，尤其是那些名门望族、士大夫，甚至皇亲国戚托人提亲。一俟春试放榜，便蜂拥沓至。

说科举考试之季也是婚姻大事筹谋之季，金榜题名时就是洞房花烛夜，一点儿不错。

这不，颜真卿在按例举行的拜谢礼上就遇上了好事。

所谓拜谢礼，即及第的进士们要拜谢考官，参谒宰相一干官员。颜真卿在拜见中书舍人[4]韦迪时，被老大人一眼看中，因为他家正有小女待字闺中。

中书舍人是在中书省为皇帝起草诏诰文书的官员，属皇帝的近臣，地位显要。韦迪赶紧找到颜真卿的伯乐孙逖，请托为他家做媒，便有了颜真卿迎娶中书舍人韦迪之女的良缘。

---

1. 李琚（？—737）：本名李琚，唐玄宗第八子。有学识，善骑射。开元二十五年（737）受到武惠妃诬陷，废为庶人，不久被杀。

2. 杜鸿渐（709—769）：唐朝宰相。出身于濮阳杜氏，进士及第。安史之乱时，参与拥立唐肃宗。担任剑南西川节度使，镇抚崔旰之乱，推行姑息之政。病逝后追赠太尉，谥号文宪。

3. 郗昂（生卒年不详）：号伊川田父。与颜真卿等人于同年登进士第。为李邕、张九龄等知遇，尤以词学见推，与颜真卿、萧颖士、李华皆相友善。李白曾作《送郗昂谪巴中》一诗相赠。

4. 中书舍人：古代职官名。魏晋时于中书省内置中书通事舍人，掌传宣诏命。南朝沿置，至梁，除"通事"二字，称中书舍人，任起草诏令之职，参与机密，权力日重。隋唐时，中书舍人在中书省掌制诰。正五品，属于中级官吏，但其地位非常重要。

《张猛龙碑》(局部)

　　韦家不凡，是长安巨族。韦迪的父亲韦景骏曾任房州刺史，兄长韦述是一代史家，嗜学著书，手不释卷，家有藏书二万卷，皆自家校定，自家刊，史称"黄墨[1]精谨，内秘书不逮也"。因同属史学同道，韦述还是颜真卿舅父殷践猷的挚友，可谓世交。双方都在朝中为官，相互熟知是实在免不了的。

　　韦述的史才博识对颜真卿这位侄女婿不无影响。

　　韦迪的六个儿子皆进士及第，享有"人之杞梓"（人中高才）的美誉。韦迪的侄子韦渠牟也甚是了得，官至刑部尚书。

1.黄墨：用雌黄研细加胶合制的墨，多用于修改文稿或者点校图书。

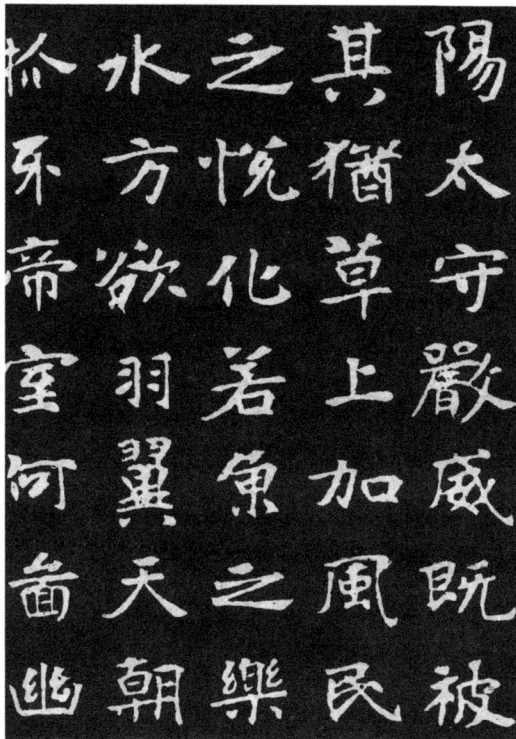

《张黑女墓志》（局部）

俗话说，时运来了不由人。此话只说对了一半。以颜真卿为例，他若不是立宏志，苦读书，发奋自强，何来此等好事？在颜真卿的时代，读书入仕是可为的，读书入仕是硬道理。

据说在颜真卿没有进士及第之前，韦家人就已经有了联姻之意，只是碍于韦家人看重才华和功名，颜真卿又矢志苦读而无暇顾及个人婚事，因而颜、韦两家都在等待，等待科考的结果。

颜、韦两家皆为官宦之家，学问传世，最是门当户对。此番婚姻，归根结底，还是书香因缘。

两家终结秦晋之好，欣欣然如愿以偿。

这对颜真卿的未来，不论为官还是为学，都是无形的砥砺、滋养和塑造，不可小觑。

13. 铨选入仕

科举考试固然重要，但终究还是资格赛，进士及第只是取得了入仕为官的入场券。有没有做官的资格是一回事，能不能成为官员又是另一回事了。

要想做官，还有两道门槛必须过。

第一道门槛是到吏部报名，参加再试即"关试"。因关试在春季举行，亦称春关。考试通过后，取得"春关牒"（入选凭证）。这是进士资格后的又一个资格。

第二道门槛是凭着这个资格，参加铨选。照例，唐代五品以上官员须由皇帝任命；六品以下官员除员外郎、御史及奉官外，分别由吏部和兵部对参选的人进行审查，吏部审查文官，兵部审查武官，合格的方可授官（任命）。这个考察、选拔的方式叫铨选。铨选的"铨"字，其本义是一种测量物体轻重的器具。

铨选并不只是程序，数次参选不过而不得官职的进士也不是没有。所以说，明经也好，进士及第也罢，只是站在了职场的门口，唯有通关、授官了才是真正步入仕途，可见入仕之艰辛与不易。

进士及第后，颜真卿并未马上参加铨选。何以如此？

原因很简单，按唐代选官制度，科考之后，要守选，即备选两三年。这客观上正合颜真卿之意——他需要休整、调理，多年孜孜矻矻的求学攻读，即便对如此聪慧的人来说，也是一件辛劳之事。

攻读期间，母亲和家人，包括伯父、舅父和姑母，曾给予他很大的支持和帮助，有鞭策，有鼓励，也有物质上无微不至的呵护。颜真卿心里非常清楚，他要多陪陪亲人们。

当然，他还需要准备功课——铨选与科考是不一样的。

对，还有大婚，这也是人生大事。

所以，颜真卿直到开元二十四年（736），即进士及第两年后，才参加了吏部的铨选。

铨选是有标准的，通常是四条：一曰身，体貌丰伟，是看长相；二曰言，言辞辩证，是看口才；三曰书，楷法遒美，是看书法；四曰判，文理优长，看文章。[1]

四条标准，颜真卿均一次通过，并且成绩优等。其中书、判两项尤为突出。书法是颜真卿的专长，此时的他虽尚年轻，但楷书的造诣已经相当深厚。

回到铨选上来，他的《对三命判》显示了扎实的文章功底，答来恰切，文理兼通，深得称赞，"平判入等"[2]——甲等。至此，可以授职了。一般情况，一人一个职衔，鉴于颜真卿出类拔萃的表现，他被授予二职：朝散郎、秘书省著作局校书郎。

朝散郎是散职、虚职，官阶是从七品上。按照唐代叙阶[3]制度，进士甲第，是从九品上，乙第降一等。如此看，颜真卿的职衔是高定的。

颜真卿所授实职是校书郎。何为校书郎？负责掌管校雠（chóu）典籍，订正文章错讹，官阶正九品上。官位须一步一步升，虽说校书郎职级不高，却是皇帝近旁的职事——便于皇帝随时派工和问事，亦为尊贵。

那年入职进得甲等的有十六人，同颜真卿一起授校书郎的有九人。

有史家考证，有唐一代，做过校书郎的计四百余人，其中名声尊显的，就有张九龄、张说、杨炯、白居易、杜牧、李商隐等。由此得见，该职位非同一般。

颜真卿的仕途生涯正式开启。

---

1. 参见《新唐书·选举志》。
2. 平判入等："平判"是平选试判的简称，"平选"指常规铨选，"入等"指平选试判成绩"佳者"，"平判"成绩"甚拙者"谓之"蓝缕"。在具体处置时前者"升"后者"降"。
3. 叙阶：按资历或功绩提升官吏的品级。

14. 立志编类书

校书郎的差事不比职事官（实职官员），没有那么忙碌，时间颇有弹性。按时点卯的校书郎们，常无事可做，遂扎堆饮茶闲聊，懒散度日。颜真卿对此很不习惯，大好光阴岂能就此荒废？于是，每每工作完成之后，他便一头扎进故纸堆里。

秘书省的藏书堪称汗牛充栋，颜真卿痴迷于此，手不释卷。

某天，颜真卿发现了《切韵》这部大书，眼前为之一亮。这是一部重要的古代音韵学著作。编纂者是隋代音韵学家陆法言。实际上，这部著作并非陆氏一人之作，而是他将当时八位音韵学和文字学的方家请到府上，众人一起讨论，尔后定下编纂原则，由陆氏执笔完成的。说《切韵》是多人参与的集体作品似更确切。这八位方家之中就有颜真卿的五世祖颜之推，而且他是主要参与者之一。

颜家祖上几代皆为训诂学和音韵学的专门家，说训诂、音韵是颜氏家学也不为过，颜之推堪为代表。颜真卿少年时代即听闻过这些往事，只是到了现在方得亲睹成书。

《切韵》成于隋文帝仁寿元年（601），共五卷，收字一万余个。到了唐代初年，《切韵》被定为官韵，即有唐一朝的官话音韵以此为准。

《切韵》固然权威、经典，却有不足，它只是一部韵书，不含类书[1]和字书[2]的功能，使用上仍有不便。那么，何不以《切韵》为底本，扩而展之，编成一部分类的、方便检索的工具书呢？

---

1. 类书：将图书资料经过有计划的广搜细存，加以编纂、分类，以方便检索的一种工具性质图书，如《太平御览》《佩文韵府》等。在我国古代，学习儒学必须要精通小学，即文字、音韵、训诂学知识。因为只有掌握了一定的语言文字学基础知识，才能读懂并考证那些佶屈聱牙、艰涩难懂的古代文字。

2. 字书：以汉字为单位，解说汉字形体、读音、意义的辞书，如《说文》《干禄字书》。

一个大胆的设想倏然闪过颜真卿的脑海。

是的，校书郎虽为散官，但性子笃实的颜真卿思想"不散"，追求"不散"，行事"不散"。时间如此充裕，文献如此丰富，正好可以做事。

经过思索、比对和求证，原本的"灵感"变得越来越接近现实，编纂体例也越来越清晰。颜真卿信心满满，要编一部《韵海镜源》——引《说文》《三仓》《尔雅》诸字书，穷其训解，次以经史子集中两字以上成句者，广而编之，其多如海，故曰"韵海"；以其镜照原本，无所不见，故曰"镜源"。[1]

这是一项恢宏的著述计划，亦是泽惠后代的文化工程！有了编纂主旨和框架，颜真卿遂着手实施。荀子云："不积跬步，无以至千里；不积小流，无以成江海。"说干就干。自此，校书郎颜真卿的日子过得充实而有意义。

至于成书，那是几十年后的事情了。

为什么从动议、准备文献，再到最后成书，中间隔了几十年？不是篇幅大、用时多、经费难等原因，而是时代有了故事，作者颜真卿也有了故事。

15. 丁忧

颜真卿是一个重感情的人。

颜真卿入得职场，做了朝廷命官，家族上下满堂欣然，父辈的故交旧谊也都来庆贺，喜不自胜。

---

1. 颜真卿：《湖州乌程县杼山妙喜寺碑铭》，《颜鲁公集》卷七。《韵海镜源》这部大型类书、文字音韵学巨著几乎用了颜真卿毕生精力，最后在湖州任上编纂而成，共三百六十卷。可惜至宋时该书已散失三百四十四卷，仅存十六卷。

然而，大喜之时，颜真卿心有遗憾。

什么遗憾？就是伯父颜元孙于三年前病逝，未能于生前亲眼看到侄儿进士及第、铨选入仕的人生快事。伯父在颜真卿失怙之后，于他身上付出巨大心血，对其养育栽培，寄予厚望，兼"师父之训"，是视之同己出的至亲之人。他老人家甚至为了子侄，为了颜真卿的训教，宁可不再为官。现在，侄儿出息了，可以报答老人家了，而伯父却溘然长逝……

世事无常，喜哀相随。此后还有两件事令颜真卿非常悲伤：一件是八十四岁的姑母颜真定于一年后亡故。颜真卿能有今日的发达，"夙承训诲"[1]，少不得姑母的怜爱与教导。追思姑母的育才之恩，颜真卿哀伤不已。另一件是，又过了一年，开元二十六年（738）母亲殷老夫人与世长辞。颜真卿三岁丧父，兄弟姊妹十人能够长大成人，特别是他能够进士及第，步入仕途，母亲含辛茹苦的养育——"亲自鞠育"，不厌其烦地施予"慈训"[2]——自不可少。

"十月胎恩重，三生报答轻。"好日子刚刚来临，正是享福的时候，然而还未及尽心孝敬，老母亲竟撒手人寰。正是：树欲静而风不止，子欲养而亲不待。

此乃颜真卿的痛呀，痛得五内俱焚……

孝道为先。于是，颜真卿去职回乡，为母亲服丧，丁忧[3]三年。这一年，颜真卿三十岁。

丁忧是农耕社会的一个礼仪制度——长辈故去，晚辈哀痛，易染疾患。古时物质基础薄弱，医疗条件尤为简陋，以孝的名义，放个长假，既可缅怀、祭奠逝者，亦是生者调适休养的机会。

这段丁忧的时光，使颜真卿悲痛的心情得到了平复，同时在此期

---

1. 颜真卿：《唐故杭州钱塘县丞殷府君夫人颜氏碑铭》，《颜鲁公集》卷一六。
2. 颜真卿：《正议大夫行国子司业上柱国金乡县开国男颜府君神道碑铭》，《全唐文》卷三四一。
3. 丁忧：官员的父母故去，本人必须停职守孝，时间为二至三年，属于定制。丁，当也，遭逢、遇到的意思。忧，居丧也。合起来就是遭逢居丧，是旧时代的一种道德礼仪。

间，颜真卿创作了许多珍贵的书法作品，他的仕途也迎来了好运。

颜真卿写了《王琳墓志》。墓志全称《唐故赵郡君太原王氏墓志铭并序》。

古代的习俗，凡有身份的人故去后，多在墓里放置刻有死者生平事迹的石刻，称为墓志。墓志分上下两层，上层称为"盖"，上刻标题；下层称为"底"，底部刻生平事迹，即墓志铭。久而久之，人们也将墓志铭（文字）称作墓志。墓志的制作少不得三道工序：撰文、书丹和勒石。当然，不止墓志是这样的程序，大凡碑碣亦是如此。

要知道，在古代碑碣、墓志是除去龟甲、青铜器、简牍、纸张、丝织品之外，非常重要的书法艺术的载体。在浩瀚的中国书法宝库里，存世最多的当属碑版作品。很多绢本、纸本作品失传，原因很简单，就是不好保存。人们会说，王羲之的《兰亭集序》、本书开篇部分提到的颜真卿的《祭侄文稿》都是纸本，它们的价值比碑版大多了。这话不假。的确，在记录作品原生之样貌，保留用笔用墨之细节上，纸本当然是其他载体无法比拟的。特别是魏晋和唐宋时代作品能历经上千年的风霜岁月而留存下来，更是

《王琳墓志》（局部一）

唐·颜真卿书，楷书，拓本，开元二十九年（741）刻。高90厘米，宽90.5厘米。志文32行，每行32字

唐故趙郡君太原王氏墓誌銘 并序

夫潤州刺史江南東道採訪處置兼福建等州經略使慈源縣開國公徐嶠撰
朝散郎前行祕書省著作局校書郎顏真卿書

趙郡君王氏諱琳字寶真族望太原胤承仙胄珪璧濟美弈葉其休六代祖廣昌郡
公士良周小司徒吏部尚書隋并州刺史五代祖德衡隋儀同大將軍並周隋史有
傳高祖武英隋襄陽公 皇朝左衛大將軍尚咸寧縣主曾祖神感判涼
府節度西州長史祖仁肅尚乘直長竝偉才湛識彪武炳文貴戚增榮戎麾揔寄清
往令望克傳家聲烈考獻襲襄陽公糠粃名寶優游琴酒抱素高尚八十而終夫人
弘農楊氏生一子一女子聽忠未仕而卒女即趙郡君焉於貽訓儀實著令範吾見
其懿可略而言亦其生韞惠和性克柔婉孝慈穆于中外禮樂備乎周旋絲紝組紃
綵就雕鏤凡曰女工之妙自然造微載惟女史之規寧俟師姆
我先太夫人重箴衷之行難齊姜之選允擇四德遍于六姻謂求宜家俾正婦道年
甫十八禮歸吾門事
舅姑奉蘋藻節環珮之響整山河之容溫如皦如有典有儀余自弱冠登于宦途克
儉克勤靡私靡費嘗無囊篋之蓄固存俸祿之餘初不從 甘脆之資終能廣散
惠之義由是中外咸偏飲裕慕仁若衆鳥之赴春林族雲之歸晴阜矣開元中亟丁
二門艱罰其居喪之節動必加人號毀之深氣積成痼余既出鎮隨泛江皐允尊輔
佐之宜不憚東南之厲居諸卑濕歲月沈沈異蠲无妄將叶勿藥天乎可問曷禍我
贊以今辛巳之年秋七月二旬有八日薨于潤州之正寢嗚呼哀哉惟平昔禪寂
為行暨屬纊之際真性轉明泯苦空絕恩愛慧心普至揮手謝時猶託以祀絕葷血
誠唯緣素上宅龍門之上幽憑淨境之緣敢懷雅言寧忍奪志危旌旅櫬浙江而迴
男行女隨哀哀不絕萬里孤帆爰屆洛都即以其年十一月二日安厝于龍門西崗

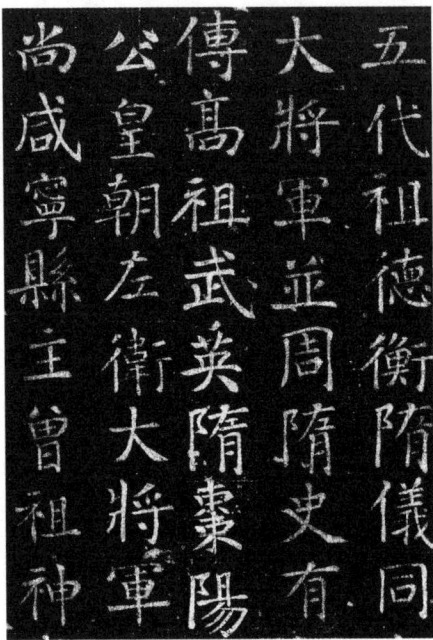

颜真卿《王琳墓志》（局部二）

难得。问题在于，以这种材质为载体的作品能保存至今，是何等的不容易！能见到的几乎是凤毛麟角。

还有一个因素也不容忽视，那便是中国人有树碑立传的传统，尤其是帝王贵胄、世家望族、闻达尊显，身份、地位、财富显赫者，地位越高、财富越多则越好此道。碑文、墓志内容与书法、文字形态结合，自然而然地变成了重要的文化诉求。换言之，这成了中国古代特有的一种文化现象。

因此，碑版书法很重要，认知碑版工艺也很重要。

所谓撰文，就是撰写亡者生平事迹的文字。

书丹，是个专业术语，是指为便于镌刻，须先用朱笔（蘸上朱砂颜料）直接将字书写在碑石上。因其呈红色，故名"书丹"。

至于勒石，就是工匠兼艺人镌刻的事了。

由此可见，书丹最为重要。因为碑版书法说到底是"书丹"书法。尽管参与创作的还有工匠，其刀法、刻工水准如何，是否能够还原书丹，与成品确有关系，但毕竟书丹在先，刀工于后，是从属的。

那么，能负责书丹的是什么人呢？往低里说，也是俗说，是写字好的人；往高里说，也是雅说，是有造诣的书法家。

回到《王琳墓志》。墓志撰文者不是别人，是墓志主人王氏之夫，名徐峤，字巨山，是开元中期的大臣，历任集贤院直学士[1]、中书舍人、

---

1. 集贤院直学士：古代职官名。唐开元十三年置集贤殿直学士，以六品以下官为之，掌刊辑经书，地位次于学士。

内供奉[1]等职。史载，徐氏父子相次为学士，自祖及孙，三世为中书舍人，都是皇帝重臣，家世不凡。

夫人亡故，夫君操笔撰文，也见"结发为夫妻，恩爱两不疑"。

撰文之后，即进入书丹的环节。

请谁书丹，历来讲究，不容马虎。这牵涉生平内容如何呈现的问题——显示逝者身份，蕴含肃穆仪式感。须延请为人、为德、为书皆好的人来书写。

徐峤的生卒年不详，但可以推断，其年龄、资历和官职都远高过颜真卿，因为颜真卿才刚入职，只是个校书郎。徐峤为何偏偏要找颜真卿为夫人的墓志书丹？

这里透出三个信息：一是颜真卿虽然年轻官微，但其品性和涵养已口碑于朝，人缘不错。二是彼时颜真卿书艺虽未尊显，但无论是家学还是个人研习，其造诣之高已崭露头角。三是徐峤乃世家出身，博学多闻，他能看好颜真卿，足见慧眼识才，书法鉴赏力也是了得！

也许徐峤的赏识与推崇并非刻意，但于不经意间起到了"广而告之"的效应——自此请颜真卿书丹的官员、朋友纷至沓来。此为后话，在此不表。

《王琳墓志》很重要，因何重要？有三个理由：

第一个理由，此前，凡讲到颜真卿书法的时候，包括进士科考和铨选入仕，都是在讲颜家是书法世家，远可追溯至六世祖颜协，近则回到父亲颜惟贞和伯父颜元孙，还有母系殷氏一脉的舅爷、舅父，几代人都是书法名家。这些都表明颜真卿有非常好的书法艺术传统和基础。但唐以来所存地上史料迭经兵燹，所见者稀，颜真卿早年的书法作品直至20世纪末尚未得见。

---

1. 内供奉：唐代官名。唐设殿中侍御史九人，其中三人为内供奉。掌殿廷供奉之仪，纠察百官之失仪者。

　　2003 年出土的《王琳墓志》帮了大忙——这是书史上迄今发现的颜真卿最早的书法作品，比《多宝塔碑感应碑》（全称《大唐西京千福寺多宝佛塔感应碑》）尚早十一年，比 1997 年发现的《郭虚己墓志》还要早八年。这也终于让世人见到了凿凿作品。至此，颜真卿的书法家之名，不再是神秘莫测的传说。

　　第二个理由，从书学角度看，《王琳墓志》属于颜真卿早期作品，毋庸置言，它不是成熟之颜体。换言之，既然不是颜体，它的价值何在呢？

　　文学和艺术史家、评论家都很重视作家、艺术家的早期作品，为什么呢？早期作品与成熟作品相比较，其差距很多时候是天壤之别的。早期作品虽然稚拙，甚至丑陋，乍一看（阅读和观赏）还有那么一些不好意思，但关键是这个时候的作品能够真实地表现出作者的潜能和未来前景，能清楚地看到其在文学、艺术传承上的优异表现。不仅如此，还能

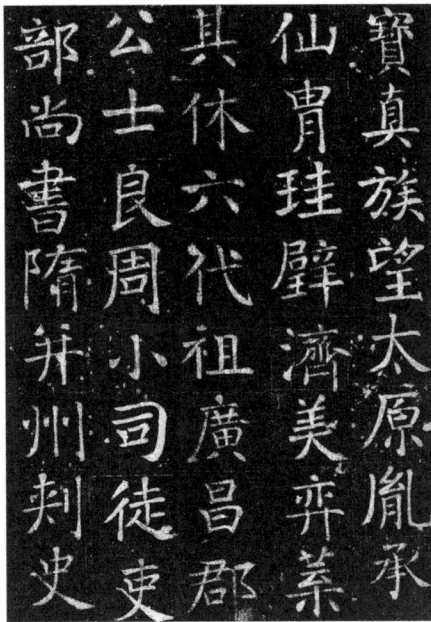

颜真卿《王琳墓志》（局部三）　　　　　　颜真卿《王琳墓志》（局部四）

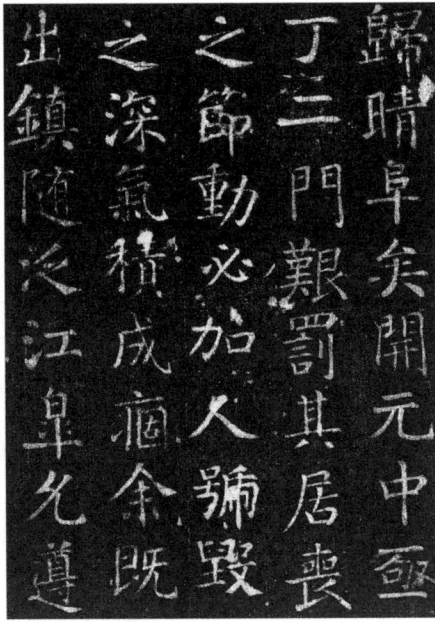

通过与同时代的人物和作品做比较，从而发现其人其作的优异与优越。

这便是早期作品的价值，古今中外，概莫能外。

《王琳墓志》于颜真卿而言正是这样。该作品清丽平正，谨严俊雅，布局有致，明显地带有魏晋书风和"初唐四家"的影响。

"初唐四家"在书史上的出镜率很高。他们究竟有多了不起？与颜真卿又是什么关系？

"初唐四家"指的是唐朝初期欧阳询、虞世南、褚遂良、薛稷四位书家。"初唐四家"的书法有一个共同的特点，就是楷书的风格都"清秀瘦劲"，这在欧阳询的楷书中体现得尤为突出。他们的这种风格也是从前朝书家那里继承而来的，即以王羲之、王献之父子为代表的魏晋一脉。当然，他们没有停留于传承，如果是那样的话，他们就不会在书法史上占有那么重要的席位了。"初唐四家"的可贵之处在于出新，这"新"就是唐代经济社会文化所特有的开放、繁荣、法治，以及疆域广大的大唐气象；在于由崇尚意蕴走向追求法度。从技术层面上说，他们把魏晋以来半成熟（或基本成熟）的楷体推向成熟。

汉字的演进及书法的流变是一个漫长的由繁入简的过程。说来话长，掐头去尾，扼要来说，作为古汉字的篆籀体到了汉代便演进成比较容易书写的隶书，并成为汉代书写的主流字体，故而隶书又称汉隶。虽说汉隶简化了许多，但仍不是最简便的字体，因此还要变，向着更易学更易写的方向演变。到了魏晋南北朝，汉隶便被楷书取而代之。

所谓楷体，就是奉为楷模、规范的字体。魏晋南北朝时，楷书仍未定型，尚处于半成熟的状态。把半成熟的楷书推向成熟和繁荣，是隋唐五代的事情。也就是说，到了这个时候，满朝文武乃至天下之人通行的书面字体是楷体。

至于唐代仍有人在写篆籀和隶书，那是书法意义上的事了。公文奏章、百姓书写皆为楷体。因此在判定书法造诣和成就高低的时候，主要看楷书，当然也不排斥其他书体，如草书、行书及古字体。

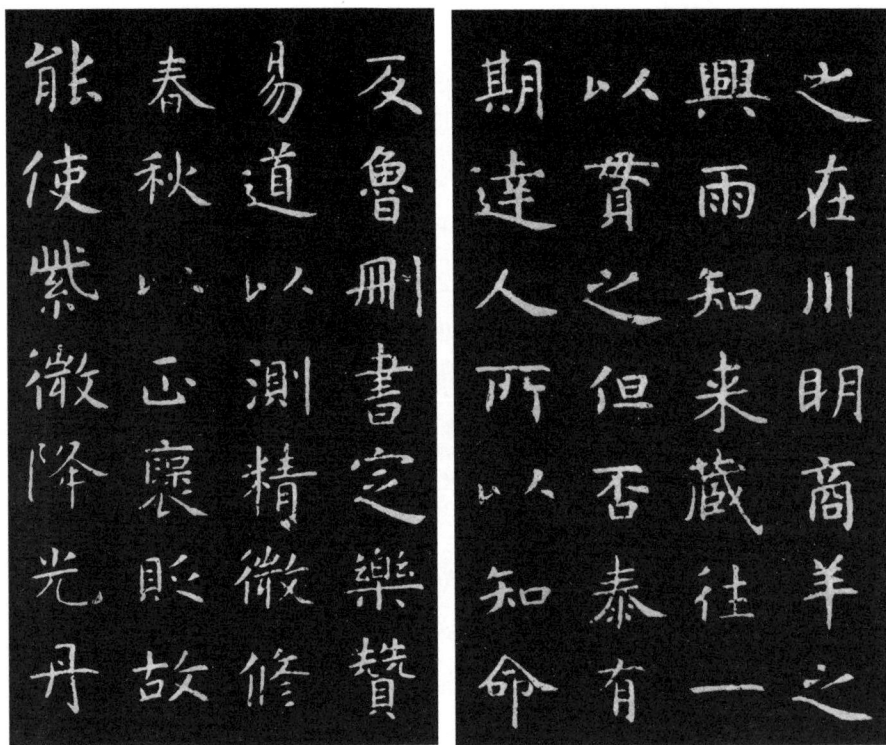

虞世南《孔子庙堂碑》（局部）

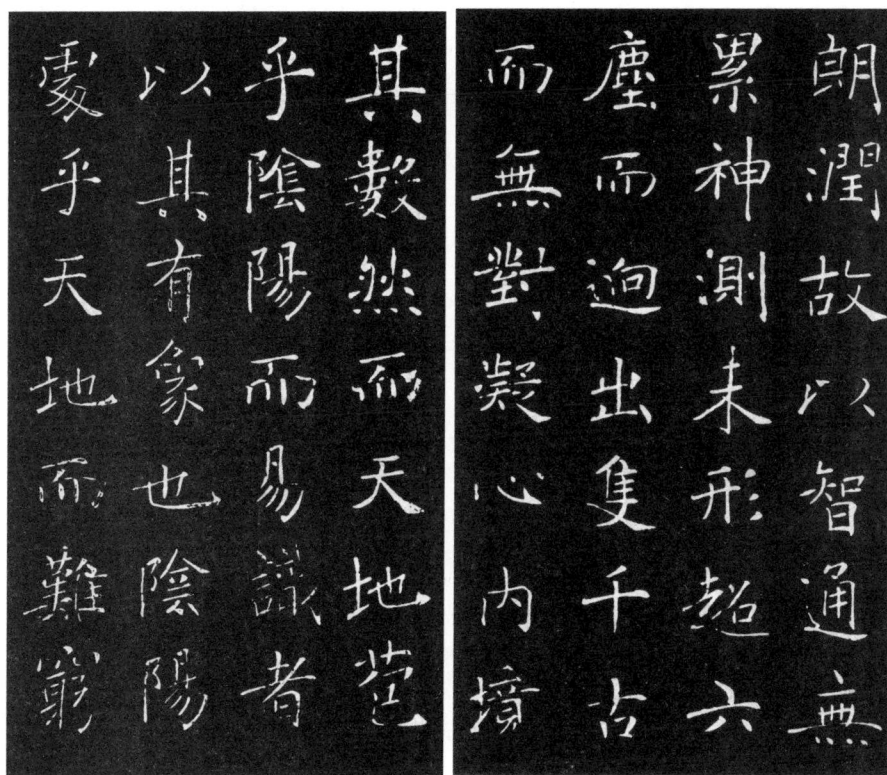

褚遂良《雁塔圣教序碑》(局部)

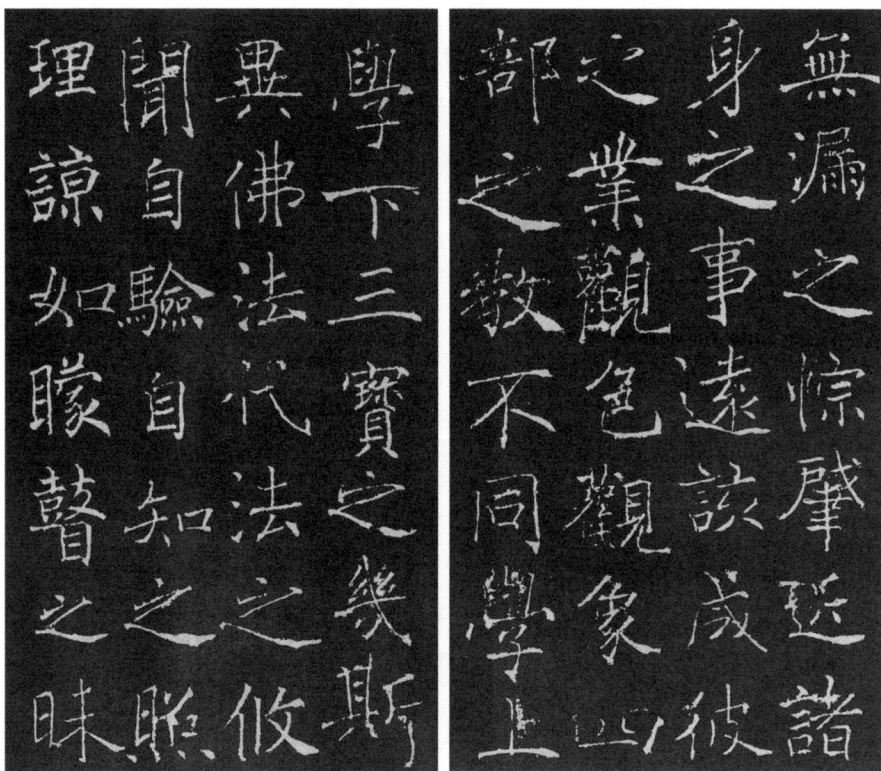

薛稷《信行禅师碑》（局部）

"初唐四家"在书法史上的地位在于，他们完成了汉字字体由半成熟楷体到成熟楷体演变的重要使命，为唐代书法，也为中国古代书法做出了杰出贡献。

在共性的基础上，四位书家都不同程度地加入了个人的性情和意志，使每个人的书体同中有异，异彩纷呈。欧阳询被誉为"唐楷第一"，创建了险峻隽永的欧体。虞世南的楷书外柔内刚。褚遂良直取欧、虞特色，又融入隶书笔意，自成舒朗、畅达的褚家风。薛稷在三人之后，博采众长，担当了初唐至盛唐字体流变的桥梁。

这就是《王琳墓志》的价值吗？不错，正是如此。颜真卿的高妙在于在继承与守正上做得出色、精当，功底扎实，堪为卓异。也就是说，颜真卿的时代，人人写字，人人研习，但不是每个人皆能写得如此到位、如此炉火纯青。

要知道，书法艺术有一个重要属性，就是讲求传承，没有传承就没有创新。从《王琳墓志》中，我们能够看到颜真卿研习"初唐四家"的作品，在做到兼收并蓄的同时，是有所偏重的。偏重谁？偏重褚遂良的风格，主要体现在用笔、结体之特色。为什么呢？原来在"初唐四家"内部也是有师承有递进的，前面讲到四家各有自家面貌的时候提及了这个问题。如褚遂良初学欧阳询，然后学习舅父虞世南，最后形成自己的褚体。

颜真卿偏爱褚遂良，不唯书法的师承关系和用笔、结体的技法，更是因为他既仰慕其书，也仰慕其人。换言之，书品与人品于褚遂良而言是融会为一体的。这是学习书法艺术撇不开的常见之事。

颜真卿在意这些，认同褚遂良的为人。

褚遂良不是专职书家，他出身于名门望族，官做到唐高宗时期的宰相。再往前溯，他还是唐太宗托孤的顾命大臣之一。书法家的称谓于褚遂良而言，只是他的众多社会角色之一。

唐高宗也是龌龊，在做太子的时候就与大他四岁的武氏私通。彼时，武氏是其父唐太宗的才人。这是天下人皆知的。唐太宗驾崩后，武氏被唐高宗招进宫中，收为嫔妃。

皇后是王氏。王氏仁厚，常在唐高宗面前言说武氏的好话，因此武氏得以步步上位。但武氏忘恩负义，位子高了，野心也跟着膨胀，开始觊觎皇后的位子。

唐高宗移情武氏，遂冷落了皇后王氏。

永徽六年（655），唐高宗决意废王立武。兹事体大，唐高宗急召重臣征求意见。

议事殿上，武氏就在现场，就坐在唐高宗身后，没有回避。而这褚遂良够直、够正、够倔、够轴，也不看看场面和气氛，上来一通批驳，坚决反对，给唐高宗兜头一瓢冷水。

褚遂良想好了，命，不要了——他把官笏放在台阶上，把官帽也摘下放在一旁，叩首力陈，以致流血。唐高宗被气得七窍生烟，震怒不已，厉声命人把他强行拉了出去。而坐在唐高宗后面的武氏则恨不得立刻将他处死。

关键时刻，有善于迎合圣上旨意的重臣发话了：此乃陛下家事，不适合问外人。

一句话彻底改变了唐王朝的命运。褚遂良也跟着一下子跌入悲剧的深渊——被贬为潭州[1]都督[2]。武则天掌权后，必置其于死地而后快——将其迁桂州[3]都督，再贬爱州[4]刺史，此乃南夷蛮荒之地，其苦可想而知。最终褚遂良卒于任上。

褚遂良死后，武则天还没有放过他——取消了他的官爵，还把他的子孙后代全部流放到爱州。

---

1. 潭州：今湖南省长沙市。
2. 都督：地方军政长官。
3. 桂州：今广西壮族自治区桂林市。
4. 爱州：今越南清化省清化市一带。

神龙政变后,武则天倒台,朝廷才为褚遂良恢复官爵,追赠谥号"文忠",于天宝六载[1](747)配享高宗庙廷。

褚遂良是这样的一个人,自然也会将其做人做事的世界观、人生观、价值观带入书作之中。在颜真卿的眼中,褚氏的字更耐看,更遒劲,确有一派"文忠"之气,他独爱之。

第三个理由,传承对于书法艺术来说固然重要,但是在合适的时候还要做到出新。不然,作品永远是人家的、是创体者的,不是自己的。出新,就是在作品中加入一些个人的东西。《王琳墓志》的可贵之处,就在于颜真卿做了一些尝试。比如在结体上,由褚字中宫收紧而略有发散,姿势由欹侧而端正。这些努力非常重要,但真正把自己的意志和个性追求移植于传统字体之中,远非一朝一夕之功。再者,这个改变也不是纯粹技法层面的改进、改良,实质上是受文化、历史、社会等文字外因素的影响,是一个积淀的过程。

因此说,颜真卿在《王琳墓志》上所做的改变,还嫌微弱,离成一家一派尚有距离,真正的出新和超越是颜真卿日后的任务了。

来日方长。

16. 两任县尉

时光荏苒,天宝元年(742),三年的丁忧结束了,颜家兄弟们各自回朝领受任用,颜真卿也不例外。

这一年的春季,唐玄宗李隆基亲自主持博学文词秀逸科制举考试。

前文已述,明经与进士的考试是常试,即每年举行一次的固定考

---

1. 载:唐玄宗自天宝三年(744)改"年"为"载",至唐肃宗至德三载(758)复改"载"为"年"。

试；制试正好相反，并非常设。制试与常试的不同之外还有三点：一是考试由皇帝亲自主持，考官是皇帝；二是考试地点不在固定的考场而在宫内，因此制试也称殿试；三是考试的内容不同，主要以写策论方式进行。

皇帝做考官的考试——天底下没有比这个考试级别更高的了，而且这类考试的名望、影响力，登科后所授官职、待遇及日后的晋级、升迁都是考进士不可同日而语的。

颜真卿有幸参加了这次大考。

照例，凡参加制举的，须有荐举，就是有人举荐，而有荐举资格的人通常是名望、地位较高之人。颜真卿的举荐人是扶风太守崔琇。

崔琇与颜真卿是什么关系？崔琇的事迹如何？史无记载。也许是一个程序？但扶风太守之职是非常显要的。自西汉以来，京畿地区以东为左冯翊[1]辖区，以西为右扶风辖区，中间乃京兆尹辖区，统称"三辅"，承担京师拱卫之责，可见区位和责任之重。能做到右扶风辖区的主官，绝非等闲之辈。

春天总是美好的。

八年前的春天，颜真卿鱼跃龙门，进士及第。

越两年，仍是春天，颜真卿斩获"春关之牒"，摘取铨选甲等，步入仕途。

又是一个春天。长安禁城内，兴庆宫的勤政务本楼，雕栏玉砌，花团锦簇，丹陛之上，殿宇巍峨，一派肃穆凛然气象。这里正在举行唐玄宗主持的生徒当殿御试。

皇帝居上，生徒在下，颜真卿自信满满，举止从容，心境平和，答题贴切准确，下笔畅顺如流。

---

1. 冯翊：郡名。三国魏改左冯翊置。治所在临晋（今陕西大荔），辖境相当今陕西韩城、黄龙以南，白水、蒲城以东和渭河以北地区。

策试结果下来，没有悬念——成绩又是上等。

当年十月，圣旨下：颜真卿授官醴泉[1]县尉。

先前的校书郎是在朝廷、在中央，这回是下沉地方，到基层了。县尉的主要职责是掌管治安、捕盗、催税和县衙庶务。这个差事官阶不高，正九品，属于低级官员，每日足底朝天，不得清闲，很是辛苦，属实职，掌基层地方管理的实权，与校书郎全然两回事。

实话说，倘若真走仕途，这是极好的历练——培养领导力。皇帝为何亲试？就是要选拔一批真能顶事的栋梁之材。当官要先从基层做起，能者上，庸者下。日后颜真卿做到高位，也是受益于基层锻炼。

醴泉县近在京畿，区位重要。这里又是太宗皇帝的昭陵所在。九嵕（zōng）山上，陵寝依山而筑，神道上矗立着归顺唐朝的外藩君长石像，还有太宗生前的六匹战马的雕塑，称作"六骏"，昭示唐太宗的辉煌功业。每年春秋两季，朝廷必遣官员谒陵，迎来送往便成了县尉分内之事。

圈子里都说，醴泉更受朝廷关注，干得好，晋升的速度要比其他同级县尉快。现在把醴泉县尉授给颜真卿，可见他是深得上峰青睐的。

这都是些议论，是不是真的如此？颜真卿倒未十分在意，在醴泉县尉任上，他忠于职守，兢兢业业，不怕苦，不惜力，清明、清廉、清正。

那个时代，官员的管理很严。朝廷有一套成熟的考核制度，时称"磨勘"，由吏部组织考评，每年一小考，三四年一大考。后世沿袭，明代张居正改良后称为"考成"。

颜真卿干得怎样？考核结果出来了：上下评价都不错，获官风"清白"之誉。

任满之后，天宝六载，颜真卿升任通直郎、长安尉。

1.醴泉：今陕西咸阳礼泉县。

为何同是县尉，做长安县尉就是"升任"（升级）呢？这里有讲究——长安乃国之首都，长安所辖的万年县和长安县即为京县（京畿），表面上官衔一样，而职级高定。也就是说，做这儿的县尉，其品级高于一般县尉。

通直郎是"通直散骑侍郎"的简称，属于散官（虚职衔），从六品下。长安尉比之前的醴泉尉高一级，从八品，从哪个角度说，都是升级了。

这一年颜真卿三十九岁。父亲颜惟贞也曾做过长安县尉，挺巧的。

17. 得十二笔法真意

颜真卿的自制力很强，既尽心工作，也颇有生活情趣。

入得仕途，不论政务有多繁忙，颜真卿从未放弃书法的研习与精进。

书法于颜真卿而言，是由家学传统而萌生的喜好，又由其博大精深而成个人追求。形象地说，书法之艺术魅力与诱惑之大早已渗入其骨髓，是须臾不可离的。或利用闲暇，或牺牲休息，包括拒绝很多无用的应酬，颜真卿执笔研习不怠，日复一日，年复一年，孜孜以求。

朝中有个叫裴儆的，与颜真卿同道，家在东都洛阳。

裴儆是世家望族子弟，条件优渥。他人性格开朗，喜好结交，天下名士常聚于府邸，一起高谈阔论，闲适自得。

裴儆工书法，特别推崇张旭。

彼时，张旭正住在裴儆家中，颜真卿闻知，煞是高兴。于是借履新长安县尉之"年假"，专程去了趟东都洛阳，"访金吾长史[1]张公，请师

---

1. 金吾长史：统管御林军的官员。金吾，卫戍京城的部队。长史，相当于丞相的秘书长。两汉以后成为将军属官，是幕僚之长。

笔法"[1]。

张旭，字伯高，一字季明，苏州吴县人，绰号"张颠"。张氏之后还有个叫怀素的草书大家，一饮便醉，后世称二人"颠张醉素"。能称"颠"者，绝非等闲人物。不仅不等闲，而且是极端极致的主儿——唐代名声赫赫的书法家，尤以草书著称，史称"草圣"。

张旭的生卒时间史载不确切，大致是垂拱元年（685）至乾元二年（759）。除了"颠"与"圣"的桂冠，他的头上还有许多美誉，如他与贺知章、张若虚和包融并称为"吴中四杰"；与李白、贺知章等人并称"饮中八仙"。"吴中四杰"和"饮中八仙"不是随便可以叫的，能进到这些圈子里，是因为张旭除了书法自成一家外，诗也写得极好，别具一格，尤以七绝见长。

当然，张旭加入饮酒的圈子，也确因为他酒量非同一般。这与他的特殊体质有关。他饮酒如饮水，豪饮之后与李白一样，在酒精的作用下，不论作诗还是作书，皆可实现超常发挥。

据史料记载，每次醉酒之后，张旭都要呼号狂走一番，走够了，号累了，便挥毫作书，其作品之妙，甚至高过平日清醒之时。张旭传世之作《肚痛帖》，就是这样的作品。

忽肚痛不可堪，不知是冷热所致，欲服大黄汤，冷热俱有益。如何为计。

作品篇幅不长，仅三十字。是说，忽然间，肚子疼得无法忍受，不知这是寒邪还是热邪所导致的。想服用大黄汤，因为这服药对冷病热病都有好处。该怎么办呢？现在还没有疼得卧床不起。

作品被明代才子王世贞誉为"出鬼入神，惝况不可测"，是张旭的

---

1. 颜真卿：《述张长史笔法十二意》。

代表作。

张旭的草书有名并不仅限于后世，在他活着的时候就已经闻名天下，他的作品可以收藏，也可以拿去卖钱。到了唐文宗李昂时期，其草书则与李白的诗歌、裴旻的剑舞并称为大唐"三绝"，是一个伟大时代的标签。

张旭入仕并非进士及第，而是通过荐举或征辟[1]的。他先后任过左内率府[2]长史、金吾长史，故称"张长史""金吾长史"。

张旭因书法好，向他求教、求笔法的人便络绎不绝。多有面儿的事呀！而在张旭这儿，则是得罪人的——性情狂放，又喜饮酒，常作疯癫之态，凡人不理。就是说，要向他学字不是一件易事。

张旭就是如此神一样的存在，令钟爱书法的颜真卿为之倾倒。

"仆顷在长安二年师事张公，皆不蒙传授。"[3]原来，颜真卿在两年前就曾向张旭讨教笔法，却遭受了冷落。

裴儆确实心诚，为了让张旭教他笔法，真是下了本钱了——干脆把张旭请到府上管吃管住，像侍奉爷娘似的，殷勤周到，希望能借此感动张旭授其笔法。结果张旭在他家住了一年，也不为所动。有时张旭被裴儆问急了，就"对之便草书，或三纸，或五纸，皆乘兴而散，竟不复有得其言者"。意思是说，张旭当着裴儆的面写几张草书，再也不说别的话。

姿态都低到这份儿上了，还是一无所授。

现在，颜真卿二次造访求教笔法，结果又是如何呢？

---

1. 征辟：古代擢用人才的一种制度，征召布衣出仕。主要包括皇帝征聘和公府、州郡辟除两种方式。皇帝征召称"征"，官府征召称"辟"。
2. 左内率府：古代官署名。唐朝太子左右卫率、左右宗卫率（左右司御卫率）、左右清道率、左右监门率、左右内率置府，号太子十率府，各置率一员、副率一员或二员，并有长史、录事参军事、仓兵（胄）曹参军及司阶、中侯、司戈、执戟或监门直长或千牛、备身、主仗等属，分掌东宫兵仗羽卫、内外巡警、宫门禁卫、侍卫供奉等事，领诸内、外府兵。
3. 颜真卿：《述张长史笔法十二意》。

不可思议的事情发生了：颜真卿只住了一个月，张旭便把笔法的真意传给他了。

这反差也太大了！

怎么会是这样？

谜底就在颜真卿的《述张长史笔法十二意》当中。

《述张长史笔法十二意》，最初是颜真卿听课后整理的笔记。

　　笔法玄微，难妄传授。非志士高人，讵可言其要妙？书之求能，且攻真草。今以授子，可须思妙。

这是张旭的话。意思是说，书法的笔法玄妙，非"志士高人"不可传。这句话非常重要，要中之要是"志士高人"，它就是答案所在，也是书法艺术对于书者禀赋的要求所在。

何为"志士高人"？是以书艺为终生之追求，积淀深厚而身怀悟性者。

张旭这样一个目空一切、疯癫狂放的"圣"人，能将深藏不露、轻易不肯示人之笔法这么快地传给颜真卿，不在别的，就在于颜真卿是"志士高人"，而裴儆不是。

颜真卿、裴儆都向张旭学习笔法，师者张旭不是看人下菜碟，而是看人是不是有志向且有悟性，是不是那块料。

关于"志士高人"的观点，王羲之也有所论："夫书者，玄妙之伎也，若非通人志士，学无及之。"[1]这里的"通人志士"与张旭的"志士高人"是一个意思，可谓英雄所见略同，他们共同认定学书与做书家必须具备较高的悟性。

---

1. 王羲之：《书论》。

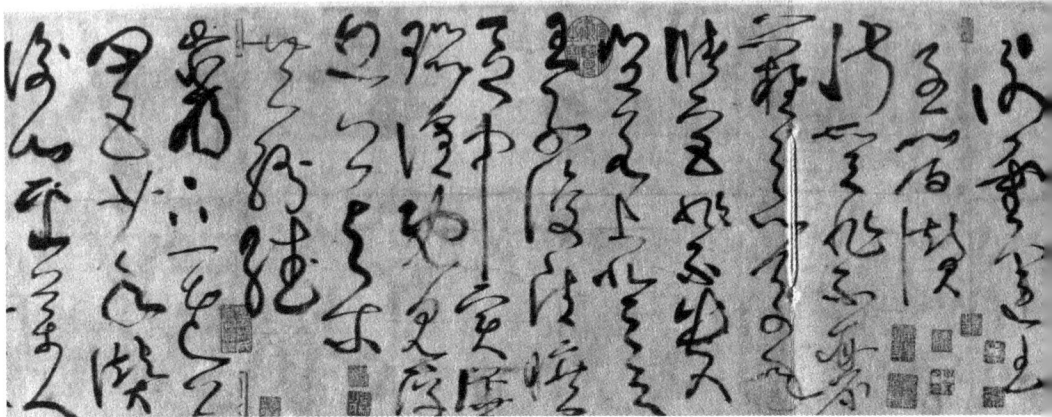

《古诗四帖》
唐·张旭书，狂草，纸本，无款。高 28.8 厘米，宽 192.3 厘米。40 行，计 188 字。藏于辽宁省博物馆

颜真卿是"志士高人"不是用嘴说的，而是用他跟张旭学笔法的过程告诉人们的——张旭授课不高谈阔论，只问，颜真卿只作答，在一问一答中，笔法问题就解决了。张旭问了十二个问题，颜真卿回答了十二个问题。

笔法有十二种，即平、直、均、密、锋、力、转、决、补、损、巧、称。这最早是汉魏时期书法家钟繇提出来的，王羲之继承，又传至张旭。张旭不墨守成规，而是加入个人的理解，变成书法绝技，不肯随意外传。世上的很多技艺和道理并不复杂，所谓大道至简，书艺亦是同理。

张旭传授颜真卿笔法，皆为生动、简明、日常事理的比喻，其中的一法只说了三个字——"锥画沙"，就是这么简单。

锥画沙是指书艺之用笔藏锋、含而不露的特殊技法。倘若颜真卿"傻乎乎"地反问张公何为锥画沙，那么这次拜师必定仍旧无功而返。

张、颜二人的"问与答"简直就是一场关乎"悟性高低"的考测，只可意会，不能言传。

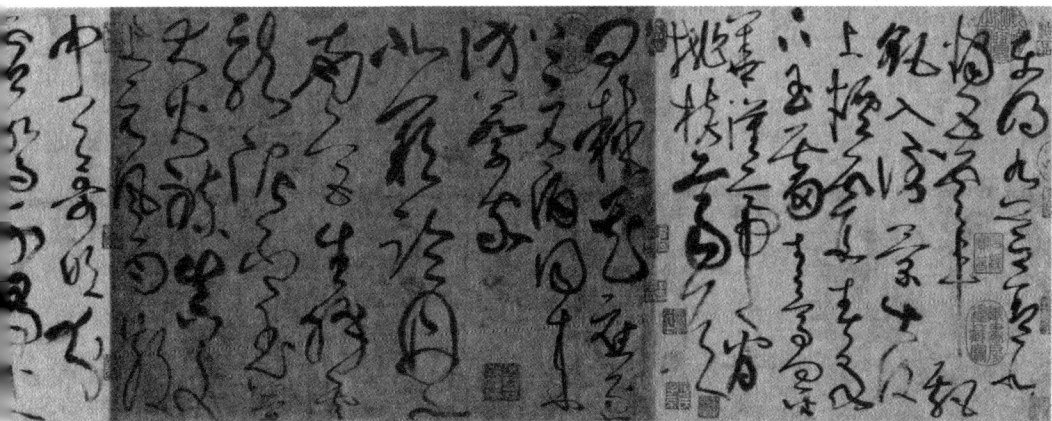

颜真卿"意会"了没有？

当然意会了，他不只是读书的学霸，还是书法艺术的学霸，他悟出了其中的奥妙，回答得令老师满意至极。

可以这样说，书史上，关于笔法问题，书家们一直在研究、继承、发展，但直到张旭遇到了颜真卿才系统化、完备化。求师学艺的现场难见具体实效，真正的实效在于他将张旭的秘诀迁移，妙用于自己的书法研习之中。

颜真卿此次取道洛阳，真的不虚此行。

如果将他学书问道的经历画一条线，那么此前的研习主要是囿于家学之传承和训练，其母、伯父、姑母、外公甚至长兄都是他的书法教师，特别是舅父殷践猷的书学造诣给了他深刻的影响。此外，"二王"法帖、初唐诸家墨迹也是重要的范式、模板，颜真卿从中受益良多。此次求师张旭则是一次开放式研修，即改变单一家学和古人、先贤之学的模式，其信息丰富，站位居高，眼界开阔，都是以前的学习所不曾有的。

可以说，这次学书是颜真卿日后书艺提升、发展乃至成一家一派的转折点。

《述张长史笔法十二意》

唐·颜真卿撰书，行书，天宝四载（745）。计1162字。此作系颜真卿向张旭讨教笔法后整理的"课后笔记"，既是书史的重要文献，也是颜真卿书法的珍品

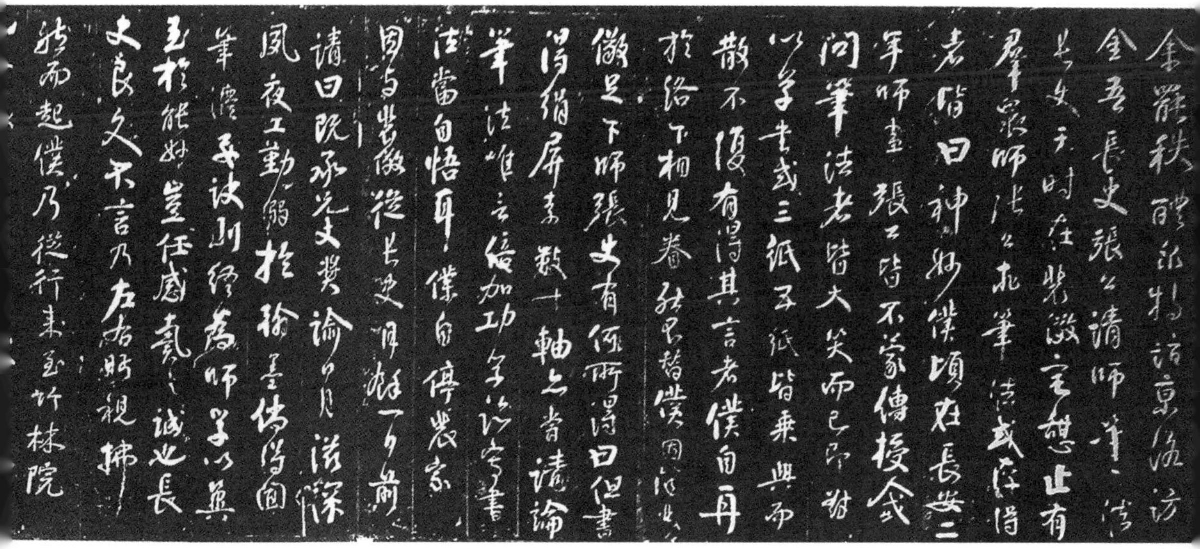

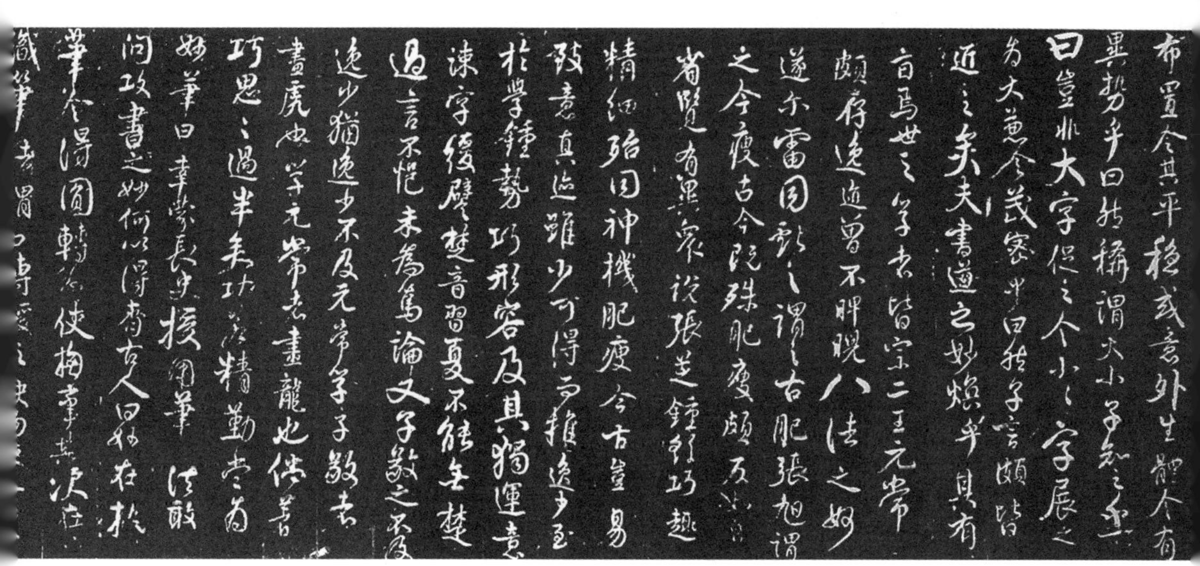

至此，细心的读者恐怕会生疑点：颜真卿拜张旭，第一次因何遭拒呢？

史上未有记载，颜真卿自己也只是寥寥五字"皆不蒙传授"。难道张旭非要摆谱，像秦末的黄石公用"刁难"的方式来考验张良那样，先考验一下颜真卿的虔心？还是张旭"势利眼"，嫌弃两年前颜真卿官爵、地位低微？

有三种可能。

一是颜真卿仍是成长中的颜真卿。书法的研习不是纯粹技艺的，离不开社会生活的涵养。做了两县的县尉，职级虽不高，却经受了历练，颜真卿历练得接了地气，见识和感悟遂不一样了。

二是人要诚，诚实、诚恳、诚心，要能经受挫折，不怕碰钉子，不怕吃闭门羹，不怕被冷落，颜真卿做到了。这次是成功了，假设这次又遭拒绝，他会越挫越勇，还有下次、下下次……不得名师绝不罢休。这才是颜真卿的性格。

三是与人打交道，要深入接触，一回生，二回熟，接触得多了、久了，才能识人和被人识。这次拜师，颜真卿是住在了裴氏的府上，可以从容与老师交流，颜真卿"志士高人"的品性才放出异彩，被大师识得。

颜真卿辞别张旭后，总结求学内容和心得，写成了《述张长史笔法十二意》。此作既是师徒二人情谊的存照，也是他个人反复温习、研练的"笔记"，更是一部书学经典著作和书法教科书。

只叹裴儆自己费尽心思，未得张公真传，却为他人作嫁衣裳，一不留神做了一件书史上功德无量的大好事。

后世学书之人应当感谢裴公才是。

18. 升御史

颜真卿在长安尉任上做得不长，不久即奉命调任监察御史[1]，时间是天宝六载。

从基层重回朝廷，这显然是一次擢升。

朝廷的制诰即任命书是这样写的：

> 文学擅于登科，器干彰于适用。宜先汗简之职，俾仁埋轮之效。[2]

前面两句话是称赞颜真卿的才学和处事能力。后面是任职事项和勉励的话——现在任你为监察御史，是为了更好地发挥作用，希望你能像张纲那样有胆有识、忠贞刚烈，履行自己的职责。

制诰中用了一个事典，即"张纲埋轮"。

张纲是东汉名臣，其"埋轮"事迹在后世成为不畏权贵、直言正谏的代名词。

汉顺帝汉安元年（142），朝廷选派御史张纲等八人巡视全国，任务是纠察官员，整饬吏治。组员多为名士，唯张纲一人年轻职卑，看来是个可以培养的苗子。

八人受命出发，张纲到达洛阳都亭这个地方，做了一件事情，令人匪夷所思。他把所乘车子的轮子拆下来，埋于地下，然后对同行的人说道：豺狼当路，安问狐狸！什么意思？张纲是打了一个比方，讲出他的态度——以豺狼喻祸国殃民之人，狐狸喻偷摸盗抢之流。当今天下，祸国殃民的人尚未除净，派我等去查办那些小贪小污的苍蝇之吏，有什么用？

---

1. 监察御史：亦称监察侍御史，简称御史、侍御。唐代置于御史台下属之察院，正员十人，正八品下，品秩不高而权限广，为士林清选，多以新进为之，常从京畿县尉中选任，颇为朝官所惮。
2. 殷亮：《颜鲁公行状》，《全唐文》卷五一四。

显然，张纲对巡视的主旨不很赞同，遂表示：不论官阶高低，一概督查。

真是威武！

当时大将军梁冀专权，飞扬跋扈，影响恶劣，却无人敢碰。张纲心系社稷，对梁冀的恶行深恶痛绝，即上书弹劾，揭露其罪恶，京师为之震动。

至此，人们明白了，张纲埋轮之举乃表明除恶务尽且除恶必须"苍蝇老虎一起打"的态度。真要这样做是有风险的，所以张纲立下决心"背水一战"，不给自己留后路。张纲的故事意在称颂官吏不畏权贵、勇于斗争的精神。

制诰援引"埋轮"之典，有格式套语的意思，不免堂皇，但颜真卿真是按照朝廷的期许和职责领会的。他由衷地敬服先贤张纲，愿意做一个像他那样心怀天下、恪守正道、刚直敢谏的人。

从颜真卿日后的官场生涯看，他不仅做到了，而且做得极好，完全可以比肩"埋轮"的张纲。有趣的是，如果相信命运的话，颜真卿的命运似乎就是由这次迁职注定的——顺境也好，逆境也罢，他一生跌宕起伏，但始终不变不改的就是他的人生追求、政治抱负和刚正秉性。这就像是冥冥中的一粒种子，植于心底，好像有一种无形却千钧之重的力量驱使着他，使他停不下来。

监察御史的职责是什么？责在监察百官，审察刑狱，整肃朝仪，巡按州县。官阶虽不高，正八品，却跻身于朝中五品以上文武官员之列。注意：职级不高，地位尤显——处在皇权中心，可以出入有九重宫禁的大明宫，甚至有机会拜见皇帝，参与议事。

大明宫乃帝王居所，森严且至高无上，凡社稷安危、官职擢黜、百姓祸福……生杀予夺皆发于此！

上任后，颜真卿接手过三次巡察案子。

天宝六载八月，颜真卿第一次赴河东[1]、朔方[2]巡察两地的屯田事务。

按例，监察御史出外巡察还要由朝廷任命一个专属称谓，即在原职位之外另加一个。这次颜真卿领受的任务，是"充河东、朔方军试覆屯[3]交兵使"，审查屯田收入、检查官员有无不合规的做法，以及刑部于此地需复审的案件和清理积压的刑狱之事。彼时，朝廷的收入有很大成分赖以屯田的田亩税。这也正是一些无德的屯田官觊觎的。他们着力搜刮，中饱私囊，多是在税赋上做手脚，欺下瞒上。皇帝对这种事很是在意，必须堵塞漏洞。

颜真卿不负朝廷使命，秉公办事，弹劾枉法官员，体察屯田兵士疾苦，巡察任务完成得很好。

第二年，天宝七载（748），颜真卿再次领命试覆屯交兵使，不一样的是换到河西[4]、陇右[5]一带巡察。在此期间，颜真卿主要做了两件事。

第一件事是体察民情，解决当地冤假错案。前文已述，监察御史下地方办案，有一个任务就是审察刑狱。为什么要监察此事？一年之中地方上各种案子很多，若是衙署官员庸怠，会造成案子积压，百姓的申诉得不到裁判；若是官员贪赃枉法，则造成冤案，而这两类案子单靠刑部复审和清理制度仍有疏漏，所以还要有监察的机制。

这一年的五原（今宁夏盐池）发生了一桩冤案，当地官员久拖不予平反，民怨沸腾。颜真卿一到，立即展开工作，明察暗访，追踪蛛丝马迹，发现确有疑点，遂击鼓升堂，重新审理。案情终于真相大白，蒙冤的人得到解救，作恶者予以法办，那些失职甚至贪赃的官员受到

---

1. 河东：河东郡，辖境相当今山西省沁水以西，霍山以南地。产池盐及铁，历为军事上控制关中的门户。
2. 朔方：朔方郡，唐、五代方镇名。治所在灵州（今宁夏灵武西南），辖境相当今宁夏回族自治区及甘肃、内蒙古、陕西各一部分地区。
3. 试覆屯：唐代御史台派监察御史出使到边远地区审查屯田收入。唐代屯田事务由工部主管。
4. 河西：今甘肃、青海两省黄河以西的地区。
5. 陇右：泛指陇山以西地区。古代以西为右，故名。相当于今甘肃陇山、六盘山以西，黄河以东一带。

惩治。

河西陇右是出了名的干旱之地，原本就雨水稀少，赶上灾年天气恶劣更是久旱不雨。

奇事发生了：那桩冤情昭雪之时，五原竟大雨滂沱，老百姓甭提多高兴了，所谓人心大快！他们莫不以为天降甘霖与颜真卿断狱相关，遂称此雨为"御史雨"[1]。

颜真卿办的第二件事是关注边关人才擢用。颜真卿来到陇右，结识了陇右节度使哥舒翰。哥舒翰的姓氏是很罕见的，听上去像是少数民族部落的称呼。事实上它确实是部落名称，确切地讲，是西突厥别部突骑施下哥舒部落的部落名。久而久之，部落的人就习惯性地以部落名作为自己的姓氏了。这种来历并不新鲜，汉人的姓氏中也有这个传统，只不过不是部落，而是分封制下诸侯国的国名，如赵、郑、吴、韩、卫等。

同一个部落拥有同一姓氏，哥舒部的某某变成哥舒某某。

史载，哥舒翰祖上是部落酋长级别的人物。哥舒翰一家很早就移民到唐朝安西[2]都护府辖区定居了，其父哥舒道元做到了安西都护府副都护，即二把手的高位，乃统辖一方的军政大员。

按照这样的背景，哥舒翰早就可以送去京城重点培养了，再不济，在队伍里干上三两年的，当个中级军官是不成问题的。而哥舒翰是个例外，他既没读书考取功名，也没有恩荫出仕，每日就是玩。

幸好在玩耍之中，哥舒翰忙里偷闲，把私塾读了，能识文断字，不是文盲。

四十岁的时候，供养哥舒翰全心全意玩乐的父亲去世了，他一下子玩不起了。三年居丧，他不能到处乱跑，索性去了京城长安投奔亲友，

1."时方久旱，而甘泽立应，郡人呼为'御史雨'。"（殷亮：《颜鲁公行状》，《全唐文》卷五一四）
2. 安西：唐方镇名。统辖龟兹、于阗、疏勒、焉耆四镇。后因辖地被吐蕃攻陷而废置。

在这儿遇到了恩公长安尉。长安尉不俗，没有用心灵鸡汤给这位纨绔子弟滋补，而是下了非常特殊的苦药——"羞辱"。

一物降一物，卤水点豆腐。哥舒翰还真是个男儿，硬是在恩公的帮助下，幡然悔悟，革面洗心，重新做人。他立志要建立一份属于自己的事业。

考取功名是来不及了，唯一的出路就是建立军功。

于是，哥舒翰告别长安亲友，告别恩公，仗剑西去，投奔河西节度使，入伍当兵。

到了军中，他像换了个人一样，训练和作战之暇便是捧书而读，不读别的，只有《春秋左氏传》和《汉书》。军中多粗人，哪见过这样的风景——"大兵"哥舒翰竟于戎马倥偬中苦读史书。长官和战友实在瞠目。

随后，哥舒翰的军事才能渐渐显露出来，他屡立战功，军阶步步擢升——原本的玩主儿，大器晚成。

现在，颜真卿拜会的这位将军就是英名赫赫、"北斗七星高，哥舒夜带刀。至今窥牧马，不敢过临洮"的哥舒翰。在二人畅叙中，颜真卿问道：君兴郎将，总节制，亦尝得人乎？

意思是说，将军您从郎将升到节度使，戎马一生，还发现过像您一样优秀的人才吗？

这是一个关于不拘一格用人的话题。

哥舒翰待回答颜真卿时，刚巧看到了侍立于眼前的别奏官[1]鲁炅（jiǒng），心中有数了，便讲了此人的故事。鲁炅身高七尺，当初因先辈之功担任左羽林长上官。哥舒翰发现鲁炅很有才能，就引荐鲁炅做了别奏官。

说到人才，哥舒翰告诉颜真卿：信不信，这个人将来是要做节度使

---

1. 别奏官：唐代诸军镇幕府中成员之一，随军立功之后，可由军将上奏朝廷以补官职。

的。此话听着有些远，又嫌夸口。而结果呢？日后的鲁炅，战功卓著，先后任左武卫将军、右领军大将军、云麾将军，再后来真的做了淮西、襄阳节度使。

河西、陇右之行虽然短暂，却可以窥见颜真卿关心百姓疾苦和边关军事的家国情怀。

又一年，即天宝八载（749），颜真卿第三次出外巡察，第三次担任试覆屯交兵使，所去之地还是河东、朔方一带。这一次，颜真卿弹劾了朔方县令郑延祚。

原来，郑氏兄弟三人皆为朝廷命官，其母亲去世二十九年后，其棺椁却仍停厝于太原某处寺庙的空园内，未加营葬。

在古代，这是典型不孝之事，官府竟也无人查问。按照唐代的礼制，父母死而人子不葬，是为大逆，岂可容忍。

事情查清之后，颜真卿毫不留情，立即奏禀朝廷，弹劾郑氏三子不孝，"敕三人放归田里，终身勿齿"——朝廷下诏，三人终身禁止录用为官。

原本是一件不大的事情，却长期无人监管，就一定有问题。而问题并非皆是贪赃枉法、能力不足或德不配位。

也许在人们看来，下葬不下葬的，事体再大也是个人私事，用不着这般兴师动众、小题大做。但从另一个角度也可以发现，县令虽地方小官，却实权在握，天高皇帝远，一手遮天的事是常有的。

再者，要历史地看问题。统治一个庞大的帝国，只靠严刑峻法是不行的，还须运用伦理道德的力量，方能使卑下者服从尊上，未受过教育的人则以读书做官之人作为楷模，等等。这其中，孝道就是重要的"参数"和行为尺度。很多官员来自民间，他们知道法治的力量是有一定限度的，但一个人只要懂得忠孝大节，他就自然而然地会正直而守法。此中的道理，上位者更是心中明镜似的。郑延祚兄弟三人是否贪赃枉法，是否有其他不轨行为，尚不知晓，但无人敢碰此事，也许可以说明一些问题。关键是，颜真卿如此办案，皇帝又是如此迅速准奏，至少是皇帝看不下去了——本朝竟有这等不堪之辈？更为重要的是，封建时代，孝道之所以被如此看重，除了其他社会因素外，很重要的一点就在于这其实是人性善恶的反映——连生养的父母都受到如此"待遇"，这样的官员会对治下的百姓心存体恤怜悯吗？能做到爱民如子吗？能算得上是好官吗？

因此，把官员的私德上升为官品官德，特别是将其视为为官之人的大德来考量和评定，甚至明文写入国法和官吏任用条例之中，个中道理是毋庸置疑的。

郑氏三兄弟皆为皇帝钦命官员，满嘴仁义道德，竟做出这等令人不齿之事，早该严加惩治了，落得如此下场，一点儿不冤。

此案深得人心，使颜真卿收获朝野一致好评。案子显示了颜真卿忠正守礼的真性情，也证明颜真卿是一个重道德、讲修为的君子。

颜真卿出巡归来，还处理了一桩案子——弹劾左金吾卫[1]将军李延业。

金吾卫是个重要职位，掌管宫中禁卫，是皇上的亲军。李延业因一向得唐玄宗恩宠，恃宠而骄，事不自律。在一次招待蕃客的内宴上，他为了炫耀其阔绰和威武，竟私自动用了宫廷车驾和仪仗。

这是违规的。

御史台予以责问，李延业不但不认错，还大吵大叫，恶意诘问，有恃无恐，像是朝廷上下都会站在他这一边似的。

李延业的"故事"颜真卿一定知晓。这种无视朝纲的行为岂可放纵、容忍？权势不足惧，他要跟李延业斗一斗，跟这种不正风气斗一斗，遂奋笔疾书，上表弹劾。

同僚们得知后，莫不为他捏了一把汗。

1.左金吾卫：军事机构。古代禁卫军指挥机构。唐代十六卫之一。

朝堂之上，颜真卿凛然正色，呈表上奏，言之凿凿，条条在理。

谁不知李延业是唐玄宗的宠臣，否则他敢如此妄为？而且，他的所作所为一定不是初犯，他是一块难以撼动的顽石。然而，颜真卿敢于碰硬，弹劾太给力了——唐玄宗都不能再袒护了，只得忍痛割爱，将李延业外贬出朝。

案子结了，满朝震撼。

颜真卿就是这样，初生牛犊不怕虎，锋芒展露，其刚正不阿、过人的胆识赢得人们敬佩。

其间还有一插曲雅事。在颜真卿将去河西、陇右巡视之际，好友岑参为他送行。

岑参，唐代著名诗人，尤以边塞诗著称。岑参与颜真卿关系密切，二人不仅是文友、诗友，还是姻亲兄弟，情谊深厚，亲如同胞。

席间，岑参赋诗《胡笳歌送颜真卿使赴河陇》赠别，表达牵挂之情：

> 君不闻胡笳声最悲，紫髯绿眼胡人吹。
> 吹之一曲犹未了，愁杀楼兰征戍儿。
> 凉秋八月萧关道，北风吹断天山草。
> 昆仑山南月欲斜，胡人向月吹胡笳。
> 胡笳怨兮将送君，秦山遥望陇山云。
> 边城夜夜多愁梦，向月胡笳谁喜闻。

毕竟是边关远行，那里条件荒莽、悲凉，多有不测。诗是好诗，情义真切。而细读下来，令人不免觉得岑参把边关描述得太过恶劣甚至恐怖了。其实，情况远没有那样严重，倒是人生之途、官场宦海险象丛生，对于兄长兼老友颜真卿这样的耿直忠义之士来说，以其疾恶如仇的性格，倒是不易长袖善舞的。因此，与其说岑参诗中对于颜真卿的担心在于环境险恶，还不如说令他牵挂的是颜真卿的仕途，这才是诗中深意。

　　749 年七月，颜真卿升任为殿中侍御史[1]，正七品。二兄允南任左补阙[2]，也属谏官，从七品上。每年的冬至和元日（正月初一），朝廷都要举行朝贺（朝觐庆贺），在这两个日子里，兄弟二人可同时立于朝臣之中觐见皇上。这是一种政治待遇，是颜家的荣耀。

　　天宝十载（751），颜真卿调任尚书省兵部员外郎[3]判南曹[4]，从六品上。唐代五品以上由皇帝亲自任命，而员外郎虽为六品，却与五品的郎中一样，不经吏部铨选而由皇帝任命。这是为何？原来是"清贵"[5]的一种礼遇。就是说，员外郎是颜真卿的官衔，判南曹是其实职。颜真卿获得了清贵的礼遇，是实至名归的。

　　兵部员外郎原则上不出差，主要工作是参与铨选武官的事务。官品不高，而职责重要，选人用人从来皆为要职。朝廷规制，武官的选授必须经过兵部的审查，再决定其去留，留者以备国家军事之需而任用。作为判南曹的颜真卿，其工作主要是对参选者的解状[6]、资历、考课[7]等一一进行审核，然后撰写评定。

　　铨选的时间一般都排在冬季，也就是说，这个差事再忙再辛苦也就一阵子，其他三季相对自在。官位有著有微，职责有重有轻，时间有忙有闲，都不是自己能选择的，皆为朝廷排定，倒也平衡。

　　在此期间，公务之余，颜真卿得以研习书法，也不忘收集、梳理语言文字和经史子集的材料，编纂那部大书《韵海镜源》。

---

1. 殿中侍御史：唐代官名。掌纠察朝仪，兼知库藏出纳及宫门内事，及京畿纠察事宜，位从七品下，较侍御史（从六品下）低。
2. 补阙：对皇帝进行规谏的谏官，还负责举荐人才。左补阙掌供奉讽谏，大事廷议，小则"上封事"，即将奏章用皂囊缄封呈进，以防泄漏。
3. 兵部员外郎：相当于兵部的副局长。员外郎原指设于正额以外的郎官。
4. 判南曹：指掌选院的员外郎。判，唐代官名，判官是府之副职，辅理政事，没有实权。南曹，官署名，掌铨选档案文书。唐朝尚书省吏部、兵部下属机构，因在选曹（尚书省）之南，故名。
5. 清贵：职位较高而不掌实权者。
6. 解状：又称家状，唐代中央级考试考生的个人信息文书。
7. 考课：官吏政绩考核情况。

19. 知己岑参

北风卷地白草折，胡天八月即飞雪。

忽如一夜春风来，千树万树梨花开。

散入珠帘湿罗幕，狐裘不暖锦衾薄。

将军角弓不得控，都护铁衣冷难着。

瀚海阑干百尺冰，愁云惨淡万里凝。

中军置酒饮归客，胡琴琵琶与羌笛。

纷纷暮雪下辕门，风掣红旗冻不翻。

轮台东门送君去，去时雪满天山路。

山回路转不见君，雪上空留马行处。

这是一首雪中送别的诗歌，其中"忽如一夜春风来，千树万树梨花开"脍炙人口，无人不晓。

原本，西域八月即飞雪，塞外送别、雪中送客，有无尽的离愁与乡思，而一句极富想象力的运用比兴手法的诗句，竟把此番心绪带到万物复苏的春天，如沐暖阳，离愁与乡思顿时化作浪漫理想和壮逸情怀。

诗句出自《白雪歌送武判官归京》，作者不是别人，正是大名鼎鼎的唐代诗人岑参，颜真卿的诗友、文友、好友和亲戚。

岑参家世显赫，曾祖父、伯祖父、伯父都官至宰相。父亲也两任州刺史。岑参有天赋，聪颖早慧，五岁读书、九岁属文，遍读经史。二十岁的时候，他带着所写精彩文章，前往洛阳献赋——相当于今日向编辑部投稿——却石沉大海。他又转移阵地，到长安献文，依然无人问津。

两次求官不成，唯有科考一条路了。遂准备功课，终于在天宝三载（744），岑参以第二名的成绩进士及第，时年三十岁。

三十岁获取功名并不算晚。

三年后任官，岑参授右内率府[1]兵曹参军，是在东宫太子府任职的属官。以后的官职一直不高，也就是做到嘉州[2]刺史。再往后罢官，客死成都旅舍。享年五十七岁。

岑参的名气和成就不在仕途而在诗文，尤其是诗歌。

岑参长于七言歌行，其作品词采瑰丽，意境新奇，气势磅礴，很富想象力。还有，他的诗热情奔放，非常浪漫，非常诱人。在诗歌的题材上，他几乎什么都写，述志的、赠答的、山水的、行旅的，各方面都有涉及，都写得好，而最具特色也是数量最多的仍属边塞诗。由此来说，边塞诗是岑参诗歌成就的重要标签。

为何岑参能写出如此好的边塞诗，乃至成为一派领袖人物？这在于他两度出塞，拓宽了视野，也开阔了胸怀。第一次是赴安西，在大将军高仙芝门下充幕府掌书记[3]。第二次是入幕北庭，在大将军封常清麾下任判官。两位英名赫赫的大将军都很倚重岑参，赏识他的才华和为人。

边塞给了岑参深刻的感受，就像写小说的生活体验一样，作诗亦然。岑参边地从军六年，把大好年华献给了那块土地。

现在可以明白了：边塞诗写得好，对于岑参而言，天赋是必需的，保靖戍边的爱国情怀是必需的，边塞特有的自然景物与可歌可泣的人文精神也是必需的。

可以肯定，书斋里无法写出如此磅礴的气势，只有纯粹的览胜赏美；也写不出浪漫的英雄主义豪情——功名只向马上取，真是英雄一丈夫。

回到颜真卿。两人是亲戚，什么亲戚？姻亲兄弟——岑参小颜真卿六岁，其堂伯父岑献的夫人是颜真卿的一位姑母。关键是两人童年命运

---

1. 右内率府：见前文"左内率府"注。
2. 嘉州：今四川省眉山市。
3. 掌书记：相当于幕僚。

相仿：岑参的父亲早逝，十四岁失怙，岑参跟着兄长读书，自小懂得奋发；颜真卿三岁失怙，是跟随伯父、舅父还有自家兄长求学的，可谓同病相怜。及长，两人都是进士及第，都是心怀理想、抱负的人。

因为颜真卿年长，入仕为官又早，学问、书法、文章皆好，为人又厚道、大气，谈吐高雅，见多识广，岑参很是敬重。

颜真卿是岑参的知己，素来知道他的志向，也知他的才华，很愿意帮助他实现自己的抱负。于是，当有机会见到高仙芝的时候，他便极力举荐这位老弟。这才有天宝八载，高仙芝回长安向皇帝交了一份用人名单，岑参的大名赫然列于其中，被任命为右威卫[1]录事参军，随后开启了第一次出塞的涯。

放着京官不做，而跑到西域吹风，很多人不解，听听岑参自己的回答："万里奉王事，一身无所求。也知塞垣苦，岂为妻子谋。"（《初过陇山途中呈宇文判官》）听听，令人肃然起敬！

颜真卿也是由衷佩服。

20.《多宝塔感应碑》的精进

中国人有一个传统，那就是树碑立传。

碑碣坚实、经久的特性，加上内容的笃实，书丹的造诣和勒石的隽永，三位一体，便有了仪式感。其中尤以什么人撰文、什么人书丹最为讲究，以致到了非大家不可撰文、非书家不可命笔的地步。

有意思的事情发生了：由于撰文者和碑铭的书写者的参与，他们的地位、名望像是助推器，使得碑碣主人的声名和事迹越发光大。那些参

1.右威卫：禁卫军指挥机构。

与其中的贤达、闻人、学士和书法家也因此而留下不朽的作品，其中不乏因碑（铭）而出名的。经历代积淀，这已成为一种沿袭不衰的传统和特有的文化现象。

圈子里，一颗新星冉冉升起。

他就是颜真卿。

颜真卿虽年轻，但资格有了——才学、官声和书艺三样一个都不少，是年轻才俊中的佼佼者。事实上，颜真卿在为母亲丁忧期间，写下《王琳墓志》之后，慕名登门求字、求碑铭（书丹）者已是络绎不绝。

先是相州[1]刺史张嘉佑要为尉迟迥建庙立碑。

尉迟迥何许人也？他是北周宣帝宇文赟（yūn）的将相，能征善战，威望崇重。宣帝驾崩的时候，大丞相杨坚独揽大权，并密谋篡权。尉迟迥愤而起兵讨伐杨坚，却因寡不敌众，兵败自杀身亡。

尉迟迥被后世奉为忠贞殉国、光耀日月的楷模。

张嘉佑推崇、爱戴尉迟氏，遂有为其建庙立碑之举。那么，这样一件盛事，依照旧制，撰序、撰铭及书丹者必请高人。

看看他的"节目单"：

撰序请的是阎伯玙。此君有王勃伯乐的美称，是唐初的进士，极富文才。他曾在多地任官，尽施善政，特受百姓的拥戴。在阎伯玙上任袁州[2]刺史之前，那里的百姓因不堪重赋，纷纷逃离他乡。阎伯玙一上任，出现一道风景——曾逃亡的这些百姓竞相返回，安居乐业。阎伯玙改任抚州刺史后，百姓竟都纷纷追随其后——阎大人去哪，百姓就跟着去哪。这件事一时传为佳话。

由这样一位德高望重之人撰序，显然分量尊显。

碑铭谁来写？张嘉佑做了一个不寻常的选择——请的不是别人，正

---

1. 相州：今河南北部安阳市与河北省临漳县一带。
2. 袁州：今江西省宜春市。

是颜真卿。颜真卿能与阎伯玙一道担纲撰写碑序，既见张嘉佑的眼光独到，也见颜真卿宗经尚典，辞章不凡。

此后，于天宝九载（750），颜真卿受邀约为郭虚己撰写碑文、墓志铭并书丹。这一年，颜真卿实岁四十有二。

郭虚己出身望族，十岁能诵读老庄学说，以孝道闻名，是唐玄宗昭仪[1]郭顺仪的兄长，官至工部尚书、御史大夫。郭虚己珍惜人才，举荐贤士。他在剑南节度使任上，治理当地军政、防御吐蕃入侵，功绩卓著。

郭虚己是朝中地位显赫的重臣。

朝野上下，圈子内外，文章好的，书法好的，口碑好的，大有人在，而三者俱佳之人恐怕就要少了许多。不管怎样，年轻、官微的颜真卿为病逝的郭老大人、朝中重臣写碑文、写墓志，还亲笔书丹，三事集于一身，这面子绝对够大，这荣誉绝对够显，这功夫也绝对够深。颜真卿后来还为郭虚己之子郭揆撰写碑文并书丹——《河南府参军赠秘书丞郭君神道碑铭》。

天宝初年，郭揆随父管理益州，参与攻打南宁州的吐蕃之战。因受瘴气毒害，于战场上病倒，不治去世，时年二十四岁。

同一年，父亲郭虚己病逝。

于是，两代人的"树碑立传"之事皆邀颜真卿参与，可见郭氏宗亲对颜真卿的信赖和推崇。

天宝十一载（752），应长安千福寺禅师楚金之请，颜真卿为《多宝塔感应碑》命笔书丹。

彼时的颜真卿，包括请他书丹的禅师都未必知道，此碑在未来书史上究竟会产生什么样的影响。

当然，从可把控和可知的角度说，楚金禅师和颜真卿都各自尽了人事——楚金慧眼识才俊，法眼了得；书者颜真卿恭敬领命，灌注精神，

---

1. 昭仪：宫中女官，也是帝王的妃子。唐代居九嫔之首。

丝毫不敢懈怠。

如果把《多宝塔感应碑》视为一个书法"事件"的话，那么前置因素和事件意义的本源就在此。

多宝塔位于长安千福寺内。楚金禅师夜诵《法华经》，似有多宝佛塔呈现眼前，遂誓志要将幻觉中的多宝佛塔变为现实。这份诚意感动了唐玄宗，玄宗赏赐钱帛，鼎力相助。

唐玄宗都亲自参与了，其分量尤重。

多宝佛塔终于在天宝十一载建成。

落成典礼盛况空前，名流闻人都来祝贺，诗人岑参登临其上，并咏《登千福寺楚金禅师法华院多宝塔》诗：

> ……
> 宝塔凌太虚，忽如涌出时。
> ……
> 千家献黄金，万匠磨琉璃。
> 既空秦山木，亦罄天府赀。
> 焚香如云屯，幡盖珊珊垂。
> 窸窣神绕护，众魔不敢窥。
> ……

岑参赞颂塔之凌空巍峨；感叹建造之精美、工匠之多、耗资之巨，世所震惊；描述僧众簇拥、焚香密如云团的壮观的场景。

为这样一幢恢宏巨制的佛塔"树碑立传"，非同小可，无论是撰文还是写碑（书丹），不是文章大家、书法大家不能与之匹配。楚金禅师当然晓得其中的分量——撰文请的是李白的好友、岑参的从弟、隐士岑勋，写碑请的就是颜真卿。

暂不说岑勋的辞章如何华彩陆离，只提书法之作，这一笔下去，可

《多宝塔碑感应碑》

唐·颜真卿书，楷书，天宝十一年（752）。高 285 厘米，宽 102 厘米。碑文 36 行，每行 66 字，计 2027 字。该碑为颜真卿早期代表作，字迹秀美刚劲，腴润端庄，初见颜体端倪。藏于西安碑林博物馆

是了不起，竟书写出一个不凡的时代！

在浩瀚的书史中，大抵一代书家能成风成派，必然经历承袭、酝酿、萌生和发展诸阶段，也有按早期、中期和晚期等若干时期来表述的。没有一个人生来就是某家某派者。对于颜真卿而言，自不例外。

颜真卿存世作品不少，《多宝塔感应碑》的意义和价值何在？在于它是一个标志。

什么标志？垂世不朽的颜体由此发端。

无论是古人还是今人，平日里将颜体挂在嘴边，却未必能够准确说出其中的意思，甚至还包含认知误区。

严格说，颜体有狭义和广义之别：凡颜真卿所书字体（作品）皆为颜体，此说不能算错。颜真卿书写的不是颜体又是何体？这是狭义之说。广义的颜体是能够体现颜真卿书法特质和风格，即饱含后世所论颜体的基本内涵的字体。

颜真卿不安于书法艺术的现状，也不满足于个人所取得的成绩和名声，他已经感觉到了某种束缚，内心积蓄着变革和突破的激情。从《王琳墓志》开始，他便着手尝试，能不能写得疏朗些，体式平正些，笔画圆润些。

机会总是留给有准备的人。

于是，颜真卿倾心尽力，把上述想法统统化入书写中。功夫不负有心人，《多宝塔感应碑》真的发生了变化，一个崭新的面貌应运而出——结体内收外散，宽博不拘，不那么紧缩，如"发明"等字，姿态很是开张。

体式由欹而正，变原来的一侧倾斜而趋直，如"诸佛"等字，四面匀称，呈现端庄之态。

用笔粗细参差，方笔、圆笔兼备，起笔和收笔加重，如"提额"等字，竖笔右画明显加粗，丰腴顿现，力度自蕴。

横画颇为隽细，犹如长枪大戟。

钩画一改初唐的三角之式，挑而向上，钩出飘逸，钩出情调……

颜真卿《多宝塔感应碑》（局部一）　　　　颜真卿《多宝塔感应碑》（局部二）

　　总之，变化颇多，别开生面。目之所及，英朗秀美、腴润沉实、刚正遒劲之感油然而生。

　　《多宝塔感应碑》成为颜真卿早期最具代表性的作品，也为书史带来了新气象。

　　无神论者是不会相信什么"感应"说的，但是，从结果来看，《多宝塔感应碑》的"感应"二字倒真的于冥冥中应了什么感应，至少预示了什么。

盛世危机

第四章

21. 改年号

　　新年是个好日子。

　　盛世的年节更是令人欣喜。

　　新年前夕，登临勤政楼接受百官朝贺的当朝天子李隆基郑重宣布，自即日起废弃开元年号，改元天宝。此刻的李隆基抑制不住心中的满足——这一年他五十八岁了，再过不到两年的功夫，就是六十花甲之年。人生中的大事都办完了，该享享福了。

　　此刻的李隆基，满脑子都是对"躺平"的憧憬。

　　"开元"，是已经沿用了二十九的年号。对于治国理政而言，能开辟一番经天纬地的盛世局面，还把这个大好局面平稳、持续推进二十九年，实属不易。史家把"开元"等同于"盛世"，开元即盛世，盛世即开元。

　　那么辉煌，那么响亮，可好好的为什么要改呢？

　　有人说是三个原因：

　　一是唐玄宗在宣布改年号时候的心境。他认为自己在位期间建立了不朽的功勋，该享受自己的劳动成果了。换作别人，享受就享受吧，但身为天子，岂可随随便便？得有仪式感。

　　二是在开元二十九年，去世了俩哥们儿，他们都是李隆基的同辈兄弟。这实在是不爽气，好好的年景沾了晦气，所以得把年号改了，也好避一避晦气。

三是有一个地方上的官员投其所好，给唐玄宗上书，说看到了天降祥瑞。这可好，相信谶纬和巫术的唐玄宗就坡下驴，有了改年号的直接理由。

三个理由，第二个和末一个不过是托词，真正的理由应该是第一个，是船到码头车到站了——安享清福的时候到了。改了年号，如同换了一个标签，意味着未来定是天下太平，江山永驻。

人不是神，唐玄宗也不例外。他干得再好，成就再大，头上的光环再耀眼，政治权谋再高深，终究还是一个人。

自此开元盛世结束，天宝时代到来。

天宝就真的是"天而宝之"吗？

有很多史书这样评价天宝年间发生的历史：一代明君逐渐被女人迷得神魂颠倒，开始不务正业；另一个男胖子趁机狠狠地挖了大唐的墙脚，将欲改朝换代；而朝中则是一代奸臣胜过一代奸臣，世风日下，只几年的光景，盛世式微，光焰不再了。

以上说法对不对？是见仁见智的事。

不过，不管同意不同意人家的说法，有两点值得关注：

一是天宝年间发生的故事比这种说法更复杂，最神秘莫测的人物、最血脉贲张的战斗、最狠毒的阴谋和最缠绵悱恻的爱情都在这个时代一一呈现。这是被历史所证明的。

二是改元天宝之后，唐玄宗还真的不怎么勤政理朝了。一千多年前，人的寿命不比今日，七十岁就是古来稀了！近退休的年纪，干不动了。这也是实情。

李隆基在位四十四年，这个时间长度，在大唐一朝排名第一，在整个中国排名第十一。不管这个帝王是积极有为还是昏庸无为，光从在位时间长短看，也能说明一些问题，曾经的唐玄宗还真是了不起。

不知是改年号的缘故，还是其他什么原因，从这一年起，大唐帝国由盛转衰，新年号竟成了一个重大的历史转折点，李隆基连同大唐开始背运了。

天宝元年，颜真卿三十四岁。

三十而立，正是人生的好年华。此前的岁月，颜真卿赶上了盛世时光，此乃颜真卿的福。但细心盘点会发现，开元盛世从头至尾红火了近三十年（712—741）。颜真卿生于709年，卒于785年，活了七十七年。如果将儿时的时光去掉，只记其进士及第、铨选为官，以及最初朝中任职，掐头去尾，他所经历的盛世只是一个末梢。也就是说，颜真卿这一辈子主要生活在盛世之后的时代，是后盛世。

"后盛世"是个什么概念？玄宗朝之后是肃宗朝（756—762）、代宗朝（763—779），然后是德宗朝（780—804），五十年间换了四帝。帝位更迭频繁。不管什么原因，一定不是好年景，政治、经济、社会不稳定，乃至社会动荡和危机四伏是毋庸置疑的。

颜真卿就在这走马灯式的轮替中度过了生命的后四十四年，跨越了盛世与后盛世两个时段。在这个特别时代的裹挟下，直道而行凸显出别样的悲壮。

22. 祸水岂止红颜

改年号终究只是个形式。

真正有意义的，是盛世的光鲜之下，暗流涌动，危机四伏；是坊间所说的几个人物——在戏曲里叫作"角儿"——一一登台，与唐玄宗一道上演了一出出历史大戏。

首先登台的，是一个丰腴的女人。

唐代女人以胖为美。一位丰腴的美人出现了，她就是家喻户晓的杨贵妃，本名杨玉环。

其实，"杨玉环"这一名字不确切，她的身世和姓名都是谜。就拿籍贯来说，有说是弘农郡华阴（今属陕西）的，有说是容州（今广西容县）的，也有说是蜀州（今四川成都崇州）的，此外还有虢国（今河南灵宝）说、山西蒲州永乐说，不一而足。

真名不叫杨玉环，那么她究竟叫什么名字？

一般凡夫俗子的名字不准确也就罢了，对像她这样知名度超高的人来说，就很不正常。古今史学家们都没有"扒"出杨贵妃的真名，倒真成怪事了。

不过，出自杨姓倒是千真万确，她的父亲是蜀州司户[1]杨玄琰。杨玄琰的官职不高，县级，但家庭成分极高，他的祖父杨令本之前的八代祖先都是朝中高级官员，甚至有人做到了吏部尚书的高位。

然而，杨家的名声并不是因为官位如何高、政绩又如何显赫，而是出了一位颜值跻身于古代四大美女之列的女子。

杨玄琰并没有给予女儿什么帮助，因为他很早去世。倒是叔叔成为其抚养人，对其疼爱有加。杨玉环未受过苦，还得到了良好的教育，十七岁被选为寿王妃。

因此，照正史的说法，杨贵妃的官称是寿王妃杨氏。

寿王乃唐玄宗的第十八子李瑁。现在有故事了！简短地说，李瑁是在姐姐婚礼上遇到的杨氏，惊为天人，便央求母亲武惠妃撮合，欲立杨氏为寿王妃。面对情种儿子，做母亲的自然拗不过，只得应允。事情就这样成了，择了良辰吉日，明媒正娶。

天下人都知道。

杨氏与李瑁本是一对恩爱夫妻，杨氏是李隆基的儿媳妇，怎么就成了正史官称的"玄宗贵妃杨氏"，其中是个什么逻辑？

都说唐玄宗李隆基晚年贪图享乐，自改元天宝之日起各种享乐，甚

1.蜀州司户：蜀州司户参军事的省称，管理蜀州户籍、田地、道路交通等的从七品下官员。

至荒唐到把儿媳妇变成自己的爱妃。

当然，事情的结果是这样的，但做法不能简单——李隆基何等精明，手下又有那么多谋士高参，即使是如此龌龊的事情也要做足表面功夫。手段自是少不了的——先让寿王妃变成出家人杨玉真。

为何出家？

长寿二年（693），唐玄宗的母亲窦太后病故，孙子媳妇杨玉环"主动"提出愿做女道士为奶奶婆祈福。多好的事情！出家的女道士，名分上出现真空，不再是寿王妃了。于是，女道士被召进宫中，明夺变成暗抢，一切都那么顺理成章。

事实上，早在寿王与杨玉环成亲的时候，唐玄宗已经对儿媳一见倾心，准确地说，应该是觊觎。此后的种种做法，如不立李瑁为太子，以及逐步升级改造骊山温泉设施，都是有意为之。后世有诗为证——"春寒赐浴华清池，温泉水滑洗凝脂"，这是为自己的享乐做好铺垫。

这运作何等细密，何等周到！

上述的一切，在维护唐玄宗明君形象的史官笔下，就变成爱妻武惠妃病逝，唐玄宗伤心抑郁了很长一段时间，而宫中嫔妃没有一个令他中意的，便有人推荐道姑杨玉真进宫……史官故意不提杨玉环进宫的确切时间，仅提这是在天宝元年发生的事情。

当事人李瑁自是被气到暴怒，可在强势且无道的父皇面前，又能怎样？

不过，李瑁还是从男人的角度做了必要的反击。开元二十九年十一月，唐玄宗的大哥宁王李宪死了，唐玄宗十分悲痛，是真的悲痛。因为当年是大哥的谦让，是大哥在自己与太平公主的权力斗争中给予的坚定支持，才有他今日的一切。

唐玄宗为感谢大哥的恩德，决定追谥李宪为让皇帝。这是李家亲情的体现，很是长脸面的事，却接到寿王李瑁的上疏——臣请为让皇帝守孝三年。

　　李宪是有自己的子嗣的，哪里轮到李瑁做这个事情？原来李瑁儿时是由伯父李宪抚养的，如此算来李宪是李瑁的养父。而即使是养子[1]，按照礼法规定，也没有为养父守孝的义务。

　　李瑁为何突然提出这个请求？其实这是李瑁在暗中反击，万般无奈下的绝地反击——守孝期间，李瑁是不可以谈婚论嫁、结婚迎娶的。也就是说，那个因杨玉环出家而空出的寿王妃的位置要一直空着，空三年。寿王不娶，李隆基就不便给杨玉环一个公开的名分，否则李隆基撬走自己儿子的老婆，皇帝的尊严将荡然无存了。

　　唐玄宗再精明也没想到李瑁在这儿等着他。这个反击虽然看上去是软弱的，却打得唐玄宗七窍生烟，毫无还手之力——毕竟李瑁的请求是仁德的表现，纵使天王老子也不能拒绝；毕竟天下还有礼法，贵为天子的李隆基也得顾忌。

　　李瑁的上疏允了。

　　李隆基的如意美梦因此而被延宕了三年！

　　李瑁的反击撑死了是颗软钉子。三年之后，所发生的就是世人皆知、声名远播的"春宵苦短日高起，从此君王不早朝"的经典故事了。

23. 奸相李林甫

　　唐玄宗飘了，开始怠政了。

　　怠政得有"本钱"，这本钱不是别的，是唐玄宗有一个可信赖的宰相班子。所谓信赖，应该包含两层含义：一是唐玄宗主观上信赖，甘愿把朝政托付出去；二是受托付的班子有可被信赖的"本事"。

---

1. 养子：指义子，也称假子，特指门阀望族为扩大政治势力而认作的属下、烈士遗孤等。

两者是相辅相成的。

彼时确实有一个有本事的宰相班子，带头老大就是被后世称作开元年间第一奸相的李林甫。他是真的能干，能干到可以诱导皇帝一步一步走上贪图享乐、不事朝政之路。

有人说李林甫是靠私通上位的宰相。

有这个故事，但并非那么简单。

李林甫，祖籍陇西，乃大唐宗室、长平王李叔良曾孙。他不以读书入仕是肯定的，靠的是门荫。起初他就是个宫廷侍卫官级别的小官，后来因为舅舅和宰相源乾曜是儿女亲家，遂仕途顺利，节节擢升。当做到礼部尚书的时候，朝中宰相之一的裴光庭去世，宰相班子出空，李林甫觊觎这个位置已经很久了。

然而，那一刻，唐玄宗的脑子里还没有李林甫的名字。

想做宰相的人多的是。

照规矩是要有人来举荐的。第一个站出来说话的人是裴光庭的遗孀武氏。她怎么会有这份热忱，关心起李林甫的前程大事？莫非李林甫与其夫君二人交情深厚，抑或夫君临终有所托付，做遗孀的才记挂于心？

武氏出身不凡，乃武三思的女儿——武三思是一代女皇武则天的亲侄子，也是权倾朝野、飞扬跋扈的人物。

不过，即使这等身份，也没有向皇上言说的份儿。她的举荐是说给高力士的：我觉得可以让李林甫来试试。

高力士乃唐玄宗身边极受宠信的内臣，当红太监总管。

有个细节必须清楚：派系丛生的朝中——裴光庭是名相张说的同道人，而李林甫却是反张联盟的骨干分子。也就是说，李林甫与裴光庭非但不是深交，还是死对头，这是满朝都知道的，而裴夫人竟为李林甫说话，着实让人懵圈了，很多人不明就里。

原来确有不为人知的事儿——李林甫与裴光庭不睦，却与其夫人关系非同寻常，是个第三者。

答案有了：推李上位是为了长相厮守。

高力士确实帮了武氏的忙，也就是帮了李林甫的忙。

李林甫上位之事，仅靠裴夫人和高力士是不行的，为李林甫背书的还有量级更高的武惠妃和宁王李宪。

武惠妃是唐玄宗遇到杨玉环之前的最爱，她的枕边风了得！李林甫曾坚决表示愿保武惠妃之子寿王李瑁为太子。

李宪为何力推李林甫？来自对李林甫的赏识。

李林甫时任吏部侍郎，是负责考核官员业绩的重要官员。这一年的考核开始了，李宪交给李林甫一张字纸，上面是十个人的名字。李林甫一看就明白了——这十人的政绩不佳，担心下岗。

这种事情是让人为难的。通常的做法不外乎两个：一是给王爷一个面子，把事情应承下来，放人一马；另一种就是拒绝王爷，该降级的降级，该免职的免职，公事公办。

事难就难在两种做法皆有风险——不是败坏自己的名声，就是得罪请托人。

李林甫未按常理出牌，而是另辟蹊径，把问题解决了——请王爷从中选出一人，让我依章罢黜，其他的事情您就甭操心了！

事后，九个人顺利通过，被单挑出来的一人受到通报批评，但并未处罚，而是让此人来年参加铨选，根据考核情况酌情定夺。明摆着，这是放他一马。

宁王李宪喜出望外：此人太会办事了，办得让人舒服！

此事不是李林甫求助宁王，而是宁王求李林甫。因此，日后李林甫的事情，宁王想不帮忙都不好意思。宁王李宪遂成为李林甫的铁杆支持者。

皇帝身边的人都热衷举荐，李林甫在唐玄宗脑海中的存在感便强了起来。

都说李林甫的上位无非靠了三点：高智商、高情商和好运气。

这样说一点儿错都没有，却不完全：在人才济济的朝中，哪一个不是人尖子，哪一个不具备高智商、高情商？"两高一好"只是起步的标准，真正让李林甫从人尖子里显山显水的，在于他与生俱来的过人禀赋——善于伪装。

凡与李林甫打过交道的人都说，他待人一团和气，办事周到。但这只是表面。他表面和善，言语动听，暗中却阴谋陷害，遂有"肉腰刀"[1]的绰号。就人德而论，"口有蜜，腹有剑"是贴在李林甫身上最经典之标签，"口蜜腹剑"的典故也正由他而来。

当皇帝钦点李林甫任宰相时，极少有人反对。

少虽少，却也不是全无其人。

据考证，反对的人少到只有一个，而且是公开反对。此人就是开元时代最后一位贤相张九龄。张九龄看人实在厉害，洞察秋毫，李林甫伪装得再好，张九龄还是能看穿他的原形。张九龄的一句话，成为千载难遇的苦口良言。他对皇帝说，宰相之职关乎社稷安危，陛下若要启用李林甫，臣担心将来国家存在隐忧。

言语不多，却掷地有声。

不用想便知，唐玄宗并未采纳张九龄的劝谏，而日后的结果，已被历史验证。

开元二十二年五月，李林甫被拜为礼部尚书、同中书门下平章事，做了宰相，夙愿成真，走到人生的高峰。

到此为止吧！那可小看了李林甫，他哪里只想做个副相？做首辅、坐宰相中的第一把交椅才是他的最高理想和奋斗目标。

上任伊始，李林甫立即向着自己的既定目标发起进攻。

李林甫的进攻方式很特殊——时不时地往后宫跑。干什么去呢？去造访宦官和嫔妃。见到人家，他把自己的姿态降得很低，张口闭口"晚

---

1. 肉腰刀：用肉做的腰刀。形容用软刀子杀人，即用阴谋来陷害别人。

辈履新，请多关照"，顺便送上重礼自是少不了的，若遇上年节更是加倍供奉。

一轮糖衣炮弹出膛，宫中太监、嫔妃个个中弹，甘愿充当李林甫的耳目。

对于横在自己前面的张九龄也好、李九龄也罢，李林甫想的根本不是如何把他们搞下去，因为那是迟早的事。李林甫真正的意图是唐玄宗——只要搞定皇帝，一切都不在话下。

天宝六载，唐玄宗发布求贤公告，举办一次制举考试，凡精通一门学问或有一技之长的人皆可参加考试。天下能人跃跃欲试。

李林甫很紧张，为什么？他担心这么多的人，万一有人在笔试或面试时揭发了自己的罪行，那还了得？他眼珠一转，计上心来——对唐玄宗说考生大多出身卑贱，言语粗糙，会污染圣听，还是先令各地长官提前筛选一轮，发现佼佼者后再行荐至朝廷。

唐玄宗还真就认同了这个办法！

随后，李林甫做了手脚，改了考试题目，将难度系数提得极高——是考全才的。考生几乎全部落榜。这个结果报给皇帝，唐玄宗很不高兴：泱泱大国难道就无一个人才？

李林甫只用了一句话就搞定了唐玄宗——此乃野无遗贤，这不是陛下圣明又是什么。

看着李林甫一本正经地向自己表示祝贺，唐玄宗真的相信自己是如此英明与伟大。

靠着各路"线人"和"卧底"，李林甫总能在第一时间给出迎合皇上心思的方案和奏议，再加上溜须、吹捧、献媚，唐玄宗真是事事"称心如意"！

此时玄宗即使想摆脱李林甫，也是身不由己了。

24. 宦海风波恶

福兮，祸之所伏。

颜真卿宦海十年，夙夜在公，一步一个脚印，干得扎扎实实，虽谈不上官运亨通，也是顺风顺水，就连其善书之名也是如日中天。

可麻烦还是来了。

大唐这艘帝国大船逐步偏离了航线。掌舵的唐玄宗被盛世的成就冲昏了头脑，陶醉于国泰民安、海晏河清之中。

玄宗因怕自己命不长久，遂炼丹服药，痴迷长生不老之术；加上最爱的武惠妃病逝，情感上大受打击，人变得越发空虚，精神萎靡。正在此时，那个叫作杨玉环的丰腴女子来到唐玄宗的身边。杨玉环的婀娜风姿、善解人意和能歌善舞的本事，是填空虚、疗情伤的最好药物。

自此，唐玄宗不思进取，倦于国是，整日寻欢作乐，沉湎于男女情事之中。政事皆由宰相李林甫料理，皇亲国戚那里只要有了满意的爵位也不找他闹事了，忠贞骨鲠之臣再无谏言和良策……总之天下太平，高枕无忧。

唐玄宗要的是什么呢？

白居易在《长恨歌》里曾文学性地描述过，是"骊宫高处入青云，仙乐风飘处处闻。缓歌慢舞凝丝竹，尽日君王看不足"。总之，昔日那位睿智开明、从善如流、励精图治的唐玄宗已了无踪影。

身处那个时代，对于颜真卿而言，幸运的是曾赶上过盛事光景，而不幸的则是命途多舛即由此而起。

开元二十四年颜真卿授秘书省著作局校书郎的时候，主持朝政的是宰相李林甫。

李林甫为相十九年，是唐玄宗时期在位时间最长的宰相。

九年过去了，到了天宝四载，杨玉环得宠，被册封为贵妃，其族兄杨国忠乘势而上，平步青云，其炙手可热程度较之宗室之亲毫不逊色。

对于一贯横行朝野、只手遮天的李林甫来说，这是始料未及的——算计来算计去，却没算计到杨贵妃这只"黑天鹅"等着他，杨家兄妹成了他的降物。

"黑马"杨国忠无疑是他的权臣生涯中巨大的障碍。

照李林甫的信条，凡胜己者，必百计去之。李、杨之争必不可免，且日趋白热化。在这一波权柄、利益、名望和争宠的阴风浊浪兴起之时，颜真卿正在监察御史的位子上。

站队，一向是官场内卷的通例，而颜真卿自入朝为官以来，坐得端、行得正，从不投靠谁，也不依附谁。

官场就是战场，其险恶不以人的意志为转移。正直的颜真卿到底还是于不经意间被卷入其中。

事情由宋浑的案子引起。

宋浑何许人也？是宋璟的三子。宋璟乃唐代名臣，先后历仕武后、唐中宗、唐睿宗、唐殇帝和唐玄宗五朝，在睿宗景云年间和玄宗开元年间两度为相，一生为振兴大唐励精图治，与名臣姚崇同心协力，辅佐唐玄宗开创开元盛世，与唐太宗时名相房玄龄、杜如晦和姚崇并称唐朝"四大贤相"。

能为贤相，却没有管教好自己的儿子宋浑。

宋浑毫无乃父之风，不清廉，靠巴结李林甫而步步高升。偏偏恶人自有恶人磨，他与酷吏吉温素有私怨，私怨越积越深。

这吉温原是李林甫身边的红人，其父辈叔伯吉顼就是出了名的酷吏宰相。吉温官位御史中丞[1]、京畿关内采访处置使[2]，个性阴诡，心狠手毒，

---

1. 御史中丞：唐朝时为御史大夫之佐官，御史台的副长官，正四品下。中唐以后，御史大夫常缺而不授，中丞权任甚重，亦用作外官所带宪衔，然御史台日常具体事务实由诸侍御史主持。
2. 采访处置使：古代职官名。职权甚重，可罢免州刺史，除变革旧制须先报可，其余皆得自行处理，先行后奏。

做事果决。人说他攀附贵宦如同侍奉父兄，为达到个人目的无所不用其极。依附上李林甫后，他与党羽罗希奭并称"罗钳吉网"，极尽构陷大臣、打击异己之能事。在李、杨暗斗之际，吉温看到杨国忠势头正盛，便弃李投杨，告发宋浑贪腐，致其被削官流放。

宋浑获罪咎由自取，自不必说了，而吉温心术不正，明显是挟嫌报复，企图剪除李林甫的心腹，好向杨国忠献一份效忠之礼。

这件事本与颜真卿无关，他完全可以明哲保身，但耿直仗义的颜真卿看不下去了：这是卑鄙小人之举，属于典型的拉帮结党的不正之风！颜真卿虽官位不高，却不惧吉温尊显，竟直面诘问：何以为了一己怨愤而如此残害宋璟后人？

已经抱了杨国忠的粗腿、成为其心腹的吉温，岂容一个芝麻稗官这般冒犯？他便向杨国忠诉说，当然少不得添枝加叶，搬弄一番，唯恐事情弄不大。

杨国忠何等精明！同朝为官，他是知道颜真卿的，学识、才干和家世都是有目共睹的。他不想简单地处理这件事，那也太没水准了。

他是这样想的：要把颜真卿收为党羽，这样的人日后必助自己成就大业。

然而，他的如意算盘落空了。颜真卿偏偏不买他的账，不奉迎、不阿谀，仍然一如从前，对杨不卑不亢，不冷不热，不远不近。这是杨国忠从未见过的——朝中竟还有这样的人？

由此，颜真卿的孤傲、清高得罪了杨国忠。

得罪杨国忠必遭报复。

手段就是把颜真卿调离朝廷，发出京城，不让他在自己的眼皮底下晃；尔后密切监视，一旦发现问题再予收拾。

颜真卿外放的地方倒是不远，是东都洛阳，领命的官职是采访判官。采访判官的职责是辅助地方长官处理公务，属于僚属辅政，无甚实权。官职虽微，但颜真卿能够谨严秉公，做到"勿以恶小而为之，勿以善小而不为"。履职下来，颜真卿因业绩卓然、口碑载道，于当年就擢升侍御史，重回长安。

侍御史的官阶为从六品，主要职责是监督百官、审理狱讼、弹劾有过失的官员等。在这次"报复"中，颜真卿没有把柄可抓，官位不降反升，杨国忠只能自认晦气。

不过，奸臣当道，忠臣的命运终究莫测。眼前之事虽说过去，而在杨国忠的心里早已把颜真卿记恨上了。

秋后算账不迟。

25. 杨国忠的起家

杨国忠并不是杨贵妃的胞兄。

杨国忠，蒲州永乐人，本名杨钊，这个名字一点儿知名度都没有。当然，杨钊自己也没想过，有朝一日他居然会以"杨国忠"的大名在当时驰名天下，即使千百年后仍为人所熟知。

杨钊的祖父杨友亮与杨玉环的祖父杨志谦是亲兄弟。武则天的幸臣（面首）张易之是杨钊的舅舅。

坊间另有说法：杨钊不是张易之的外甥而是亲儿子。这个版本是否真实不得而知。但杨钊是个秧子相，二十岁之前是个典型的浪子，不学无术，游手好闲，借债赌博，很受同族和邻里的鄙视，其做派颇有张家遗风。

肯定地说，杨钊与杨贵妃是从祖兄妹[1]。

从祖兄妹的关系也得用，而且必须用。

---

1. 从祖兄妹：同一曾祖但不同祖父的同辈人。

杨玉环的确给力，竟将杨钊直接引荐给了唐玄宗。这中间得有个合适的由头——杨钊擅长樗蒲。

樗蒲，也称五木，是自汉代由国外引进的一种棋类游戏，玩法很像今日的飞行棋。李白、王建、韦应物这些诗人都好此道。

唐玄宗是樗蒲的"发烧友"。

于是，杨钊被召入宫中与圣上对弈。几局下来，唐玄宗对水准一流的杨钊产生了好感。就这样，杨钊成了皇帝的玩伴，还时不时地客串输赢之下账目管家角色。

一来二去，杨钊深得唐玄宗的信任。

吃酒玩牌（对弈）的公关，确实好使。

杨钊就是这样靠着杨贵妃的裙带关系起家做到相位的，似淮南鸡犬，与杨贵妃一荣俱荣。荣到什么程度？且不说身兼四十余使（职务），连名字都享有"特权"——杨氏本名钊，"国忠"大名拜唐玄宗所赐，足见其受宠和尊显。

天宝十一载，李林甫与杨国忠的矛盾已趋白热化。当时的舆论皆言朝中有三大权臣：李林甫位居第一，次之为王鉷（hóng），杨国忠排第三。

王鉷彼时任御史大夫、京兆尹，身兼十五使之多，红得发紫。王鉷媚上欺下，横征暴敛，百姓恨恶之。而在唐玄宗眼里，他是胸怀"富国之计"的理财能人，深得宠信。对李林甫来说，王鉷是趋炎附势、全身心依附自己的心腹和死党，无怪乎权臣排序，位压国舅之上。

面对如此局面，野心勃勃的杨国忠岂可容忍？他妒恨于心，一定要扳倒李林甫，坐上相位第一。

剪除王鉷自是杨国忠图谋上位的第一步棋。

王鉷有个弟弟，名王銲，先任户部郎中，后接替兄长王鉷任京兆尹。

这一年，有人密报唐玄宗，说王銲和一个名叫邢縡（zǎi）的人准备起兵谋反：欲先焚烧京城东、西市，造成混乱，再趁机分兵杀死李林甫和杨国忠。刺杀名单中唯独没有王鉷。王鉷听闻心中大惊，坚称自己和兄弟都是被邢縡诬陷的。

显然，这是杨国忠挖的坑。

杨国忠必欲置之死地而后快，哪能让王鉷脱逃？

其弟谋反，为兄者岂能无干？杨国忠极力撺掇、挑唆，让唐玄宗不可听信王鉷的，必须彻查。

这个时候谁亲谁疏没有比唐玄宗更清楚的了。唐玄宗遂命王鉷立即抓捕邢縡，并派杨国忠监办。

玄宗有自己的盘算——满朝皆知王鉷是自己的重臣，不能让人随便非议。倘若是真，王鉷可以大义灭亲以表其忠；倘若是假，也可还王鉷一个清白。

不管什么结果，有国舅监办，心里踏实。

王鉷带领一班人马前去邢縡宅邸，此时王銲正好在邢府中。邢縡拒捕，双方发生激战。邢縡看时机已到，便朝手下大喊一句："不要伤了王大人的人！"

此言一出，非同小可。顿时，所有在场之人没有不相信王鉷定是同谋的。

时间卡得精准，杨国忠带兵赶到，不由分说，斩杀了邢縡。活口灭掉了，还有什么说的，已死无对证。

事到如此，这一回合的"交锋"，胜负已无悬念：李林甫作为靠山无法为王鉷辩白相救，王鉷本人更是浑身是嘴也说不清楚。

原本就是计谋，何谈真相？

李、杨"交锋"，自是杨国忠占了上风。唐玄宗赐王鉷自尽，王氏被满门抄斩，王鉷的职位悉数给了杨国忠。

李林甫折了股肱还招来唐玄宗猜忌，真是晦气到家了。

困兽犹斗。

李林甫不肯认输，这厮也太嚣张了！随即反扑。彼时藩国南诏[1]连年遭受外族抢掠骚扰，朝廷不得安宁。而杨国忠身兼剑南节度使，靖民平乱乃属正差，于是李林甫便奏请皇帝派杨国忠赴剑南平抚南诏。

事情明摆着，这也是一计——南诏远在千里之外，山迢水远，生死难卜。但于公而言，这是国舅的分内之责，唐玄宗不能不准。杨国忠明知是李氏报复，却不能不去。

这是一场博弈，唐玄宗、李林甫和杨国忠三人各怀鬼胎。

杨国忠真不想把命搭在南诏那鬼地方，遂哭丧着脸去找唐玄宗诉苦。唐玄宗自是如此这般、冠冕堂皇地安慰、劝解一番，然后给国舅许诺：卿且自去，归来后即擢宰相。

一句话成了定心丸，杨国忠出京履职就是走个过场。

国戚就是国戚，不带掺假的。

李林甫闻知此意，好不难受。

自此唐玄宗对李林甫也日渐疏远，昔日里"一人之下，万人之上"的时光终将不再，李相大感失落，忧愤而疾，终未活过这一年。

李林甫罪错滔天，竟还有史家为他评功摆好，说他是务实的政治家、精明的行政官员和制度专家，理由是唐玄宗时代许多有价值的改革都是在李林甫和张九龄当宰相时进行的。

以上诸般或许是事实，但就养成天下大乱、国家由盛而衰而论，他这个做臣子的难辞其咎，"罪魁祸首"的帽子已然盖棺定评，是摘不掉的。

李、杨争锋，全局下来，杨国忠完胜，如愿以偿地登上了右相的权位。也从这一刻起，一家、一人独大。

朝纲重新洗牌。

---

1. 南诏：唐时云南白族和彝族的先民联合境内其他民族建立的奴隶制政权。盛时辖有今云南全部、四川南部、贵州西部等地。

杨国忠其人,《旧唐书》本传有记载:"无学术拘检,能饮酒,蒲博无行,为宗党所鄙。""蔽主聪明,秉心谗慝。"就是这么一块行为恶劣、品行不端,为宗党所鄙、世人不齿的料,竟"居朝堂,攘袂扼腕,公卿以下,颐指气使,莫不震慑";"台省官有才行时名,不为己用者皆出之"。[1]

这是一个典型的谗佞险恶小人。

在朝堂之上,他撸胳膊,挽袖子,专横狂妄,连三公九卿也惧怕他的淫威,更不要说其他官员了。对那些有才能、有口碑却不依附他杨国忠的,一概裁换,统统赶出长安,远发州县。

人事清洗不可避免。

悲哉!继李林甫之后又一位恶名昭著的奸相当道,大唐再无宁日了。

26. 安禄山坐大

唐玄宗要做开疆扩土一帝,可国力不堪重负,钱从哪来?原来的府兵制[2]出现诸多弊端,已经不合时宜了。

为了满足唐玄宗拓展疆域的愿景,李林甫想出了一个主意——在边疆地区设立节度使,将当地的军事、行政、财政大权全部下放给节度使。如此一来,朝廷只出大政方针,具体事务皆由节度使操办,实行"自主经营,自负盈亏"。自此朝廷不再为边境驻防操心,更不需要为边防军务拨款,财政压力顿时化解,而且唐军的战斗力得到极大提高。

但是,下放权力的弊端也显而易见,因为节度使掌握了当地的军、

---

1. 袁枢:《通鉴纪事本末》卷三一。
2. 府兵制:中国古代兵制之一。该制度最重要的特点是兵农合一。府兵平时为耕种土地的农民,农隙训练,战时从军打仗。府兵参战武器和马匹自备。全国都有负责府兵选拔训练的折冲府。

政、财大权，可趁机坐大，拥兵自重，而且兵士们也不再听命于皇帝，只受节度使调遣。一旦出现这种情况，朝廷将如何处理？

针对皇帝的顾虑，李林甫已想到了应对办法，就是任用非汉人的将领担任节度使。为什么呢？因为这些非汉人节度使在朝廷里没有根基，所以很难内外勾结。即便真有哪个节度使有了不臣之心，也只是单体，不可能所有节度使同时造反。若是谁真打算以一己之力对抗整个大唐帝国，无异于飞蛾扑火，自取灭亡。

这个制度看上去万无一失，但实行起来哪有那么简单，特别是新制的第二个举措，不仅解决不了问题，反倒埋下了任用胡人的巨大隐患。

这是个损招。安禄山就是如此坐大的。

安禄山，营州柳城人。其父的身份不详。据考证，其父是来自康国[1]的粟特人[2]。其母姓阿史德，是突厥部落的一名特殊从业者——女巫。据传，安禄山是其母在轧荦山做祈祷时生下来的。轧荦山是突厥人心中的神山，是战斗神的化身，于是成了安禄山最初的名字。直到阿史德改嫁突厥人安延偃家，安禄山才有了为后人所熟知的名字。

安禄山随继父长大，继父乃突厥将军安波注的哥哥。开元初年，继叔父带着全家人逃出不景气的突厥部落，归附了唐朝。

安家在营州城很吃得开。

长大后的安禄山在继父的安排下做了互市的一名牙郎。所谓互市，就是边贸市场，牙郎是市场管理员。这是个有油水的肥差，更重要的是这个差事激活了他潜在的才能——会六种民族语言，俗称"六条舌头"。他当翻译，与商贩们沟通，嘴巴好使，脑瓜子灵活，如此这般都不是假的。

十几年之后，安禄山升了级、提了速。他巧舌如簧、左右逢源、讨

---

1. 康国：西汉时西域的康居国。
2. 粟特人：古代生活在中亚阿姆河与锡尔河一带操伊朗语族东伊朗语支的古老民族，从我国的东汉时期直至宋代活跃在丝绸之路上，以长于经商闻名于欧亚大陆。

价还价、机智狡猾的本事都是在这里得到的历练，在此打的底子。

一件事改写了安禄山的人生轨迹。

安禄山因偷羊被擒。

究竟是监守自盗还是其他什么原因，不得而知，反正是被抓了。按当时的法律，偷盗是要判重刑的。时任本地最高军政长官的乃幽州[1]节度使、银青光禄大夫张守珪，他的判决是将盗贼乱棒打死。

因为搞了一只羊就被打死，也太不划算了。

情急之下，安禄山大声呼道：大人难道不想消灭奚[2]和契丹吗？

这奚和契丹一直以来就是大唐北方边地的大患，守边的张大人岂能不知自己的职责之一就是遏制和消灭奚和契丹。

一个牙郎竟能喊出这番话来！张守珪急忙止住齐下的乱棍，做出了一个被后世诟病千年的决定：此人不要杀了，且留在我的帐下，或有用处。

一嗓子急呼的安禄山自此重新按下人生最正确的开启键。

被救下的安禄山凭着他的机灵、勇猛，还真的为恩主固守幽燕、打击奚和契丹立下辉煌战绩。他在军中地位节节攀升，得到越来越多的人的认可，职务不断擢升。张守珪十分欣赏他的才能，上报朝廷提拔其为偏将[3]，还将他收为养子。

顺便一提，张守珪在栽培提携安禄山的同时，还发掘了另外一个"人才"——史思明。

史思明也是营州柳城人，与安禄山是熟人。两人有很多共同之处，都会六种民族语言，都干过牙郎的活，都在军队里做过侦察兵，都机灵过人，都不怕死，都心狠手辣。

---

1. 幽州：今北京、河北北部和辽宁一带。
2. 奚：中国历史上的北方少数民族。善于造车。隋唐时活动在今西拉木伦河上游一带，以游猎、畜牧为主，兼营少量农业。
3. 偏将：唐代藩镇节度使的亲兵之统帅。

二人最大的不同之处在于相貌。安禄山高大肥硕；史思明则矮小精瘦，相貌丑陋。

公道而论，张守珪提携、举荐二人，当时确属分内之事。张本人在各路节度使中，称得上不可多得的人才。

幽州，自古并不清幽，不断有来犯的契丹部落烧杀抢掠。张守珪临危受命，以攻为守，唐军连战连捷，最终平息了契丹叛乱。唐玄宗龙颜大悦，甚至拟调张氏进京为宰相。

若是庸才、庸人，能有这等礼遇吗？

当然此事未成，未成的原因不是张本人的条件不够，乃是涉及整个制度和政策的问题。

真要追究这一灾难的始作俑者，有说是李林甫的，有说是杨国忠的。不错，两个人都有不可推卸的罪责，但根子上，真正该负责的不是别人，而是盛世的缔造者唐玄宗自己。

凡遇乱世，究其因多归为"奸臣当道"，几乎成为共识。此话不假。唐代如是，历朝历代哪个不是如此？用这个套路写史，稳健而无风险。按照唯物史观也好，遵循辩证逻辑也罢，难道就没有人想一想，它的前提条件是什么，难道就没有昏君当道的逻辑？

要说，奸臣当道者有，而清正明察的高人也在。

开元二十四年安禄山在与契丹人和奚人作战时，因轻敌冒进，遭遇重挫，几乎全军覆没。张守珪再器重他，也爱莫能助，军法森严——作为偏将的安禄山仗打得如此惨败，须押解到京师留待中书省处置。

当时的中书省由张九龄主持。

张九龄与安禄山进行了一次长谈。

此乃朝中的规矩，一是为了总结经验教训，防范后人重蹈覆辙；二是惩前毖后，治病救人，看有无戴罪立功的可能。

这是个好的官吏政策。

长谈后的结论是什么？

很多人想不到——必须处死，以绝后患。听闻此话，连早年杀伐果断、刀马娴熟的唐玄宗都大惊不已。他赶忙询问缘由。

张九龄说，据臣之见，此人狼子野心，面带叛逆之相，如今日不能因罪处死，他日必为祸患。

如此郑重的研判，又是出自贤相之口，却引得唐玄宗大笑：卿勿以王夷甫识石勒而枉害忠良。

唐玄宗用了一个旧典。王衍，字夷甫，乃西晋重臣、宰相，他曾于街头偶遇还是少年的羯族人石勒，一见之下，大吃一惊，立即吩咐手下抓捕这个胡人小孩，原因是他从石勒的面相上看出将来乱天下者必是此人。不过人海茫茫，石勒见机不妙迅速逃脱，未被抓住。

十几年后，石勒果然率领羯族造反，建立后赵，血洗平原。生灵涂炭，西晋灭亡。王衍亦死于石勒之手。

唐玄宗不相信在自己的治下，堂堂盛世帝国会坏在一个小小的败军之将手里。他高估了自己，认为张九龄大惊小怪，小题大做，遂拒绝了张九龄的谏言，免了安禄山的死罪，贬其为白衣平民，继续统兵。

唐玄宗是否为他的这一决定悔青了肠子？不得而知。但在安禄山举兵叛乱之后，在极短的时间里河北、河南、洛阳相继沦陷，危机直指长安，唐玄宗真的吓破了胆。那一刻，他是否记起他与张九龄的对话？

只有唐玄宗自己最清楚。

以李林甫的私心来度，汉臣儒将是难驾驭的，而胡人则好办得多，大字不识，没甚文化，是不能做相的，无法与己争锋。李林甫还看中了安禄山擅长阿谀奉承的品性，对自己言听计从、百依百顺，让他成为其心腹。他不断"忽悠"玄宗，胡人单纯，胡人恭顺听命，胡人好调教，要充分信赖，加以重用。

安禄山对唐玄宗极尽效忠之能事，这印证了李林甫的说辞。

有一次安禄山入宫觐见，唐玄宗与杨贵妃是并坐一起一同接见他的。谁知安禄山进到殿前，二话不说，先向杨贵妃跪拜下去，然后再拜见唐玄宗。

对此，唐玄宗定是不悦，便问安禄山，这是怎么回事？

安禄山是如此应答的：我们胡人拜见长辈，规矩都是先母后父。

其时，安禄山四十岁，比李隆基小近二十岁，而杨贵妃可就年轻多了，不过二十四五岁。

安禄山欲扬先抑，把唐玄宗和杨贵妃哄得舒服极了。脸皮厚自不必说，他自幼不读孔孟之道，这样说和这样做，一点儿心理负担都没有，更何况他认干爹也不是第一次。不同的是，此次所认的爹娘级别太高了。

很多人学不来的是，安禄山神情自若，真诚不做作，一点儿也没有溜须拍马之嫌。

唐玄宗火气顿消，笑逐颜开，不仅认下禄儿，还卜令杨玉环的兄弟姐妹同安禄山结义为亲。

自此，安禄山的官爵扶摇直上，先任平卢[1]节度使，又兼范阳节度使、河东节度使，三镇大权在握。

安禄山很会讨巧，主动出兵剿杀奚、契丹两部，侥幸得胜，便邀功求赏，博唐玄宗高兴。唐玄宗每每诏其进京，设御宴犒劳。安禄山则花言巧语，屡屡表忠。在唐玄宗心中，安禄山是个"朴诚"之人，玄宗对其越发宠爱有加，遂敕封其为御史大夫，暂留京师。

有了这个特殊身份，安禄山不用待诏即可随时入得宫禁。有时安禄山还应邀参加唐玄宗与杨贵妃、国舅的家宴，成了皇亲国戚的座上宾。再以后，他甚至被唐玄宗与杨贵妃称作禄儿！

简直了。

天宝七载，唐玄宗赐以铁券，安禄山享有了虽有罪错却可赦免的特

---

1. 平卢：唐方镇名。治所在今山东青州。约西至今河北遵化东部及唐山，东至辽宁大凌河，北抵阜新、朝阳。

权。天宝九载，安禄山又晋爵为东平郡王。这可是打破了"将帅不封王"的大规矩，唐玄宗宠信安禄山已经到了无以复加的地步。

养虎为患，就是如此一步步做下的。

以上这些都是李林甫活着时候的事。

如今，杨国忠上台了，他要更弦改辙，绝对不会信任李氏所任用的这些节度使，当然包括安禄山。他要把这些人一一排挤下去。

杨国忠便不断地在唐玄宗耳边进言，安禄山迟早会造反。

安禄山从表面上看粗蛮不雅，憨态可掬，其内里是个极有心计的人。他已经有所预感，风向变了，天要变了，他有些惶惶然。但实际上，他的势力大了，羽翼丰满了，已经不满足现有的官位，开始觊觎更大的权力。

既然迟早要被收拾，与其坐以待毙，不如……

安禄山铤而走险，蓄意谋反。

如此说来，后来的安史之乱，如果说李林甫是始作俑者，那么杨国忠就是那个"加速器"。

外放平原

第五章

27. 太守颜真卿

颜真卿难逃"清洗"。

因替宋浑抱不平而起的怨恨，小人杨国忠是不会忘记的。杨国忠准备收拾颜真卿有两个理由：

一是颜真卿不知天高地厚，竟然不把国舅放在眼里，一任疏离、拒绝依附、孤傲清高。岂能容忍！

二是颜真卿之所以位居台省[1]，是因为有王鉷的荐引。现如今王鉷遭诛，不清除颜真卿这同一派系的人，更待何时？

事实上，荐引是唐代职官调动、晋升的一项制度和程序。

王鉷时任御史大夫，颜真卿做御史，正是王的属下，本部门官员的任用与升迁由本部门长官举荐、发表意见、走程序是理所当然的事情。重要的是，颜真卿的每一次进阶靠的是实力，凭的是业绩，从不溜须拍马。

杨国忠这是典型的"站队""顺我者昌，逆我者亡"的一套。

机会来了。朝廷要选派一批尚书省官员"下沉"州县，充任郡守之职。杨国忠心眼一转，便劝唆唐玄宗下旨，以"精择能吏"为幌子，把那些不愿意依附自己的人逐出朝廷，让他们远离京畿。

---

1. 台省：古代指王朝的中央机构，代表皇帝发布政令的中枢部门。

杀人不见血，却冠冕堂皇。

颜真卿被外放到两千多里之外的平原郡任太守。

有人说，颜真卿运气来了，平原太守的官阶为从三品，由从六品上升了多少级？面子很足，礼遇很高，唐玄宗亲自设宴为新任太守饯行。宴席之上，皇帝必定表白一番：朕如何如何信任诸卿，诸卿须竭尽忠诚，努力工作，云云。

的确，表面看去，官位高了，俸禄厚了，而实际上却是明升暗降，或者是一种变相贬黜。对此，颜真卿心里是最清楚不过了。

不只是颜真卿，宴席之上诸多同僚皆是此番心境。

天宝十二载（753）七月，暑气正盛，赤日炎炎似火烧。关中大地干旱少雨，多条河渠断流，塬峁上的小麦、高粱浇不上水，奄拉得几乎燃烧起来……

外放官员颜真卿携夫人韦氏和儿子颜颇，登上赴任平原太守的车马，辞别了生活了数十年的颜氏老宅，也辞别了国家之央的长安。

这一年，颜真卿四十五岁。小儿子颜颇八岁。

此行不似以往，非同出差或省亲那样可以计数归期并指日可待。说句实在话，颜真卿并不惧外放，既选择出仕为官，自当以四海为家。只是此行感受异样，他第一次比较深切地感受到了官场的险恶波谲、仕途的变幻莫测。

车马行至灞桥，岑参已候此多时，为其送行，并作了一首《送颜平原》。

天子念黎庶，诏书换诸侯。

仙郎授剖符，华省辍分忧。

置酒会前殿，赐钱若山丘。

天章降三光，圣泽该九州。

吾兄镇河朔，拜命宣皇猷。

驷马辞国门，一星东北流。

夏云照银印，暑雨随行辀。

赤笔仍存箧，炉香惹衣裘。

此地邻东溟，孤城带沧洲。

海风掣金戟，导吏呼鸣驺。

郊原北连燕，剽劫风未休。

鱼盐隘里巷，桑柘盈田畴。

为郡岂淹旬，政成应未秋。

易俗去猛虎，化人似驯鸥。

苍生已望君，黄霸宁久留。

　　岑参的诗先赞颂了皇帝的圣明，是起兴和套话？兴许也是真心这样想的。对颜真卿领太守职，则是由衷的欢欣和祝贺。要论最重要的，还属他热切地希望颜真卿能在任上取得卓著的成绩——"政成应未秋"。

　　诗写得极好，友人和兄弟的深情厚谊表达得淋漓尽致。

　　岑参承认远赴平原，与古地沧州形影相吊，布政、治理乃至生活都将不易，但兴奋点还在于皇恩与升迁的荣耀。岑参终究还是过于善良、单纯了，而且不无理想主义的一厢情愿。

　　岑参甚至不知颜真卿任职背后的真正原因，那是佞臣杨国忠排除异己、打击忠臣的报复行为。

　　当然，颜真卿不是鼠肚鸡肠、蝇营狗苟之辈，他是有胸怀的，个人荣辱事小，社稷安危事大。天子沉溺于歌舞宴乐女色，将朝政托付于杨氏一人，谀佞专权，胡作非为，这才是令人心忧的。

　　在这样的政治生态之下，改变平原面貌，谈何容易！

　　话说回来，岑参不知道的就让他继续不知道吧，这一片情义，是一定要领的，特别是诗中以黄霸相喻，此等知人和信赖，还真是给了颜真卿莫大鼓舞。

黄霸是西汉著名的循吏[1]，历汉武帝、昭帝、宣帝三朝，官至丞相。他曾任颍川太守，为官清廉，史称"以外宽内明得吏民心，户口岁增，治为天下第一"[2]，被奉为循吏代表。

古有先贤之榜样，今有平原之责任。虽说是遭奸人暗算，但"成事不说，遂事不谏，既往不咎"，"既来之，则安之"。能治理好平原这一方土地，使百姓安居乐业，也是报效大唐的一番事业。

思绪及此，颜真卿的情绪重又开朗、振作起来。京城已不足恋，患得患失又有何用？

辞别灞桥，快马兼程，他的心已系于千里河朔了。

28. 未雨绸缪

平原郡，乃今天山东德州一带。春秋战国时属于齐国，秦始皇统一六国后将其划归齐郡。汉高祖时从齐郡析出，分置出平原郡，治所在平原县。隋代大业初年改为德州，到了隋炀帝重又复名平原郡。以后又改，直到天宝元年再次改回平原郡。

这里属于河北道，是平卢节度使、范阳节度使、河东节度使兼河北道采访处置使安禄山的管辖之地。直白地说，这一大片是安禄山的势力范围。

平原郡就处在安禄山的管辖之下。而此时，安禄山阴蓄异志，准备谋反，已经十年。

有人知道吗？

---

1. 循吏：奉公守法的官吏，通俗地说，就是好官。
2. 班固：《汉书·循吏传》。

当然有，而且不是少数人知道，朝野上下无人不知，只是碍于唐玄宗一味的庇护、姑息，谁都不敢说而已。

因此，平原郡之于大唐而言，隐藏着险情；于颜真卿而言，则是虎狼之地。

人都来了，还能退缩？那不符合颜真卿的性格。

颜真卿任平原太守，正值不惑之年，是干事的好光景。他不敢自比黄霸，那是岑参的好意和愿景，但照颜真卿的秉性和抱负，太守之职岂能懈怠？

大丈夫"修身、齐家、治国、平天下"，得干出个样子来！

太守究竟是干什么的？颜真卿还真要认真搞清楚。

按照唐制，太守的主要职责是要"掌清肃邦畿，考核官吏，宣布德化，抚和齐人，劝课农桑，敦谕五教。每岁一巡属县，观风俗，问百姓，录囚徒，恤鳏寡，阅丁口，务知百姓之疾苦"[1]。

就是说，一郡之内，大到社会治安、农业生产，小到添丁进口、社会救助等，事无巨细，无所不管。

此前从政，颜真卿主要是在朝廷，多是抄抄写写，上情下达，或监察督办，或做考官的差事。他也做过两任基层县尉，是属官，而现在做的是地方官、父母官，是主官，所谓"一把手"。

两厢比较，性质天壤之别，其责任重于泰山。当然，到州县，下基层，接触社会，治理一方，也是读书入仕，治国、平天下的应有之义，不全是坏事。

打鼓升堂。

履新的颜真卿，恪尽职守，夙兴夜寐……不敢自比黄霸，却做着一如黄霸的事：轻徭薄赋，抚慰百姓——凡朝廷赋税、徭役之外的，增加老百姓负担的，一律免除；凡巧取豪夺、兼并土地的，一律惩处；凡为

---

1. 李隆基御撰：《唐六典》卷三〇。

官贪腐、鱼肉百姓的，一律罢黜。

同时，选用清廉为政、品德贤良的能吏充实官缺；整治刑狱，秉公断案；推行教化，劝勉以学。

以上诸事，原本都是有章可循、有法可依的。然而，事情是人做的，做事之中，人品人德不同，领导水平和能力不同，把事情做成什么样子就参差不齐了。

经过二三年的治理，平原郡发生了大变化："鱼盐隘里巷，桑柘盈田畴……易俗去猛虎，化人似驯鸥。"（岑参《送颜平原》）也就是岑参所殷盼的井然之象真的就在眼前。

彼时，好友高适正在数千里之远的陇右河西戍边，欣闻平原政成，深受感动，遂作诗遥寄颜真卿。

挚友最是关键时刻见真情，要么是于朋友逆境之时，要么是取得成绩的快意分享。

高适是盛唐时代杰出的边塞诗人，字达夫，渤海蓨（今河北景县）人。

高适是安东都护[1]高侃之孙，安东都护也是正三品的官职，只是到了高适这辈家道衰败。高适早年潦倒，进士不中，很失意；快五十岁的时候，由人推荐考中有道科[2]，遂入仕途，任封丘[3]县尉。

高适也是有抱负、心怀远大的人。

县尉未做多久高适即辞官投奔河西节度使哥舒翰，于幕中任掌书记。掌书记官职不高，也就八品，但对节度主官负责，有实权，能做事，可以施展才华。

---

1. 安东都护：安东都护府长官。唐高宗总章元年（668）唐军灭高句丽后，在平壤设安东都护府。后治所多次内迁于今辽宁等地，开元七年（718）起安东都护例由平卢节度使兼领。安东都护府是唐在东北地区设置的最高统治机构。
2. 有道科：古代科举考试的一种，属制考，即非常试。唐天宝八载设。
3. 封丘：河南道汴州陈留郡，今河南封丘县。

　　高适于戎马戍边战斗生活里创作了大量边塞诗，成为诗界翘楚。这是很多士人、文人的精神诉求。

　　高适以后陆续做过朝中谏议大夫、彭州刺史、蜀州刺史，直至任淮南节度使、剑南西川节度使、摄东川节度使等官职。他还曾奉命讨伐永王李璘，属于文武双全的朝臣。他有过不少优厚的待遇，如加银青光禄大夫，进封渤海县侯，食邑七百户。

　　现在，颜真卿收到高适的书信暨诗作。

　　见信（诗）如见人。其中有云：

> 皇皇平原守，驷马出关东。
> 银印垂腰下，天书在箧中。
> 自承到官后，高枕扬清风。
> 豪富已低首，逋逃还力农。[1]

　　诗作称赞颜真卿为官清廉，高枕扬清风，这是最为难能可贵的。颜真卿治理有方，政策开明。在他的治理下，原本因苛政而逃亡的平原郡农民纷纷回到平原，努力耕田。

　　高适比颜真卿大八岁，是颜真卿在校书郎任上的挚友，二人在文学和辞赋上的交谊最深。

　　人是这样的人，诗亦这样的诗——失落时作苍凉与悲切之诗，见苍生困苦作揭露现实之诗，休憩赋闲作山水田园之诗……高适的作品既承载了恢宏豪迈的盛唐气势，又流露出与同时代其他诗人相异的特质，绝不无病呻吟。

　　高适诗风悲壮，手法朴质，语言平实，与颜真卿的诗风相近，是不是互相影响了呢？

1.高适：《奉寄平原颜太守》。

意气相投是肯定的。

读者是否发现，截至现在，颜真卿交往或者仰慕的朋友或前辈，他们都有一个特点，就是品德中多有一个"忠"或"贞"字——眼前的高适，死后追谥"忠"；褚遂良是不见面、隔代的书法老师，谥"文忠"。以后，颜真卿为名相宋璟撰碑文并书丹《宋璟碑》（也称《宋广平碑》），宋璟的谥号是"文贞"。

是巧合还是秉性相同？

当时，高适与李白、王维、贾至、储光羲等交往密切且款洽，他们都是一个时代里的文学达人；高适又得朝廷重臣哥舒翰的知遇，这样的社会关系也使得颜真卿虽第一次掌平原太守，却名声远播。

在平原郡任上，颜真卿还做了一件好事——听闻此地隐居着一位高士，名叫张镐，便登门造访，行平等之礼（"与之抗礼"）。

张镐，字从周，博州（今山东聊城）人，史载："风仪魁岸，廓落有大志，涉猎经史，好谈王霸大略。少时师吴兢[1]，兢甚重之。"[2]

经过交往，颜真卿发现此人果然有真才实学，名不虚传。后由颜真卿举荐，张镐入朝为左拾遗[3]，到了肃宗即位的时候拜为宰相。

张镐为官清廉，礼贤下士，曾在平定安史之乱中发挥了重要作用。这是一则知遇佳话。

最是要紧的事情，当属颜真卿居安思危，未雨绸缪——平原郡作为安禄山的"辖地"，身为太守的颜真卿已经从诸多迹象上感受到安禄山的蠢蠢欲动。

此乃关乎社稷安危之大事，既不能打草惊蛇，又不可掉以轻心。还真是难办！

---

1. 吴兢（670—749）：字号不详，汴州浚仪（今河南开封）人。唐朝大臣，著名史学家。为人耿直，犯颜直谏，颇有建树，代表作为《贞观政要》。
2. 刘昫：《旧唐书》卷一一一。
3. 左拾遗：唐代谏官名。

颜真卿是认真动了一番心思的。为防范和反击叛乱，他来了一个"明修栈道，暗度陈仓"。明面上，颜真卿以防范霖雨（雨水之患）为由，修筑城墙，疏浚壕渠，登记壮士，储备粮米柴草；暗地里则打造兵器，烧制圆形砖块，以作投掷绊马的武器……

一切都有条不紊地准备着。

与此同时，颜真卿广聚文人雅士，或泛舟饮乐，或登高赋诗，还召集本地封绍、高筼等学问之士编纂《韵海镜源》。这原本是颜真卿在秘书省任校书郎时开始编纂的大书，因政务繁忙而搁置。现在重又启动，并非急于编撰，平原治理的任务很是繁重，哪有余暇做这件事情？这完全是为了遮人眼目而已。要说开展这样一项编纂工程，本是光明磊落的文化盛事，现在可好，倒成一个"面子工程"，确属无奈。

不过，管它有奈无奈的，目的只有一个，制造一派平原太守倾心教化、寄情山水、沉于升平、不修兵革的浮华假象，以不被安贼察觉即达到目的。

29. 巧设周旋

世上没有不透风的墙。

叮叮当当地修城池，派人四处筹集粮草，尽管筹备工作做得严实缜密，还是有人向安禄山告发了平原郡的动静。安禄山岂肯放过：难道颜真卿有二心，吃了豹子胆，敢搅了我的好事？

天宝十三载（754）冬，安禄山派遣亲信殿中侍御史平洌，监察御史阎宽、李史鱼，右金吾胄曹宋謇等人，以河北采访使判官的身份来平原郡巡察。

俗话说，善者不来，来者不善。颜真卿深知事情的严峻，不可简单处置。强势硬顶显然不行，唯有和缓智解。经过思谋，颜真卿有了主意。

平原本地有一位名人，乃青史留名立传的东方朔。汉武帝时，东方朔上书自荐，拜为郎[1]，后升任常侍郎[2]、太中大夫[3]。其人性情诙谐幽默，言辞敏捷多智，善于观察武帝脸色，有相机陈说朝政大事的本领。

东方朔还是一位文学大家，辞赋写得好，深得武帝赏识。

晚年的武帝纵乐无度，斥重金兴建上林苑，供自己骑射消遣。

东方朔觉得不妥，百姓生活疾苦，国家也不宽裕，还要大兴土木？他便直言向汉武帝进谏：此举既不利国也不利民，还是不要建了。

汉武帝是否采纳东方朔的谏议？未见史载。

后世景仰东方朔，遂筑庙纪念。这神庙就在东方朔的家乡平原郡安德县（今山东陵县）神头镇。家乡有这样的贤哲，地方官和百姓都觉得光彩。

开元八年（720），德州刺史韩思复于庙中立碑，上刻有夏侯湛[4]所撰的《东方朔画赞》，事情做得很是圆满。

颜真卿盘算过了：平洌是自己供职宪台[5]的同僚，也是读书人出身。凡读书人皆有崇尚闻人、寻觅古迹的雅好。这一点，颜真卿是"门儿清"的。

东方朔神庙毕竟是一处胜迹，有足够的观赏价值。

再者，因年月已久，碑石风化，字迹模糊，难以辨识。正好借平洌巡察的当口，重制新碑，由自己抄录原文，并书丹勒石其上。届时引导

---

1. 郎：郎官是古代官名，是议郎、中郎、侍郎、郎中等官员的统称。
2. 常侍郎：古代职官名，汉置，常侍皇帝左右，唯诏令所使。
3. 太中大夫：也作"大中大夫"。侍从皇帝左右，掌顾问应对，参谋议政，奉诏出使，多以宠臣贵戚充任。名义上隶属郎中令（光禄勋）。
4. 夏侯湛（243—291）：字孝若，谯国谯郡（今安徽亳州）人，征西将军夏侯渊的后人。西晋文学家。代表作品有《山路吟》《秋可哀》《离亲咏》等。
5. 宪台：官署名，唐代是御史台，御史的办公衙署。

平洌一行至此，不仅能游览神庙，还能观览书丹勒石现场，不信他不欢喜。

除了东方朔碑的"节目"，颜真卿还刻制了两通碑石，一碑记述与自己同期出守诸郡的十几位郎官之事，一碑记述颜氏三人——曹魏时的颜斐、北齐的颜之推与自己先后任平原主官的故事。

这两通碑已事先立于平原城内。

将上述诸项"打包"成一项"文旅"盛事，邀请平洌一行莅临参观，以达到分散来者注意力和转移兴奋点之目的。总之，把个"巡察"变成观游，才能保护得来不易的备战成果。

事情定了，一切就绪。

是日，不等平洌一行至郡界，颜真卿即早早率领众亲属、官员，还有本郡闻人雅士，策马亲自迎候，场面隆重，热烈异常。

采访使判官平洌被前呼后拥着，十分受用，万分得意，心中想着：算你颜真卿知趣。原本他心中是没底的，担心被轻慢，或者还有其他什么幺蛾子。

此刻，戒备心打消了一半。

平洌一行人的日程被安排得满满当当，不给任何空闲，这是事先计谋中的一招。

游览平原胜迹，当然包括东方朔神庙，也少不了品尝当地美食佳酿，一行人还听取了《韵海镜源》的编纂汇报。巡察平原城内，商肆林立，行人如云，繁荣井然。所闻所见，皆是百姓安居生产和文治教化的升平景象。

能有什么"异动"？

巡察组满意而归。

平洌回范阳禀报了所见所闻，说颜真卿整日里舞文弄墨，游山玩水，学谢安、学陶潜，成不了事。

安禄山放心了。

颜真卿不过书生一个，不足为虑。

然而，安禄山没有想到，正是这个书生颜真卿把他蒙蔽了。当范阳起兵的时候，诸郡莫敢抵抗，唯有平原城池坚固，兵强马壮，可以守御。

30.《东方朔画赞碑》

事分两头说。颜真卿重刻东方朔神庙碑，并亲自书丹这件事，起初是一个"计谋"，即为了对付来使平洌，以便不暴露防范逆贼的实情，并且确实也取得了预想的结果，真的把敌人蒙蔽过去了。

这是从布政和治理的角度看的。

其实，事情还有另一面。

颜真卿的确是个书生，是个学问家、书法家，其书生气质非同寻常。

他于平原的治理，可以想象得到，书生意气是非常浓郁的——提倡文治教化、劝民以学、移风易俗，是下了力气和功夫的。

作为"计谋"的假象，"浮华"的假象，实际上与所做备战的"武卫"是相辅相成的，都是真相。

这"第一次"做基层主官，显示出颜真卿文韬武略的才干。值得欣慰的是，颜真卿在与平洌虚与委蛇的过程中，还为后世留下了一部重要的书法作品——《东方朔画赞碑》。

这样说吧，在某种意义上，真得感谢这次特别的事件——后世在认识和评价颜真卿《东方朔画赞碑》的时候，也应当忆起其背后的故事。

同样，当了解了东方朔奇人奇事之后，再来欣赏颜真卿的创作，才更容易看到书法中所蕴含的价值。

《东方朔画赞碑》是颜真卿留给后世的一通重要作品，碑高二米六，宽一米零三，厚二十二厘米，造型高大宽硕，四面刻字。

碑的正面和两侧是正文，为晋夏侯湛撰《东方朔画赞》，背面为唐颜真卿撰《东方朔画赞碑阴[1]记》。

此碑的特色之一在于大字楷书。

碑文内容是对东方朔的高度赞誉，简称《东方朔画赞碑》，俗称《颜子碑》。

此前颜真卿书写过《多宝塔感应碑》。那是他于朝中任武部员外郎时的作品。

越二年，再制新碑，虽都是盛年时期的作品，且相隔时间也短，风格却是有了变化的。

这是《东方朔画赞碑》的看点。

将两通碑做个比较：细节上，用笔、结体乃至单字的大小、字口的清晰程度都有不同。《多宝塔感应碑》的单字属于中楷（约三厘米），《东方朔画赞碑》则属大楷，四五厘米，很是阔达。

用笔上，最大的特点是横画明显加粗，横画与竖画的粗细趋向均匀，因而笔力由俊朗转向沉雄。

结体上，进一步打破左低右高的传统间架，更加力拔巍峨。书史上都以"端庄雄健，气势开张"来评价。但是为什么会发生这样一些变化？尚未有人做过仔细分析。

要知道，书法是一门表情达意、展现"心之迹"的艺术。如果没有这一非常重要的属性，书法就只是写字，是字写得"漂亮"而不是"美"。

那么，两年后颜真卿的新作究竟发生了什么变化？

---

1. 碑阴：指碑的背面。碑正面刻长篇碑文，其背面（即碑阴）镌刻门生故吏名字，或列书撰人及石工石师名字等。

《东方朔画赞碑》

唐·颜真卿书，大字楷书，天宝十三载。碑高 260 厘米，宽 103 厘米，厚 22 厘米。碑文 15 行，两侧各 3 行，每行 30 字。系颜真卿早期代表作品

一是书写内容不同。《多宝塔感应碑》是写佛塔建成盛景、禅师悟得佛法感应，以及佛之法理诸佛事的。与之对应的，是遒美、腴润和谨严，书写的情绪和心态是赞美、敬畏、神往。

佛是觉悟者，是渡化众生的，与俗世毕竟两界，因而是至高无上的。颜真卿是信奉佛教的，而书写者有无佛教信仰，笔下的呈现效果肯定是不一样的。他在创作、书写《多宝塔感应碑》的时候，心境是庄严、顶礼膜拜、虔诚感应的，作品中注入了玄妙之气。

而《东方朔画赞碑》不一样，其对象大为不同。东方先生是人不是神，食的是人间烟火，做的是心系百姓的事，是古之先贤，其诙谐敢谏的美德深为历代文人、雅士、官宦乃至庶民推崇。因此，颜真卿书写的心境是崇敬、感佩、景仰，字里行间充溢着高贵、昂扬和端庄。

二是身份有变。写《多宝塔感应碑》时，颜真卿是身居朝廷衙署（机关）的"职员"，虽官阶不高但地位优越，有"高高在上"之感，那时他更多是纸上谈兵。而任太守之职后，品阶高低暂且不说，就掌州郡平安、农桑生产、朝廷税收、风俗教化等，哪一件都是要实事求是的，来不得半点虚假。

身处如此严苛的治权之下，没有真本事是担不起来的。

再者，颜真卿心系百姓不假，但以往对百姓生活疾苦多是间接听闻，而现在深入州郡，民间疾苦是眼见的、亲历的、感同身受的。前后身份乃至责任相差甚大，见识格局和社交圈子也迥异。

做太守对颜真卿来说实乃一次华丽转身，他以全新的角色一举改变平原面貌。如此运筹帷幄、大开大合的气魄，必然会不自觉地融入作品中去。

三是情境也殊。颜真卿守平原之际，周遭是未来安禄山叛军的大本营，乃虎狼之地，险象环生。

身处如此环境之中，既经营太平，又备战备反，还要佯装升平景象，这得需要多大的谋略、见识、应变能力？还要有凝聚于身心的正义、定力和胆量，否则岂能化险为夷，在最终反抗叛贼之役中发挥作用？

这是一种常人难有的心境。

所以，《多宝塔感应碑》与《东方朔画赞碑》虽同出一人之笔，论及当时的书写情景却是天壤之别。前者多平正、平和、平静，并蕴含宗教佛理的玄妙之美；后者多气节、气概和气象，笃实而接地气。因此《东方朔画赞碑》遒劲、严正、雄浑之美油然而生，是再自然不过的了。

而这一特色，恰被推崇颜字的苏东坡发现了，他说："颜鲁公平生写碑，唯《东方朔画赞》为清雄，字间栉比，而不失清远。"

"清雄"与"清远"四字可谓品鉴得绝佳。东坡的话意犹未尽，他又说："其后见逸少本，乃知鲁公字字临此书，虽大小相悬，而意良是。非自得于书，未易为言此也。"[1]

就是说，颜真卿之所以写出这般风格，是源自当初研习王（羲之）字的结果，是从魏晋汲取营养的。

这是事实。

不过古人，包括苏东坡，对《东方朔画赞碑》的品鉴尚有不周全之处。"清雄"与"清远"确是该碑的亮点，但很多人未能看到，其品性虽是源自魏晋书风，却已经从《多宝塔感应碑》起，在传统瘦劲之风格中注入了个性，即向着丰腴、敦厚发展，显示出自家风貌。到了《东方朔画赞碑》，则在原有风格上又融进了浑厚，并继续朝着雄浑发展，这才是颜氏书法最为金贵的东西。

如果说《多宝塔感应碑》还比较清秀，讲求法度，且与后来的颜书面貌有所不同的话，那么经过两年的历练，颜真卿书法也像经过一次淬火，朝着更高、更成熟的方向发展。《东方朔画赞碑》已经初具以后典型颜书的基本格局。

---

1. 苏轼：《题颜公书画赞》。

颜真卿《多宝塔感应碑》（局部三）　　　颜真卿《东方朔画赞碑》（局部）

此番进阶，就是《东方朔画赞碑》的价值所在，研究颜书发展的意义所在，也是颜书在整个书史的意义所在。

31. 奏报石沉大海

安禄山反叛日渐加紧——招兵买马、囤积粮草、打造兵器、操练士兵……

颜真卿虽通过巧妙周旋，将平原郡所做的防范遮掩过去，但终归是一人和一郡之力，且是权宜之计，最重要的还是要把安禄山谋反的实情报告朝廷，报告皇帝，以便早做决断，早做防备。

如何把消息禀报上去？

依照唐制，州牧三年一秩，秩满之际当上京计事，就是回京述职。颜真卿任平原太守，到这一年的冬季已满三年，是可以回到京城的，这是一个机会。

然而，安禄山为了防止走漏风声，误了大事，已经下令，不准许任何人离开属地，包括颜真卿在内，回京述职也不允许。

原有的路被堵死了，颜真卿心急如焚。

安禄山何其狡猾，尽管谋反的举动已箭在弦上，他仍小心行事，不想贸然举兵。他要知己知彼，刺探朝廷虚实，寻觅时机。

天宝十四载秋，安禄山请求向朝廷献马三千匹。

此为何意？

溜须拍马，孝敬皇帝。逢年过节，或是其他什么由头，作为边地的节度使们向朝廷献上当地物产或稀缺之宝是很自然的事。

若是往常，可能是真心的，而这一次却包藏祸心——利用这个惯例，察看朝廷究竟是什么态度，窥测方向，以求一逞。

安禄山献上的这些马并非寻常之马，而是他精心挑选的训练有素的作战之马。不光有马，还有六千"马夫"、二十二名藩将押送，阵势浩大。

这哪里是献马，分明是一支武装到牙齿、暗中开进都城长安的特遣部队。

安禄山心想，到了长安，一旦发生不测，凭借这些马匹和将士，顺势冲入大明宫，捉拿杨国忠，或者把唐玄宗抓了，逼他退位，也不是没有可能。风水轮流转，皇帝的位子，你李家坐得，我安家也坐得。

昏了头的唐玄宗，直到现在还是把安禄山当宝贝来对待，没有察觉其狼子野心。朝中即便有议论的，必遭唐玄宗斥责。直言安禄山有反意的，唐玄宗更是下命将其拿下，押解范阳，交安禄山发落——那还能有好？定是处死。

无人再敢置喙。

也有例外的，那便是杨国忠。

他多次向唐玄宗吹风，言安氏必反。当然，杨国忠的吹风与其他人的告状不同，别人是替社稷担忧，他是别有用心。换句话说，杨国忠就是要把事挑起来。因此，有人说安禄山的忤逆，有一半是杨国忠造成的。

唐玄宗听而不闻，还耐心教诲道：君子以和为贵。

真是别人比不了的待遇——谁让他是国舅呢，没有杀戮，也没有交安禄山处置，网开一面。

杨国忠并不罢休：安禄山的欲望已然被拱到这个份儿上了，岂能熄火？

就在此时，唐玄宗接到密奏，是河南尹达奚珣[1]奏上的，称安禄山包

---

1. 达奚珣（690—757）：复姓达奚，字子美，河南洛阳人，鲜卑族。唐朝玄宗时期大臣。安史之乱前任吏部侍郎。安禄山兵兴范阳，达奚珣以河南尹的身份协助封常清抵御叛军，兵败被俘，后降。安禄山成立伪燕国，达奚珣任丞相。安史之乱平定后，以从伪国罪被杀。

藏祸心，不可不防。

不知是天意，还是什么缘故，这一次怪了，唐玄宗没有恼怒，还准奏，且下诏给安禄山：献马之事且等待至十月间，可自己来京，朕将在华清宫为卿洗尘。

诏书送至范阳，安禄山没有像往常一样，屁颠屁颠地依礼接旨，也没有热情招待中使[1]，而是一反常态，踞坐在胡床之上纹丝不动。

安禄山心中大不悦：既然不允献马，何必诏我单独觐见？朝廷的态度，皇帝的态度，他心中已经有底了。

在中使返京的时候，安禄山也没有让其带上给唐玄宗的奏章，此事越发异常。

中使回朝如实禀报。对安禄山的反常表现，唐玄宗将信将疑。

安禄山的态度正中杨国忠下怀，他趁机实施已经盘算、谋划好的"逼安速反"手段——剪除安禄山在朝中过从密切的官员，贬黜的贬黜，处死的处死，不怕不刺激，不怕没响动，唯恐其不反。

这一招很灵。

消息犹如信号弹，传递的管道非常特别、非常权威，不是别人，正是唐玄宗的驸马、安禄山的长子安庆宗。安庆宗第一时间把朝廷的举动告知其父。

亲子报来的消息，还能有假？

可以想象得到，安禄山彼时被激怒的样子是何等的疯狂……

于是，安禄山在反叛大唐的路上疾驰。

平原郡乃平野之地，地势平坦，几无山峦可据守。仲秋一过，自西北吹来的风便长驱直入，一下子散向四野，令人油然而生寒意。

颜真卿在郡衙踱步，已感受到瑟瑟凉意。他举头望望四周景物，见已是"秋风萧瑟天气凉，草木摇落露为霜"，不由感慨，真的是要变

---

1. 中使：宫中派出的使者。多指宦官。

天了。

怎么办？无法脱身的他只得将安禄山反叛阴谋写成奏章，派遣名叫謇昂的心腹门客密送京城。

此时的朝廷，皇帝昏聩，奸臣当道，站队的、观望的、钻营的、趋炎附会的、偷闲的、苟且的，有几人勤政办案？又有几人真心为大唐社稷担忧？

事情未如所愿，密奏禁于宫中，无声无息。

安史乱起

第六章

32. 渔阳鼙鼓动地来

天阙沉沉夜未央，碧云仙曲舞霓裳。
一声玉笛向空尽，月满骊山宫漏长。[1]

大唐看上去依旧那么光鲜。

骊山北麓的华清宫内，依然是汤泉氤氲，乐音缭绕。唐玄宗每到十月，便来这里住上两三个月。据统计，四十年间他曾经三十六次前往华清池。此时，年届古稀的唐玄宗李隆基正在与贵妃杨玉环在汤池内卿卿我我……

三千里外的范阳，则是另一番景象。

天宝十四载十月，安禄山没有奉诏赴京，而是在过了一个月的九日，在范阳的蓟州[2]起兵。

造反的名义是假托接到皇帝密旨，命他安禄山带兵入朝，讨伐奸佞杨国忠——你不是逼我造反吗，现在正是时候。别的理由皆不取，唯以其人之道还治其人之身。

不要小觑这安禄山，看似粗莽、憨实，实际上已经相当成熟、老

---

1. 张祜：《华清宫·风树离离月稍明》。
2. 蓟州：今天津市蓟州区。

道，不仅脑袋够用，手段还够毒、够辣、够狡诈，使用的手法和祭出的旗号极具蛊惑力。

在朝廷混迹多年的安禄山很清楚，仅凭一个所谓的皇帝密诏，就让将士乃至天下相信他的说辞，那是远远不够的，必须断绝将士们的后路，让他们对密诏深信不疑，死心塌地去卖命。于是，安禄山严令：有异议煽动军人者，斩三族。

严令一下，人人不寒而栗，谁敢质疑？

为了取胜，除去三镇的兵力外，安禄山还联络了周遭的奚人和契丹部落。这些部落原本就对大唐不满，经安禄山的鼓噪和煽动，复仇的机会到了！各部落纷纷响应。

各路兵马集结起来号称二十万之巨。

这一天的清晨，天气格外寒冷，西北风像鞭子一样，抽打着枯槁的林木，发出阵阵啸叫，令人战栗。

蓟州城下，大军集结，正在进行征讨前的誓师——"安"字旌旗猎猎，鼙鼓咚咚，号角连连，杀声震天，擒奸贼，清君侧，不达目的誓不休兵的誓师之声，此起彼伏，气焰嚣张至极。

站在阅兵台上，安禄山望着整装待发的儿郎们，内心充满自信，长安城内大明宫的宝座仿佛在向他招手。

他想着，一定能行。

实话实说，安禄山并非狂妄自大，痴人说梦。他对彼时天下形势的预判还是有准儿的——天宝以来，大唐已今非昔比，承平日久，朝纲紊乱、吏治腐败，整个社会弥漫着一股骄奢之气……

所幸唐军尚未被不良风气腐蚀殆尽，仍保持着一定的战斗力，但精锐之兵均已集结于东北和西北边疆，以实现"开边未已"的强国目标。至于朝廷所处的京畿腹地，却是军力空虚、羸弱，也就是扫除匪患、维持治安而已，与安禄山的边军相比，实在不是一个量级。

大军出发了，目标先取洛阳，再入长安。

叛军所过之处，烟尘四起，千里不宁……

安禄山的反叛是颜真卿事先就料定的，只是不知道安贼何时起兵，才有了平原郡坚固城池、储备粮草、打造兵器的防范举措，也才事先做了征集壮丁的事情。

有备无患，枕戈待旦。

现在安禄山真的反了，起兵了！消息传来，颜真卿义愤填膺，怒发冲冠。

颜真卿自入仕为官以来，也近二十年了。多年来，他一直都与国家、百姓同呼吸共命运，活得和平、安稳、顺利。在朝廷内外，颜真卿也见过和经历过一些事情，包括他自己无辜地陷入宦海风波；也遍览经史典籍，各色人等、各种事件记下不少，但从未遇到过当下这般真切、真实的大事件。

大唐将历百年变局。

对颜真卿个人而言，这也是一场严峻的考验……

别看安贼的口号冠冕堂皇，什么奉旨讨贼、清君侧等，那都是幌子，是掩人耳目的，其狼子野心已经昭然若揭，就是要推翻大唐社稷，改换门庭；自己来做皇帝。

危机当前，身为一郡主官的颜真卿是要做出抉择的。

这天，骤闻叛乱消息而不知所措的郡衙僚属纷纷赶来，早早地聚集到了议事大堂。平日里的有条不紊不见了，气氛一下子变得紧张起来。众人只等着太守发话。

很快，颜真卿从纷乱的思绪中抽离出来，以低沉而坚定的口吻，沉着部署道：

此前，诸位已经开展了各项备战、防范工作。目下，须按照预先的筹划，立即行动起来——有专事守城的，有安抚百姓的，有传递讯息的……各赴岗位，各司其职，全郡上下，统一号令，即刻进入战时状态。

战斗是有纪律的：凡有脱逃者、渎职者、违令者，当严惩不贷。

颜真卿此时的状态如何，对全郡上下来说非常关键，可谓万众瞩目。他是大小官员的主心骨，他的态度是抵抗还是投降，都关系到全郡存亡。他所做的部署，旗帜鲜明地选择了抵抗，尽管大家都深知这是条偏向虎山行的不归之路，但对颜真卿的话衙署上下个个服膺，纷纷表示誓与平原共存亡。

要知道，颜真卿并非行伍出身，是靠读书进士及第、获取功名的文官儒士，而且是从朝廷外放的官员，何时带过兵，打过仗？照安禄山的话说，颜真卿不过是一介书生，他根本就不把他放在眼里。

这是实情。

颜真卿兴许读过兵书，也曾在武部做过几天员外郎，负责武官铨选的考试，但那不过是纸上谈兵，与战时的实操根本就是两码事。

但是，今天，此刻，平原太守颜真卿气度沉雄，俨然一位身经百战的幽燕老将，那么沉着、镇定、自信，头昂着，腰杆挺直，目光炯炯。他是平原之郡的脊梁，是正义的灵魂。

守郡诸事部署完毕，颜真卿仍有一事悬在心上：安贼起兵之前，自己曾将安禄山加紧反叛的举动和状况写成奏章，派人送往朝廷，希望圣上知晓安禄山的野心，以便及早防范。可奏章送出已经有些时日，却杳无音信。

眼下，安贼真的反了，二十万叛军已经朝京畿进发，一路攻城略地，所向披靡。朝廷未必知道这个实情，皇帝也还被蒙在鼓里。

若再不决断，发兵阻击，后果不堪设想……

于是，颜真卿回到衙署，连夜挑灯拟写了关于最新事态的表章。表章誊抄两份，司兵参军李平和部下张云子两位各执一份，日夜兼程，赶赴长安，直接呈报皇上。

颜真卿想得很细，他让李平和张云子将奏议用蜡封成丸状，密藏身上，以备路上遇雨等不测。两位下属不敢迟疑，当即启程，冒死呈送表章。

接下来，颜真卿又给从兄颜杲卿写了信。

防范安贼，单凭平原一郡的力量哪里能行？必须争取更多的郡县起来应战。颜杲卿是自家兄长，其所任太守的常山郡与平原郡相距不远，是一支不可忽略的防范与反抗力量。

颜真卿于信中向兄长通报了安禄山已起兵作乱的最新消息，请他务必有所准备。一旦逆贼攻城，要彼此联络，共同御敌。

信中还表明，于此危急存亡之秋，兄弟二人要不负颜氏刚正、忠贞的家风——"见危授命，临大节而不可夺"[1]，一定要坚守城池，精忠报国……

拳拳之心可鉴。

书毕，于当夜送出。

安禄山起兵，当然不会放过属下颜真卿。为防止变生肘腋，他还要验证一下颜真卿的态度和立场——是跟着自己干，还是心向朝廷。于是安禄山给颜真卿下达了任务：统领平原和博平[2]两郡之兵七千人，防守黄河渡口，同时任命博平太守张献直为副职。

这是安禄山自己打的如意算盘。

颜真卿岂能听命于安贼，与其一道反唐？

不过，这倒是一个机会。什么机会？将计就计——以往平原所做的防范都是秘而不宣、暗中进行的。现在既然命颜真卿防守，颜真卿则可以光明正大、大张旗鼓地操练起来！

顺势而为，正合颜真卿心意。

颜真卿名正言顺地防守，守住黄河渡口这个重要关口，让逆贼的盘算落空。

不仅如此，颜真卿还想到，此前郡治之内的静塞刚有平卢镇兵士三千五百人被调离，这是一支可观的兵力，何不以"防守黄河渡口"之

---

1. 令狐德棻：《周书·颜之仪传》。
2. 博平：治所在今山东聊城一带。

名追回以用？

颜真卿即刻下令，追回平卢镇已发兵士。

顺着这个思路，颜真卿又有了新的谋划——借此用兵之由，再征募两郡勇士、武人、猎手，以及青壮人力，以扩充兵员。主意打定，颜真卿便将此事交给博平太守张献直办理。

不几日，新募兵勇万余人开始操练，积极备战。

33. 永福宫惊魂

隆冬时节的长安，朔风呼啸，天寒地冻，天地间一派凋敝萧瑟与凄暗景色。多年未见的恶劣天气骤然袭来，冻得毫无防备的人们透彻骨髓。

杨国忠急报：安禄山起兵造反了。

这消息如同响雷，炸懵了唐玄宗！

他哪里肯相信：自己待安禄山可是不薄，救过其命，拜其为三镇节度使，几乎天下之兵三有其一，还是儿女亲家，这够皇恩浩荡了吧！他不知感恩也罢了，怎么还反了呢？

事实不容玄宗不信。

此后，又有州郡接连来报，安禄山确实反了。唐玄宗方才由惊而醒。

俗语说，打人不打脸。有人说安禄山怀不轨之心，要谋反，作为当朝天子，唐玄宗不是斥责，就是罢黜，甚至将说真话的人交给安贼裁处，要多愚蠢有多愚蠢，要多狠心有多狠心。现在好了，唐玄宗重重地被打脸了！

直到晴空一个霹雳出现，这才明白，但悔之晚矣。

说起大唐立国百余年来，国运昌隆，主打一个安定富庶，从皇帝到朝臣再到百姓，好日子过得早已忘记了战争的模样，刀枪入库，马不加鞍，日日歌舞升平。

现在倒好，战事开始，而且是大规模的战火，满朝文武顿时乱了手脚。叛军蓄谋已久，有备而起，其势犹如破竹，所过州县皆望风披靡，有弃城远蹿的，有开城揖迎的，有被擒拿杀戮的……

河北、河南竟没有一个敢抗拒的。

如何是好，如何是好？

十一月十六日，安西节度使封常清入朝请求见驾。

唐玄宗眼巴巴等待的人终于来了。

虚礼和寒暄皆免，就说正事："安禄山反了，如何讨伐？"

封氏直言，天下承平日久，官员百姓毫无准备，安禄山作乱乃乘虚而入，因此上下闻风慌乱。然而，逆贼实非正义，邪不压正，正必胜反，只要征讨，情势定会翻转。他请缨，愿东出洛阳迎敌，"开府库，募骁勇，挑马箠[1]渡河，计日取逆胡之首悬于阙下"[2]。

唐玄宗闻听大喜，第二天就在朝堂之上任命封常清为范阳、平卢节度使。

皇帝吩咐："赶紧出发，由你来主持洛阳防务，伺机出击平叛。"

这位主动请缨、危急时刻救驾、深得唐玄宗喜爱的封常清，乃大唐特别是玄宗朝的赫赫战将之一。

在安史之乱中，他与颜真卿有过交集，是肝胆相照的人物。

说起封常清，还得先说他的恩师高仙芝。这样说吧，没有高仙芝就没有封常清。封常清得以发迹，能有今日地位，能当面与唐玄宗谈论讨逆方案，要感谢高仙芝。

高仙芝的名气比封常清的名气大多了，凡接触过唐史的人都该有所耳闻。

---

1. 箠（chuí）：鞭子。
2. 刘昫：《旧唐书·列传第五十四》。

高仙芝是高句丽人。一个外族人竟效力大唐，并成为中流砥柱级别的大将？

这事可就要追溯到唐高宗时期了。

高宗总章元年，大唐攻灭了彼时东北亚最强的对手高句丽。按照老传统，一部分当地的人要迁徙到中原，在中原生产生活，相当于官办的政策性移民。很多高句丽人踏上了西迁之路，落脚长安或是更西面的安西四镇[1]。

在那批抵达西域的高句丽人中，就有高仙芝一家。

世上各民族中，有尚武而不善战的，也有善战不尚武的，稀有的是既尚武又善战的，高句丽人属于这种族群。很多迁居唐朝内地的高句丽人，为了出人头地，就把当兵作为首选的职业。

想想看，连年征战，兵员不足，有人踊跃报名当兵，对于各级官府来说，是求之不得的。如果让这些天生的战士流散到山沟沟里去种地，倒是暴殄天物了。

于是，高句丽人大量地进入各地军队，以唐朝士兵的身份去建立属于他们自己的功勋，可谓两全其美。

这种特殊的社会现象得归结于大唐与众不同的社会制度。它有极大的包容性，特别是用人制度——广揽天下英才，英雄不问出身，甚至不问族裔。

能不能出人头地，能不能建立自己的功勋，就看自己的本事了。在一次次的战役和战斗中，有的牺牲了，有的残疾了，有的升官了，有的成为唐军的高级将领。

高仙芝的父亲高舍鸡是受好运眷顾的人。

高仙芝自幼随父到安西，几乎是在军营中长大的。因耳濡目染，高仙芝少年时期就显露出过人的军事才能。他性格勇毅，擅长骑射，十分

---

1. 安西四镇：唐代安西都护府所辖龟兹、于阗、疏勒、碎叶四个军事重镇。

骁勇，二十余岁时被授予将军，以后屡建战功，职位节节高升，直做到安西副都护、四镇都知兵马使。

高仙芝命好，不仅军旅生涯顺利，相貌资质亦高，长得帅且英气。

看来，不论哪个朝代，都不能免俗——相貌出众总是一个先天竞争优势。

在这一点上，也有倒霉的，眼下就有，不是别人，正是封常清。

封常清很传奇。传奇与他的相貌有关。史载，封常清人长得奇丑，容貌不佳也就罢了，体态还不周正，这就没法说了。那么丑到什么程度？反正以貌取人的都看不上他，没人待见他，三十多岁了，仍无功名。

彼时，封常清就在高仙芝的队伍里。

一天，高仙芝收到一封下级来信，是一封自荐信，写信的人就是封常清，他的诉求是要做高仙芝的侍从。由于感佩信中文辞慷慨激昂，高仙芝决定见一下封常清。

然而，不见还好，一见就后悔了，那丑陋的程度，竟把高仙芝吓回去了——要多不顺眼就有多不顺眼。

以高仙芝的身份地位，身边若是站着这么一位侍从，反差也太大，太不匹配了！

高仙芝礼貌地拒绝了封常清的请求。

后面的故事，简短地说，封常清每天都按时按点来高仙芝的住所前求见，被拒绝也不撤离，日出而作，日入而息，风雨无阻，雷打不动。

这个封常清真是把高仙芝磨得一点儿办法都没有了，高仙芝只好妥协，同意把封常清录到自己的侍从班子，反正多一个人也不算什么，兴许他有些本事，自己别"以貌取人，失之子羽"，重犯先贤的错误。

封常清幼年父母双亡，由外祖父抚养长大，而外祖父因犯罪被发配到了安西，祖孙两人在此相依为命。外祖父有文化，是他的启蒙老师。封常清好读书，博闻强记。外祖父死后，封常清成了孤儿。

世态炎凉，生活艰辛，封常清变得坚毅而早熟。

因为相貌丑陋"年过三十，未有名"。其实，封常清是有本钱的，他识文断字，能说会道，善于思考，属于学习型人才，这在军队兵士里是极为稀有的。是相貌丑陋和世俗观念把他耽搁了。

事实上，相貌丑陋不算什么，腹有诗书气自华！

遇到了贵人高仙芝，他的命运由此逆转。

封常清没有让高仙芝失望，他有勇有谋，表现出色，尤其在对战争的领悟性和掌控力上，简直是个天才，高仙芝自愧弗如。但如果不是遇到高仙芝，封常清的一生也就是丑陋加平庸罢了。

高仙芝爱才惜才，甘为下属铺路。以后，封常清的官职步步擢升，如日中天。天宝十一载，封常清任安西副大都护，并且代理节度使之职，成了封疆大吏。

东都洛阳乃京畿门户，距长安不足千里，地位尤其重要。安禄山攻打的第一目标就是洛阳。新任范阳、卢平两镇节度使封常清领命之后，迅速出京，招兵募粮，阻截叛贼。

受颜真卿所派，赶往长安报信的李平和张云子经洛阳时，与封常清取得联系，向封将军转达了太守颜真卿的打算。封常清对颜太守的谋虑非常赞同，遂给颜真卿写了回信，信中表达了他对当下国是、朝局的看法，特别是对颜太守的感佩，其辞肯綮，其情激昂。

封常清乃大唐名将，也堪称军事家了，他除了赞许和鼓励之外，还于信中给出一个建议，只两个字——坚守。

坚守的对策，是封常清于长期征战中悟出的精粹。一味地攻击并非上策，而凭城固守，也是挫败敌人的最佳战术。对于安禄山而言，这更为适用。

想想看，安贼从河北的北端起兵，打到中原的西部，战线已经拉得足够长了。维持一支数以万计的强大骑兵部队，是需要大量的粮食和草料的。若遇到沿线城池闭门固守的情况，安禄山很难弄到足够的供给，必然要从后方补充，而这个运输线路很长。

于是，不需要费尽心力攻打，叛军即可自行玩完。

后来的历史是证明了的，封常清的打法不仅是正确的，而且是英明的。如果他的策略能早一些被朝廷采纳，安史之乱不要说持续八年，恐怕八个月都够呛。

遗憾的是，由于各种原因交错，颜真卿和封常清本人都没能执行坚守的策略，因而历史成了人们知道的样子。

此为后话。

颜真卿发动、组织的一郡之兵，其人员构成、队伍素质和作战能力，岂能比得了封常清的大唐官军。现在与朝廷官军，与大名鼎鼎的封常清将军取得联系，并且得到封常清的称许和支持，颜真卿当然大受鼓舞，抗敌的信心大增。

其实，这鼓舞和信心并不是单向的。

封常清，这位唐玄宗倚重的名将，他知道颜真卿本是个文臣、书生，然而就是他，竟早早发现安禄山的反迹，提前做出守城防范，于第一时间向朝廷报告敌情，并建议及早组织抵御与征讨。太不容易，太了不起了！

在河北、河南这块广袤的政区之内，有那么多朝廷的官员署吏，可到了关键时刻，在江山社稷和百姓遇到危机的时候，又有几人如颜真卿一样挺身而出，随时准备御敌，誓与安贼不共戴天？！

因此，封常清从颜真卿的身上受到激发和鞭策。颜、封二人在忠贞爱国、反叛安贼、保靖安国上堪称高度一致，相互引为同道，携手配合，共同抗敌，不在话下。

在颜真卿的感召下，封常清命属下撰拟、誊写十数份捉拿逆贼的文牒，急送各地张告。

颜真卿收到封常清的复信和所附文牒，颇受鼓舞，派遣家族子弟及亲信门客一应可靠之人，秘密携带文牒到各地进行宣谕。

经过此番部署，平原附近诸郡也做了预案。

　　说来，上述诸事本不是平原郡的事情，也不是颜真卿郡守之责，但颜真卿所虑所为让人们见到了他对大唐的忠诚，对社稷安危的担忧，以及心系天下的大胸怀、大格局。

　　封常清的主动请缨，给唐玄宗带来不小的安慰。

　　然而，好事不久，坏消息陆续传来：河北、河南诸郡相继失守……那些吃着朝廷俸禄的大小官吏们竟如此无用！

　　一个河北，一个河南，何至于惹得唐玄宗如此惊恐、愤恨？

　　河北者，乃黄河以北。这个说法不错，却远不是今天河北省和河南省的概念。再者，古黄河不断改道，在汉唐时代的河道也不是现在的位置。为了说得清楚，还是把话题稍微扯远一点。

　　古代的行政区划，比较定型的是从秦汉以来逐步建立起来的州、郡、县三级管理体系，以后沿袭。到了南北朝末期，地方政区规模有二百二十个州，九百九十九郡，县则不计其数，与两百年前的西晋相比，州膨胀了十一倍，郡膨胀了十倍。

　　州郡数目的激增，并非社会正常发展的结果，而是由于处于乱世、政权林立、军阀割据等原因所致。有些地方一个州只管辖一个郡，有些郡下面竟然并不辖县，甚至还会出现两个州同管一个郡的极端情况。传统的三级制已经失去了行政管理的实际意义。最终州、郡、县三级关系混乱不堪，难以维系。

　　隋朝统一天下，混乱不堪的行政区划已然不能适应新的政权。隋文帝经过深思熟虑，大笔一挥——取消州、郡、县三级中的郡一级，直接以州来统辖县，实质上就是又回到了秦汉早期的郡（州）县二级制。

　　可真的实施起来，二级制的弊端再次浮现——地方政区州的长官"州刺史"，一人管理六七个县都显得费力，更何况要天子直接管理天下三百多个州，哪里吃得消？

　　唐代之始，行政区划沿袭隋朝。据说，唐太宗把三百多个州刺史的名字都写在屏风上，每天早晨都要看上一遍，有何用？是为了检查他们的政绩，以便决定奖惩升降。有大臣看到后说道，汉代得到一个好的二千石郡太守已经不容易了，何况如今得去找三百多个州刺史？

这是个现实问题。

于是，行政区划不得不又重新回到汉代州、郡、县三级制的轨道上来。必须承认，这样改是符合疆域广袤的大一统帝国的实际情况的。不过，这次不只是简单的回归，而是做了一些改革——自贞观起，在三百余郡之上设置了十个"道"。道，起初并不是严格意义上的行政区划，因为它没有设官分职，只是中央不定期地派遣一些"巡视组"分道去监察各地施政情况，巡视工作完成之后他们就返回中央汇报，并不留居当地，也没有固定的工作场所。

到了唐玄宗开元年间，又做出改进——将"贞观十道"调整为"十五道"，并把临时性固化为常设性，即每道设置正式的采访处置使一职，有固定的治所，形成了正式的监察区，之后道开始转变为正式的地方高层行政区。"道"的这种行政区名称，至今在东亚一些国家仍有保留，比如朝鲜的咸镜北道、韩国的江原道和日本的北海道等。

回到正题，这"河北"就是十五道之一，治所在魏州，所辖境域十分辽阔，管辖黄河以北、太行山以东。想必这个粗线条的说法仍不能在读者的脑子里形成清晰的表象。再往细了说应该是：其管辖覆盖今天的北京市、天津市全部、河北省大部、河南省北部、山东省黄河以北部分、东北三省、内蒙古东南，以及俄罗斯远东地区、库页岛、朝鲜、韩国在内的广大区域。

同河北一样，在唐代开元年间，河南属于行政区划的十五道之一，与河北对应，辖境相当于今天的山东省黄河以南部分、河南省大部、江苏省北部和安徽省北部。也就是说，开元时期的河南、河北范围都相当于现在的两省以上，区域广，管辖大。

把话题扯远是有意义的——弄清河北的概念，读者就应该明白了三个事实：一是安禄山反叛之前，朝廷赋予他的权力有多么重，其管辖的地盘有多么广阔，即便如此，他仍不满足。此乃人心不足蛇吞象！

二是安史之乱爆发之初，其势头相当迅猛，所向披靡，直指长安。第一步搅翻河北意味着什么？虽说战火尚未蔓延到南方，但谁不知道，唐代的政治、经济、文化中心仍是传统上的中原地区？河北丢了，河南乱了，意味着朝廷几乎丢掉了整个中原。

这还了得！

三是安禄山反了，没有几天的工夫，河北、河南两地官员竟弃城逃窜，或者索性举白旗投降，这是什么事呀？唐玄宗得知后是真的伤透了心——平日里个个表忠心的臣子，怎的如此模样？

皇帝的惊恐就可想而知了。

此刻的唐玄宗只剩下恼怒、寒心，失望之余，连连慨叹：

河北二十四郡，竟无一位忠臣？

正叨念着，忽有人来报，说平原太守颜真卿派使者李平进京上奏。这个时候能有河北的臣工来报，唐玄宗像是溺水之人摸到了救命稻草，眼前一亮，急命五六个中使出宫迎候。

李平进殿，呈上太守颜真卿的表章，上面详细地汇报了平原郡的坚守，以及颜真卿已经做好了反击叛军的准备工作。唐玄宗大喜过望，原本那些懊丧、忧愤、追悔、郁闷、嗔怪等情绪像被风吹散了一样，压抑的心顿时放松下来，他对周围侍从们说，颜真卿竟能如此忠义！朕竟不知他是何许人也。

唐玄宗真切地感受到了颜真卿的忠君爱国之心，遂大大地夸赞了平原郡官员和守军的忠诚，并信誓旦旦地向李平表示，一旦平原有什么动作，朝廷必有回应。

李平拜别皇帝后，快马加鞭返回平原，要将这一振奋人心的消息传达给太守颜真卿和平原军民。

唐玄宗虽然欣喜不已，感慨不已，赞扬不已，可到底也没想起颜真卿是谁，长什么样。

四百年后，宋代史官留元刚编纂过《鲁公年谱》，对这段史实刻骨铭心。当写到此处时，留大人悲恨（liàng）万分，禁不住怅惋辍笔，仰天而叹：颜鲁公曾任殿中侍御史，与其二兄颜允南同时为台省官员，每至朝贺日[1]，宰相以下登含元殿者不过三十人，而他与允南则常常联袂登殿相朝贺。平日朝觐、宴集也必同行列。这样一位多次秉承皇上旨意，执法于殿中，又常获得清问[2]、参陪皇上左右的近臣，对于唐玄宗来说，当然不是疏远陌生的。而他离京出任平原太守仅三年，唐玄宗竟有"不识"之问，可见其晚年何等怠荒朝政，蛊惑于妖嬖，昏乱庸昧已到极点，安能不有安禄山之祸！

宋人文天祥也为前贤打抱不平，有诗云：

平原太守颜真卿，长安天子不知名。

说到此处，不禁令人想起初唐的魏徵，他是陪着李世民打天下的功勋，曾与太宗有过一段交谈，很精彩也很经典。现在的唐玄宗肯定是忘记了。魏徵对太宗说：希望陛下使我成为良臣，不要使我成为忠臣。

太宗感到奇怪，问魏徵道：良臣与忠臣有什么不同吗？

魏徵说：良臣，是说像后稷、契、皋陶那样的人；忠臣，是说像关龙逢、比干那样的人。良臣使自己获得美好的名声，使国君得到显赫的称号，子孙世代相传，幸福与禄位无穷无尽。忠臣则使自己遭受杀身之祸，使国君陷于深重的罪恶之中，国破家亡，空有一个忠臣的名声。以此而言，相差太远了！[3]

唐太宗很是赞成魏徵的话，奖励了他五百匹绸缎。

魏徵可能是中国历史上第一个指出良臣与忠臣差别的人。

---

1. 朝贺日：中国古代朝廷的庆贺大典。即在指定的时日，群臣朝见拜贺皇帝的礼仪活动。
2. 清问：特指帝王详问臣民。
3. 刘昫：《旧唐书·列传第二十一魏徵》。

其实，魏徵真正的过人之处是他的"良臣与忠臣说"。这与其说是良臣与忠臣的差异，不啻说是一针见血地道出明君与昏君的差异。

可叹，魏徵的局限是不能直白地说出来。更可叹，唐玄宗如此昏庸，颜真卿也只有当忠臣的份儿了。

忠臣就是忠臣！颜真卿及其堂兄颜杲卿等河北举义，抗击安贼谋反，匡扶社稷的忠贞义胆，在一众河北官员失节、失德、失位面前该是多么稀缺而珍贵，甚至在朝廷所有官员中都是最给力的，如同旗帜一般，猎猎飘扬！他们的精神当特书于史册。

34. 假意归降

安禄山一路向西南出击，途径藁城[1]。这里是常山郡辖地，太守是颜杲卿。在安禄山的眼里，颜杲卿是属吏，又是"自己人"，是放心的。

但起兵事体为大，来不得丝毫疏失，还是要亲自巡察、布防，特别是要确定颜杲卿的态度——是跟着自己一起干，还是怎么样，如此才能放心，才能踏实地继续率军争夺天下。

安禄山何故把颜杲卿视为"自己人"呢？

颜杲卿颇有家世遗风，是个有仁德、有个性、有能力、不圆滑的人。按照官场通常的套路，这样的人是不讨喜的。可颜杲卿例外，官运是顺利的。

何以例外？

原来，颜杲卿入仕的时候，大唐帝国还处在国运昌盛、生机勃勃的开元年间，重操守、重实绩、重能力是吏治的用人标准。颜杲卿理政能

1.藁城：今河北省石家庄市藁城区。

力强，在吏部业绩考核中年年名列前茅，凭实力成了炙手可热的人才。

因为是人才，吏部便把他派到难以治理、鱼龙混杂的边境地区——范阳，任户曹参军，希望他能在那里发挥作用，也得到历练。

在范阳任上，颜杲卿果然不负所望，表现得很出色。他处事果敢、侠胆仗义、知书达理、能文能武，在不通文墨的胡人堆里，出类拔萃，因而深得安禄山的赏识。

安禄山明白，凡成大事者，岂可没有能人辅佐？他便对颜杲卿另眼相看，重点培养，有意提携，想着将来说不定会用得上。安禄山先是提拔颜杲卿做判官，颜干得不错，安又向朝廷举荐，越级擢升其为常山太守。

其实，安禄山打错了主意，看人看走眼了。安禄山自恃唐玄宗宠信，天高皇帝远，拥兵自重，权欲膨胀，滋生野心，已经不再是原来的他了。

这一切均落在正直干练的颜杲卿眼中。

事有所巧，杲卿与真卿堂兄弟二人都做了太守，还都处于安禄山的管辖之地，一个常山郡，一个平原郡，且相距不远。

安禄山谋反的举动，颜真卿和颜杲卿都有高度的敏感和警觉，彼此间常通过颜季明和卢逖（颜真卿之外甥）等亲友暗中传递书信。在书信中，他们表达忧国忧民之情，也相互鼓励，相互提醒，各自都在做着防范逆贼的准备工作。

不过，毕竟常山不似平原，此地就在安禄山的眼皮底下，加之颜杲卿的"特殊"身份，安贼对常山郡、对颜杲卿是严加管控的，一切行动都要得到安禄山的准许。

因此，常山这里的防御防范工作很有难度，也很有限度——城池失修，兵员不足，粮草和兵器也匮乏，抵御能力显然薄弱。

现在，安贼反了，且人马就在眼前，照理，举旗讨伐才是道理。但就目前的情境而论，肯定是贼强我弱，如果真的与安禄山硬拼，定是以卵击石，不会有好的结果。

退一步说，即便不主动出击，也是力不能守。

此刻，颜杲卿内心非常矛盾，心焦如焚：是拼死讨贼，保持个人清誉和英名，还是暂时忍下，保存实力，从容打算？

既然没有好办法，不如虚与委蛇，假意投降，再伺机而动，当为上策。

真是难为这位耿介、刚烈的汉子了。

主意既定，颜杲卿便与袁履谦出城迎候。

安禄山看到颜杲卿率众郡衙官吏出城迎接，举止恭谨如常，不见丝毫异态，一下子就心定了——他相信了自己的判断，在颜杲卿身上下的功夫没有白费。

于是，安禄山将自己编造的谎言——什么接到皇上旨意，命他攻入长安，除奸佞，清君侧，匡扶社稷于将倾——和盘托出。安某俨然正义之师，大谈一路上如何"得道多助"，所过州郡纷纷拥戴，无不响应，云云。

安禄山话锋一转，别不多言，要求颜杲卿等跟着他一起干，许诺日后绝不亏待。若有异议，则夷三族。不过，后面的话并未直说，因为他自信满满。

现在派给颜杲卿的任务就是据守常山郡。

常山离土门很近。土门是个战略要塞——西出黄河，直取东都洛阳，这里是必经之路。常山牢固，土门牢固，范阳自无危险。

如此这般，安禄山一一下令部署，颜杲卿、袁履谦假意遵命，安禄山很是高兴。为了拉拢颜杲卿和袁履谦，以示优宠，他特意吩咐手下人取来两套官袍分别赏赐二人。

赐给颜杲卿的官袍是金紫色的。这身行头绝非一般人可以穿的，因为它对应的是秦汉时期丞相、三公的金印紫绶——黄金材质的官印及系印的紫色绶带，这是国家最高阶官员的身份象征。

到了唐代，虽说标明官员身份的朝服和配饰发生了变化，变成了金鱼袋和紫衣，但若非高官显爵，亦难享有此种待遇。

身着这身"官袍"，明摆着是降服于叛贼，这是何等的耻辱？颜杲卿此刻的心如煎如熬，比死还难受，很不是滋味。但为了蓄积力量，为了寻找讨伐时机，他只得暂忍耻辱，不动声色，从长计议。

安禄山乃狡诈狠毒之辈。

藁城会面，安贼虽未见颜杲卿有什么不对劲的地方，可转念一想——毕竟二人尚不是把兄弟，颜杲卿也不是江湖之人，知人知面不知心，还是设计个"双保险"为妥：

一是把颜杲卿的次子颜季明带到军营里，假意说是为了调教历练，日后可做升迁资格，实则强作人质，让颜杲卿死心塌地跟着他，不生二心。

二是指派自己的亲信、义子李钦凑拥兵七千，扼守土门，防的是颜杲卿万一釜底抽薪，助官军灭他的范阳老巢。

于危机与生死关头，颜杲卿想过，死我一人何足惜，如此一生名节也保住了，但常山之郡生灵涂炭，该会有多少人头落地？再者，我颜杲卿岂能为自己儿子的生命安全而置常山之城、常山百姓于不顾？可毕竟季明吾儿乃亲生骨肉！

既要背负假降叛贼的奇耻之辱，还要忍受亲子做人质的巨大痛苦。还有什么好办法吗？

苍天不答，大地不应！

颜杲卿万般无奈。

35. 兵败如山倒

安禄山志得意满地离开了藁城，继续攻城略地。

望着大军过境后卷起的漫天烟尘，颜杲卿的心绪久久不能平复。他表情复杂地指着安贼所赐新官袍，对长史袁履谦说：

我们两人岂能穿戴这等肮脏的东西？

袁履谦会意，进言道：

大人说的是！这身脏皮的确让人受辱，但我等不妨将计就计——凭借这身脏皮取得李钦凑的信任，与其周旋，伺机行事。

颜杲卿颔首表示赞同。

颜、袁二人还议定：派颜杲卿之长子、安平尉颜泉明与新任的河东节度使王承业等人暗中联系，共商讨逆大计。

没几天工夫，安禄山的叛军就渡过了黄河，攻克灵昌[1]，南下陈留[2]。陈留太守郭纳开城降贼。刚任河南节度使的张介然难以抵御强敌，自刎而死。

此刻，探子来报：唐玄宗驸马安庆宗被斩，其妻荣义公主被赐死。

这消息如五雷轰顶，激得安禄山几乎背过气。他缓过神后暴跳如雷，索性将原本"擒奸佞、清君侧""匡扶大唐"的幌子统统扯去，转为彻底反唐，与李隆基拼个你死我活，势不两立。

至此，叛军进逼的势头越发猛烈，所经州郡，几乎都遭屠城。

荥阳失守，安禄山占据了武牢[3]，与官军对峙。此地距洛阳只二百里路，已属近在咫尺，说兵临城下也不为过。对于官军而言，阻止叛军西进，守护洛阳，是关乎长安安危的重要之战。

范阳、平卢新任节度使封常清在此迎敌。

然而，朝廷做出讨伐叛贼的决定太迟了，留给封常清备战的时间太短。"旬日得兵六万"，从数额上说是凑够了，可所征之人哪里算得上兵？这些人多是市井之徒，连刀枪都没摸过，也未见过战斗厮杀的场面。现在仓促上阵，迎战的却是安禄山二十万大军，这些边地的兵士骁勇善战，连京畿的正规军抵挡都困难，更何况这些临时招募的兵员？封

---

1. 灵昌：唐代郡名，今河南滑县东旧滑县。
2. 陈留：今河南省开封市。
3. 武牢：原名虎牢，在河南省荥阳市市区西北部16公里的汜水镇境，因西周穆王在此牢虎而得名，为避唐太宗李世民祖父李虎讳改称武牢。是洛阳东边门户和重要的关隘，形势险要，为军事重镇。

常清显然低估了安禄山的力量，手底下的"乌合之众"根本就不是安禄山的对手。

可怜呀，武牢一战还没怎么打，官军就败下阵来，退至洛阳。叛军乘势追击，兵临城下。封常清奋力抵抗，先后在上东门、都亭驿、宣仁门与叛军交战，终因寡不敌众，洛阳失陷。

封常清带领余兵撤至潼关，与高仙芝会合。

这一天是天宝十四载十一月十九日。

安禄山自起兵以来，仅仅十天就攻下东都洛阳。其势力之猛、进军之速、攻击之烈是唐玄宗和暗中挑起事端的杨国忠不曾料到的。

洛阳守卫战中，光禄卿[1]、东京留守李憕带领残兵数百人准备抵抗，而未及迎敌，兵士即四处逃散，只剩下李憕还有同僚御史中丞卢奕、采访判官蒋清。他们没有临阵逃离，决意以身报国，誓与东都（洛阳）、与衙署共存亡。

回天乏术的李憕，独自一人回到府衙，端坐在正堂之上，静静地候着自己生命的最后一刻。

卢奕先回到家，让妻子带着官印从小道去长安，然后穿戴好朝服，正襟危坐，坚守在御史台的岗位上，默默地注视着四散的同僚们，直到一切归于沉寂。

……

安禄山攻进城内，将三人抓获，企图威逼利诱，却遭三人痛斥。他们大义凛然，绝不屈服，视死如归。安禄山当即下令将其斩首……

李、卢、蒋三位英勇捐躯，虽不能挽救洛阳危局，却尽了自己的努力，守住了忠君爱国的底线，名垂青史。

也有不讲气节的，那位曾向唐玄宗报告安禄山起兵造反消息的河南尹达奚珣就选择了苟活，投降了安禄山。

---

1. 光禄卿：掌宫殿门户、帐幕器物、百官朝会膳食等，三品。有丞、功曹等属官。

洛阳失守，远在平原郡的颜真卿备受打击。东都乃天子圣地，现如今却被叛贼攻破，成为伪朝国都，真是令人痛心疾首。他也深自感佩那些在东都一役中以身报国的志士仁人的慷慨气节，并以此自励。

颜真卿此时身在江海之上，心居魏阙之下，对时局感到非常不安：东都是长安的门户，唇亡齿寒，京城也岌岌可危了！

封常清战败令唐玄宗大失所望。他不检讨自己昏聩而未能及早用兵，却把罪责统统记在封大将军身上。封大将军遭贬黜，"削其官爵，令白衣 [1] 于仙芝军效力"。

高仙芝的部队也在陕地失利，退守潼关。就当时战事来看，虽然封、高二位败于河东，但从范阳到洛阳的整个战线上，有河北十七郡举义，有颜杲卿土门之捷，叛军屡遭重创，朝廷只要于潼关之险固守，官兵上下齐力，剿灭安贼可期。然而，唐玄宗乱了章法，非下令出城攻敌，做臣工的高仙芝和封常清即使有再大的能耐和胆量也拗不过皇帝。"坚守"之策流产，对于战线尤长的安禄山而言，官军犯了扬短避长之忌，大败自无悬念。

章法乱了不算，唐玄宗还猜忌尤甚。潼关之役，他不再放心高仙芝和封常清两位野战之将，派亲信宦官边令诚作为监军，代他守看。

边令诚何德何能？他就是一个谗佞小人，纯系无能之辈，却处处干预军务。不仅如此，他还分别向两位将军索取贿赂，二位将军原本就反感边某，怎么能满足奸佞的企图，自是断然拒绝，却也种下了危机。恼羞成怒的边令诚心生歹意，奏禀皇上，狠狠地告了封、高二人的黑状：先诬告封常清夸大安贼势力以动摇军心，再诬告高仙芝丢弃陕地数百里，并盗减军士粮饷。

唐玄宗居然听信小人谗言，下旨就地处死封、高二位。他们可是战

---

1. 白衣：一种对官员的处罚方式。初指无官职的士人。两晋南北朝时，官员因失误削除官职，或以白衣守、领原职，遂相沿成习。

功赫赫的大唐名将，危亡之际自毁长城，这可是极为愚蠢的昏招！

虽说怀里揣着皇帝的圣旨，但边令诚也犯嘀咕，不敢贸然行事——如果一上来就嚷着把人杀了，说不定封、高部下会直接造反，跟他死磕，那时候保不齐死的是谁了。

边令诚遂采取分别执刑的办法，不犯众怒。

先斩封常清，他当时已经是白衣之士，身无一丝官衔，不足为惧。临刑前，封常清到底是个英雄，仍不忘讨伐安贼大事，说陛下不可轻信安贼，勿忘臣言则冀社稷安复，逆胡败覆，臣之所愿毕矣！

封常清的诚直令人震撼。

高仙芝同样是一条好汉。他不做鼓动部下哗变的事，只求辩诬，自证清白：

高某将大家招募于军中，所得赏赐不多，装备军服也并不充足，大家同心渴望击破叛贼，建功立业，然后得取封赏。不想，叛军势强，我等才引军至此。

高某如果真有贪污军粮赏赐之罪，请诸位当场检举、揭发。否则，就请诸位高呼冤枉。

高仙芝话音未落，"冤枉！冤枉！冤枉……"呼声震天，如海啸般炸响现场。

……

噩耗传出，全军上下无不为将军冤屈就戮而悲痛至极。

连斩两位主将，且是盛唐乃至大唐一朝军中砥柱，其影响和后果是什么？

潼关十几万守军人心惶惶，动荡不已。

虽有后面调集陇西节度使哥舒翰兵马六万，哥舒大将军却因病不能实际主事，属下暗相争权，两部兵马不能形成合力，如散沙一盘。

御敌当前，临阵斩将，乃军中大忌。

唐玄宗昏聩，大唐可悲！

平原首义

第七章

36. 结盟讨逆

　　李平和张云子返回平原，带回朝廷决意征讨叛贼的意旨，给了颜真卿极大鼓舞：圣上终于梦醒，看清了安禄山的野心，微臣的忠心没有枉费。

　　然而，紧随其后的却是坏消息——洛阳失陷。这个消息令颜真卿无比震惊和悲哀。

　　一面是鼓舞，一面是悲哀，两股情绪汇聚一起，犹如炽热的岩浆，在颜真卿的胸中激荡、翻滚、升腾……

　　安贼谋反，危及社稷，殃及百姓……由此，报效国家，保靖安邦的时刻到了，此刻如果不做出行动更待何时？

　　一个思虑已久的计划在颜真卿的脑子里越来越清晰，越来越明确，越来越强烈，并且不可遏制，那便是：举义，讨伐安贼！

　　没错，就是起兵举义。

　　说做就做，时不我待。颜真卿放下手中其他工作，紧急做了两件事。

　　第一件，他起草了致平原周边州郡刺史、长史、诸同僚的举义书函。书函中言明安禄山起兵谋反的罪行，提醒诸位不可被其口号迷惑，乱臣贼子人人得而诛之，诸位既食君之禄，当忠君之事。书函内容意在调动地方官兵合力抗贼。随后他派心腹迅疾将书函发送出去。

第二件事，择时举行征讨动员。

是日，难得一见的冬阳高悬，阳光穿云破雾，洒向平原大地。在凛冽的寒风中，"颜"字大旗哗啦啦地迎风招展。西门之外，城下广场上，两万兵士，荷刀持枪，队列齐整，人人昂首挺立，个个机警庄严，阵容蔚为壮观……

父老乡亲也扶老携幼簇拥于此，助阵观看。所有的人都凝视着前方。

太守颜真卿登上高台，慷慨宣言：

安贼安禄山，原本不过一营州泼皮无赖，依靠诓骗欺诈，蒙蔽天子耳目，跻身于朝臣，官至三镇节度使，还封赐郡王，可谓恩宠浩荡。

然而，此贼不思报答，反冒天下之大不韪，公然起兵谋叛，直指长安。所到之处，烧杀抢掠，无恶不作，生灵涂炭，百姓流离。

安贼罪恶滔天，罄竹难书……

话讲至此，颜真卿热血上涌，声泪俱下。将士和百姓们无不悲愤唏嘘、慨叹、抽泣。

场上许久不能平静。

少顷，颜真卿继续慷慨陈词：

几日之内，河北、河南失守，东都沦陷，安贼穷凶极恶，甚至连上万的降兵也不放过，皆予戮杀……他还杀死了拒绝投降、以身报国的东都守城忠臣，扬言下一步就是杀入长安，生擒圣上，推翻李唐，改朝换代。其野心昭昭，是可忍孰不可忍！

现在，朝廷已调兵遣将，决意剿灭安贼。焉有人臣，忍容巨逆。必当竭节，恭行天罚！

太守之言真是振奋激昂、振聋发聩。万众军民莫不义愤填膺，振臂高呼：

誓讨安贼，保卫家邦！

誓讨安贼，保卫家邦！

轰鸣之声如江海波涛，如高天惊雷，响彻平原，响彻九州。

事先，衙署已备好甘洌之酒，此时一一送至将士手中。

颜真卿从台上走下来，健步来到将士当中，双手端起硕大的粗陶酒碗，高举过头，环顾四下，发誓道：

我等与贼不共戴天，此番举义，定要勠力同心，生死与国，不灭安贼，绝不罢休！

言罢，仰首饮干，以示决绝。

众将士随之一饮而尽。

誓师之后，颜真卿率衙署同僚大犒将士兵勇，与将士一起同餐共饮，席间说了许多抚慰的话，拜托的话，鼓励的话，且频频举杯畅饮，义气豪情尽在不言中。

平原率先举起讨伐叛乱的义旗，如狂飙骤起，周遭诸郡皆受感召，纷纷起兵响应。

景城[1]长史李炜、清池县[2]尉贾载、盐山县[3]尉穆宁三人一起设计杀了安禄山任命的海运使[4]刘道玄，缴获武器装备五十余船。他们还杀了安禄山的军师严庄的父亲及其宗族五十余人。

河间司法[5]李奂杀了安禄山委派的长史王怀忠。

饶阳[6]太守卢全诚拒绝接受安禄山派来取代他的伪官员，与同僚司马[7]李正一起举兵据守饶阳。

---

1. 景城：今河北省沧州市。
2. 清池县：治所在今河北省沧州市东南。
3. 盐山县：治所在今河北省黄骅市西南。
4. 海运使：古代职官名。唐朝置，掌将青州、莱州的粮食由海道运输到幽州、平州等地，以供给军用。
5. 司法：官名。掌鞫狱丽法、督盗贼、知赃贿没收。
6. 饶阳：饶阳郡，辖今河北省饶阳县、深州一代。
7. 司马：州郡佐官。名义上纪纲众务，通判列曹，品高俸厚，实际上无具体职事，多用以安置贬谪大臣，或用作迁转官阶及寄禄官。

清河 [1] 原本在安禄山起兵之际归降了叛军，现在反水，宣布重归朝廷。

济南太守李随的部下游弈将 [2] 訾（zī）嗣贤渡过黄河杀了叛贼任命的伪博平太守马冀，据守博平之郡。

……

各地集聚了兵马二十余万，陆续派人赴平原郡，共推颜真卿为诸郡盟主，以统领义军兵马。

大家的信任和拥戴令颜真卿很是欣慰，但其内心是很惶恐的。

欣慰的是，首义之举竟有如此大的反响，有这么多的忠勇豪杰拉旗聚义，可见得道多助，失道寡助，叛贼不得人心。如此来看，收复失地，保大唐社稷永固便有了希望。

惶恐的是，自己不过一介儒官，何德何能堪当重任？再者说，自己并不懂用兵，亦无作战经历，掌控平原一郡之兵已经感到很吃力了，更不要说统帅二十万大军之责。一旦谋划有误，将是莫大的损失。

颜真卿思虑再三，不是怕担责任，而是觉得自己的德能难堪重任，还是推举一位高人才是。遂坦言力辞。

而众人不允，他们打心眼里钦佩颜真卿的忠贞正气、果敢胆气和临危不惧的豪气，并且相信，或更准确地说是坚信他既有此威望也有此能力，盟主之位，非颜太守莫属。

各路豪杰甚至齐声呼道：颜太守就应了吧！

见众人如此真诚恳切，颜真卿难违众望，为了同心讨贼之大义，慨然领命，做了盟主。

在众响应者中，常山太守颜杲卿是当然的急先锋。人们知道，在安禄山谋叛之初，他是最早觉察其反迹的人，并暗地里与颜真卿互通消

---

1. 清河：今属河北。
2. 游弈将：也称游弈使，唐军中负责游弈戒备的精锐骑兵。

息，观察动向，密商抗贼计策。只因常山情况特殊，且寡不敌众，不可强攻，才假意降服，蒙蔽安贼，为的是积蓄力量，寻找时机，最终与逆贼决战。

现在机会来了，本可以公开举义，但常山那里尚有李钦凑的七千兵马镇守井陉，明显的是敌强我弱，力量对比悬殊，一旦贸然行动，会招致叛贼反扑，影响整个河北讨逆战略。

因此，从大局出发，通盘考虑，颜真卿与堂兄颜杲卿商定，常山依旧保持现状，等待更佳时机。

颜杲卿是平原举义的中坚，殚精竭虑、竭忠尽智地全力以赴，自不在话下。

37. 两桩义事

平原举义，威震河朔。

大唐势力开始重振。

讨逆伊始，颜真卿做了两桩事情，深得军心民心。

第一桩事，真情营救义士之母。平原郡西面有个武邑[1]，县尉李铣积极响应颜真卿举义，暗自发动本地百姓，组织了一支数千人的队伍，准备抗击反贼。

而县令庞宣远是安禄山的死党，在声势浩大的举义形势下，他不敢明着反抗，而是阳奉阴违，明里头称赞百姓所为是爱国之举，暗地里却设下埋伏。他假意请义军头领来商讨御敌之计，实则将欲捕杀，好以此向安禄山邀功。李铣反对他的卑鄙之举，将庞氏阴谋传出去了，并连夜

---

1. 武邑：今属河北。

率领心腹亲信百余人投奔颜真卿而来。

庞宣远得知后暴跳如雷，将李铣之母作为人质拘押起来。

颜真卿深为李铣弃暗投明的义举所感动，决意讨伐庞某，解救李铣之母。然而采取何种行动为好呢？在颜真卿看来，解救李母属于私事，倘若因私事而动用义军兵力则未必妥当。当然，坐视不救也是肯定不行的，因为那样会冷了义士们的心。

解救是毋庸置疑的。

颜真卿决定公私分清——用自己的私钱十万，招募勇武之士，潜入武邑行事。

同僚闻知，皆来劝说：大人的私钱来之不易，还是从官银支取为好。颜真卿不听，坚持私事用私银来办。

众僚属只得依了，纷纷表示愿为效力。

不日，所募勇士潜入武邑，杀死安贼死党庞宣远，救出李铣老母。

颜真卿的高洁品德和侠骨情义感动了众人，赢得了李铣和抗贼联盟上下服膺。

第二桩事，腰斩安贼党羽段子光。

占据洛阳的安禄山正沉浸于将要登基称帝，江山改姓，文武百官觐见朝拜的美梦之中……

安禄山想了很多很多，怎么也没有想到平原举义；没有想到，才几天的工夫，原来降服于他的州郡相继反正，弃他而去。

最想不到的是颜真卿、颜杲卿等人竟然在他的背后竖起刀枪——后院、老巢起火了。

对安禄山来说，这打击是巨大的。震怒的安禄山要回身阻止、压住河北诸郡的气势，将后方稳定下来，再攻长安不迟。不然的话，他的大事将毁于一旦。

用什么法子？

人皆畏死。安禄山想出了一个恶毒的办法——派出死党段子光带着攻陷洛阳时所杀李憕、卢奕和蒋清三人的首级，疾驰河北，重申其军令，胁迫诸州牧。

这一日，段子光提着三个首级来到平原郡。

衙属来报：有一彪形大汉，自称安禄山的特使来见太守，见还是不见？

颜真卿应道：放人进来。

段子光进得衙署，目光喷火，气势汹汹。这是来者不善呀！见到颜真卿，他便厉声喝道：

安郡王进驻东都，远近郡县尽降。尔等诸郡非但不从，竟然背叛郡王，揭旗造反。吃了豹子胆了？

段子光打量了一下四下的人们，接着吼道：

郡王警告尔等，凡敢于对抗者，无不身首异处。郡王命我送来三颗人头，就是让你们看看违抗者的下场。

听了此番宣谕，又看到三颗人头，在场的很多人面面相觑。段子光不无得意地继续道：

颜太守不会不认识这三个人吧？他们就是李憕、卢奕和蒋清，三个不识时务的顽固分子！

颜真卿定神看去，那三颗首级，虽然血肉模糊，但细细分辨，果真就是三位忠贞义士的。颜真卿与三人都曾经在朝中为官，不仅见过，还是一道做事的同僚。情景如此惨烈，令颜真卿怒火中烧，血往上涌……他本想痛斥安禄山的残暴行径，颂扬三位义士的不屈事迹，但转念一想，不行！如果认下三位义士，在场的官员、百姓，以及将士们能否承受得住突然而来的恐吓？好不容易聚拢起来的军心会不会受到冲击？如果答案是否定的，岂不中了安贼的招？

万万不可！万万不可！

要镇定，镇定，不能接招。

对！要以其人之道还治其人之身！颜真卿猛醒过来。

不等段子光反应，颜真卿大声呵斥：

我是认识李憕、卢奕和蒋清三人的，而这三个人头断然不是他们。乾坤朗朗，你这厮竟敢公然诬骗，企图借着三颗来路不明的人头威胁、恐吓本官，威胁、恐吓本郡官员、百姓。

真是胆大包天！

来人，把段子光推出去腰斩示众！

仗着安禄山这个靠山，又是"钦差"，段子光哪里把颜真卿放在眼里，更不相信颜真卿敢来真的。他心想：这不过是想吓唬吓唬我吧。于是气焰更加嚣张，他放言道：

公若损我，悔有日在！

意思说，你若杀了我，有你后悔的。

这一回段子光想错了，眼前这一介书生，那是铮铮铁骨的汉子，早把讨伐逆贼安禄山作为自己的使命，其决心和意志如钢铁一般，岂容一个小小爪牙逞凶狂？

要说能派上用场的，倒是斩杀段子光以振奋平原，乃至整个河北官民和义军的士气，彰显军威。

颜真卿不改声色，坚定地回击段子光：

本官倒要看看"悔有日在"是什么意思，是你掉脑袋还是我掉脑袋！

……

结局不用想了，狂妄的段子光被处极刑，其头颅悬挂于城门之上示众。郡衙张贴告示：

来贼造谣诬骗，惑乱人心，罪不可恕，凡敢相仿者，必与贼人同等下场。

事后，颜真卿向人们说明事实真相，并派人将李憕、卢奕和蒋清三人头颅清洗干净，以蒲草续身，穿戴好朝服朝靴，选上好的棺木入殓，择时发丧。

　　两桩义事显示了颜真卿的高尚品德和过人谋略，赢得了人心，稳定了军心。

　　颜真卿成为河北讨伐叛乱的名副其实的统帅。

38. 土门之役

　　段子光被腰斩，后院的火不但未灭，反倒火上浇油，越烧越烈。

　　安禄山的肠子都悔青了。

　　河北义军将士个个摩拳擦掌，勠力讨伐安贼。

　　一场影响整个大唐局势的战役正在秘密酝酿中。

　　景城长史李炜杀了安禄山的军师严庄之父和家眷，激起了严庄的复仇之火。严庄本想着怂恿安禄山回师景城，剿杀李炜，为父报仇，但一想到进军长安事大，日后得安禄山重用事大，便忍将下来，一个"舍孝尽忠"的计谋浮出水面。

　　严庄私底下串通其他几位安禄山的死党编造了一个神话，说邙山隙石上发现谶语，上书"改朝换代，江山易主"。这是上天降下的意旨，岂可违忤。

　　众人以谶语为由，齐劝安禄山先登基，再西进，攻取长安。

　　这个主意正中安禄山下怀——原本"擒奸贼，清君侧"就是个托词，是个幌子。大唐的江山不也是从隋炀帝手里抢来的？哪里写着江山不可以改姓？风水轮流转，说到底我是要做皇帝的。

　　现如今，上有天赐，下有拥戴，索性顺水推舟，就过上一把瘾吧！

　　而究竟选择何时何地登基，安贼未做决定，他心里的盘算是：登基称帝是迟早的事，现在还是以西进为重。

　　安禄山这家伙城府够深。

原以为安禄山会因为遭此"刺激"而杀回河北复仇，但事态的发展不是这样，他像什么都未发生似的，仍是势头不变，继续西进。

既是如此，讨伐安禄山之战就要寻找其他突破口，打蛇要打七寸。安禄山的七寸在哪？颜真卿和他的同僚们思来想去，目标锁定了土门。

土门是兵家必争的军事要塞，叛军进退皆须经过此地。攻下土门，便切断了洛阳与河北的联络，同时也阻断了叛军北归老巢的退路。若是如此，安贼必定张皇失措，其进犯长安的脚步将会受到牵绊。

如何攻打？

颜真卿想到的自然是堂兄颜杲卿。颜杲卿虽响应平原举义，但身份尚未公开，他一直借着特殊的身份于暗地里修筑城池、训练兵马、筹措粮草、制造刀枪，随时等待应战出征。

颜杲卿收到颜真卿外甥卢逖带来的作战计划，欣喜异常。当初假意降服的时候，安禄山交派的任务就是配合李钦凑据守井陉。现在，公开反正的机会终于到了。

颜杲卿马上想到，倘若以自己现在的身份出击，公然行动，必定引起安禄山的警觉，也会对颜季明造成危险，取胜的概率会大打折扣。而且土门守军有七千之多，兵力强大，不可强攻，只可智取——利用与安禄山的"特殊关系"，会减弱安贼的戒备心，凭借所谓的"信赖"，趁其不备，出其不意，予以致命打击。

颜杲卿找来长史袁履谦一同商议作战计划，袁履谦完全赞成颜杲卿的谋划，二人遂分头行动。颜杲卿派出细作打探土门守军的情形。

眼下，土门副将、金吾将军高邈去了幽州，将军何千年到洛阳报告军情，只有主将李钦凑一人守关。

这是大好机会。

于是，颜杲卿将队伍兵分两路：一路是派卢逖急赴太原，联络河东节度使王承业，目的在于一旦土门交战，若是兵力不足，希望王承业能予配合，随时出兵增援，以备不测。另一路是由袁履谦率人备上酒肉、美食，带上乔装打扮的挑夫、乐工和歌伎前去营中，佯称转达安禄山旨意犒赏守关将士。

李钦凑是个酒鬼，见酒没命，醉了就诸事皆了。

天宝十四载十二月二十二日夜，守军大营里轻歌曼舞，丝弦齐鸣，袁履谦竭力劝酒，好不殷勤，李钦凑及其兵士们喝得酩酊大醉……

时候到了，袁履谦一个手势，众勇士扯去行头，操起兵刃，说时迟那时快，李钦凑立马见阎王去了。其他守兵自不在话下，该杀的杀，该俘的俘。

固若金汤的土门顷刻瓦解。

颜杲卿率军占领了井陉关。

太守颜杲卿终于洗刷了因"假降"带来的羞辱，百姓也摆脱了多年来心头的抑郁和愁苦，常山之郡好不欢欣。

颜真卿是个缜密的人，他知道土门守军将领高邈、何千年不在老巢，万一二人突然回来，那是非常危险的。于是，在未知土门战事结果之前，为防意外，颜真卿还是在高邈和何千年由幽州和洛阳返回土门的路上布兵把守，防止他们从背后增援李钦凑。

还好，战斗速战速决，捷报传回，颜真卿的心放了下来。

颜真卿的安排严谨、周密。次日，两个贼将在回程的路上分别被生擒。

土门行动的当夜，太原方面本应派援兵包围土门，以备不测，这是事先约定的。但王承业贪生怕死，不想为此事担当风险，引火烧身，更怕安禄山日后拿他问罪，便只派出几名探子打听了消息，未出动一兵一卒配合。

当探子回禀说颜杲卿破了土门，大获全胜，背信弃义、临阵爽约的王承业又悔又恨——错失了一次立功邀宠的机会。

土门之捷，义军士气大振。

颜杲卿与堂弟颜真卿借机派人分头到河北叛军控制的州郡，游说那里的主官和僚属：河北举义盟军将与朝廷所派郭子仪、李光弼两位将军的三十万大军一道，荡平河朔。大势已去，凡受安禄山胁迫降于叛贼的，要想想清楚，趁早归顺朝廷，朝廷将既往不咎，并可能给予奖掖；若是负隅顽抗，一定严惩不贷。

安抚政策一出，诸郡纷纷响应，归顺朝廷。

至此，河北二十四郡，有十七郡重归朝廷。

义军首战告捷。

在洛阳失守时，不向安贼投降，以身殉国的李憕、卢奕和蒋清三位忠烈，虽已入殓却未下葬。是时候了，这一天，颜真卿为他们举行了全郡公祭。

平原天空，黑云低垂，风在呼号。

城外广场上搭起了一座灵棚，三口柏木棺椁停放在灵棚中央，硕大的"奠"字刺眼而肃穆。祭品安放于供案上，香烟缭绕，火烛燃烧。经幡、挽幛在风中摇曳。呜咽作声的芦管、唢呐合着敲敲打打的响器，撕人心脾……

颜真卿与众人哀痛肃立，一片嘤嘤啜泣。

颜真卿代表平原郡官民，也代表河北举义盟军，致公祭悼词。悼词历数了安禄山的罪行，陈述了三位英烈的生平事迹，深切地表达了人们对忠烈的敬仰和对安贼的仇恨。公祭大会开成了誓师大会——收复山河失地，保卫大唐社稷，誓死剿灭叛贼。

祭哭三口，英烈的棺椁下葬。

棠邑大捷

39. 王承业窃功

土门叛军之将高邈死不归降，被颜杲卿斩杀。何千年愿意归顺朝廷。

按照朝廷的惯例，一场战役之后须及时报告战况。颜杲卿亲笔拟写了给朝廷的表章，派长子颜泉明和参军贾深带上表章，押解降将何千年赴京师，同时进献李钦凑、高邈首级。

颜杲卿手下有一名叫张通幽的僚属，他的兄长投靠了安禄山，是安贼的心腹近臣。张通幽得知颜泉明拟赴京师，便呼喊着请求颜杲卿派他同去。张某为何要同去呢？说是代其全家向朝廷请罪，以洗刷家族的污名，云云。

此番言语听上去冠冕堂皇，在理在情。颜杲卿乃仁厚之人，听信了张通幽的一番花言巧语，遂答应了张某的请求。其实，张通幽是个狡诈的无耻小人。

翌日，受命赴京的一行人出发了。

由于潼关那边已经是前线了，颜泉明一行便改道走太原，在这里见到了河东节度使王承业。下面发生的事就不只是改道而行这么简单了，而是成了一桩彻头彻尾的阴谋——原来，这张通幽与王氏有通家之好，他请求跟着颜泉明等同去长安那番理由都是编造的，他的真实目的是买好王承业，为自己升迁铺路。背着颜泉明和贾深，他暗中撺掇王承业：

如果颜泉明到了京师，其父颜杲卿必受皇上厚重封赏和拔擢，而太原与土门只一日路程，大人却未守约定，按兵未动。此事一旦被朝廷知道，大人非但不得擢升，恐怕连现在的日子都难保住。朝廷还能相信大人吗？

如此这般，王承业被说动了，而且说到了其痛处……

当初，王承业为了自保不予配合作战也就罢了，现在经张通幽的挑唆，他的良心彻底泯灭，他要不择手段，窃取他人之功了。

在张通幽的配合下，王承业假意热情款待颜泉明和贾深一行，嘘寒问暖：此去长安路途遥远，眼下兵荒马乱的，可是不安全呀。

颜泉明和贾深对王太守的关切表示感谢，但仍然坚定地说，不管千难万险，都要完成太守颜杲卿交派下来的任务。

王承业见状连忙奉迎，表示钦佩。

他不甘心就此作罢，遂进一步劝说道：如果二位信任，倒不如把俘虏和首级交予本官，由太原方面出兵押解到长安，这样既快又安全，还免除了弟兄的劳累，特别是这样做可使皇帝早日见到你们的战果，早日高兴。

难道这样不好吗？

话说到这份上了，颜泉明和贾深觉得若是拒绝显得太不信任人家。再者，河北举义讨逆大业需要周边各地，特别是驻守地方唐军的支持，太原与平原、常山唇齿相邻，少不得配合、增援，于是他们答应下来。

然而，善良且单纯的颜泉明、贾深二人忘记了"知人知面不知心"的古训，更忘记了土门之役时王承业的违约行为。

"欺人之心不可有，防人之心不可无。"这又是一句古训，可惜可叹，颜泉明和贾深把这句话忘得一干二净。

随后的事情就变得卑鄙无耻，无以复加。

王承业接手之后，便将颜泉明和贾深软禁起来。

他将颜杲卿写给朝廷的表章统统做了改写，将功劳悉数归于自己。不止于此，他竟诬陷颜杲卿如何抢功，完全颠倒事实真相，真是卑鄙至极！

尔后，他派心腹与张通幽一道，带上李钦凑和高邈的首级，押着何千年向长安出发，请功邀赏。

不知就里、昏聩不堪的唐玄宗哪里知晓此中的玄机，更不知道道貌岸然的王承业竟如此下作、如此无良！

唐玄宗见到使者和表章，大喜！盛赞王承业功高至伟，当即重赏金银玉帛，并擢升其为羽林大将军。无耻小人张通幽及王承业手下百余将领皆获奖掖。

一切就跟没有颜杲卿的事儿似的！

颜杲卿此刻还被蒙在鼓里，于常山翘首等待朝廷消息。不幸中的万幸，王承业手下的差役良心和正义未泯。他们心怀善意，在王承业离开太原时，用计将被软禁的颜泉明和贾深放走，两人总算保住了性命，没被凶残的王承业所杀。

可悲可叹的颜杲卿！

天宝十五载正月初一，安禄山在洛阳登基称帝，国号"大燕"，自号"大燕皇帝"。

称帝的安禄山该是志得意满了吧？改朝换代是他日思夜想的事情呀！

事实并不是这么简单，安禄山的部队遭到河北义军的重创，被打得七零八落，狼狈不堪；干儿子李钦凑、大将高邈被杀，主将何千年遭捕反正；土门失守，退路断绝……更严重的是，朝廷大军已经追击而来——这可是朝廷最强大的兵力。

净是糟心的事！

登基的兴奋旋即被眼下的困局冲淡，腹背受敌，首尾难顾，西进长安的计划举步维艰了。

困兽犹斗。安禄山的主意有了——派遣最勇猛的骁将史思明、蔡希德带万余精锐去攻打常山，剿杀颜杲卿，以消心头之恨，也可重振士气。

太行迤东，常山之郡被史思明、蔡希德的万余兵力团团包围。城中只有三千兵士，哪里是史、蔡之军的对手？城垣虽经修葺，仍是千疮百孔，难以固守，如何抵御排山之势的强敌？情急之下，别无他法，颜杲卿再次派出卢逖急赴太原，请求王承业出兵救援。

上一次土门之役，王承业还假意配合。这一次，他索性丢掉面具，断然拒绝。可以想象得到，连土门窃功这种下三烂的事情都干得出来，还能指望他帮颜杲卿揽下这等苦差，顶这种险雷？

王承业心底的算盘是：若是帮了颜杲卿，万一得胜，有朝一日颜杲卿见到皇上，当面揭穿他曾冒领功勋、诓骗圣上的恶行，岂不身败名裂？

坚决不能出兵救颜，这是铁定了的。

但王承业说出的理由却冠冕堂皇，他称：

太原乃国之北京[1]，这里的兵力是护卫京畿的，本官岂可擅动？再者，本人很快就要赴京履新了，本官作为羽林大将军（就是窃功后得到的擢迁），是要听皇帝差遣的。

危难之中，王承业拥兵不救，激怒了卢逖。这卢逖是个刚烈、有血性的后生，遭到王承业的拒绝，不能搬来救兵，哪有颜面复见江东父老，他羞愧难当，怒火冲顶，愤然拔剑自刎，鲜血喷于王承业这个无耻毒夫的脸上、身上……

卢逖乃颜杲卿的亲外甥，也是一条铮铮汉子！

救兵不得，唯有孤城拒敌。颜杲卿与袁履谦率残兵余勇，浴血抵抗三天三夜，杀声震天！终因弹尽粮绝，寡不敌众，叛军破城而入，纵兵烧杀，血洗常山城。

刚刚反正，重回朝廷的常山又沦陷了。

在肉搏战中，颜杲卿伤痕累累，体力耗尽，与袁履谦一起被敌兵所捕，解送洛阳。

1.北京：太原在唐代有北京之称。

洛阳金殿之上，做了所谓"大燕皇帝"的安禄山亲审颜杲卿。自然，安禄山怒责颜杲卿是如何忘恩负义、如何恩将仇报的，又是如何背叛之类的。颜杲卿则豪气冲冠，愤然痛斥安贼：

我颜某人乃堂堂大唐命臣，奉忠守义、讨伐逆贼、报效社稷是我之本分，何言背叛！真正背叛者、真正恩将仇报的是尔等"臊羯之犬"！

其骂声高亢、激越，直冲殿宇，击穿贼胆。安禄山暴跳如雷，喝令手下将颜杲卿、袁履谦凌迟处死。

40. 借兵

颜杲卿英勇就义，享年六十五岁。

噩耗传来，颜真卿五内俱焚，痛不欲生。他痛恨王承业人性泯灭，十恶不赦；悔恨自己谋划不周，贻害兄长和常山官员百姓。

杲卿长颜真卿十之有七。颜真卿失怙之时，由伯父抚养，杲卿仁厚，长兄如父，两人感情笃真。过往的一切历历在目……

颜真卿于家中设置灵堂，带领全家沉痛祭悼，他自己则痛得伏地号啕，悲恸天地。

过了许久，颜真卿方在家人和衙署官员的劝解下站立起来。

作为平原太守，又兼河北盟军统帅，颜真卿知道自己不能就此消沉。他不能倒下，必须振作起来，继续与叛军作战。

有消息报来：哥舒翰大军在潼关击退安禄山次子安庆绪的进攻，安庆绪落荒而逃。这是一个好消息，令义军官兵备受鼓舞。

又有人来报：饶阳郡守卢全诚请求增援，因为史思明与蔡希德攻取常山郡之后，又继续攻打周边地区，邺、广平、赵、上谷、博陵、文安、魏、信都[1]等郡先后失陷。

颜真卿遂调临近的兵力，河间、景城各出兵两千，平原本郡出兵三千，驰援饶阳。

这一年（756），朝廷中使来平原郡宣皇上圣旨：加授颜真卿为户部侍郎，兼本郡防御使。这是唐玄宗对颜真卿守城和指挥地方讨贼有功的嘉奖。

防御使的职务属于地方军事长官，比原有的太守之职增加了指挥、统帅军事的职责。

加官晋爵自是喜事，但此刻的颜真卿一点儿都高兴不起来。

在颜真卿的心里，现在所做的一切都是为国为民的，都是应尽的职责。为了讨伐安贼，有颜杲卿、袁履谦等那么多的将士、官员、亲人和百姓命丧九泉。

这个时候无论给予什么样的奖赏，都难以平复颜真卿内心深切的悲哀和伤痛。

做臣子的，唯有抵御来敌、剿灭叛军才是正差。

逾三月，朝廷中使又来宣旨：加授颜真卿为河北采访处置使。这是又给颜真卿肩上压担子了——负责掌管河北一带行政事务和地方监察的职责。

至此，颜真卿已成为河北地面上的主官、首长。

朝廷嘉奖事小，前线传来捷报事大——李光弼将军收复了常山，这才是令颜真卿由衷高兴的喜事、大事！压在他心头的巨石终于掀掉，可以告慰英勇就义的太守颜杲卿、长史袁履谦及其他英烈们了，常山之郡重回朝廷。

---

1. 邺、广平、赵、上谷、博陵、文安、魏、信都：河北道所辖州郡。邺郡，今河北省临漳县。广平郡，今河北省邯郸市永年区。赵郡，今河北省赵县。上谷郡，今河北省张家口市。博陵郡，今河北省定州市。文安郡，今河北省任丘市。魏郡，今河北省大名县。信都郡，今河北省衡水市冀州区。

颜真卿做了两件事，一是给李光弼将军写了一封信，祝贺战事告捷；二是请托以守城叛贼安思义的首级祭奠遇难者之英灵。

平原以西是邻郡清河郡。这里自唐初以来就有"天下北库"之称。

之所以有如此之称，是因为清河郡存放着南方江淮诸郡向朝廷缴纳的钱粮与布帛，相当于国库的一个分库。大唐的官军——北军就是赖这里给养的。

年深日久，这里储备的有布三百余万匹、帛八十余万匹、钱三十余万缗[1]、粮三十余万斛，还有昔日唐军讨伐突厥默啜部族时获得的武器、铠甲五十余万件……

如此而论，其财富之巨，清河足有三个平原郡之多。另外，在人丁和军力上，有七万编户（在籍居民）、十余万壮丁，也多过平原郡，是个无山峦屏障却富庶的河北道上的宝地。

若从战略上考量，清河必是叛军觊觎、垂涎欲夺之地，这是迟早的事。

清河因受平原首义感召，已经揭竿而起，成为河北讨逆平叛的重要力量。

这一日，一个名叫李萼的年轻后生来报，称受郡之主官所差，谒见颜真卿，请求借兵。

初见使者，颜真卿觉得对方不过是个毛头小伙，并未在意。但来使自报家门后，却让颜真卿一惊，原来他是元德秀的门生。

元先生的大名颜真卿可是听闻过的，何止听闻，那是钦慕已久的心中偶像。只是先生已于三年前故去，二人未曾谋面。

元氏出身名门，是北魏皇族拓跋氏的后裔，进士及第，曾任鲁山令。元氏为政清廉，性格淳朴耿介，不仅官做得好，还饱读诗书，有大学问。

---

1. 缗（mín）：钱币量词，每串一千文。

元氏任职期满，并不恋栈，而是隐居陆浑山[1]中，与山水为伴，再不出仕。

有人说，每见紫芝（元德秀之字），人们便将名利之心抛诸脑后，他真乃一位德高望重的长者。

看李萼谈吐，果然名师出高徒，颜真卿刮目相看。

二人寒暄过后，直奔主题——为什么要借兵？

颜真卿原本是不打算借与的，理由很简单，平原之兵并不充足，本地的守护仍嫌紧缺，更何况外借？可经李萼一番高论，颜真卿为之所动——平原与清河两郡属唇齿相依的地缘关系。这个缘由自不用说了。关键是朝廷将派遣大将程千里率十万精兵从太行山东下，出崞口[2]讨贼，而叛军扼守壶关[3]拒之，大军不得前进，远水解不了近渴，平原在危急之中。

怎么办？

李萼认为：义军应当引兵先期攻打魏郡，收执（捉拿）安禄山在那里安插的太守袁知泰，启用被废的原太守司马垂，由自己的人掌控西南地域。如此，义军作战就自在得多了，再分兵打开壶关通道，接应大军东征，讨伐汲、邺以北至幽陵[4]诸郡。

李萼继续分析道：平原郡、清河郡等地是可以汇集十万以上义军的。这里南临孟津，是黄河北岸的要冲，可以堵截叛军往北逃窜的道路。如果朝廷东征的官军不下二十万，加上不止十万的河南义军，向西挺进，布防达数百里，便可以构成一个严密的围剿态势。这个时候奏请朝廷，只要坚守潼关，慎勿出战，一个月后叛军必定发生内乱，自相杀戮。

---

1. 陆浑山：即方山，在今河南省嵩县东北。

2. 崞（guō）口：在今河南省安阳市西（一说在今河北邯郸市西）。

3. 壶关：今山西省壶关县，位于山西省东南部。秦朝始设置壶关县，因山形似壶，于此置壶口关（壶关）得名；另说因壶山而得名。

4. 幽陵：又名幽州。相当于今北京市、河北北部及辽宁一带。

这是一盘大棋，后生果然可畏！

颜真卿听懂了，他内心的热血被眼前这位年轻人激活了，沸腾起来。他打算收回原来的想法，无条件地帮助李萼，当然这也是义军统帅义不容辞的责任。

但幕僚、属下仍未想通，反对借兵。

颜真卿不想武断行事，强硬让僚属和义军同盟接受自己的意见，而是留出时间容大家考虑。

于是，颜真卿先安排客人暂留客栈休息，等候回话。

这边，平原郡与盟军连夜商讨清河郡借兵之策，深入讨论此事的利弊得失。但各自争论不休，未有结果。

平原郡计较的是，清河郡未参加十七郡结盟，兵力不能共享，安危只是盟军的安危，清河郡可以作壁上观。

设想一下：倘若借兵不成，清河郡自难独立御敌，不出数日，还会投靠他人，到了那个时候，平原郡西侧将友邻不再，取而代之的是强敌。难道颜公没有想过吗？再者，清河郡与平原郡难道不应该把眼光盯在讨伐安贼叛乱的大计、大棋之上吗？

最终，还是李萼说过的话提醒了众人——清河郡虽未加入义军之盟，但真诚希望能与平原郡共谋平叛大义。借兵并非只是单方面索取，清河郡愿意献出所有财富、武器和装备资助平原义军，希望能够与平原郡形成一个可统一调遣的战略格局。

不能犹豫了，颜真卿赞成李萼的作战建议，他力排众议道：

平原、清河同为大唐之属，两郡官员皆是圣上臣工，匡扶国难、救民于战火是共同的职责，相互扶助、同舟共济是应有之义。绝不能坐视邻郡落入叛军之手，更不能眼看着清河成为平原之敌。

本人不只是一郡太守、防御使，还是河北采访处置使，现在各位听命：借兵六千支援清河，由录事参军李择交将军统领，平原县令范东馥为副使，即日开赴清河！

41. 大捷

借兵事成，李萼载誉而归。

平原六千兵马的增援大大消除了清河全郡官员、百姓心头的忧惧和惶恐，众人无不欣喜。

官民上下加紧布防，修葺城池，引水护城。

是日，平原郡六千兵马与清河郡、博平郡义军按照颜真卿和李萼的部署，向魏郡[1]进发。

为何攻打魏郡？

魏郡是河北连接河南的要冲，向南紧邻黄河，向东是博平，向西是太行山。若能攻下魏郡，叛军的后方几乎丧失殆尽。此外魏郡的西端有一个叫崞口的地方，是河北、河南至长安的关隘，打开崞口可以为朝廷大军进驻魏郡赢得时机。

三郡合兵达一万一千之众，事先屯于博平郡的棠邑[2]西南处——这里紧邻魏郡，两地对峙。屯兵每日演练，等候战机。

作战方案是这样的：以抓捕伪太守袁知泰，重新扶植原太守司马垂为突破口，继而打开崞口，以便迎接朝廷大军进驻。

然而，抓捕袁知泰并非易事。他依仗安禄山这一后台，有恃无恐，十分嚣张，调遣两万兵力向着棠邑出击。

于是，三郡联军与敌在棠邑短兵相接，展开激战。

联军乃正义之师，官兵斗志昂扬，再加上战前训练，将士们英勇顽强，个个奋力，绝不退缩。经过一整天的鏖战，联军大败叛军，斩首级无数，生擒兵士千余，缴获战马千匹，军资更是不计其数。

---

1. 魏郡：西汉至唐的一个行政区划。最大范围包括今河南安阳，河北邯郸市以南及山东冠县、莘县等地，治今河北省临漳县。
2. 棠邑：今山东省聊城市东昌府区堂邑镇。

袁知泰仓皇逃窜。

义军乘胜追击，向西进发，一举克复魏郡。

这一仗打得非常漂亮，取得了自朝廷讨伐安贼以来河北战场的最大胜仗。这就是赫赫闻名的棠邑大捷。

原本反对借兵清河的人们，现在皆口服心服——颜真卿不囿于平原一郡安危，而是心系河北反叛大计。在领导作风上，他既从善如流，又果敢决断，其胸襟和谋略令人敬佩。

安禄山丧魂

42. 小人贺兰进明

棠邑大捷，人心振奋，河北境内稍趋安定。

毕竟仍处于征讨之季，安贼不灭，人心不宁。

在排兵布阵的时候，虽说颜真卿指挥若定，俨然威风凛凛的统帅，但他的内心可不像表面上的那个样子，实话说，是紧张而发虚的。

为什么？

仗是打了，也获全胜，可自借兵清河之后，平原郡兵力锐减，作为一郡主官，颜真卿不放心的仍是未来时日里平原郡的安全。这个时候，朝廷又不断地委任新职，颜真卿的责任越来越重，压力也越来越大，他每日忧心忡忡。

颜真卿虽为名门世家出身，祖祖辈辈做官，可家族里却没有一个带兵打仗的，没出过一个将军。不论官位高低，他们皆以读书、文章、学问传世，说到底都是书生。

如今，天降大任于斯人——大唐遇上安贼叛乱，国家蒙难，愣是把一个书生变成义士，变成防御使，变成指挥千军万马的盟军统帅！

从颜真卿的内心讲，忠于大唐王朝是他的天职，抵抗叛贼也是他的天职，唯独带兵打仗着实勉为其难，既不得心，亦不应手！

忧思中的颜真卿想来想去终于有了主意——寻找一个能够与自己联兵共济、携手收复失地的人。两个人互补，总比一个人强。

此人是谁？

颜真卿想到了北海郡[1]太守贺兰进明。

贺兰进明是颜真卿任监察御史的同僚。他比颜真卿早六年中进士，年龄长几岁。

这位贺兰进明，在抵御叛军中一直未建战功。若放在平日里，这是业绩不显，考核不达标。现在是战时，一个朝廷命官若不能救国救民于水火，玄宗不满是在论的——要你何用？遂派遣中使封刀督促。

这一"考核"绝对够狠。

何为封刀督促？即在装诏书的信笺内放置一把刀，以此警诫贺兰进明：收地不得，即斩进明之首。

封刀督促吓坏了贺兰进明，可谓惶惶不可终日。

颜真卿得知此情，心中高兴——贺兰急需建立军功，我正需其协同之力，这不是两厢合适吗？便致书招请。

其实，以颜真卿河北采访处置使的身份，是有权征调贺兰进明及其兵马的，但颜真卿并未用权，而是写信相邀。

颜真卿就是这样一个人，笃实、谦恭。

收到颜真卿的招请信函，贺兰进明高兴极了！天无绝人之路。贺兰进明立即率步骑五千人渡过黄河来到平原郡。颜真卿亲自迎接，并设丰盛的酒宴犒劳北海将士。随后，五千兵马屯驻于平原城南郭，休养兵马，再募新兵。

贺兰进明来到平原郡，不管他有没有可倚重的本事，特别是军事方面的能力，在这个时候，不是所有人皆能做到敢于迎敌，敢于站出来上战场的。贺兰进明来了，就是积极的态度。他的行动确实给颜真卿带来莫大安慰。颜真卿像是有了主心骨，心里轻松了许多。

在未来的时间里，颜真卿说到做到，真是把贺兰进明奉为神明，每

1.北海郡：今山东省青州市一带。

有御敌用兵之事，无不向他征询。而贺兰进明也不把自己当外人，有问必应，俨然主人。

主人公精神固然很好，问题是，军事之权渐次旁落到贺兰进明的手中。对此，颜真卿是不曾察觉，还是心存仁厚而不介怀？

这不是最要紧的。

要紧的是，颜真卿知道，贺兰进明曾在信都[1]出战失利，朝廷下诏罚他将功抵罪。这老兄真够呛，既无军功，还背负着"罚单"。颜真卿十分同情——人家来帮助我，我也得帮助人家——便将棠邑的战功拱手让给贺兰进明。这样一来，原本悬在贺兰进明头上的"封刀"制裁就被免除了。

贺兰进明真乃运交华盖，时来运转，一步"建立"功勋。

应该说，颜真卿拿贺兰进明当朋友，做到这个份上，是绝对够仗义的。然而，贺兰进明却是个小人，且是极端小人，他的态度和做法绝对不够仗义、不够朋友——他在写报给朝廷的表章里只字不谈颜真卿的贡献，还将一道苦战的清河、平原将士们的功劳一笔勾销。不止于此，这家伙还把信都之地经营成自己的地盘。

朝廷也不分辨实情，贺兰进明还真的因棠邑之功被加官晋爵，擢升为河北招讨使。

这是颜真卿不曾想到的。

如果说颜真卿个人受骗受损也就罢了，关键是他成全、示好于贺兰进明，却苦了平原、清河二郡的义军众弟兄——真正的参战立功之人李择交、范东馥等人仅"微进资级"（资格和品级），其他有功者连名字都未上功劳簿，更别说得到赏赐了。

打一场硬仗谈何容易？颜真卿"推功"的消息传出，参战将士一片哗然，怨言不说，其中参与策划的能人李萼最是气愤，盛怒之下不辞而别。

1.信都：隋唐为冀州信都郡，今属河北。

回过头来看贺兰进明，他事前未曾参与棠邑之战的谋划，事中更未派一兵一卒参战，彼时北海的人马还在北海，怎么就能理所当然地接受这个"赠予"呢？

古贤云："窃人之财，犹谓之盗，况贪天之功以为己力乎？"[1]这真乃知人知面不知心，典型的小人之德。

对于颜真卿而言，其个人可以轻看荣誉和赏赐，但棠邑之功并非个人所有，而是生死相交的同僚、义军将领，以及全体军民共同浴血奋战取得的战果。

颜真卿让功劳于贺兰，失之公允，事与愿违，助长了窃功得志小人的气焰，寒了平原、清河义军将士们的心。不能不说这是颜真卿决策的失误，更是用人、识人不当的一大过错。

后世史家有评：真卿找人来并力反贼不错，向人征询军务也无不妥，把义军的兵权拱手让人就过头了，而把棠邑这个众人之功给了贺兰进明，就大错而特错了。

窃功晋升的贺兰进明日后又得擢迁，甚至做到河南节度使等职。乾元二年（759）他因涉案第五琦党谋，被贬为溱州[2]员外司马。

再往后不知所终。

43. 以子为质

天宝十五载六月，御史大夫、范阳节度使李光弼收复了常山郡，并一鼓作气，与灵武太守、朔方节度使郭子仪合兵于九门[3]城南。这九门隶

---

1. 左丘明：《春秋左氏传·僖公二十四年》。
2. 溱州：辖境相当于今重庆市万盛经济技术开发区及綦江、南川部分地区。
3. 九门：今河北省藁城市西北九门乡。

属赵郡。赵郡太守乃降了安禄山的郭献璆，他企图顽抗，但哪里是李、郭二位大将军的对手，几个回合即败下阵来。

郭献璆铁了心追随安贼，死不归顺朝廷，遭斩首。

赵郡光复。

李光弼治军向来严明，"天下服其威名，每申号令，诸将不敢仰视"[1]。攻克赵郡之时，官军士卒有抢掠财物的，李光弼岂能容许，乃端坐于城门口，看谁敢妄为！凡掠夺的财物全部没收，归还原主。如此爱民的将军，百姓无不诚服，民心拥戴。

此时正值暑夏，将士缺衣少衫。颜真卿看在眼里，煞是心疼，急令平原、河北诸郡筹集五万布匹，发动妇女夜以继日，辛勤缝纫，赶制出三万套军衣，准备送至驻军营地饶阳。不巧的是，一件件军衣赶制出来了，却因战事有变，潼关吃紧，李、郭二位听命朝廷号令，移师土门待命，无法送出。

事虽未果，却深深地感动了李光弼和子弟兵们。颜真卿心系社稷、体恤将士，急军需之所急的为人之品和为事之能，令李将军钦佩不已。

有道是细微之中见精神。原本在抗击安禄山的战事上，颜、李二人就同道同心，彼此信赖，现在又经历了制军衣之事，彼此加深了了解，结下厚谊。

战事不断发展，安禄山的营垒出现了分化。属下平卢游弈将刘客奴与先锋使[2]董秦，以及安东都护府[3]将军王玄志三人谋划起事，准备反叛安贼，归顺朝廷。

他们的行动目标就是讨伐平卢节度使吕知诲，为被吕知诲杀死的主帅、安东副大都护马灵督复仇。要想成事，须有外援，三人想到了颜真卿，想到颜真卿所统帅的威名远播的义军，便派使者前来平原，联络颜

---

1. 刘昫：《旧唐书·列传第六十李光弼》。
2. 先锋使：前敌指挥，统领先锋部队。
3. 安东都护府：唐朝在东北地区的重要军政管理机构。

真卿，希望得到支持。

平卢乃安禄山的老巢，除去范阳，这里便是他最重要的根据地之一。洛阳距平卢数千里之遥，平卢老窝分化，后院起火，安禄山必定两地难顾。

颜真卿听闻消息，非常兴奋，非常赞赏——刘客奴等能迷途知返，弃暗投明，乃正义之举，是一件好事，定当驰援。

于是，颜真卿做出决定，即刻筹集军资十万，派出本郡判官贾载押送至平卢。除去军资，随行的还有颜颇。

颜颇是谁？是颜真卿的亲子，年方十周岁。

一个小孩子随去何为？充当"人质"。

人家并未提出过这样的要求呀！是颜真卿主动安排的。他认为刘客奴等人能起兵抗贼实属不易，河北义军应予支持。这就是颜真卿的为人风格了——竭尽忠义和诚信。

照常理，支持也就支持了，既有态度，又有实举，钱给了，物给了，已经够意思、够给力了。

颜真卿不然，他真的与众不同！不同在哪？

在颜真卿的意识里，支持要有诚信，要让对方信得过，甚至把心掏出来给人家看，以此来坚定对方"反正"的意志，唯有如此才算把事情做实、做到家。

颜真卿时年四十有八，颜颇是颜真卿夫妇的幺儿，中年得子，是何等金贵？为了诚信，为了给朝廷争取更多的讨逆力量，他宁肯这样做。

如此做法风险太大，众将士皆予劝阻，认为不妥。

而在颜真卿那里，以身许国是坚定的，唯求剿灭叛贼，一切都在所不惜，又何惧一家安危。只要能换取刘客奴捣贼后巢，归顺朝廷，便是值得。

谁的劝阻皆无用，包括发妻韦氏。颜颇乃亲生骨肉，小小年纪就去做人质，这可是撕心裂肺的痛啊！

颜真卿毅然决然送颜颇随行。

还是那句话，现如今，朝廷文武百官如云，有几人能够如此？

自此，小小年纪的颜颇于战乱中流落中原十数年，几乎音讯皆无；也偶有消息，说颜颇死于战乱，不可信又不能不信。

所以，在很多时候，但凡提及此事，不论是著文还是写碑，颜真卿皆说其子短命。

颜真卿送子颜颇做人质后，即密奏朝廷，陈述刘客奴等"反正"归顺之意，希望朝廷能宽大为怀，予以接纳。

此时正是用人之际，朝廷必须团结一切可以团结的人，争取最大的讨逆力量，遂任命刘客奴为卢军节度使。唐玄宗高兴，不仅擢他高官，还亲赐其名，叫刘正臣吧！

之后，刘正臣率平卢军进攻范阳，于途中被史思明所败，回平卢时被安东副都护王玄志毒杀。

王玄志正是当初与刘一道起事反正的同道，为何又毒杀了刘客奴？其中定有纠葛、有利益，细节不得而知。以后，朝廷追赠刘正臣为工部尚书。董秦等部在平定安史之乱中分别建立功勋，皇上还赐董秦李姓，名忠臣。

总之，从朝廷大军郭子仪、李光弼二部撤走河北的那一刻起，颜真卿理所当然地成为河北各郡平叛力量的希望之光，历史也实实在在地证明，他做得很好，没有辜负人们的信赖。

44. 潼关陷落

棠邑、魏郡之捷，九门、赵郡收复，特别是老巢反正，一连串的重创把安禄山打得溃败不堪。

彼时，坐在洛阳宫中的安禄山甚至怀疑：此次起兵反唐是不是搭错了神经，是不是被手下人忽悠、欺骗，将自己推向万劫不复之地？他甚至怀疑，改朝换代本就是命中没有的东西。

伪朝中书令看在眼里，立即给安贼打气——胜败乃兵家常事，凡帝王创业皆历坎坷；大唐之军虽众，却是临时招募的乌合之众，加之朝廷尚未有效掌控全军之力，怎抵得住大燕精锐之师？云云。

一番言语还真将安禄山沮丧的心给说平复了。

安禄山重新燃起欲望之火：唐廷不灭，大燕不安，后路已断，老家是难顾了，唯有继续西进，拿下长安，才有生路。

于是，安禄山重新排兵布阵。

安禄山决定调遣一支强悍之师杀一个回马枪，打掉颜真卿的气焰，改变军中颓势。

一个突袭河北的复仇计划就这样酝酿着。

然而，东袭尚未动手，潼关却先失陷。

潼关，位居关中平原东部，乃要冲之地——南有秦岭，千山万壑，绵延逶迤；东南有禁沟[1]，谷南又有十二连城[2]；北有渭、洛二川会黄河抱关而下，实为天堑；西近华岳，周遭重峦叠嶂，谷深崖绝，中通一条狭窄的羊肠小道，往来仅容一车一马。

人们常以"细路险与猿猴争""人间路止潼关险"来比拟这里地势的险要，是汉末以来东入中原和西进关中、西域的必经之地及关防要隘，历来为兵家必争之地。

谁都知道，潼关牢固，长安即安。

玄宗冤杀高仙芝、封常清两位大将之后，便调来哥舒翰率部接替高、封之兵，以重兵坚守。

这本是一招好棋。

---

1. 禁沟：也称禁谷，是潼关南面一条南北走向的天险深谷。
2. 十二连城：建在禁沟西沿用于通讯报警的古代军事设施。

然而，是年（天宝十五载）六月九日，这样一个重兵据守的天险雄关居然失陷，这无异于晴天霹雳！

何以至此？

原来，时任天下兵马副元帅的哥舒翰向来不满杨国忠的专横跋扈，因此成为杨国忠的一块心病——他手中有二十万重兵，若是也像安禄山一样掉头对准自己，将不堪设想。

杨国忠如坐针毡，开始谋划自保邪招：

第一个，他奏禀玄宗，说潼关大军虽强，但缺乏后劲，请允从长安禁军中选三千兵勇，加以训练，作为后援。因为关乎京畿安危，玄宗准了，不仅准了，还亲命由宦官李德福掌控。李德福曾任剑南军大将军，是杨国忠的属下，自然听从杨国忠的调遣。

第二个，他取得皇上允准，招募一支万人大军，大军由心腹杜乾运统领，以最精的军需装备驻扎于潼关后面的灞桥，直把剑锋对准哥舒翰。

奸佞就是奸佞。若非杨国忠的挑动，万不至于引发几乎灭唐的安史之乱。眼下，他又生事，祸害这场讨逆大业。

悲哉！大唐本应全力对付叛军安贼，而杨国忠却为一己之私，分兵分财力，还于背后下手，何其阴损险恶！

对于杨国忠的伎俩，哥舒翰当然察觉，遂将计就计，以天下兵马副元帅的名义命杜乾运来潼关商议军机大事，欲相机杀了这厮。

这可吓坏了杨国忠，令他惶惶不可终日。

于是就有了怂恿玄宗催战，逼迫哥舒翰出兵与黄河对岸叛军交战，以削弱哥舒翰力量的误国之举。

潼关是用来守的。

一旦出击即失去京畿屏障之利。哥舒翰奏禀皇上，力陈道理：

黄河对岸四千之叛军是敌之钓饵，叛军远道而来，势优在速战速决；我军扼守险要，势优在坚守。

对于战局的看法及应对主张，很多有识之士表达了自己的观点。郭子仪和李光弼两位将军的奏表中就鲜明地陈述过：

我等二人宜战，哥舒翰宜守。望圣上准许我等引兵北上，捣毁叛军范阳老窝，并利用其亲眷为人质，再离间安贼内部，无须兵刃，叛军自可溃败。而潼关大军固守不出，敌军意志消弭，京畿即安。

此外，我军还可伺机待贼疲惫而一举歼灭。

远在平原郡的颜真卿也对形势有相同的看法，认为应以固守为上，勿为闲言所惑。他写表章给朝廷，表达了自己的见解。

然而，昏庸透顶的唐玄宗和卑鄙至极的杨国忠认为几位忠臣义士的奏表和明见都是胆怯、惧敌之言，拒不采纳。

唐玄宗一面亲发手敕，斥责哥舒翰坐失战机，致贼无备而化有备；一面连派出中使赴潼关催逼必须出兵，否则，"国法俱在，朕不敢徇"！

唐玄宗的态度是谁都没有料到的。

"国法俱在，朕不敢徇"，话都说到这份上了，正所谓"君要臣死，臣不得不死"，哥舒翰万般无奈，只得领命出征。

出征之前，英雄仰天长啸，捶胸恸哭，既是为自己的命运，也是为大唐的安危。

出兵的结果是可想而知的——哥舒翰在灵宝西原与安禄山肱骨之将崔乾佑相遇，这里地势极为复杂，敌军早已设下埋伏，哥舒翰大军刚入峡谷即被团团围堵，伏兵四起……

这是一场惨烈的遭遇战、被动战，官兵死伤无数，血染山谷，唐军几无招架之力，败下阵来。哥舒翰带残兵败将逃回潼关，却已失去往日战斗力。两日后叛军强攻入关，潼关溃陷。

兵败后的哥舒翰被部下火拔归仁捆绑起来，催马赶路，押到了洛阳，献给安禄山。

宿敌安禄山得知这个消息后难掩兴奋，急命人将哥舒翰带到自己面前。他开口的第一句话就是：

汝常轻我，今日如何？

这句话里包含了很多语义，但不管有多少，归根结底是一个意思——他太得意了，几乎得意忘形。

然而让安禄山意想不到的是，哥舒翰竟然没有按他设想的桥段——坚贞不屈，引颈就戮——走下去。

哥舒翰投降了。

这是英雄的悲剧，也是大唐的悲剧。

那个叫火拔归仁的，其献俘之举并未得到升官发财的礼遇，等着他的是被拖出去，斩！

可怜哥舒翰晚节不保，一世英名化为流水。

哥舒翰虽然活着，却已经死了。

至于哥舒翰是如何死的，史书未有明确记载，却有多个说法。他是被安禄山所杀，还是被安禄山之子安庆绪所杀，都不重要了。

唐玄宗逃亡蜀地后，继续坚持平叛的太子李亨于灵武颁布诏书，追赠哥舒翰为太尉，谥号武愍——有赫赫战功，而晚年遭遇不免让人哀伤与痛心。

终究，哥舒翰得到了原谅与认可。

说来哥舒翰曾是颜真卿心中崇敬的英雄，现在这样的结局成了颜真卿心中的悲歌。

见驾凤翔

第十章

45. 换了肃宗

潼关失守，大唐岌岌可危。

唐玄宗慌了手脚。好汉不吃眼前亏，他选择了出逃。昔日的英雄气概荡然无存。

往哪里逃？

杨国忠胸有成竹，提议往西跑，巡幸蜀地。

蜀地本是杨国忠的地盘，选择这里，不仅仅因其本人兼着剑南节度使的职位，也不仅仅因为他是那里生那里长的地头蛇，树大根深，更重要的是，他早有安排——在安禄山谋反之初，杨国忠为了给自己留一条后路，就开始指派其死党、下属剑南节度副使崔圆秘密筹划，辟出避难之所，储备了大量物资，只等这一刻的到来——性命可保，前途也可保。

在杨国忠的脑子里，社稷安危、百姓死活像是与他无关，唯有他自己才是最重要的。那位玄宗老儿，虽有皇帝之名，如今不过是他的道具而已。

在一个清晨，玄宗随杨国忠从长安延秋门仓皇出奔，下咸阳，走金城[1]。

1.金城：今陕西省兴平市一带。

　　在路过左藏（国库）的时候，杨国忠提议放火烧掉，不给叛军留下财物。唐玄宗阻止道：安禄山如果找不到钱财就会搜刮百姓，还是送给敌人吧，老百姓可少受疾苦。通过渭河上的便桥之后，杨国忠命人烧桥，以断来路。玄宗连忙制止道：后面一定会有很多人赖此桥逃生，不要断了人家的求生之路。一席话，句句仁慈。只可惜，自他秘密出逃的那一刻起，他就不再是一个好皇帝了。他抛弃了天下人，作为回应，天下将逐渐抛弃他。

　　这后来被历史证明了。

　　当唐玄宗行至马嵬驿的时候，意想不到的事情发生了——六军[1]不发。

　　何为六军不发？

　　烈日炎炎之下，饥肠辘辘、疲惫不堪的禁军将士实在是受不了了，心中积压已久的愤怒和不满一下子爆发了——若不是杨氏兄妹作祟，大唐社稷何至于走到今日的田地！

　　不走了，坚决不走了！

　　要走也可，除非陛下诛杀杨国忠，处死杨贵妃，否则就拒绝出发。

　　此事出面的是禁军龙武大将军陈玄礼，他敏锐地觉察到了这一蔓延的情绪，赶忙找到了一个人商议如何处置。此人就是太监李静忠——他的背后站着两位特别的人物，一位是太监总管高力士，另一位是太子李亨。

　　李静忠当场拍板赞成，并于第一时间将情况汇报给太子李亨。高力士那边也是顺势而为。

　　后面的事情不用讲，即无人不晓的马嵬驿兵变。特殊时期，将士们一边请求并等候唐玄宗发话；一边就擅自行动，先斩后奏了：随行蜀地

---

1. 六军：指禁军，即皇帝亲卫部队，分为左龙武军、右龙武军、左神武军、右神武军、左神策军、右神策军，合计六支军队，号称"六军"。

的藩国使臣们闹哄着说饥饿难耐，难以行进，杨国忠便出面交涉，这一幕被兵士们看到，遂以杨国忠"勾结吐蕃人企图谋反"的罪名将其乱刀杀死，其家人不论男女老少几乎被杀了一个干净。

心肠歹毒、权势滔天的杨国忠怎么也没有想到，原本西逃蜀地是想给自己留一条后路，现在竟成绝路。

人算不如天算。

不杀杨贵妃，将士们仍然拒绝行路。玄宗被逼无奈，赐杨贵妃自缢而死，留个全尸，也算对作为生者的皇帝和死者的杨贵妃的一个安慰。

监刑之事交给了高力士，他办事玄宗放心。

贵妃死了，为后世文学家和诗人提供了凄婉悲歌的题材。

马嵬坡本是个很不起眼的驿站，玄宗此前恐怕未必听闻过。现在好了，命运让他牢牢记住了这个地方。

风波影响了大唐的走向，也影响了很多人的命运……

有人说，这个事件的真正策划者是太子李亨，陈玄礼也好，李静忠、高力士也罢，不过是操盘手而已。

李亨，初名李嗣升，又名李浚、李玙、李绍，是玄宗第三子，母亲是元献皇后杨氏。李亨最初被封为陕王[1]，再封忠王[2]，开元二十六年（738）被立为太子。安史之乱后，玄宗任命他为天下兵马大元帅，领朔方、河东、平卢节度使，负责平叛。

自古皆言臣子误国，要么是谗佞当道，要么是红颜祸水，君王皆无辜，亦无错，最多是被骂上几句昏庸、无能。典型的莫过于杨国忠兄妹。他们死得并不冤枉，只是说从来没有把君王与佞臣贼子合起来算账的，哪怕三七开？没有。即使有，也是后代史家的事，这是一个怪现象。

---

1. 陕王：封地在今河南省三门峡市陕州区。
2. 忠王：封地在今重庆市忠县。

马嵬驿兵变也未跳出这个逻辑。

事情解决了，玄宗留下太子李亨向东讨贼，自己继续朝蜀地而行。

向西过岐山，宿扶风，入陈仓[1]。马不停蹄，一路疾行，通过散关[2]，继续前行至河池[3]，进入川蜀之地的益昌，渡桔柏江[4]，经普安[5]、巴西[6]，辗转千里，栖栖惶惶，终于到达成都。

从长安出发时的随从、官宦及六军将士有三千之众，途中逃离者众多，此时仅剩"忠贞"者一千三百人而已。

玄宗做了流亡皇帝。

严格说，是流亡的"太上皇"。

何故称太上皇？

因为太子李亨自马嵬驿兵变之后，明说是领命东出攻贼，讨伐安禄山、史思明叛军，实际上是有一桩大事要做。

大事为何？登基称帝。

对李亨而言，没有比这件事更大的了。对于李亨来说，攻贼、讨逆之事虽大，但两相权衡，这得排在后面，只有自己做了皇帝才方便讨逆。

到哪里去登基？

回长安没有可能，在成都更是不妥，只能选择第三方——走渭北，渡渭水，出奉天[7]再向北，到达灵武。

选择灵武是经战略考量的，理由有四：

一是李亨如果不离开蜀地而贸然称帝，很有可能遭父皇玄宗的讨

---

1. 陈仓：今陕西省宝鸡市。
2. 散关：位于今陕西省宝鸡市南郊秦岭北麓，自古为"川陕咽喉"。秦汉时期，刘邦"明修栈道，暗度陈仓"，就从这里经过。
3. 河池：隋唐郡名。为长安通往巴蜀的必经之地。今陕西省宝鸡市凤县凤州镇。
4. 桔柏江：亦作吉柏江。指今四川省广元市西南昭化镇北之嘉陵江。因有桔柏渡（相传有巨柏覆盖渡口）而得名。
5. 普安：四川省剑阁县境内的古县名。
6. 巴西：郡名，东汉末至隋唐在今四川、重庆的一个郡级行政区划。
7. 奉天：今陕西省乾县。

伐，也很有可能成为安禄山的下一个进攻目标，这是非常危险的。李亨必须给自己留出时间，留出空间，才是万无一失的。

二是太子即位必须得到僚属的支持，尤其是军队的支持。不然的话，势单力薄，没有"群众基础"，是不能成功的。而这个时候，大理司直[1]、充任朔方军留后[2]和度支副使[3]的杜鸿渐联合了一干将士向李亨抛来了橄榄枝，请求太子李亨即刻登基。

太及时了！此乃李亨称帝的政治基础和保障——有人拥戴。

三是朔方军的大本营就在塞北名城灵武，于此地即位顺理成章。

四是安史之乱爆发后，朔方军成为朝廷讨逆的精锐力量。特别是名将郭子仪统辖朔方，李亨于灵武即位是方便指挥和掌控朔方军对敌作战的。

是年（756）七月十二日，李亨即位，史称肃宗。改元至德，尊玄宗为"上皇天帝"，即太上皇。

民谚说，天不可一日无日，国不可一日无君。李亨所为也属正差。

至德，这年号有意味。《易·系辞上》："阴阳之义配日月，易简之善配至德。"是说日月交替变化是最好的。皇父他老人家年事已高，该让位了。

玄宗何等练达、精明！一个月之后，玄宗派遣韦见素、房琯、崔涣等朝臣赴灵武递交传国玉玺，正式禅位。

做臣子的只可接受现实，做自己该做的事，历史从来如此。

远在平原郡的颜真卿得知李亨即位，即书贺表，派遣判官李铣、马步军将领张云子绕开叛军，潜入灵武呈送。

---

1. 大理司直：大理寺中级官员。唐代大理寺设司直六人，为六品，奉旨巡察四方，复核各地的案件。如果大理寺中有疑狱，则负责参议。

2. 朔方军留后：相当于代理的朔方节度使。留后是唐代节度使、观察使缺位时设置的代理职称。

3. 度支副使：度支本为户部的一司，掌管全国财赋统计和支调，故名。唐中期后特派大臣判度支，后来独立于户部之外，称度支使或称知度支事，或称勾当支使。唐代节度使兼支度使，则置支度副使，主管军资粮仗。

登基不久的肃宗见到颜真卿的贺表心中大悦——河朔之地陷于安贼治下，幸有颜真卿平原举义，此等恪尽坚守、卫我大唐破碎河山的忠臣良将必须奖掖！

再者，李亨初为皇帝，正是用人之际，必须延揽人才。他遂下诏擢颜真卿为工部尚书兼御史大夫，并授散官加银青光禄大夫，其他如平原招讨使、河北采访处置使等原职依前。

颜真卿看过李铣、张云子带回的敕书，备受感动——奖掖事小，而国有新君事大。唐玄宗西逃之举实在是寒了臣工和天下百姓的心。

现在好了，有了新主，平叛之业有了主心骨。颜真卿将敕书和消息誊抄数份，分送河北、河南、江淮诸君。

郡守们得知消息，报效国家、力剿叛贼的信念又坚定起来。

46. 痛弃平原

自河北举义以来，到至德元载（756），时间已逾半年。

平原与清河二郡虽然还算物阜丰实，却经不住战事消耗，军用已经枯竭。伐贼未有穷期，再打下去，恐难赓续。

有什么办法解困？

颜真卿还是想起了李萼——此人确有过人智谋。于是，衙署张贴布告访求李萼，来谋赡济军需之计。

说这李萼负气而走确是情有可原，但他终究是一个有格局的正派人，能够以平叛安贼大义为重。他见到榜牒消息后，深为颜真卿的诚意所感召，顿释前怨，重回平原，与颜真卿共谋破解困难的办法。

李萼建议，景城郡这个地方盛产海盐，官府可出钱收购景城之盐，再沿黄河设场出售，所获利润正可以供给军需开支。

不要小觑这两句话，它便是安史之乱后朝廷推行的榷盐法[1]的雏形。颜真卿颇受启发，当即表示赞成，拍板付诸实施。

此法确实奏效，没用多久，平原军资即重新富足起来。

至德元载冬月，按照事先的复仇计划，安禄山要杀一个回马枪，收回河朔失地，主要目标是要剿灭平原郡。

安禄山派出强大的阵容，挂帅的是骁将尹子奇。然而，尹子奇围攻河间四十余日却迟迟不能攻下。河间之所以能够坚守不破，是因为太守李暐深知他的背后有可以信赖的义军统帅颜真卿。

安禄山见战役进展不顺，只得使出撒手锏。他命自己的搭档、悍将史思明亲自率军增援，与尹子奇合兵强攻。于是，战局发生了逆转。

颜真卿得知战况，遂派义军和琳率平原兵勇一万二千人驰援河间。

这已是颜真卿的全部兵力了。

谁料天不作美，当援军行至离河间二十余里的地方，忽然狂风大作，飞沙走石，遮天蔽日，将士们连呼吸都感到窘迫，眼睛被沙尘迷得难睁，既看不清导引的旌旗，也难闻鼓角之声，军阵大乱。

于懵懂浑噩之中，史思明乘机纵兵截击。义军全军覆没，河间失守。

河间失守，周遭的景城、乐安[2]也于短短百天之内相继沦陷。此时，整个河朔再无可与史思明匹敌之郡，仍在固守的只剩下平原、博平和清河三郡。

这次河朔之役，史思明是带着必胜的决心来的，因为战局发生了变化，很多因素朝着于己有利的方向发展——潼关沦陷、哥舒翰被俘、郭子仪和李光弼退守土门、刘客奴虽然反正却打了败仗……说来让人难以

---

1. 榷盐法：唐代中叶对盐就场专卖（官收官卖）的制度。
2. 乐安：在今山东省惠民县南七十里。

置信，一切就像朝廷为他史思明开路一样，叛军几乎"一路高歌"。

打了胜仗的史思明愈发疯狂，他是有自己的盘算的。安禄山是个多疑之人，别看现在他与史思明称兄道弟，对史十分倚重，但终是信不过史的。因此，史思明要扩大战果，乘胜歼击。尤其如果攻下平原郡，既可以为自己留下后路，又为其在叛军的政治地位加权。

安禄山的反扑犹如惊涛恶浪，河北沦陷得太快了。

这样的一种阵势对颜真卿的平原来说威胁着实太大。

史思明谋定之后，即派手下强将康没野波领平卢之兵，准备向平原郡发起进攻。

唇亡齿寒。

平原郡几乎成了孤城——补给没有了，城中已"无兼月之蓄"。军队都在河间一役覆灭，哪里还有人力？唯有老弱病残。再者，平原郡与外界已近隔绝，消息传递不出去，朝廷鞭长莫及，难有救援……

平原郡该何去何从？

危机之下，颜真卿要做出行动预案，摆在面前的有两条路：一条路是与平原一起死，与百姓一起死；另一条路是放弃抵抗，归降叛贼。对颜真卿来说，这后一条路是根本不存在的。想都不要想。

若是死守，像从兄颜杲卿一样，以身殉国，万死不辞，是完全可以做得到的，关键是死不解决问题，不能阻挡史思明的进攻。

死守的意义何在？难道让全城百姓跟着自己一起被掳被杀，遭屠城？

颜真卿在心底深处发问：有没有第三条路？

时间犹如定格，僚属都在紧张地等待着太守的决定，衙署四下里沉寂无声！

弃城！一个主意倏然而出。这确是又一条路，转移疏解百姓，留下一个空城……

可这样做有违家训呀！忠义乃颜氏的血脉——"行诚孝而见贼，履仁义而得罪，丧身以全家，泯躯而济国，君子不咎也。"[1]堂兄颜杲卿、侄子季明、外甥卢逊……颜家已经有几十口人就义，颜颇吾儿作为人质也生死不明。他们都秉持了颜氏家风，而我若弃城而走，独活在世上，有何颜面去见列祖列宗？

此刻，责任心、忠义心和爱民心强烈地撞击着颜真卿的心扉，矛盾、纠结，备受折磨。

如何是好？如何是好？！

权衡再三，再难也要做出抉择：弃城——安排全城百姓、全体官兵平安出逃。

罢！罢！罢！不再犹豫，就这样定了！民为邦本，本固邦宁。百姓生灵涂炭，城有何用？国又何在？凡有害民者，必尽力除之；有利民者，必舍命谋之。此心此情天地作证！有朝一日，假使朝廷以败军问罪于己，舍一人之命而保百姓不遭屠戮，死也无憾。

这个主意一出，平原义军和衙署的僚属们个个赞成。然而，弃城的决定却真的是与颜真卿本人的价值观、秉性大相违忤的，其内心之苦痛纠结，如万箭穿心，百感交集。

此后多少年，甚至走到人生的终点，弃守平原都是颜真卿的心头之痛，每每思之都伴随切肤之痛。

方案既定，僚属们谨遵太守之命，各司职守，立即分头行动，有说服百姓的，有坚壁清野的，有准备行装粮草的，昼夜疏散，扶老携幼，匆匆出城，各奔东西……

百姓四门而出，一切停当之后，颜真卿才率衙署一众人马离开平原。

这一天是至德元载十一月二十二日；这一年是颜真卿的本命年——四十八岁。

是上天冥冥中护佑，还是其他什么缘故，史思明意欲屠平原城、捕

---

1. 颜之推：《颜氏家训》。

获或者斩杀颜真卿的谋算未能实现。

何以如此？

将军康没野波没有执行上司的旨意，而是"缓策不追"——当他挥师行至平原城下，发现竟是空城一座。探子再报：颜真卿一行远渡黄河而去。

追，已是来不及了。

作罢！康没野波下令道：我等虽未擒住颜真卿，却不费吹灰之力收复平原，也是大功，班师回城，喝酒庆功！

究竟怎么回事？

史书未载，传说倒是有的。

康没野波虽是叛军之将，却是个从属者，关键是他有良知，看不惯安禄山、史思明的做派和人品，认为安、史乃十足的忘恩负义之徒，是贪得无厌的野心家。既是如此，为什么他还要跟着他们一起造反？是出于痛恨皇帝昏庸、官吏腐败，欲救百姓于水火。

也有版本说，康没野波虽不认识颜真卿，但大军内外、河北上下皆对颜真卿赞声一片，他自是由衷地敬佩，不愿意刀杀如此清官廉吏，这也是行善积德。

不论是史实还是传说，颜真卿遇到康没野波算是命大。

离开平原，颜真卿将往何处？

当然是奔着新帝而去。

肃宗在哪？现在已由灵武移驾凤翔[1]。凤翔是周、秦的发祥地，有十九位先秦王公在此建都，也是秦始皇加冕之地。肃宗暂拥凤翔，借了古之王者之脉，毕竟是回到京畿辖地。

颜真卿一行径直向长安而去是万万不可的，因为那里是叛军盘踞之

1.凤翔：今陕西省宝鸡市凤翔区。

地，只能南渡黄河，出淮南广陵[1]，走丹阳，再乘舟由水路经荆州、襄阳，一路朝凤翔行在[2]进发。这样一来，生生向东南方向兜了一个大圈，路程远了很多。可以想见，一路倍加艰辛。

路途颠沛并未让颜真卿在意，而耿耿于心的仍是弃城之事。

他对随行的判官穆宁、张澹说：叛军如此猖獗，如果不顾性命御敌拼杀，势必被贼所擒，这是安贼求之不得和最得意的，而那将是有辱朝廷使命的。现在，我等弃城奔凤翔而去，实在是出于忠于社稷、爱惜百姓的无奈之举。

在重申弃城理由后，颜真卿继续说道：弃城的主意是我提出来的，也是我做出的决定，一切罪责皆由我一人承担，与你们几位无关，不必担心。若是朝廷以败军问罪，以儆天下，大唐的纲纪由此振作，那么，舍一人之命而保百姓不遭屠戮，我又有何憾恨呢？如果朝廷不再用我，以观后效，相信大唐的千秋之业必将兴旺不衰！

颜真卿的一番肺腑之言铿锵作响。其舍己为国为民的胸襟格局和担责之仁，众人莫不感动，钦佩不已。

47. 罪己

颜真卿从上一年的深秋出发，直到来年的仲春，舟车辗转、风餐露宿、长途跋涉，竟走了有半年之久。当行至武当[3]的时候，颜真卿忽接肃宗诏令，授其为宪部[4]尚书。

---

1. 广陵：今江苏省扬州市。
2. 行在：指天子所在之处。
3. 武当：治所在今湖北省丹江口市西北。
4. 宪部：即刑部。唐玄宗天宝十一载改刑部为宪部，肃宗至德二载复名刑部。

这是颜真卿不曾想到的。

一路上他都为弃城之事忧心忡忡、惴惴不安、自责不已。他认为此举一定会受到朝廷问罪。万没想到，结果竟是不追究、不惩治，还委以重任！

颜真卿扪心感慨，疾笔写就《让宪部尚书表》，陈述了自己弃城"出逃"的真实动机：

河北诸郡陷落，皆因自己孱弱无谋，臣认为臣本应死守孤城，殉命于危难之中。如果弃城造成人们误解，把罪过归结于朝廷，还不如自己被敌贼擒捉处死。之所以最终选择了渡过黄河，俯仰而偷生，是因为刘正臣派杨神功给臣带来文牒，求取兵马和器物来接待契丹等。臣若不配合，担心给陛下带来麻烦。

《让宪部尚书表》的核心词是"让"字，颜真卿检讨自己有愧朝廷，恳切地辞谢并请罪。

陛下纵含宏善贷，不忍明刑，在臣冒至深，胡颜自处。臣忝为大臣，系国休戚。损臣益国，臣受其益；损国益臣，臣受其损。若受任失守，还朝屡迁，示国无刑，于臣大损。非敢外饰，实披至诚。又臣名节虽微，任位颇重。为政之体，必在律人，恩先逮下，罚当从上。今罪一人，则万人惧。若怙于宠，四海何瞻？伏愿陛下重贬臣一官，以示天宪，使天下知有必行之法，则知有必赏之令，宠荣过于尚书远矣。无任恳悃之至。

说来，生于一千三百多年前的颜真卿，论其"三观"实在是端正，不是一般的端正，而是绝对端正。弃城之事，颜真卿始终不肯宽容自己，他认为即使是不得已之策，也是不可推卸的罪过。

颜真卿认为，皇上虽宽宏大度，不舍降罪，但自己仍是戴罪之人，惭愧难当，没有颜面苟活！作为朝廷命臣，若有失职守，还得以提职升迁，便是国家没有规矩、法度，对个人的人品也是伤害。这不是颜真卿谦虚，说漂亮话，而是他真心诚意就是这样想的。

颜真卿认为，自己的德行浅薄、名誉受损，却被赋予了很重的职位。为官从政重要的是严明职责和纪律，恩惠给予下人，处罚留在上面。若治罪于一人，而千万人能惊惧；若因宠爱而宽恕我，四面八方的人又当如何看待呢？

颜真卿诚恳地希望皇帝能罢黜他的官位，以昭示国家王法律令的严明，让天下人皆知令行禁止，明白执行圣上旨意、遵守法令会受到奖赏。如此，圣上给予他的宠爱与荣耀远过于尚书的职位了！

一封表章，句句金声。

颜真卿剖解自我之切，竭尽忠贞之诚，推功辞位，责己、罪己、克己的品德，恐怕满朝文武也只有他一人。这与那些冒功诓赏、欺世盗名的卑鄙之徒相比，高下自出。

事实上，颜真卿自安史之乱之初，即奋勇当先，于平原首义，其匡扶正义的凛然之气给天下臣工们带了一个好头。其忠心耿介、有勇有谋、与官军合力救民于水火的行为重挫了叛贼威风，壮大了唐军民胆气，颜真卿实在是国之中流砥柱。

正是"疾风知劲草，板荡识诚臣"。

新主肃宗算是明白人，无论做储君之时，还是登基之后，他对于颜真卿的名声是非常清楚和认可的。肃宗在"让表"的"批答"上没有准奏，倒是满满的嘉许与表彰。他说：卿之才华出众于文苑，声望倚重于朝廷。虽然平原之城未能守住，但功劳和政绩颇高，影响深远。卿之守城之兵，非正规部队，只是义军，是临时招募的民兵而已，能做到如此，已实属不易了。现如今，卿又历尽艰辛，远道归来，没有辜负朕的期望。纵观卿之一贯表现，德重才博，正直刚毅，又有宪台的经历，命你兼任御史大夫，"掌持邦国刑宪典章，以肃正朝廷"[1]，是可以胜任的。

　　肃宗甚至批道："允膺曳履之命，无至免冠之请。"[2]意思是说，请答应我迫切的命令，不要让我脱帽向你恳求吧！肃宗的一席话并非是谦辞敬语，而是出自诚意，是新主于国难当头用人唯德、唯才是举的明见。

48. 整肃宪台

　　凤翔的朝廷不大，文武百官加起来也不满三十人。

　　唐肃宗是有抱负的，眼下虽简，日后是要做大的。玄宗时代，若不是朝纲混乱，谗佞当道，何至酿成安史之乱？所以，新朝百废待举，纲纪重建乃重中之重。

　　这朝纲混乱还有一层，就是肃宗身为新主，而太上皇玄宗时代的一些旧臣、重臣很是傲慢，他们心里仍旧装着老皇帝，竟不把肃宗李亨放在眼里。

　　在这么多的臣子当中，颜真卿与众不同，他的身上有一股子特殊的劲——骨头硬，正派，不怕得罪人。所以，肃宗不但不计平原弃城之过，还委以重任，授他宪部尚书兼御史大夫，足见肃宗知人善任——用的就是他这股劲儿。

　　整肃朝纲是交给颜真卿的主要职责。

　　颜真卿自二十六岁登科，三十四岁出任校书郎，一直认为君子致仕不以位尊为荣，而以尽职为贵。所谓尽职者，正己格物，忠君爱民而已。

---

1. 刘昫：《旧唐书》卷四四。
2.《让宪部尚书表》之"批答"，见《颜鲁公集》。

正是因为他胸怀这样的政治抱负，所以能够忤权臣，陵焰势，尽职宪台，对那些"身兼数官，苟贪利权，多致颠覆，害政非一，妨贤实多"[1]的现象整肃不怠。

颜真卿履新伊始就卷入了房琯的案子，一块难啃的骨头。

房琯是武则天时期宰相房融之子。他未经科举，乃依仗先辈功勋，由门荫而成为弘文馆学士的，官居文部[2]尚书、中书门下平章事，赐紫金鱼袋，加银青光禄大夫。

房琯是竭忠效命于玄宗的。玄宗西逃四川，秘密名单里没有他，他得知消息后半道追了过去，足见忠诚和苦心。肃宗即位，玄宗派人由蜀入凤翔行在，交送传国玉玺和玉册，领命的就有房琯，还有一人是左相韦见素。

新朝正是用人之际，因房琯、韦见素素有重名，肃宗宽厚，并没有遣他们回蜀，而是留下二人为自己新朝所用。

出于信任，肃宗凡遇机要政务无不与房琯商量决定。

因为皇上倚重，房琯便飘飘然了，自恃非常，盛气凌人，搞得别人不敢说话，更不要说持不同意见了。最过分的是，房琯非行伍出身，用兵不是所长，却非要逞能，向皇帝请缨，要领兵去前线打仗。于是出事了。

肃宗李亨自登基以来，悠悠万事，最大的心愿就是重整河山，完成他作为大唐皇帝的使命。

至德元载十月，肃宗决定收复两京（长安和洛阳），房琯觉得立功的时候到了，即上表请求亲自挂帅。肃宗竟允准了，并授房琯为持节招讨西京兼防御蒲潼两关兵马节度使。至于幕僚、副将等辅佐之职，肃宗准许房琯可自行选定。

---

1. 颜真卿：《让御史大夫表》。
2. 文部：即吏部。唐玄宗天宝十一载改吏部为文部，肃宗至德二载复名吏部。

对于房琯而言，一个不懂军事、不曾打仗的人，非要跨界去做不擅长的事，不是找刺激，就是受了刺激。刺激他的有两个人，一个是叫第五琦的，此人极善理财，是太上皇推荐给肃宗的人。李亨刚刚主政，国库空虚，军费不足，因此对第五琦倚重有加，这却让心胸狭窄的房琯感觉到威胁，他便使劲排挤第五某，但并不奏效。另一个人就是那个坑害颜真卿的贺兰进明，是他当初把第五琦举荐给玄宗的——环环相套的关系。没有贺兰进明就没有第五琦，房琯恨死贺兰进明了，便在肃宗面前"黑"他。暂不说贺兰进明也是个小人，而且是个非常小人，只说房琯并未"黑"成，因为贺兰进明掌握房琯的糗事。长话短说，官场的水太深。房琯为了防止自己失信于肃宗，唯一的办法就是建功立业，而眼下最大的功业就是收复两京。

房琯哭着喊着带兵出征，起因即如此。

肃宗是有盘算的，如果房琯真能做到，自然是好事；即便做不到也无妨，正可以有了拿下他的理由。

领命后的房琯这头很是得意，并按照肃宗的授权，以其宰相之尊，物色了一帮从未打过仗的儒生为幕僚。房琯自己不懂用兵也就罢了，选定的助手仍是非驭兵之人，这有违常理，犯了大忌。

为收复两京，大军要越过渭河、咸阳。此处地形地势复杂，有条名叫陈陶泽的沼泽路，因道路是个斜坡，也称陈陶斜，其位置险要，是进攻长安的战略要地。

幕僚们对这一特殊地形是否清楚？从后果来看，只有天知道。

战役开始，房琯将部队兵分三路同时攻打长安。幕僚杨希文率南军从宜寿[1]进军；幕僚刘秺（zhé）率中军从武功[2]进军；另一路是李光进的北军，从奉天进兵。

---

1. 宜寿：今陕西省周至县。
2. 武功：今属陕西省咸阳市。在陕西省中部、渭河北岸。

中军和北军又做前锋，在陈陶斜遭遇叛军。房琯不知从哪里搜到一个春秋时代的战法——以牛车两千乘进攻，马步军护卫。叛军顺着风势纵火扬尘，火光冲天，牛被惊吓，临阵乱窜，人畜相踏，死伤无数……

唐军大败。

第二日，不知深浅、不做战术调整的房琯继续发令出兵，以南军与叛军交战，没有几个回合，再败。杨希文、刘悊投降叛军。

这就是著名的陈陶斜之败，唐军四万之兵只剩下千把人而已。

战败的消息传到各地，杜甫作诗《悲陈陶》，记写了战败惨状：

孟冬十郡良家子，血作陈陶泽中水。

野旷天清无战声，四万义军同日死。

群胡归来雪洗箭，仍唱夷歌饮都市。

都人回面向北啼，日夜更望官军至。

房琯狼狈逃回，肉袒请罪。肃宗对他真乃仁厚，并未如当初所谋——以罪将其拿下，反而宽宥了他。

肃宗为什么改了主意？不得而知。

被宽宥了的房琯非但不悔过自检，反倒称病不朝，政事简懒，毫无奋发之意，常常于家中聚集宾客，高谈虚论，清议佛教、老子虚无之类。不仅如此，他还豢养、放纵门客、琴师聚筵嬉戏。那位曾被高适赠诗"莫愁前路无知己，天下谁人不识君"的董大董庭兰，此时正是他的门客琴师。这个董大张琴弄曲也就罢了，却倚仗宰相的权势，屡屡弄权纳贿。

所有这一切，朝野上下无不知晓，那些心怀叵测之人，如贺兰进明、崔圆和李辅国等更是有了可乘之机，竭尽指责挑唆之能事，肃宗这回是真的疏远了房琯。

颜真卿要实施整肃了。

当时，中书舍人兼吏部侍郎崔漪带酒入朝，这怎么可以？想想看，皇帝与臣工们正经八百地议事，他在下面偷摸饮酒，成何体统？

谏议大夫李何忌，名字与行为举止很吻合，无讳无忌，在家不孝敬父母，上班也不检点，言语放肆，蔑视同僚。他甚至对皇帝也缺乏应有的敬重——依仗自己是前朝元老，又是房琯的门客，有宰相的袒护——说崔漪不过是一时酒醉，行为不检，宽免拘讯算了。

颜真卿并不买账，而是一一依法弹劾。

再者，门客琴师董庭兰受贿一事，经查属实，颜真卿也据实上表指控。

房琯得知，找到肃宗替董大说情，希望从轻惩处。肃宗勃然大怒，厉声呵斥。

这回肃宗是真的恼了，于第二年罢了房琯的宰相，贬为太子少师。

上述案子看似简单，其实暗含瓜葛。就拿与房琯关联的案子说，房琯与颜真卿二兄颜允南有忘年之交，又与颜真卿之妻韦氏家族的父辈韦述交情至深。这是一件不好办的差事，对颜真卿来说是个考验。换成别人，就睁一只眼闭一只眼了，不说徇私，也是手下留情。颜真卿不然。他不惧房琯权重，不徇家族私情，秉公劾治，严明朝纲，皆据实惩处。

朝野一片好评。

49. 会审杜甫

颜真卿与杜甫是同时代的人，按照俗说，能与"诗圣"同时代，颜真卿也是三生有幸了。

实际上并非如此。

彼时，杜甫并非"诗圣"，颜真卿也非书法巨擘。

开元二十三年（735），就是颜真卿进士及第的第二年，杜甫参加科考却落榜了。

杜甫落榜之后没有复读接着再考，也没有急着求职就业，而是四处云游，再就是结婚。直到父亲去世，生活无着，有了窘迫感，杜甫才寻找机会，经人举荐在朝中做了从八品的左拾遗。"杜拾遗"的名号就是这么叫起来的。这一年他四十六岁了，而颜真卿已在平原郡任太守三年了，时年四十九岁。

颜、杜二人有一点是相同的，都是读书世家出身。

颜真卿自不必说了，杜甫算来也差不多，自十五世祖以来就是出仕为官的，父亲杜闲曾做过兖州[1]司马和奉天县令，也工诗歌。祖父杜审言官至修文馆直学士，乃学问官，官位不高，正六品。史载杜审言为人豪爽任性，诗写得极好，工整严谨而且具有极高的审美价值。杜审言是五言律诗的奠定者之一。

杜甫在律诗上的造诣应该在很大程度上是受了祖父的影响。

有意思的是，杜甫和颜真卿都是名人，但从知名度来说，杜甫高得多，为什么？他是"诗圣"，大凡中国人，有几个不知杜甫的？传统上，国人更重文学、诗学，加之宣介多，学以致用的也多——从古至今读书求学哪有不考文学诗歌的？

书画不然，特别是书法，就逊色了。虽说人人皆写字，却没见考这一科的。

两个人确有交集，却交集得耐人寻味，在今人看来，交集得很尴尬、很无奈，也很遗憾——一个是会审主官之一，另一个是被审者。前者是颜真卿，后者是杜甫。

这审与被审的故事皆因房琯而起。

杜甫与房琯都是河南府河南郡人，房琯是偃师的，杜甫是巩义的，两地比邻，二人乃为乡党。当初杜甫穷困潦倒的时候，是房琯举荐他做

---

1. 兖州：今属山东。

了左拾遗。如此说来，房琯是杜甫的知遇之人和有恩之人了。

肃宗治罪房琯，其被罢相，贬为太子少师，这是他咎由自取。这个处置大得人心，满朝文武拍手称快，而杜甫忽然站了出来，上表疏救房琯，他认为：

> 房琯以宰相子，少自树立，晚为醇儒，有大臣体。时论许琯，必位至公辅，康济元元。……琯性失于简，酷嗜鼓琴。董庭兰，今之琴工，游琯门下有日。贫病之老，依倚为非，琯之爱惜人情，一至于玷污。臣不自度量，叹其功名未垂，而志气挫衄，觊望陛下弃细录大……[1]

杜甫是替房琯抱不平，替恩公鸣冤叫屈。他的意思是说，房相是个有本事的人，还未施展才干就这样被弹劾了，不公道。

肃宗阅毕十分气恼，认为杜甫措辞迂慢无礼，竟指手画脚，跟天子讨公道？遂怒而诏令吏部尚书韦陟、礼部尚书崔光远和宪部尚书颜真卿三司会审杜甫，欲加以罪。

照说，杜甫是一介稗官，这种大事关乎肃宗的意志，一般人是不便插嘴置喙的。再者，也最为关键的是，房琯是有罪错的，他因一己之私致使收复两京的重大战役惨败，实属误国殃民呀！不仅如此，在治理朝政的时候，他还堵塞言论，妄自尊大，包庇小人，官风不正。若换成别人，不定要治他何罪呢。

这一切是有目共睹的。

待肃宗的气平复之后，接替房琯的新任宰相张镐——就是颜真卿当初于平原发现并举贤于朝廷的那位人才——先说话了：杜甫是个谏官，发表自己的看法是他的分内之事，无论错对，敢发表意见还是好的。如

1. 杜甫：《奉谢口敕放三司推问状》，《杜诗详注》第 5 册，中华书局 1979 年版，第 2198 页。

果治罪，恐堵言路。

韦陟也说，杜甫言辞虽狂，但也不失谏体。

于是，案子不了了之。杜甫未予治罪，但被贬为华州司功[1]。原本被视为或许是唯一一次能够平步青云的机会丧失了。

杜甫对此事耿耿于怀。六年后，他在《祭故相国清河房公文》中愤愤地说：

> 拾遗补阙，视君所履。公初罢印，人实切齿。甫也备位此官，盖薄劣耳。见时危急，敢爱生死？君何不闻，刑欲加矣。伏奏无成，终身愧耻。

三司会审的大员中，有两人和稀泥，皆为杜甫"说情"；颜真卿态度又如何，说了什么？史书未有记载。而从事情的结果推断：颜真卿为了重振朝纲、严正执法，对杜甫未予宽恕，是肯定的，因而触伤了杜甫。

世上没有不透风的墙，三个人的态度一定是传到杜甫的耳朵里了。

从另一个角度看也能得出类似的结论，比如杜甫一生诗篇一千五百多首，很多堪为史诗巨制，包括写了安史之乱，很是详尽，独对颜真卿的平原首义之举、赫赫之功无一语涉及。

还有，杜诗中也不乏对友人的赞美甚至献媚之作，比如有个叫韩择木的刑部侍郎，他是颜真卿审理杜案的助手，擅长隶书，杜甫写诗称赞韩字写得如何之好[2]。

要知道，彼时颜真卿的书法早已名扬朝野，韩择木与颜真卿是不可

---

1. 司功：古代职官名。唐置，在县叫司功，在州叫司功参军，在府叫功曹参军。掌官园、祭祀、礼乐、学校、选举、表疏、医巫、考课、丧葬之事。
2. 韩择木精隶书，而尤以八分书擅长，与蔡有邻、梁昇卿、史惟则齐名，并称"八分书四大家"。杜甫有两首诗《送顾八分文学迁洪吉州》《李潮八分小篆歌》提及韩择木。

同日而语的，且颜真卿是张旭的弟子、贺知章的世侄，如此声名和社会关系，杜甫竟无一句提及——殊不知，贺知章与杜甫的交往也是很密切的，贺知章十分赏识杜甫的诗才，二人称得上是忘年之谊。这样熟络的关系，却弄成这样的结局，是有缘故的。

此外，颜真卿的友婿[1]杜济是杜甫的侄孙（只是论行辈，血缘关系并不亲近，杜甫比杜济大八岁），他曾经襄助过杜甫，杜甫早年也曾写过一首《示从孙济》。这也是不一般的关系，可未见杜甫有任何反应。

杜甫还推崇李邕[2]、顾况的书法，评价"书贵瘦硬方通神"。这分明是针对颜字的丰腴、遒劲风格借题发挥，意欲讽刺而已。

在杜甫为房琯抱不平的故事中，有人推崇杜甫的为人，说他感念房琯的提携之恩，是重感情甚至不顾危殆的仗义之人。其实，这样评说一点儿也不客观、不公道，是一种偏袒。

不管怎么说，颜真卿秉公执法的是非曲直，包括当事者每个人的心性，都是一清二楚的。这倒是提示人们，应该为颜真卿大大地点赞才是。

只叹两个如此量级的人，一个"诗圣"，一个书法巨擘，相互之间竟无丁点儿恩，唯有仇了。

或许是命运的安排，杜甫与颜真卿，抑或颜真卿与杜甫，二人便在看似偶然却是必然的事件推动下，各自走向未来的结局。就杜甫而言，杜甫一生写出丰厚的传之久远的不朽诗篇，享有"诗圣"之誉，其成就是不可否认的。

其实，颜真卿就是这么一个人，眼里容不得沙子。

那个时候，社稷风雨飘摇，中原兵连祸结，两京迟迟未复，朝廷倚

1. 友婿：同门女婿，即连襟间的称谓。
2. 杜甫《八哀诗·赠秘书监江夏李公邕》忆邕。

重武将，而勋臣受宠，这些人多不知礼节。都虞侯[1]管崇嗣就是如此。他常常背向宫阙而坐，高谈阔论，言笑自若。这是不合礼法的。颜真卿就派部下监察御史李勉弹劾管崇嗣，并把人拘到大理寺要给处分。

肃宗出面说情：不是什么大事，算了吧。

还有，广平王李俶（chù）率兵马二十万欲收复长安，出征之日，肃宗携百官送行。在皇帝面前，李俶不敢先上马，而管崇嗣却先上了马。此举是不合礼数的。

颜真卿看不下去，要依照刑宪弹劾管氏。肃宗也为之开脱，说他年纪大了，腿脚也不好，算了吧。

上述诸事虽然不了了之，但满朝文武莫不为之儆肃。肃宗也为之叹服，说"吾有李勉，始知朝廷尊也"。李勉只是颜真卿的僚属，是按照颜真卿指令办事的监察御史。肃宗的话说给颜真卿似更为恰切：

吾有颜真卿，始知朝廷尊也！

50. 冒犯肃宗

马嵬驿兵变之后，唐玄宗与李亨父子分道。

玄宗继续西逃，李亨留下来征讨叛军。

做皇帝，太子李亨有些着急。说得直白些，就是他在未得父皇诏命的情况下，即在北上的灵武登基，实属迫不及待。

既已自立为帝，该是高兴呀，李亨却是寝食难安，惊恐不定。在凤翔行在，玄宗都把传国玉玺交出来，已然正式禅位了，李亨还是忧心

---

1. 都虞侯：古代职官名。隋为东宫禁卫官，掌侦察、巡逻。唐代后期有都虞侯，为军中执法的长官。此外又有将虞侯、院虞侯等低级武职。

忡忡。

为什么是这个样子？

究其原因，除去怕背负先斩后奏的骂名，还怕自己的十几位皇兄皇弟未必服膺，毕竟他们都是独据一方的郡王！而更怕的是，在安史之乱未平定之时做大唐皇帝也不完全是好事，因为风险太大，江山社稷若是断送在自己手中，将如何面对列祖列宗……

李亨不敢再想下去了，这是他的一块心病，心病不除，人无安日。

心病终究成为压力，压力把李亨倒逼得狠下心来：必须有作为，必须建立属于自己的不朽功勋，必须如此才能把皇位坐得硬气、坐得稳若泰山。

由此，李亨上位以来，他的目标非常明确：剿灭叛军，收复两京，重整大唐河山。

第一次出征，因为急于求成，主要是错用了房琯，四万大军兵败陈陶斜，误了肃宗的事，误了大唐的事。

至德二载，肃宗调集兵力再次出征。

此次出兵，肃宗把任务交给了其子广平王李俶，任命其为天下兵马元帅，郭子仪为司空兼天下兵马副元帅，还有李光弼等大将帮衬，兵力足够强势，作战方略与排兵布阵也周密、正确，经过奋勇、殊死拼杀，九月收复长安，十月收复洛阳。

洛阳收复之前，也就是肃宗还在凤翔行在的时候，叛军营垒发生内讧。安禄山的次子安庆绪与中书侍郎[1]严庄——就是那个父亲被景城长史、河北义军李炜所杀的安禄山的得意军师——二人勾结，合谋弑杀了安禄山，安庆绪做了大燕的第二任皇帝。

只可惜，安庆绪连龙椅都未坐热，洛阳就被唐军攻陷，他逃亡至邺郡，于乾元二年被史思明所杀。

1.中书侍郎：相当于在编的宰相。中唐以后中书令常阙，且不轻易授人，中书省事务实由其主持。

叛军营垒经历了一连串的内讧、谋杀，分崩离析，再无当初的强悍和威风，已经不堪重击。

至此，大唐讨伐叛贼之师摧枯拉朽，势不可挡。史思明见大燕已是穷途末路，朝不保夕，便向朝廷请降，大唐允准。

两京收复，捷报传来，肃宗大悦。

心里的一块石头终于落了地，心病治愈——两年了，被叛军占领的帝都长安由我李亨收复，破碎的大唐江山即将由我李亨一统……复兴犹如开国，作为复兴大唐之君，我李亨坐大唐天子这把交椅，是名正言顺、理所当然之事。父皇也好，皇兄皇弟也罢，还有那些旧朝元老功臣们，你们还有什么可说的？

两年了，肃宗自称帝以来，朝廷都是在京外漂泊，即便凤翔属于京畿之地，可那也不是长安，不是大明宫呀！现在可以由凤翔回跸长安了，才真的舒坦了，肃宗自是欣喜若狂，陶醉了，飘然了！

十月十九日，肃宗派遣太子太师韦见素赴蜀奉迎玄宗，又派左司郎[1]李选先遣，陈告宗庙。中书省代皇帝拟写祝文，落款的时候在肃宗的名字前用了"嗣皇帝"的称谓，颜真卿看到了赶紧告诉礼仪使崔器：太上皇还活着，仍在蜀地，陛下自称"嗣皇帝"不是咒太上皇吗？他会怎么想？再者，太上皇难道真的就无动于衷吗？

崔器立即做了删改，避免了一个严重的政治事故。

有人认为，肃宗对颜真卿深达礼体的严细精神很是嘉许。但也有分析说：李亨就这样说了又能怎样？颜真卿对玄宗念念不忘，这是什么意思？

不过，这不是最重要的，关键是下面的事情，引得肃宗大不快，确切地说，是得罪了肃宗。

---

1. 左司郎：古代职官名。隋炀帝在尚书都省置左司郎、右司郎，从五品，掌都省之职，总理尚书事。

修宗庙、祭先祖是中华民族的传统——祖宗赐福方有今日荣耀，祖宗荫佑才得未来福祉。如此神圣之事不可怠慢。肃宗迁归京城，这么大的事情肯定是要举行拜祭仪式的。

安禄山叛乱，大唐祖庙毁损，这仪式怎么举行？

臣工们意见不一。

有的认为，在被毁的太庙原址设祖宗牌位、香案祭奠就可以了，不就是一个形式吗！可颜真卿不这样看，表示反对，遂上奏肃宗，建议在郊野筑高台设坛，皇帝于坛上向东而哭，然后再进驻长安，进驻大明宫。颜真卿的理由是，春秋的时候，鲁成公的宫殿被毁，他就是这样做的。

史上确有其典。

不知道颜真卿是怎么想的，是真心希望肃宗筑坛哭三日，以体现孝敬列祖列宗，还是因为李亨迫不及待当了皇帝，希望他通过哭拜而求得祖宗的宽恕？

两者大不一样。

不管出于什么理由，肃宗都觉得尴尬难堪，心里很不痛快——原本走个形式就算了，你颜真卿非要多事，我的情况与鲁成公是一回事吗……

可是颜真卿已经提出来了，又是在大庭广众之下，文武百官皆知此议，不答应吧，人们会耻笑自己不孝敬祖宗。李亨思考再三，还是采纳了颜真卿的奏议，着素服于旷野坛上哭祭三日。

肃宗乃一朝天子，怎叫任由臣工摆布？皇帝可以博采众议，那也得掂量掂量皇帝是怎么想的。

祭奠之事过去了，肃宗依是依了，但心中着实不快，岂止是不快，是记恨上了。

第十一章

外贬同蒲

51. 左迁冯翊

苦等两年，肃宗迁归京城，理直气壮地进驻大明宫。

远在蜀中的玄宗也回了长安，仍住在西逃前的兴庆宫，做他的太上皇。

颜真卿伴驾君侧，对于军国大事仍知无不言，尽忠敢谏，一切似乎又恢复了以前的样子。

然而，颜真卿还是原来的颜真卿，肃宗却已不是原来的肃宗了。他大赦天下，大封功臣，却没有颜真卿的事，颜真卿还是原职——宪部尚书兼御史大夫，正三品。

彼时朝中倒是有一道风景线——颜真卿的二哥颜允南任司封郎中[1]，从五品上；弟弟颜允臧任殿中侍御史，从七品。兄弟三人同在台省供职，朝觐宴集必同行列。就是说，凡朝会或国宴，兄弟三人是同时在场的，这在唐代历史上是很少见的。

木秀于林，终被人忌。

好景不长，也就是肃宗回到长安一个月的工夫，就有宰相参奏颜真卿"事乖执法，情未灭私"。意思是说，颜真卿执法不公正，掺杂个人私情。

---

1. 司封郎中：唐代掌封命、朝会、赐予之事，从五品上。

确有这样的事？

不过是一个说辞而已。如果直接因祭奠之事制裁颜真卿，会让人说李亨这个当朝天子也太小气了。帝王术是从小灌输的，李亨还是非常熟络的，借别人之口提起，治你私德之罪，让舆论无声，当事人也无法辩驳。而真正的原因在于颜真卿"强迫"肃宗哭告祖宗三日之事着实触犯了肃宗——你也太不把自己当外人了。当时不处置是时机不成熟，过后必办是迟早的事。

现在，不是翻脸了吗：一个三品宪台尚书兼御史大夫，又是自安史之乱以来对大唐竭尽忠诚的名臣重臣，说贬就贬——十二月里，肃宗下旨，颜真卿出任冯翊太守，兼该郡防御使。这是颜真卿第二次被逐出朝廷中央，去任从三品的州牧。第一次是遭杨国忠的清洗，任平原太守。

究竟何事归罪于"事乖执法，情未灭私"，又是何人上书下此黑手？

事情的原委是这样的：颜真卿从兄颜杲卿舍身报国，却死有冤屈——颜杲卿智取土门，派长子泉明进京报捷，途经太原，同行的张通幽暗与太原尹王承业勾结，软禁了泉明，篡改表章，贪天功为己有，张通幽赴京报捷。此后，安禄山重兵攻打常山，王承业拥兵不救，致使常山城陷，颜杲卿等被叛贼凌迟处死，全家有三十余人被株连遇害。

奸人张通幽因其兄长辅佐安禄山，为了自己苟活，便在宰相杨国忠面前诋毁颜杲卿，故而朝廷一直不予昭雪，也不得封赠。而张通幽反倒擢升，颜真卿扈从凤翔之时，张通幽任的是普安太守，官升三级。

如此不公，天理难容！颜真卿无法容忍此等颠倒黑白之事，遂上表为颜杲卿辩冤，也曾当面向肃宗哭诉此事。

鉴于这是玄宗和杨国忠经手的事情，肃宗将案子奏禀太上皇酌处。玄宗得知事情的真相，大发雷霆，下令杖罚张通幽，直打得脑浆迸出而亡。

玄宗的处罚是颇含意味的——对待如此奸佞恶人，你李亨也太宽容、太姑息了吧！你是当今皇帝，自己处置也是名正言顺的，还要推三阻四，追溯到我这儿处理，不是要我难堪吗？

事后，肃宗很没面子，便暗中盘算。

颜杲卿的冤屈不予昭雪，应有的功勋未能褒赠，是不是事实？既是事实，为何身为御史大夫的颜真卿不能为颜杲卿的冤屈秉公申诉？就因为颜杲卿是颜真卿的从兄，举贤不避亲，难道申诉就成了私情？

哪里的王法？真乃欲加之罪何患无辞！

"打报告"抹黑颜真卿的是谁？

是宰相崔圆和苗晋卿。

崔圆原是杨国忠的属下，当初是靠奉迎杨国忠上位的。玄宗西逃时，崔圆奉迎玄宗有功，颇得玄宗赏识，遂成为玄宗心腹。以后，肃宗灵武登基，玄宗派崔圆辅佐，他也受新帝肃宗信赖。苗晋卿是一个投机分子。安史之乱爆发之际，朝廷命其领兵出征，他怕死在沙场，便倚老卖老，称病坚辞。李亨即位后，他看到机会来了，瞬间疾病皆无，人也变得年轻了，一路追随肃宗到行在，肃宗用着顺手、舒坦，遂拜为宰相。

就是这两个人，洞悉肃宗对颜真卿心有不悦和憎恶，于是沆瀣一气，联手搞了这个奏折，抛出"事乖执法，情未灭私"的撒手铜。

是事前肃宗授意二人，是谗佞二人揣测成功，还是兼而有之，不得而知。总之其结果是正合圣意。

冯翊并不远，仍属京畿重地，古称天险，不是最苦的地方。但毕竟是贬黜，颜真卿此出长安，不知何时才能回来。

此时正值隆冬时节，大明宫内外寒风刺骨。宫苑里的杨柳早已凋零，苍劲的枝条在寒风中萧索地颤动着，更增苍凉之感。

走出大明宫，颜真卿转身回望了一眼他每日进出的这座宫阙，此刻，高墙如壑，是那样陌生、冷酷、狰狞。

颜真卿的内心起伏不平，不公、失意、慨叹涌在心头……

不过，颜真卿就是颜真卿，一贯心胸宽广、仁厚通达。他没有顾及个人荣辱得失，没有去辩驳和申诉，甚至感恩于肃宗，因为弃城之后，肃宗没有治罪于他，还对其加官晋爵，委以重任……

颜真卿很快调整了负面情绪，连临近眼前的春节都不在长安过了，于"小年"腊月二十三携全家赴冯翊走马上任。

为何赶在年前过去？

这又是颜真卿的为人风格了——为了早日进入角色，早日了解情况，早日开展工作。他不再是朝廷大员，而是一线州郡主官，他的任务是"励精悉力，宣谕皇明"，把经过战火损毁的冯翊重建起来，让百姓尽快脱离苦难，过上安顺的日子。

颜真卿就是这样一个人。

在颜真卿的时代，有几人能做到向肃宗谢表之后不灰心、不气馁、不怨天尤人，振作起来，立即全力投身于冯翊的重建之中，救百姓于水火？

事后想一想，大唐遭罹安史之乱，难道不是佞臣当道，少了如颜真卿般忠贞正气之臣吗？

倒是"庙堂之上，朽木为官，殿陛之间，禽兽食禄；狼心狗行之辈，滚滚当道，奴颜婢膝之徒，纷纷秉政"[1]，是太常见的。

三个月后，冯翊流离者复归，饥寒交迫者得食，老弱孤寡者有依，桑田重耕，家园再葺……

不久，京城诏告天下：将自天宝年间改称的郡名、官名恢复旧制，如冯翊复为同州，太守重称"刺史"。以颜真卿为例，此刻，其官位由冯翊太守改称同州刺史。

不知何故，乾元元年三月，颜真卿做冯翊太守仅三月有余，即转任蒲州刺史。

———————

1.《三国演义》第九十三回诸葛亮语。

只叹颜真卿发奋改变冯翊面貌的目标未能实现。

颜真卿唯有带着深深的遗憾，间关转徙，走马蒲州。

52. 蒲州任上

至德三载二月，肃宗改年号为乾元。

这一年，颜真卿五十岁，乃知天命之年。

天命之年，对于颜真卿来说，是于逆势与厄运中，由同州刺史转任蒲州刺史充本州防御使的变迁。

蒲州在哪？长安东北三百二十里，洛阳西面五百八十里的位置，传说舜帝的京都就治于此地。蒲州城市中央有一条东西走向、长约十里的坡道，两端高低落差三十余丈（一百余米），因此蒲州也称蒲坂。"坂"，也称"阪"。蒲州是颇有历史底蕴的古地、古郡，是六大雄城（其他五座雄城是陕州、郑州、汴州、怀州、降州）之一。

蒲州乃为天险，扼山（西）陕（西）咽喉，连接幽州、并州[1]，自古为军事重地。

距蒲州五百余里之外还有个蒲县，今天隶属山西临汾，也是一个历史古镇，但两地不是一处，很多人，包括今人，以及很多文献把两地混淆了——颜真卿被贬黜之地是蒲州不是蒲县。

颜真卿自贬出京后，从时间上说，从同州迁蒲州，间隔仅三月有余。从空间位置说，同州仍属京畿，虽贬却离中央长安尚近；蒲州远离了朝廷，地理位置却益发重要。

那么，在如此短暂的时间里接连调动，由京畿之地转至偏远之所，

---

1. 并州：今河北省保定市一带。

如此折腾，朝廷疯了？是原来的贬黜不到位，需要加重惩罚，还是原来的惩处重了，需要从轻"发落"？究竟是怎样考虑的？实属难测。

此次迁任，舆论怎么评，皇帝怎么想，颜真卿不去管它，也管不了，唯有管好自己是能做到的，而且能够做到极致——他自己在《蒲州刺史谢上表》里的态度，颠覆了常人的认知。

颜真卿认为蒲州乃大唐股肱之郡，当然要由有才干之人去管辖。陛下委派他到此地任职，并不是朝廷对他的进一步疏离、边缘化，相反，是"戴荷殊奖"，是信任和器重。

颜真卿啊颜真卿！他永远感恩戴德于朝廷，无一句牢骚与怨恨，不计较个人的荣辱与得失，总是检讨自己，恪守臣子的本分，非但不沮丧、怨恨，还信心十足，精神抖擞，开朗达观。都这个时候了，都如此遭际了，他竟还俨然以心腹大臣自居。

颜真卿厚道善良，乐观自得！如此心性达观，自我解脱，真是可敬可爱！

颜真卿经历过台省和地方的转换，无论是上奏、弹劾还是处理地方政务都是娴熟于心，切换自如。他毕竟是个实干家、行动派，一到蒲州，旋即展开郡治和民生的恢复，放粮施饭，救助孤寡，还派人寻找外逃的百姓回归故里，桑植耕种……

由于颜真卿夙夜在公，克己勤勉，很快，蒲州就变了模样，人民安居乐业，郡治内一派祥和。

虽是贬黜，因颜真卿于任上尽职尽责，成就卓显，朝廷还算公道，下诏予以褒奖，封颜真卿为丹阳县（今江苏丹阳）开国侯[1]。甚至因为他的表现，还追赠其祖父颜昭甫为华州刺史。

正所谓祖有荫德，孙为增荣。

---

1. 开国侯：爵名。最初指侯爵中开国置官食封者，后仅为爵位名。食邑为郡或县，故爵前常冠以所封郡县名。晋代始置，分开国郡侯、开国县侯二级，位在开国公下，二品。北朝、隋、唐、宋只设一级。

也因颜真卿，从兄颜杲卿的冤屈大白于天下。五月，朝廷追赠颜杲卿太子太保，谥号忠节。

说来，天子的态度亦如小孩子的脸，六月的天，说好就好，说变就变，该说什么好呢？

有人说颜真卿愚忠。是的，他到冯翊任上，曾给肃宗写了表章《冯翊太守上表谢》。大致说：自臣失守平原，遥赴行在，皇上接受了臣本人的忠诚，不计较像山丘一样的罪责，还破例任臣为宪台尚书和御史大夫。臣的内心叨念着如此宠幸，思量如何恪尽职守，发誓即使粉身碎骨，也要回报朝廷。

颜真卿继续写道：然而，自己能力有限，未能对朝廷做出多少回报，却积累了一堆怨言和过错。陛下罢黜臣于冯翊，却保留了原来的官阶，臣深为感戴圣上的恩德，铭刻于内心和骨髓。请陛下关注臣以后的表现。云云。

人到了蒲州之后，颜真卿又写了《蒲州刺史谢上表》，也是一番感谢圣上，检讨个人的愚蠢和无能之类。虽说这是唐代吏治的某种程序，但让今天的人看来，态度是如此的虔诚、敬畏，近乎"愚"。

问题是，评价一个人物，特别是历史人物，如果离开时代背景，离开这个人物所生活的具体环境，任何拔高或贬低都是不客观的，也难以令人信服。

一个时代有一个时代的理念，颜真卿严于律己，竭尽效忠君主，对于他这样一个封建士大夫，又是饱学孔孟之道、有着正统家风的人来说，又应该怎么做呢？也就是说，若身为朝廷臣工的颜真卿不做所谓愚忠之人，也不去做忍辱负重、救民于水火的"愚忠"之事，而是辞官归家、遁于闲适与无为，那么如何会有冯翊、蒲州重建之景象？

理一理他的前半生，可以清楚地看到，他是在那个由盛转衰的下行时代，少有的具备坚定的理想和信念之人，甚至是个理想主义者。反叛和揭竿而起是他绝对不能做的，即使如陶渊明的归隐，他也不会做。

说颜真卿"愚"，那是抹黑颜真卿的真诚——这真诚与心系百姓疾苦是一致的，其真诚之至，恰是与其同朝为臣的杨国忠、房琯、崔圆、苗晋卿、贺兰进明和张通幽之流所不具备的高尚品质。

伟大与卑鄙天壤之别。

此外还应该注意到一点，就是在他原本的秉性之外，由于阅历和生命年轮的厚实，他整个人的精神面貌也变得越发达观和宽厚。

五十知天命是准的。

颜真卿为从兄颜杲卿申冤不久，又一件与此有关的事情接踵而至，那就是侄子颜泉明的到来。

还是天宝十五载的时候，颜杲卿智取土门，长子颜泉明奉父命赴京城献捷，途径太原，被太原尹王承业拘留，王承业篡改颜杲卿致朝廷的表章，窃取功劳，另派心腹顶替献捷。泉明幸被人救出，却又被史思明所捕，裹以牛革，押至范阳。后安庆绪弑父安禄山，做了大燕皇帝，大赦天下，颜泉明方才得救。

颜杲卿罹难后，当年常山守城死难将士的妻女、遗孤、家仆有五十余家三百余人流落河北，包括堂兄颜杲卿的外甥女张氏和颜泉明的女儿皆被叛军掠夺为奴，生活窘迫、凄苦、悲惨。颜真卿便派人赴河北搜寻求访，千方百计找到这些人，先为他们赎身，再护送回到蒲州。颜真卿一一予以安置，视如亲戚，平等相待，赡养呵护。以后，颜真卿又遵从他们各自的意愿，发放路费，帮助他们或返家，或到其他地方谋生。

颜泉明要回家了，他记挂着父亲、弟弟颜季明及一同赴难的袁履谦的尸骨尚无下落，心中煞是不安，便在途经洛阳的时候四处打探，终于从当年刽子手处求得父亲和袁履谦的尸骨，还有弟弟颜季明的断头骸骨。颜泉明将尸骸入殓于棺中，一路护送，经蒲州回长安。此后的场景，已在本书开篇中述及，兹不赘述。

53. 长哭当歌祭侄稿

　　颜真卿为堂兄颜杲卿、长史袁履谦、堂侄颜季明举行祭奠，于情绪激荡中写下了千古名文《祭侄文稿》。

　　读者已经知道，抑或刚刚知道，这一作品被奉为"天下第二行书"。从书法角度和作者地位来看，这是何等崇高的美誉？在古代书史上，它已是巅峰之作；在当代中国书坛，更是无人能够超越。

　　如果不做思量，更不做探究，到此为止，人们会心安理得地接受这个定评，相传至今。

　　然而，《祭侄文稿》的价值果真只是如此吗？换言之，《祭侄文稿》仅仅具备书法上的意义吗？

　　其实不然。

　　有第二，自然前面必有第一。传统的说法"第一"皆指王羲之的《兰亭集序》。字写得再好，王氏也不至于自己封诩，那么又是谁最先提出来的？据书史记载，乃是米芾。

　　米芾是谁？是以行书名世的宋代大书法家。米芾喜爱王（羲之）字，特别推崇王羲之的行书《兰亭集序》。推崇到什么程度呢？

　　米芾不是俗人，他要把自己喜之深、爱之切的感受用一个最好的方式表达出来。语不惊人死不休。"天下第一"就是这样来的。

　　米芾向来好恶分明，褒王（羲之）字的时候，也不忘把颜（真卿）字和柳（公权）字贬为"俗书"。因为他不喜欢。

　　当然，书史不会由着米芾的性子写。米芾批评颜真卿、柳公权的意见世人并不看重，因为他的观点太过极端。但他赞扬王羲之《兰亭集序》的话却成为经典之论，原因很简单——道出了大家的普遍感受。王书《兰亭集序》确实写得好。

　　那么，"天下第二行书"又是出自谁口？是元代的大书家鲜于枢，其草书尤其著名。

鲜于枢爱颜字，算得上颜真卿的"粉"。当他获得《祭侄文稿》真迹的时候，那种如获至宝的感受，难以言表，于是赶紧在原作的边框处题跋："唐太师鲁公颜真卿书《祭侄季明文稿》，天下行书第二……"鲜于枢何尝不想用"天下第一"来表达其喜之深、爱之切的心境？只可惜前有王字"第一"在先，颜字只能雁序而列。抑或鲜于枢打心眼里就是认定颜字"第二"？书史没有记载。

不管怎样说，鲜于枢与米芾二人评字的态度出于同理——个人喜欢，倍加推崇，后世也认同，书史就照此赓续下来。

问题来了：米芾、鲜于枢的评定皆出于个人喜好，并未经过充分论证，从学术的角度说，未必那么严谨，难免有草率和随性之嫌。

从结果看，因为有了"第一"，其后的作品便成为第二、第三……照此逻辑，再优秀的作品，难道就真的只能屈尊第二、第三吗？

当然，王羲之人在晋，字在先，开妍美流变书风，成为中国书史的第一座高峰，居于领先地位是毋庸置疑的。事实上后世书家皆以王氏为师，颜真卿也不例外，并且对其奉若神明。再者，以时间维度和师承关系做评判标准，将"天下第一行书"的桂冠赋予《兰亭集序》是说得过去的理由。

但平心而论，《兰亭集序》是王羲之与友人雅聚于绍兴兰亭，饮酒微醺，作诗唱和，忽来灵感的"踏游"之作，是一派"清风出袖，明月入怀"的飘逸清隽。颜真卿的《祭侄文稿》亦属即兴，却是怀悼侄男，诘问苍天，于萦纡忿激中书写，长歌当哭，其精神状态与情绪犹如地火喷涌，遒劲奔放。也就是说，两者书写的内容不同、美感不同、风格不同，作品之间存在如此巨大的反差，又岂能分出伯仲？

版本学家看不下去了——王羲之《兰亭集序》的真迹，因唐太宗喜爱至极，将其当作陪葬品埋入陵墓中，此乃旷世憾事。后人所见《兰亭集序》，皆为书家摹品。摹品者，乃后世效仿临习之作，摹品逼真，亦

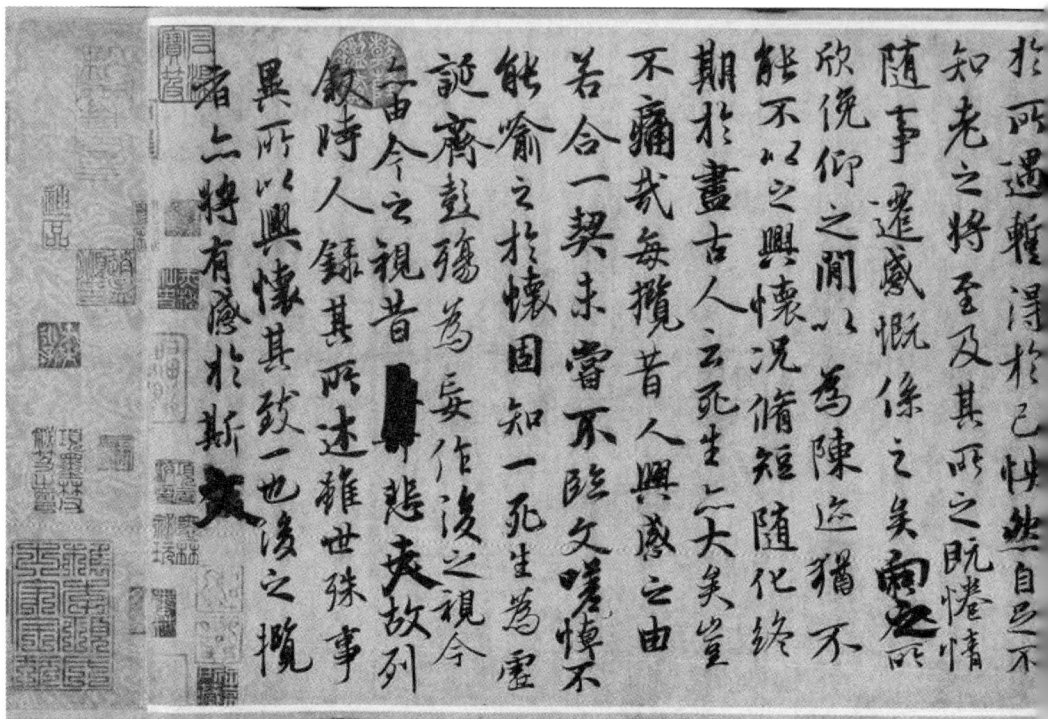

《兰亭集序》

晋·王羲之书，行书，永和九年（353），也称《兰亭序》《临河序》《禊帖》《三月三日兰亭诗序》
等。28 行，计 324 字。藏于湖南省博物馆

　　属稀世，却难免有差，所谓"失之毫厘，谬以千里"。而《祭侄文稿》
就不一样了，它是颜真卿凿凿笃实的真迹，越千年仍传承有序，如此典
藏的身价又有谁人可比？

　　于此，有理由推测，若不是先有王羲之的《兰亭集序》，那么，颜
真卿的《祭侄文稿》就是"天下第一行书"也未可知，至少以"天下行
书双璧"称之，或许更令人服膺。

　　《祭侄文稿》的价值和意义仅在于分出个伯仲？显然不是。有人说
《祭侄文稿》，笔法狼藉，章法不整，字体参差，涂抹修改，不优雅、不
规范，甚至不整洁。美感何在？有些人索性把它归为丑书。这真是莫大

兰亭序（局部）

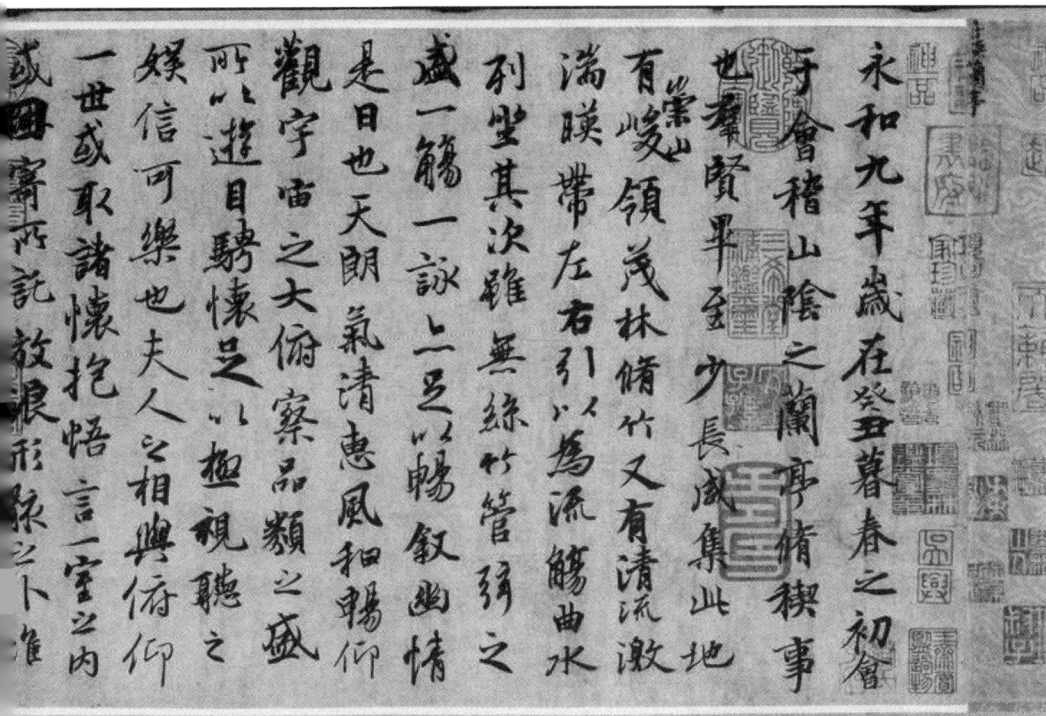

的误解，这比"谁为第一"的问题更为严峻。

一旦走进颜真卿的精神世界，任何人都会发现许多不曾认识和了解的东西，这些东西非常高贵、稀缺，可以师范古今，德泽当下，其格局之大远比搞定一个所谓"谁是第一，谁是第二"重要得多。如果拘泥于此，还真的把颜真卿看扁了、看窄了、看薄了、看轻了、看低了。

如果颜真卿地下有知，肯定会耻笑这些人的。

颜真卿是一个书法家，书学功底深厚，闻名遐迩，中国书史甚至世界文化史上少有与之比肩的人物，但他不是职业书家。要知道，除非是专事抄经的书法直官这样的工具人，大凡书史上知名的书家都是兼职的——无论天子还是王公大臣，他们的书写并不是为了出"作品"，而是为了传达思想、表达情感，其书法均是在某一事件或某一人物的事迹触发下偶发而成的。即便是一通碑文墓志的书丹，一份奏议表彰的撰拟，也是在其中蕴含了诸多的诉求和寄托，绝非为书而书。

颜真卿绝不单是书法家，这个头衔只是其多重身份中的一个。他首先是一位朝廷命臣，是一个信仰坚定的士大夫，是家学渊源的大儒，还是一个敢于揭旗而起、抗击安史叛乱、建立功勋的英雄豪杰。

当颜真卿面对国家破碎，亲人之死，他怎么能够做到温良沉静、彬彬文质？又怎么能够想着如何写出一幅好的书法作品？彼时，唯有无我忘我，泪水遮目，心在滴血……与其说是用笔而写，不如说是用心、用他的生命在写。

如果说《祭侄文稿》有多个看点的话，其中最大的看点就是不矫揉造作，不装腔作势，不无病呻吟。特别值得咀嚼、品鉴、把玩的，也是被一些人诟病的，反倒是那些涂抹、圈改、参差不齐的墨迹，那才是作品的魂，是书者寄情于笔，大写心底的国恨与家仇，美得深邃复杂，美得充满不可撼动的庄严，美得超越了"书法"所能够容纳的方寸天地，超越了那些书斋、殿堂里制作出来的、优雅的、"完美"的、没有丝毫破损与伤痕的书法作品。

因此，《祭侄文稿》的价值和意义，不在于辩出"谁第一，谁第二"，不在于表面观感上的孰美孰丑，不在于一件单体作品所能承载的艺术容量，而在于它大大地打破了普通人对书法的传统认知，在于书写者主体与所书作品究竟是一种怎样的关系，在于圣贤所云"从心所欲不逾矩"的美学内涵于《祭侄文稿》而言是如何表达和呈现的，更在于中国士人风骨与惊世骇俗之作是怎样"炼"成的。

至此，辩争"孰为第一，孰为第二"，还重要吗？《祭侄文稿》元气淋漓的书写，将中国人独有的精神气节与至情至性熔铸于墨书之中，前无古人，后无来者，就家国道义和审美境界而言堪称"天下第一风骨"，这才是它真正的价值和意义所在。

读者诸君，请继续品读颜公卓荦不凡却又多舛多难的人生，继续寻

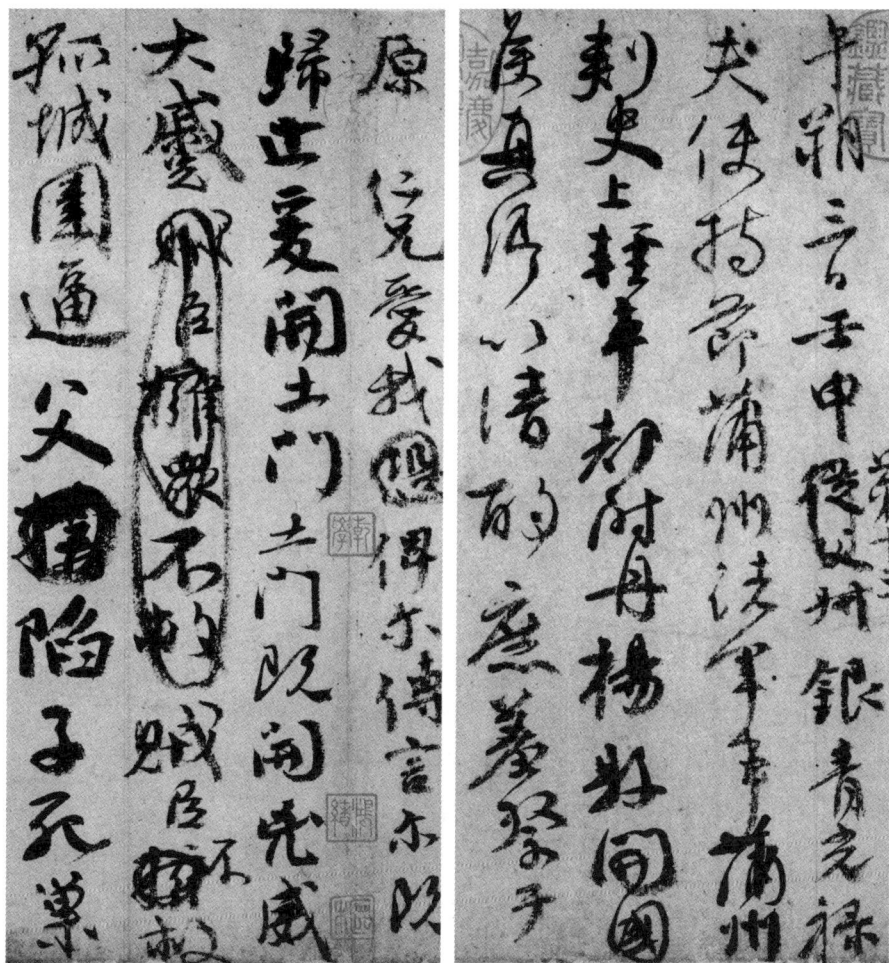

颜真卿《祭侄文稿》（局部四）

找个中答案。

泉明告别堂叔父，离开蒲州，护送父亲和亲人的棺椁回到长安，葬于凤栖原祖茔。兄弟季明和表兄弟卢逖陪伴于父亲之侧。

塬峁静谧无语，敞开历经沧桑的胸怀容纳：在苍松翠柏的掩映下，烈士英灵终得落叶归根。

颜真卿心中记挂着堂兄颜杲卿安葬之事，但因官务牵绊，不能回乡参加葬礼，事后心中总是作痛、内疚，遂提笔撰写一通神道碑铭，以缅怀兄长，寄托哀思，永志恩泽，平复自己惭愧不安的心。

时间是乾元二年正月，颜真卿五十一岁。

碑铭在追忆兄长颜杲卿的生平业绩后特别写道：

> 昔七代祖中，丞府君[1]颜见远恸绝于梁武[2]；五伯祖御正府君抗玺于隋文[3]，而公精贯白日，义形宗社，今又继之，为不陨失。呜呼！公与真卿，偕陷贼境，悬隔千里，禀义莫由，天难忱斯，小子不死，而公死，痛哉矣。[4]

堂兄颜杲卿真乃血性男儿，忠臣义士！颜氏世代有忠贞、正气、大义的家风，杲卿兄长得以继承，发扬光大，不曾丧失。国难之时，兄长与真卿遥相配合，为反击逆贼而扯旗举义。真卿本想替兄赴难，弟未死而兄却死了，实在是痛心疾首、五内俱焚！

---

1. 府君：旧时对已故者的敬称。
2. 颜见远恸绝于梁武：颜见远官至治书侍御史兼中丞，正色立朝。萧衍执政，遂以疾辞。齐和帝萧宝融暴崩，萧衍受禅，颜见远恸哭而卒。梁武帝萧衍恨之，对朝臣说："我自应天从人，何豫天下士大夫事，而颜见远乃至于此！"当世嘉其忠烈，皆称叹之。
3. 御正府君抗玺于隋文：颜之仪任北周御正中大夫。后杨坚篡政，来索要符玺，颜之仪正色说："这是天子的东西，自有主人，做宰相的凭什么要？"杨坚因此大怒，欲命人将他处死，但顾忌颜的声望，将其下放做了西疆郡太守。
4. 颜真卿：《摄常山郡太守卫尉卿兼御史中丞赠太子太保谥忠节京兆颜公神道碑铭》，《颜鲁公集》卷八。

54. 千里移任饶州

蒲州的十月，昼燥夜寒。

乾元元年十月，在祭悼从侄季明之后，颜真卿突接朝廷诏书：移任饶州[1]刺史。

颜真卿在蒲州任上仅七月有余，即再遭贬黜。什么"罪名"？史无详细记载，只有"被酷吏弹劾"等寥寥数语。

"酷吏"何人？有说是唐旻，他与杜甫相识，杜甫曾为其写过赞美诗。而唐旻究竟何人，什么官职，史书没有太多记载。

不管怎样，正史上"遭诬劾"和"遭构陷"的简洁遣词已经再清楚不过地证明颜真卿是清白和无辜的了。

文字虽简，其义尤重，重过冗长大论。

有一个细节值得留意：从宪台尚书左迁冯翊（同州）和再迁蒲州的时候，颜真卿两次向皇上写过"谢"表，表示领命自责，以贬为宠，而这一次未曾见过同样的谢表。为何没有？是他写了却因岁月更替、历史变迁而遭遗失，后人不曾见过，还是因为伤心，实难接受，根本就没写？

不知道。可以推测的是，颜真卿的内心还是有变化的。

事实上，一年之内，颜真卿所遭受的贬黜真可谓"接二连三"了。

彼时的颜真卿是一种怎样的心绪？伤心慨叹、愤懑不平，抑或憾恨自艾……

知天命之年的颜真卿对官场生态如何该是看懂、看透了的，因此虽迭经沉浮，却已是见怪不怪了。颜真卿尽管素来格局大、有胸襟、有器量，但此时也难免会有一丝自伤。不过，贯穿终生的信念却不会因个人

1.饶州：治所在今江西省鄱阳县。

沉浮而变——效忠社稷，恪尽职守，求万民安泰。这是颜真卿的本色。

颜真卿打点轻装，辞别蒲州，拖家带口，一路迤逦南下。

南行至华阴，遇到了监察御史王延昌、大理评事摄监察御史[1]穆宁、大理评事张澹等人。

这几位朝官非一般之人，他们是当年平原举义时颜真卿的僚属；是辅佐义军盟主颜真卿，以股肱之力抗击贼逆，浴血奋战，过过命的袍泽。他们现在皆擢升为朝中命臣。他们不忘旧谊，是专程从长安来此地为颜真卿送行的。

故旧相见，情深意厚，煞是感人，颜真卿自是欣慰不已。

身处逆境，友情的慰藉与体恤足堪快慰，暂去尘霾。

人同此心，颜真卿当不例外。

应地主华阴县令刘昊（hào）、主簿[2]郑镇盛邀，颜真卿与王延昌、穆宁、张澹等相偕拜谒了华岳庙。兴致所至，颜真卿挥毫写下了"同谒金天王[3]之神祠"大字题记。这是颜真卿继《东方朔画赞碑》之后不多见的楷书新作。

战乱期间，颜真卿一直奋勇讨贼，戎马倥偬；在宪台尚书任上，又整肃朝纲，忙碌在公；在冯翊、蒲州两郡刺史任上开展战后恢复，百废待兴，业余时间被大大地压缩，书艺几乎无暇顾及。

从这篇题记的书风看，比对先前的作品，还是有一些变化的，知天命的颜真卿，不求华美，转而崇尚蕴藉。与《东方朔画赞碑》相比较，同为大字，题记更富有敦厚、遒劲感。具体说：结体上，字的形态进一步平正，原本的倾斜度又作减弱；用笔上，撇与捺敛束，笔画的长度接

---

1. 大理评事摄监察御史：大理评事兼监察御史。
2. 主簿：古代职官名。汉朝中央及州郡官府均置，典领文书簿籍，经办事务。其品位秩级随府长地位高下而异。州、郡、县亦置。虽非掾史之首，然地位较高，县之主簿较州之主簿更甚。
3. 金天王：五岳之神，在唐代被封为王，唐玄宗认华山为大唐皇室本命神山，于先天二年八月封西岳山神为金天王。随后，东、中、南、北四岳诸神才分别被玄宗封为齐天王、中天王、司天王、安天王。

近一致；在表现个性和创建独特风格上，又有精进。

重要的是，若仔细审视，可以看出颜真卿受伤的心，经过调适，变得坚韧、沉实，更具张力。

这是其他诸作品所不见的。

华山晤面不只是一次普通的送行，也不只是单纯的胜迹拜谒，更是彼此重温旧谊，是故交对颜真卿伟岸人格的敬仰，也不无对其遭际的不平和无奈。要知道，王、穆、张三位是在职朝臣，他们能够不惧旁人谗言蜚语，借此种方式表达同情、安慰，乃至对谗佞的鄙视之心，是何其仗义暖心！

颜真卿为人、为德的威望和亲和力，由此可见一斑。

离开华岳，颜真卿向东而行，途经东都洛阳的时候，祭扫了伯父颜元孙之墓。

伯父于颜真卿而言，乃“师父之训”，情同生父，恩重如山。颜真卿于墓前撰拟了祭文——《祭伯父濠州刺史文》。

伯父生前因枉受构陷而罢官，回归故里后唯有教导子弟、会贤交游，无心再仕。伯父的骨气潜移默化地影响了颜真卿，也是从那时起，颜真卿得以与伯父朝夕厮守，享受伯父更多的呵护与教诲。

这是少年颜真卿刻骨铭心的记忆。

为不使伯父亡灵受到惊扰和不安，颜真卿克制住自己遭谗陷的复杂情绪，仅向伯父报告颜杲卿一门得朝廷恤赠，戚属还京，生死哀荣的情形，以告慰他老人家在天之灵。

因为是行旅匆促，以楷体从容而书是比较困难的，又因为他自己处于特殊境地，祭文仍选用的是行草体式，内容与形式很是搭配。《祭伯父濠州刺史文》虽为行草，其风格和特色却与先前的《祭侄文稿》不同。

不同在何？

《祭伯父濠州刺史文》的内容是缅怀尊长的教诲与养育，行文意气

皇唐乾元元年岁次戊戌冬十月戊申真卿自蒲州刺史蒙恩除饶州刺史十有二日辛亥次于华阴与监察御史王延昌大理评事摄监察御史穆宁评事张澹华阴令刘嵩主薄郑镇理同谒金天王之神祠颜真卿记题记

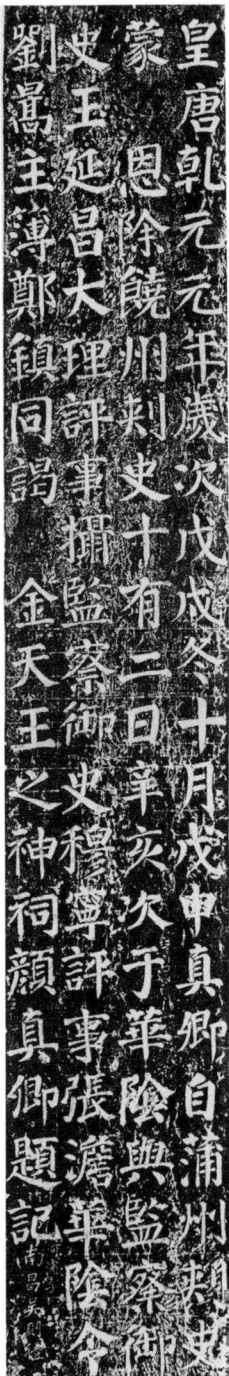

和平；运笔上，是容夷婉畅，无心肝抽裂，不自堪忍的气息。这样一种心境与这样一种技法，两厢配合，按照书法的理论说，就是"涉乐方笑，言哀已叹，情事不同。书法亦随以异，应感之理也"[1]。正如同人在开心或哀痛时或笑或叹一样，书法作品也会随着情景事态的不同而展现出不同的体式风姿。也就是说，不平则鸣，发而为文，在书写时就会影响点画结体的表现，乃至影响作品的风格面貌，这是一种自然而然的连锁反应。由此观之，颜字在表达情绪方面已经驾驭得相当自如。

后世常以这幅作品与颜真卿的名篇巨制《祭侄文稿》做比，论顿挫郁勃，此作品稍逊于《祭侄文稿》，而论及风神奕奕则胜过一筹。

只可惜，真迹不存，今人所见刻本笔力缓弱单薄，不似颜真卿的，疑为赝品。[2]

蒲州距饶州二千三百余里。一行人从北方进入南方，穿越黄河、长江，地形、气候带乃至民风民俗一路上都在发生着变化。但对颜真卿一家来说，跋山涉水，舟车劳顿，其间艰辛自是令人

---

1. 王澍：《虚舟题跋·唐颜真卿告濠州伯父稿》。
2. 同上书。

《同谒金天王之神祠》（又称《颜真卿等谒金天王神祠题记》）（局部）
唐·颜真卿撰书，楷书，乾元元年。题文4行，每行22字。为颜真卿自蒲州刺史贬黜饶州刺史过华岳庙而题名。字迹奇伟遒劲，用笔由方趋圆，硬弩欲张，雄姿挺立，昂然有象

不堪回首。

颜真卿舟车兼程，终得以于冬季抵达饶州。

饶州隶属江南西道，素有"山有林麓之利，泽有捕鱼之饶"之名，是个富饶之地。这只是它的自然条件，其社会生态并非如此——盗匪猖獗，民苦其害。据说，前任刺史夫人的首饰服饰都遭偷窃。一个堂堂四品刺史，连自家安全都不能保护，更何况区区黎民？

百姓惊恐，即便白日也须紧闭门户，屏声敛息，生怕引来不测。

因此，除盗安民成了新任刺史颜真卿的第一要务。

盗匪横行必有原因，原因何在？

有多种解释：一是自古本地民风刁野说；二是芦苇葱茏，盗匪易于藏身说；三是连年灾害，民不聊生说……其说不一。

颜真卿是条硬汉子，一身胆气，不惧邪恶。他更是一个行动派，为官施政岂能单凭议论，必得访察，方得正确判断。

于是，颜真卿走出衙署，率人走访、巡察，调查实情，梳理头绪。经过一番严细工作，得出两个结论：一是连年丁壮从军，劳力匮乏，加之天旱不雨，田园荒芜，百姓生计无着。二是安史之乱，大唐危急，官吏军心摇荡，自顾身家性命，为官不作为，敷衍混日。

原因找准了，颜真卿召集民众，宣布推出三项政令：奖励农耕，恢复生产；整饬吏治，从严纲纪；抓捕匪首，杀一儆百。

有一桩案子办得服膺民心，震慑盗匪——有程姓女子，父兄俱为盗贼所杀，其本人也遭劫掳。女子十分英勇，她设计逃命后，请人拟写诉状，将自己的悲惨遭遇诉讼郡衙。

颜真卿闻知后，以雷霆手段迅疾处理，很快就将凶手捉拿归案，并升堂公开审理，最终将其处以极刑。案子办得公正、高效，全郡百姓看在眼里，人心大快。

正所谓乱世用重典。

颜真卿乘势而为，严打贪官腐吏，为官者受到警诫，个个小心翼翼，尽能尽职；盗匪闻风丧胆，纷纷投案自首；那些侠客游闲也改弦更张，洗手归田。

自此，饶州"四境肃然"，税赋削减，人心振奋，百业兴旺，重现富饶景象。

第十二章

升州遭谤

55. 拜升州刺史

"鄱阳胜事闻难比，千里连连是稻畦。"诗句出自后世诗人姚合的《送饶州张使君[1]》诗，为全诗首句盛赞饶州祥和、安泰的局面。

应当说，这是很多人共同治理的结果，也少不得颜真卿的心血付出。

为什么？

乾元二年六月，忽有朝廷中使来饶州传旨：拜颜真卿为升州[2]刺史，充浙江西道[3]节度使、江宁[4]军使兼宋亳都防御使[5]。

升州乃鱼米之乡，江南重镇，东吴、东晋、刘宋、萧齐、萧梁和南朝陈六朝皆在此建都。浙江西道，统辖升、润、宣、歙、饶、江、苏、常、杭、湖十州，一个个皆为富庶之地，是朝廷财用之依靠。

此前，颜真卿是"接二连三"地遭贬黜，而今任升州重镇刺史，领浙江西道节度使，再兼宋亳都防御使……是"一而再，再而三"地加官晋级。

---

1. 张使君（约766—约830）：即张籍，字文昌，其乐府诗与王建齐名，并称"张王乐府"。代表作有《秋思》《节妇吟》《野老歌》等。

2. 升州：今江苏省南京市。

3. 浙江西道：唐代一级地方行政区划。领长江以南至新安江以北的原江南东道地，以及长江口的胡逗洲（狼山镇），包括今天的苏南、上海和浙北。

4. 江宁：辖境相当于今江苏省南京、句容、溧水等市县及安徽省当涂县等地，属江南东道。

5. 宋亳都防御使：宋州、亳州军事长官。宋州，治所在今河南省商丘市。亳州，今属河南。防御使，古代职官名。

此一时彼一时，实在是意想不到的。

安史之乱以来，朝廷痛定思痛，吸取教训，变得聪明一些了——弱化藩镇兵权，强化节度使的行政属性。节度使的权力不似从前那样强势，但仍是一方诸侯，大权在握，威风八面。

得以擢拔，被委以重任，颜真卿自是感到荣幸，但心有忧虑——陛下这是怎么了，是一时心血来潮，还是有什么别的想法？

颜真卿反复想过之后也没弄明白。罢了，他还是给肃宗撰写了《谢浙江节度使表》，这是吏治的规矩和程序，也是做臣工的礼数。

表文先是陈述：

升州乃三国时代吴国故地，享天下九州权力。东海煮盐足以自用；西凭长江可固守。因为天险，六个朝代才于此建都。也是因为如此，魏文帝曹丕曾望而嗟叹，甘愿以长江为界，放弃统一南北之企图；前秦苻坚依仗兵力强大，觊觎江南，却丧失了百万之师。历史上的胜败得失，哪一个不是因升州地理形胜？

表文继而写道：

历来，天子总是将此地交由亲近、贤明之臣，而做臣子的也皆感责任之重，难以胜任。颜真卿说自己向来平庸、卑微，如今圣上却将重任交于自己。因此，自接受任命的那时起，他就把天子赋予的殊荣当成忧愁和忧惧，甚至忧心如焚。

表文中最后写道：

今日即启程赴任，上任后，即当缮修甲兵，抚循将士，观察要害，以备不虞。假陛下英武之威，遵陛下平明之礼，一心勠力，上达天慈。云云。

肃宗十分赞赏颜真卿的谢表，在"批答"中盛赞：

卿学行有闻，谋猷克壮，屡经岁寒，不改松筠，且江宁古之帝都，实为巨防，自非宿德，其可滥居？

肃宗还以非常信赖的口吻批道：

> 委卿忠诚，俾当连帅，宜宏筹略，为朕缉绥。

这是明确地告诉颜真卿，之所以把如此重要的职位委任于你，让你担任地方最高长官，是因为看中了你的忠诚和才干，希望你发扬筹谋之长，为大唐创造祥和与兴旺。

肃宗"批答"当然是鞭策鼓励，但也从一个侧面看到，批答不全是溢美虚夸，还饱含着对颜真卿人德和才干的中肯评价。

照大唐例，节度使乃正二品阶，大人上任，必是浩浩荡荡，前呼后应，所经州县，官员须隆礼迎送。无限光鲜，八面威风。

不过，颜真卿不俗，他想的是，兵祸未息的乱世之中，百姓赋税重压，民生饥困之时，各种排场用度皆为民脂民膏，如此这般是万万不可的。

于是，颜真卿这边免去上任仪式，那边低调辞别饶州，轻车简行，履新升州。

56. 再入刑部遭谗谤

江南六月，已是蒸暑之季——农人收稻，百姓晒红绿（衣服），读书人晒书晒字画……颜真卿则不顾炎热，舟车兼程，直奔升州。

一到任上，颜真卿即按照其谢表所言，展开治理与建设诸事。前面提到，颜真卿此次任职不单是刺史，还兼军事首长，乃双料主官，除去通常的政事之外，军事防御的职责颇重。因此，作为军事首长的颜真卿加紧巡视津渡要塞，抚恤那里的将士，一心勠力，不敢稍有懈怠。

一段时间之后，颜真卿察觉到一些异常，这异常不是别的，而是像在平原郡时候的感觉——当年安禄山谋反之前就是这种情形，一种蠢蠢欲动的异常，如今是宋州刺史刘展。刘展的举动很不对劲：私自募兵买马，制造兵器，囤积粮草。

一任刺史，为什么要做这等事情，莫非是在……

颜真卿不由警觉起来。

若以安禄山与刘展二人论，从官阶到所辖领地，再到朝中恩宠的程度，都不是同一量级的。但这不意味着可以掉以轻心，谋反之心不论官阶高低、人物大小，本质上是相同的。

对于刘展的反叛迹象，颜真卿改变了在平原的做法，没有直接向朝廷报奏，那样会打草惊蛇。再者，还是要进一步观察，待事实确凿之后再做结论。目下，就是以预防为主，整顿军政，坚固城池，修缮甲兵，做好防范准备。

当此，升州及浙江西道虽无兵火，但以大唐形势而论，安史之乱尚未彻底平复，社会仍动荡不定，乃多事之秋，做好备战实乃未雨绸缪之举，本无可厚非。

不料，颜真卿的一番苦心却不为驻扎于扬州的都统[1]淮南、浙西、江西节度使李峘所容。

李峘何许人也？

李峘不是等闲之辈，乃是大唐开国之君李世民曾孙，地道的皇亲国戚。除去宗亲子弟这层关系，还因他对肃宗尤为亲近和效忠，是唐代历史上第一个享有"亲贤重寄"之誉，可以统帅节度使的都统节度使。

都统节度使是手握兵权而凌驾于节度使之上的节度使。这是一件新鲜事、一种新制度，乃由肃宗朝所创，是汲取了以往节度使权力过大以致威胁中央政权稳定的教训，目的是调整节度使的权力结构，削弱其兵

---

1. 都统：各道出征兵士的军事统帅。类似于今天的大军区司令。属临时性军事长官，不赐旌节，事毕即罢。

权，加重行政管辖权。

由于这是一项新举措，都统如何得当，节度使又如何被统，皇帝不很清楚，李岘也说不明白。但对于肃宗而言，他心里明镜似的——如此重要的差事只能交给李家人；对于李岘而言，有一点也非常明白，那便是三镇节度使必须臣服于他，听命于他，受挟制于他。

因此，都统地位殊异，骄横不羁，是不含糊的。

现在，颜真卿被擢拔为浙江西道节度使，其学识、德行和才干，朝野上下闻名，又得今上信任和青睐，李岘怎会不知？

李岘是一个权术高手，他盘算过了——欲将三镇节度使"统"之，必先将颜真卿"统"住。如此，其他如淮南、江西两镇，乖乖听命自不在话下。

就这样，刚刚上任的颜真卿已经被李岘"盯"上了。

常言道，欲加之罪，何患无辞？

等待颜真卿的就是这样的命运。原本为社稷、朝廷着想，修缮甲兵、抚恤将士、巡视要津，以及加强水陆战备的勠力之为，反成了李岘的"把柄"。李岘密奏朝廷，说颜真卿无事生非，捕风捉影，为所不该为，扰乱人心。

李岘能如此做是预先谋划、做了准备的——朝中有他的接应人。此人不是别人，乃殿中监[1]、太仆丞[2]，总揽朝政的大宦官李辅国，二人素来沆瀣，互为狼狈。

李辅国，本名静忠，原是一位飞龙小儿。何为飞龙小儿？原来唐时，皇家的马厩叫作飞龙厩，在那里服杂役的人泛称"飞龙小儿"。这些人并不单是饲养、调习御马，还会使枪弄棒，训练有素。说白了，他们不只是内侍之人，还是一支由宫中太监组成的精锐的骑兵部队。

---

1. 殿中监：古代职官名。员一人，从三品，为殿中省长官，管理皇帝衣食住行等生活事务。
2. 太仆丞：太仆的副职，总管衙署内部事务。

　　李辅国长得极丑，丑到晚上出来很容易吓到人，上司太监便给他安排了一个基本不怎么用见人的差事——在宫廷马厩养马。他四十多岁的时候还是一个默默无闻、没有任何成就的一般太监。

　　命运之神眷顾于他。

　　那一年，李辅国被差遣负责伺候皇帝身边头号太监高力士。李辅国十分珍惜这份工作，起早贪黑，没日没夜地殷勤侍奉，高力士很是受用。高力士还发现这个干活不惜力的老太监除了武艺在身，还粗识文字，读过几本书，做事也有主意，而且还会筹算（记账算账），浑身上下净是优点。以前怎么就没有发现呢？

　　一般来说，太监的出身皆为贫苦之家，能有这等本事，那是太监队伍中的凤毛麟角，实属稀见的了！于是，高力士对其予以提拔，把掌管皇家马厩的账簿的要职交给了李辅国。李辅国把御马养得膘肥体壮，还节省了不少草料钱，工作十分出色。经分管马厩事业的王鉷荐举，他竟入东宫服侍太子。做太子的贴身太监，可是了不得！王鉷即前文交代过的，当年李林甫与杨国忠角斗之中的那位牺牲品。

　　这是李辅国自高力士提携之后的又一次机缘，也是最为重要的机缘。

　　他参与了陈玄礼谋诛杨国忠、杨玉环的马嵬坡事件。特别是在支持太子李亨登基这件事上，是立下汗马之功的。李辅国对太子李亨说，除掉杨氏兄妹还不是最后高兴的时候，眼下有一个可以摆脱李隆基、另立门户的机会，就看太子敢不敢去争取一下了。

　　当然，这个机会风险极大：失败了，会丢掉现有的一切；做成了，就前途无量，名垂青史。

　　李亨问道：什么机会？

　　李辅国遂如此这般献计于李亨。

　　怎么样，殿下干还是不干？

　　李亨沉思一阵，大声叫道：为什么不干？我干！

与其说是叫，不啻是吼出来的，是长久压抑后的爆发。

这便是太子李亨北上朔方登基前的谋划。

自此，大唐开始脱离李隆基的车轨，走上了李亨道路。

李辅国深得李亨信赖，被赐名李辅国（原名李静忠）。李亨即位后，李辅国更是被用为心腹，任以股肱之职。

此人外表恭谨寡语，内里却狡诈阴险。他不吃荤，常装出浮屠之样，人以为其柔良，不加防备。

自至德年间，李辅国操权，朝中诏令、文奏、印信符契乃至晨夕军号，一应事务皆须经他之手，朝廷敕令也由他签署，甚至三司和州府的刑狱之事也向他咨禀，处罚量刑皆他说了算。信口为制敕，先斩后奏的事情屡见不鲜。

因为专权，又掌管禁军，李辅国权倾四海，举朝无人敢于发声。

一切如李峘所愿，李辅国接到密奏后，添枝加叶，帮其说话，圣上果真认为所奏属实有理。

黑白、真假就这样被颠倒了！

肃宗在宗室血亲、皇亲国戚与忠诚、勤勉、才干轶群的颜真卿之间，宁愿相信李峘及李辅国谗言，而不能秉持公道、清明决断。

当初擢拔颜真卿时，肃宗的那些赞誉与信任哪里去了？早抛至九霄云外了。肃宗如此食言无信，出尔反尔。

可叹颜真卿的一片赤诚！

乾元三年（760）正月，圣旨传下，颜真卿被召回京城，改任刑部侍郎，其间不过七个月的时间，颜真卿原本的那份抱负和理想化为乌有，真乃黄粱一梦！

乾元四年（761）十一月，果然不出颜真卿所料，刘展于宋州反叛，率本州全部七千兵士南下，突袭广陵，渡长江攻陷润州[1]，招降升州，再

---

1. 润州：今江苏省镇江市。

克宣州[1]，直取湖州。

时间不长，刘展的兵力骤然集聚，兵勇万人、骁骑三千，横行于江淮，烽火连天。濠、楚、舒、和、滁、庐[2]等州先后陷落。

当初，安史之乱主要乱在北方，兵燹之害并未殃及江淮。而刘展之逆将那里的人民推入战祸，百姓无辜，流离失所，遭受荼毒，令人痛惜。

事实胜于雄辩。此时，肃宗才明白过味儿来，下诏处置李峘，贬谪为袁州司马。李峘不久抑郁而病，死于袁州。

57.《与蔡明远帖》

颜真卿返回长安的日程临近，却遇盘缠不足，甚至于交接公务期间，竟陷入"阖门百口，几至糊口"的窘境。

说来令人难以置信：颜真卿是刚刚卸任的地方大员！何至于此？

原因有三：一是颜真卿平日夙夜为公，心系政务，家计之事，柴米油盐，吃喝用度，从不过问。二是颜真卿为官向来清明，不营私、不敛财、不受贿，一身廉洁。三是升州连发洪灾，农桑凋敝，米价暴涨，贪官竟与百姓抢粮，致使饥民揭竿而起……

颜真卿临危受命，遭遇艰难。

如何是好？

幸有在饶州的僚属蔡明远"不远数千里，冒涉江湖"，以钱粮相济，

---

1. 宣州：今安徽省宣城市。
2. 濠、楚、舒、和、滁、庐：濠，濠州，治所在今安徽省凤阳县。楚，楚州，辖境相当于今安徽省蚌埠市和滁州市一带。舒，舒州，今安徽省潜山县。和，和州，今安徽省和县。滁，滁州，今安徽省滁州市。庐，庐州，治所在今安徽省合肥市。

才解了饮食与盘缠之忧。

蔡明远乃世家后代，曾在饶州州署任校尉长。颜真卿在饶州任上，蔡明远作为属下，跟随左右，协助办案。颜真卿外出调研之时，他也随其访贫问苦，体恤民情。

因饶州治理有方，四野安定井然，成效卓著，蔡明远看在眼里，记在心上，对颜真卿极为敬重、仰慕。

闲时，二人也一起吟诗作对，虽为主官与下属，却关系融洽和乐。

当蔡明远得知颜真卿"绝粮于江淮之中"的消息，心中万分焦急。怎么办？他毅然变卖家产，筹措银两，购得一批粮食，紧急调集船只，日夜兼程，亲自将钱资、粮米送往升州。

真是雪中送炭，解燃眉之困。

蔡明远的到来让颜真卿大为感动！他原本也是试试看。谁料蔡明远竟这般走心，这等给力，这样重情！

颜真卿出发之日，蔡明远沿江送行，由长江入邗沟，直送至扬州以北数十里处才与颜真卿依依惜别。

烟波浩荡，波涛拍岸，船行异常颠簸。

行船之上，颜真卿心情亦如江水之波，感慨良多，心绪起伏不平，不由得写下《与蔡明远帖》，是表达谢忱，是追忆友情，也是诉说难言的隐忧和无奈，写得词恳情切：

> 蔡明远，鄱阳人。真卿昔刺饶州，即尝趋事。及来江右，无改厥勤，靖言此心有足嘉者。一昨缘受替归北，中止金陵，阖门百口，几至糊口。明远与夏镇不远数千里，冒涉江湖，连舸而来，不惮暑刻，竟达命于秦淮之上。又随我于邗沟之东，追攀不疲。以至邵伯南埭。始终之际，良有可称。今既已事方旋，指期斯复。

颜真卿于信札的最后嘱咐蔡明远道："江路悠缅，风涛浩然，行李之间，深宜尚慎。"这是由衷的记挂，深情的叮咛……

　　信札虽短，却记述了蔡明远的一片冰心，也于不经意间为后世留下一幅书法珍品。

　　《与蔡明远帖》又称《报蔡明远帖》《蔡明远帖》。信札作于行旅，命笔仓促，选择行书体式，与书者情绪、时间和场合极为契合，于书法的艺术而言，是"笔随心境"的最好体现。试想一下，倘若以楷体而书，其四方平正、八面端严，虽也可以抒发心性，可这是一番什么情景？至少船行颠簸的境况是很难协同与把控的，弄不好行不成行，列不成列，甚至歪歪扭扭、七长八短的，也未可知。

　　同时，作为行书抑或草书，颜真卿此作与先前的《祭侄文稿》《祭伯父濠州刺史文》很不相同，后两者属"文稿"体，又是祭奠、追悼的内容，行、草甚至楷体杂糅，以行为主，借以表达一种强烈、复杂的哀痛，是一种深切绵长的缅怀情绪。《与蔡明远帖》亦是行书，却是行书中之蕴藉、舒卷、隽永的风格，是言友情、叙旧谊、表达感谢，是义深厚、谊温润的情绪。

　　若仔细品鉴会发现，其笔意和字形明显地展露出"二王"衣钵和两晋风度，又极富浑然、健硕的个性。加上此乃舟行之作，受风浪颠簸的影响，不似书斋殿堂，静谧优雅，闲庭信步，因而结体和运笔是开张不拘、形散意连的，如此而书反倒洒脱天然。

　　书史有评："鲁公做人坚刚如铁，乃于朋友之间万分委至，故知千古真君子未有不近人情者也。"[1] 其中"万分委至"四字，真是评得到位——心中有波澜。宋代黄庭坚一向是颜真卿的拥趸者，对颜真卿的研究、了解堪称品察入微，他对此作十分赞服，评"其笔意纵横，无一点尘埃气"。"尘埃气"，极言颜、蔡二人的友谊的纯粹、真挚、清澈，可谓一尘不染。

---

1. 王澍：《竹云题跋》。

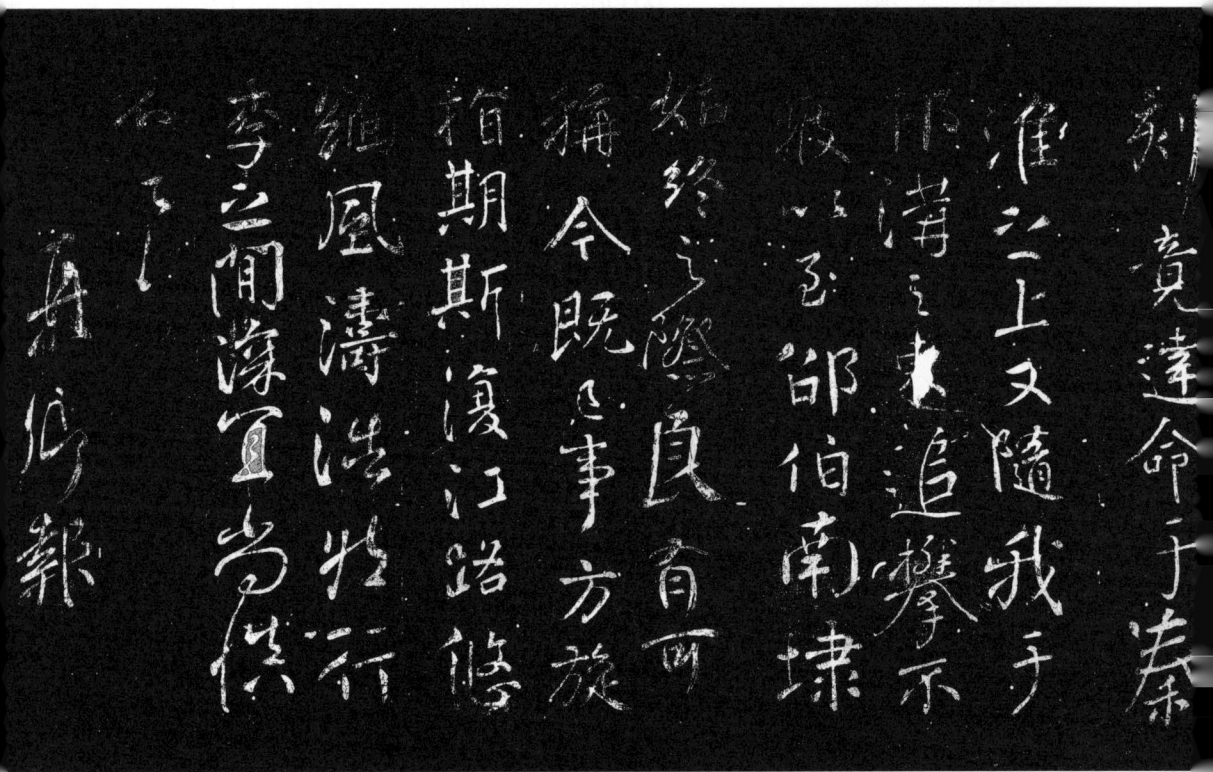

《与蔡明远帖》

唐·颜真卿撰书，行书，信札，拓本，乾元三年。高 16.5 厘米，宽 35.6 厘米。22 行，计 138 字。
藏于浙江省博物馆

与蔡明远帖

蔡明远鄱阳人
真卿昔刺饶州即
尝趍事及来江右
无政屈勤请言山
~有旦夕者一昨
缘受替归北中止
金陵阖闾百口
几口阙口阖远
口复镇不□□
千里□渡江湖□

前人的评点真是切中肯綮。"坚刚如铁""万分委至"与"无一点尘埃气"又何止于百余字书作之上？书者的品性才是其本。

蔡明远的大义，颜真卿的德政贤风，以及两人的情谊弥天亘地，已成为一段佳话，更是凭借珍品书帖而令后世竞相仿传。

58. 黜蓬州

长安不宁，倒不是叛乱与战祸，而是宫廷内卷。

颜真卿自贬冯翊（同州），再入刑部任侍郎，离京已是两年有余，物是人非。椅子还未坐热，颜真卿就又遭贬，原因是牵涉了玄宗与肃宗父子之间的矛盾。

乾元三年四月十九日，肃宗赦天下，改年号为上元。

这一年六七月间，玄宗与肃宗父子之间原本微妙的关系因为一件事情而公开破裂。

唐代长安城中共有三处皇家宫殿，合称为"三内"。大明宫称为"东内"，为正宫；太极宫称为"西内"；兴庆宫称为"南内"。玄宗未登基前，其藩王府就是兴庆宫原址。登基以后，玄宗没有去大明宫，而是斥巨资翻修、扩建藩王府，其规模与豪华堪比其他两座宫殿。修竣之后，起名兴庆宫，取"兴国安邦，普天同庆"之意。玄宗就一直在这里理政、起居。

玄宗自蜀地回长安后，仍住兴庆宫。

"三内"之间皆有间隔，不要小觑这些许的间隔，在两代皇帝的心里，却是硕大的空间：你当你的皇帝，我做我的太上皇，相安无事，倒也自在。

兴庆宫内有长庆楼南临大道，玄宗常常登楼观览，过路的百姓见到太上皇仍行礼下拜，高呼万岁，玄宗很是受用。赶上太上皇兴致好的时候还在楼下赏赐酒食。赏赐酒食也就罢了，玄宗还召见过重臣，比如将军郭英乂等人就曾上楼饮宴。

这还得了！

专权于朝中的李辅国得知这个情况坐不住了，他要报复。好好的，何至于意欲报复呢？因为玄宗身边的左龙武大将军[1]陈玄礼、总管太监高力士等人素来不待见他。李辅国怀恨在心，这口气岂能咽下？现在机会来了！他便将此事发酵——煽动、挑唆肃宗，说太上皇住在兴庆宫，经常与外人交往，这可是一个不小的隐患。

言语至此，并未打住，上纲上线的还在后面——太上皇宴饮宾客乃至重臣都是小事，严重的是太上皇身边的高力士、陈玄礼等人心怀叵测，他们撺掇太上皇图谋复辟也未可知。此话一出，立即触到了肃宗的痛楚，也是肃宗最揪心的一块心病。

于此来看，玄宗单独住在兴庆宫很不妥，离百姓的街坊太近，墙垣也低矮，这是很危险的，"非至尊所宜居"，应该迎太上皇入"京大内"而住，以绝后患。

肃宗听后觉得很有道理，父皇在那儿又是宴请，又是召见，人来人往，很不安分，要干什么？

可真的处理起来又太敏感，很棘手。

肃宗忧心忡忡，并未采纳。

"京大内"是哪里？"京大内"是原太极宫的别名。唐朝开国之时曾做正宫，到高宗的时候修建了大明宫，就把"京大内"改称太极宫，也即后来的别称"西内"。相比较而言，"三内"中，"西内"光华已逝，成明日黄花。

---

1. 左龙武大将军：唐代北衙禁军统兵长官之一。唐设左右龙武军。各置大将军一人，正二品；统军各一人，正三品；将军三人，从三品。掌统北衙禁兵，督摄左右厢飞骑仪仗。

见肃宗未听劝告，大胆的李辅国便擅自行动了。

兴庆宫占地很大，养了三千匹马。李辅国假托肃宗之命，派人入到兴庆宫将马牵走，只留下十匹。这是给玄宗看的——我李某人想怎么做就怎么做，根本不把你老皇帝放在眼里。

与此同时，李辅国还指使大内禁军将士向肃宗哭诉请愿，试图"逼"迫肃宗迎太上皇迁居，以求内外夹击之效。

这一次，肃宗像是犹豫，仍未答应，还当着众人的面垂泪哭泣。

李辅国见状，进而唆使道："陛下为天下主，当为社稷大计，消乱于未萌，岂得徇匹夫之孝！"

这意思是说，肃宗的孝道太狭隘了，应该以社稷为重。

两次劝说加举措均未果，李辅国仍不罢休，变本加厉，于七月十九日再次假托肃宗之意，以"迎驾"太上皇出外游赏太极宫为由，直接诱骗太上皇迁居——当李辅国"陪着"玄宗到达睿武门时，事先安排于此的五百骑马弓箭手拔刀出鞘，将太上皇拦于当路。李辅国佯装不知，上奏玄宗：因兴庆宫低洼狭小，皇上迎接太上皇迁居"京大内"。

此番阵势和此番话语，惊得玄宗险些坠落马下。

随行的高力士厉声斥责李辅国无礼。

然而，训斥又有何用，眼前的一切显然是一个"坑"。

形势比人强。玄宗无奈之下只得依从，迁居太极宫，住在甘露殿。

此时，"西内"只留下来数十个衰老的侍卫，原来兴庆宫的公主、宫女一概遣散。陈玄礼被迫辞官，高力士流放黔中道，曾经不可一世的玄宗落得孑然一人，孤独愁闷，再无往日意气。

事后，李辅国率六军假意向肃宗请罪。

肃宗不仅没有责罚他，反予安慰，还特别赞许李辅国所为是遏制小人蛊惑太上皇，防微杜渐，护佑大唐安宁。

史称李辅国矫诏，实际上，李辅国的忤逆之举正中肃宗下怀，肃宗只是碍于所谓大义及孝道压力，不敢明目张胆地操作罢了。说白了，前

唐代长安城示意图

前后后，肃宗一会儿犹豫，一会抹泪，莫不是肃宗与李辅国主仆二人合导的一出迁宫之戏？李辅国借此报了私仇，肃宗则去掉一块心病，太上皇难再生事，主仆二人各得其所，好不惬意。

时任刑部侍郎的颜真卿也目睹了"迁宫"事件，于是，一贯正道直行的颜真卿坐不住了，认为此举非常不妥：有违天下孝道，有违大唐国礼。颜真卿遂率百僚联署上表，请肃宗过问太上皇的起居饮食。

颜真卿的联署上表触怒了李辅国，也无异于质疑肃宗——孝道何在？肃宗愤愤不快，李辅国怒恨烧胸。

实际上，玄宗迁居西宫原本就是一桩阴谋。既是阴谋就见不得天日，怕被人揭露，让世人知晓，于是他们用尽手段，千方百计地堵塞视听和言路。

你颜真卿真是不识相，不知好歹，非要当这个带头老大。

正在肃宗与李辅国双双尴尬、愤恨，琢磨着如何惩处、复仇的节骨眼上，忽有御史中丞敬羽上表，毁谤颜真卿"言事忤旨"——指颜真卿联署上表，责问肃宗"孝道何在"之事。

"言事忤旨"的罪名可是大了，乃大逆不道，违抗圣上旨意。

敬羽是朝野上下出了名的酷吏。此人相貌丑陋，人品极差，喜欢逢迎谄媚、窥测上峰意旨行事，以苛刻征敛、盘剥而求取晋升。当初，肃宗灵武登基之际任用他做了监察御史，很受信任。敬羽狠毒，制作了一种大枷刑具，材料是非常沉实的榆木，囚犯用上之后即刻气闷而死。敬羽还发明了两种刑罚方法，一是让囚犯仰卧在地上，用门闩碾压其腹部，称作"肉馎饦"；二是在地上挖坑，用带刺的白棘枝条填塞坑底，再将破席子盖在上面，然后把囚犯引到席上审讯，犯人势必会落入坑里，致万刺戳身。

敬羽不但心黑手狠，还是聚敛钱财宝货的高手。

敬羽的表章真是时候——与肃宗心思合拍，也与李辅国复仇合意。

敬羽所为是不是事先受人指使？尚不可知。

丽苑门　　　　跃龙门　　　　芳苑门

瀛洲门　　　　新射殿

仙云门

金花落

夹城复道

南薰殿

沉香亭

龙池

兴庆门

兴庆殿　　　　交泰殿

金光门

五龙坛

大同殿

龙堂

翰林院

大同门

金明门

睿武门

花萼相辉楼　勤政务本楼

明光门

长庆殿

通阳门　　　　明义门

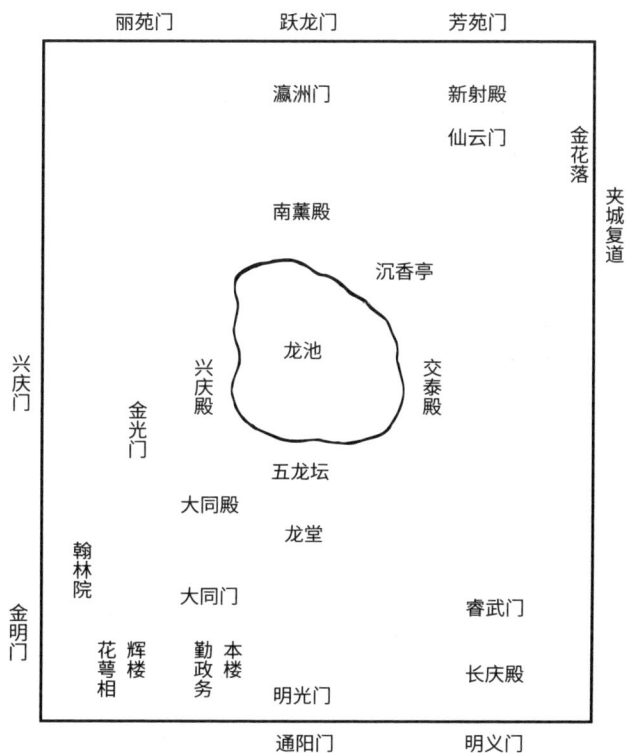

兴庆宫示意图

　　颜真卿撞到了枪口上是毋庸置疑的。

　　八月，诏书下达，颜真卿被贬黜蓬州[1]任长史，所罚够狠。

　　蓬州乃州郡之下州[2]，距长安二千余里，相去天渊。长史的官阶只正六品下，一夜间，颜真卿由四品刑部侍郎跌回到稗官。

　　颜真卿是真真地卷入玄宗与肃宗父子间的派系斗争了。

　　从维护孝道、恪守仁善的正统儒家思想来说，颜真卿联署上表的做

1.蓬州：治所在今四川省仪陇南。

2.下州：州的等级之一。唐制分七等，即辅、雄、望、紧、上、中、下。

法无可厚非，正当且正义。

然而，"聪明人"既不这样看也不这样做。太上皇住在哪里，日子过得好不好，满朝文武皆知，那是皇帝的家事，与一个外姓的臣子有何干系？联署上表绝非识见高明之举。"愚人"颜真卿却蹚了这浑水。

难道颜真卿真的不明白其中就里吗？

显然不是。

既然知道，为何还要蹚浑水？

因为在颜真卿看来，"迁居"只是借口，真实的情况是李辅国与肃宗沆瀣一气，演了一出双簧——李辅国借肃宗之名清除了陈玄礼、高力士等一干政敌；肃宗则由此真正控制了太上皇行踪，彻底消弭了太上皇残留的政治余温，自此可以高枕无忧了。

事实上，颜真卿与一班朝中之人联署上表，请李亨过问太上皇的起居饮食，果真为的是老人家起居饮食这样鸡毛蒜皮的事情吗？显然不是。

于此就是个说辞，真正要表达的是朝野上下正直、正义的臣工们对奸佞专权、肆意妄为、朝纲紊乱、风气不正的不满，是对社稷安危的堪忧。

当然，即便"迁居"是帝王的家事，"愚人"颜真卿的格局和站位比那些"聪明人"还是大且高，他有自己的见解——与庶民百姓的家事不同，李家的家事即社稷江山大事，做臣子的岂可袖手旁观？不行，要去管，且义不容辞，责无旁贷。

这就是颜真卿，可怜亦可敬，真乃不俗之至。

59.《离堆记》

"噫吁嚱，危乎高哉，蜀道之难，难于上青天！"李白《蜀道难》

一开篇就以感情强烈的咏叹，极言蜀道之高危难行。全篇笔法变化，淋漓尽致地刻画了古老蜀道之高峻、峥嵘、崎岖。

上元元年（760）八月，颜真卿南出朱雀门，舟车入蜀，赴蓬州上任。

途径阆州新政县[1]，颜真卿在此与兵曹[2]鲜于昱相遇。鲜于昱请颜真卿为其父鲜于仲通撰文并书《鲜于氏离堆记》（又称《离堆记》）。

何为离堆？离堆是一种自然景观，指被河曲所环绕的孤立山丘。新政离堆位于城西南的嘉陵江西岸，峻然卓立，如刀斧斩劈一般，有奇峰异石，湍流出山，景色颇为壮观。

鲜于氏乃"蜀人推为盛门"的望族，祖辈生于北方，唐初的时候因仕官定居于此。鲜于家族中最出名的是鲜于仲通、鲜于叔明兄弟。鲜于仲通历任御史中丞、剑南节度使、京兆尹等官职，后被贬。鲜于叔明历任川东节度使，遂州、梓州刺史及京兆尹。鲜于兄弟皆在蜀任过职，二人一道开凿了离堆上的石堂（石屋）。

颜真卿之所以应承鲜于昱之请，是因为颜家与鲜于氏向为世交，有通家之好。天宝年间，颜真卿在御史台供职时，鲜于仲通兼御史，二人为同僚；颜真卿的从兄春卿之子颜纮曾任阆中县尉，鲜于仲通对他有过照顾；肃宗一朝，鲜于叔明又与颜真卿二兄允南、弟允臧为台省同僚。

同时，鲜于仲通是一个忠于社稷、慷慨仗义、乐善好施之人。不仅如此，鲜于仲通还养蒙学文[3]，如此高雅脱俗的品行是深得颜真卿认同的。二人同朝共事，情谊甚笃。

现在，遇见故交之子，颜真卿感到格外亲切。两辈人抚今怀昔，感慨万端，颜真卿遂欣然命笔，写下七百九十言的《离堆记》。

文中描写离堆的位置、山势和离堆石堂的形制及周围景色，介绍鲜

1. 新政县：治所在今四川省仪陇县新政镇。
2. 兵曹：地方军事长官，在府称兵曹参军，在州称司兵参军。
3. 养蒙学文：以蒙昧自隐，修养正道。

颜真卿《离堆记》（局部）

于仲通其人及颜氏与鲜于氏的通家之谊。

　　两年后，鲜于家族延请名匠，将颜氏之文刻于离堆山摩崖上。在此之后，颜真卿又为鲜于仲通撰并书了《鲜于仲通神道碑铭》。

　　对于颜真卿来说，《离堆记》这通作品有着特殊的意义，特殊在于这是颜真卿少有的摩崖大字作品。

　　摩崖者，是指刻在山崖石壁上的碑文、经文、诗赋等文字。因为载体不是通常的碑石，而是巨大的山体，如此形制即构成《离堆记》突出的形式特色——逼着书家须写大字，否则易与山崖之博大体式不相匹配。

　　从书法的技法角度说，书写大字比写小字要难，其原因在于：一是大字一旦超过三寸，视野渐宽，目力难及，便影响了心手的驾驭。二是大字书写，握笔不能枕肘，须挥动胳膊，运笔开张，格局务须阔达。小字则不然，不论是寸大之字还是蝇头小楷，书写之间皆为臂力与视力控制之内，相对而言即容易许多。

　　对于颜真卿来说，写大字本不是难事，他自少年时代就曾于墙上习字，驾驭大字乃其所长。《离堆记》字大三寸，大而开张，大而沉雄，

州薦寢尚舍
太無與来
都何食知偕克然也儼

大而森严，正好满足摩崖形制的要求，山体与字体吻合，其形式美感不言而喻，格外凸显。

形式固然重要，书者心境更是创作的要素。比之平原的军政倥偬，凤翔的整治朝纲，冯翊、蒲州、饶州的治理一方，此次遭贬蓬州阅历更为丰富，心境也更趋平和，焦虑、急迫的情绪转变为从容、淡定。直白而言，就是颜真卿抗打击的能力越来越强，由此带来的是笔力雄浑，筋骨内含，结体疏朗，神韵盎然，气势非凡。

《离堆记》虽不是定型的、最终的颜体，却更趋接近。换言之，离那个巅峰的颜体已经不远了。

书写《离堆记》及为鲜于仲通拟写《鲜于仲通神道碑铭》，是一次关于世交旧谊的记写，以及对碑主生平事迹的颂评。这原本是一件再平常不过的事，却因为鲜于仲通与杨国忠的瓜葛而招致后世对颜真卿的诟病。这是颜真卿不曾想到的。

有人认为，鲜于仲通是杨国忠的党羽，给这样的人书碑写记，实乃识见不辨清浊。颜真卿这样一位朝野皆晓、爱憎分明、正直刚毅之人尚且"不辨清浊"，那么其他人又当如何看待呢？

事实上，这里面包含了误解。

所谓"党羽"何见？

一是杨国忠确曾任过新政县尉，鲜于仲通的确给予过他资助。杨国忠飞黄腾达之后，感恩图报，遂荐举鲜于仲通任剑南节度使。鲜于仲通率兵征讨南诏时打了败仗，此后迁任京兆尹。由此可知，鲜于仲通确实得到了回报。

二是杨国忠任宰相时掌管铨选，中选的人有好事者，拟立碑于尚书省门外，为的是颂扬"圣主得贤臣"。所谓"贤臣"即指杨国忠。碑文是朝廷敕鲜于仲通撰拟的，玄宗只改数字即勒石上碑。

上述两条确系实锤。然而，误解亦在其中：

首先，鲜于仲通资助杨国忠时杨尚未发迹，不过是一介县尉，何谈献媚？其未来生死、荣辱、穷达究竟如何，谁能知晓？只有天知道。

再者，鲜于仲通乐善好施，资助的人多了，岂止杨氏一人？

最后，鲜于仲通撰写"圣主得贤臣"碑文是奉旨而为，不属于主动请邀，谈不上阿谀，真若拒之不写，能成吗？

史上的鲜于仲通在京兆尹位上"威名素重，处理刚严"，十二年后因违忤杨国忠被贬邵阳司马也是史实。

因此说，颜真卿是人不是神，不可能预见后世如许瓜葛，当时其所为不过是关于世交旧谊的书写，以及惺惺相惜的同情与赞扬，皆属人之常情，无可置喙。

颜真卿此次遭贬反倒心态平静、意志弥坚，达到了"乐道自怡，不以介怀"[1]的境界。

在蓬州期间，颜真卿不改本色，作风依旧亲民，走贫问苦，救灾恤患，深受百姓爱戴。老百姓认可这位父母官，颂扬他的德行。

颜真卿在蓬州不到三个月之时，消息传来，宋州刺史刘展果然起兵

---

1. 殷亮：《颜鲁公行状》，《全唐文》卷五一四。

造反。事实证明颜真卿于升州任上的预判和防范是正确的，朝野上下无不称赞颜真卿。有人给他出主意，上表质问李辅国，是李峘鼠目寸光、心术不正，还是李辅国、李峘与刘展勾结，纵容邪恶？

颜真卿心眼大，人厚道，谢过大家的好意，一笑了之，不放在心上。

60. 与李白的交集

"天生我材必有用，千金散尽还复来。"

此诗一出，无须迟疑，"诗仙"李白的形象立即活现于人们的眼前。何等豪迈，何等洒脱！

李白是个天才。颜真卿与这个天才是同时代人。

李白生于武则天大足元年（701），颜真卿生于中宗景龙三年，李白长颜真卿八岁。

李白与颜真卿，抑或颜真卿与李白，二人有无交集？如果有，他们的交集又是什么样的呢？

彼时，二人的身份和才艺都很有一些社会影响了：李白在文人堆里诗声甚高，也好书法，还是"酒中八仙"；颜真卿于朝野内外官声不小，又是文章高手，书法更是声名远播，相互间都是在一个大圈子、大江湖上混，还能没个耳闻和亲见？

然而，细细盘点李白与颜真卿的生辰和入朝做官的时间，才发现李、颜二人几乎没有在同一时空出现过——李白入朝的时间是唐玄宗天宝元年，时年四十二岁。颜真卿铨选入仕是开元二十四（736），那年颜真卿二十八岁，早李白入朝六年。此后母亲病故，颜真卿丁忧三年，于天宝元年十月回朝，改任醴泉县尉。同年，李白入朝做了翰林待诏，颜真卿此刻不在朝中。

李白做了三年待诏即辞官离朝，他走的时候，颜真卿迁任长安县尉。

在朝中任职的时间没有交集，其他时间呢？

李白与颜真卿的年龄只有八岁之差，而入仕为官的时间及职位职级却是悬殊的。

为什么？与李白命运不济有关。

李白祖籍陇西成纪（今甘肃秦安），他的出生地很是蹊跷：生在蜀地是一个版本，生在西域碎叶（今吉尔吉斯斯坦境内）又是一个版本。后者多为学界认可。

李白的父辈去西域碎叶经商，因边疆连年征战，两地阻隔，便未能回到老家，以后几经辗转方落脚于蜀郡绵州昌隆县。一家人恢复了汉姓，也回归故国，却属"偷渡"而来，上不了"户口"，遂沦落"客籍"，连父亲的名字都叫成李客。李白成了"黑孩子"。

在唐代，科举考试是要通过资格审查的，甚至包含政审，并不是什么人都可以参加的：无户籍的人不得考，父母经商的不得考，家人中有前科的不得考……还有其他条件。

李白很不幸，几个条件中，他竟占了其中的三条——黑户口，父亲是商人，祖父坐过牢。

李白很可怜、很无辜，最无辜的是，他不能正常参加科举考试，参加科考的权利生生被剥夺了。与他的同辈人相比，他一下子就被甩出去很远。用今天的话说，输在了起跑线上。

幸好，李白天资聪颖，有父亲提供的优渥生活，早年的启蒙教育并未耽搁。他五岁诵六甲[1]；十岁开始阅读诸子百家之书；十五岁的时候已经学有所成，可以吟诗作赋了。李白不仅书读得好，还习剑术，据说颇

---

1. 六甲：即天干地支表。古代用天干地支相配计算时日，其中起头是"甲"字的有六组：甲子、甲戌、甲申、甲午、甲辰、甲寅，故称。

有造诣。十八岁他开始游历各地，开阔眼界，长了见识。二十四岁的时候，青葱阳光的李白辞别父母家人去往更远的地方闯荡谋生。

史上，特别是文学史总把李白定义为浪漫主义诗人，世人也是这么认识他的，这不错。但李白的骨子里认定吟诗作赋谈不上职业，他的理想和抱负是以自己的才学为社稷效力……

因此，李白给自己擘画的人生蓝图一点儿也不浪漫，实在得很——实现抱负，出人头地，唯有入仕为官。

科举这条路被堵死了，剩下的只有拜谒求官了——他四下打探，八方疏通，作了很多诗文，写了很多信，托了很多人，结果如石沉大海，杳无音信。

有一次，李白与贺知章搭上了线。这是一条很硬的线，贺知章在朝中的地位和影响力足够大——礼部侍郎，部门副长官，正三品的大员，且深得玄宗赏识，是能与皇帝说得上话的。

李白赶忙献上自己的诗作，贺知章读了《蜀道难》《乌栖曲》，大为赞赏。因为忘记带钱，贺知章连忙解下身上皇帝所赐金龟，吩咐手下拿去换酒。贺知章一边与李白喝酒，一边对李白说：你莫非是太白金星下凡？

自此，李白的名号里便有了"谪仙人"。

两人很投缘，李白的才华又得贺知章认可，按说举荐的事应该没问题。然而结果出人意料，贺知章没有去做。

就在李白前途看不到亮的时候，有人给他送去一束光。送光亮的人不是别人，是玄宗的女儿玉贞公主。玄宗很重亲情，公主的话他是在意的，是她在父皇面前夸耀了李白。

竟有这等人才？玄宗闻知很是惊讶，速调李白诗赋一阅，果然称绝，遂召李白入宫。

李白进宫朝见那天，实乃风光。玄宗老远就下轿迎上前去（降辇步迎）。吃饭的时候，玄宗请李白坐于镶满珠宝的床榻（以七宝床赐食于前），还亲手调制羹汤递到李白跟前请他用……翻看历史，骄傲的玄宗还曾给过谁如此礼遇？

君臣二人聊兴甚高，玄宗所问，李白皆对答如流，玄宗甚是满意，如获至宝，遂命李白为翰林待诏。

终于盼到这天啦，李白入朝为官，如愿以偿。

这一年是天宝元年，李白四十二岁。

翰林待诏是个什么职位？说出来难以置信。实际上玄宗交给李白的活儿就是陪奉在自己身旁，每有宴请、郊游或其他文化活动，必命其侍从，以其诗才，赋诗纪实，供皇帝娱乐。

这个职务有品阶吗？几乎没有。尽管没有品阶，没有官衔，也很无聊，很多人却趋之若鹜。因为这个差事可以亲近皇帝，容易得到提拔，尤其对于李白这种有才学而没有科举背景的人，是一条捷径。

几天的快活之后，李白醒悟过来：说是入朝了，是朝中之人，却又不像是朝中之官。翰林待诏，待诏、待诏，无非是皇帝佐乐用的文学侍从，是陪皇帝游玩享乐的人，这也是官吗？至少在李白心目中不是！这与他"大鹏一日同风起，扶摇直上九万里"的远大抱负相去甚远！李白渴望的是参政议政，"奋其智能，愿为辅弼，使寰区大定，海县清一"（李白《代寿山答孟少府移文书》），这样的愿望岂是翰林待诏可以承载的？

陛下就是这样看我李白的？

不管李白如何想，玄宗始终没有给他参政的机会。

这不是李白所要的存在感！

他开始工作倦怠，甚至懈怠，常常酗酒。有一次他喝得酩酊大醉，皇帝诏他不到；还有一次陪侍皇帝出席宴请，客人尚未喝好，他已烂醉如泥，太不上台面了。

李白写诗"借问汉宫谁得似，可怜飞燕倚新妆"，有人对皇帝说这是李白在影射杨贵妃。

还有，李白曾于醉酒之时起草一份重要文书，脚有不适，他便让一旁的高力士帮助脱靴。这便是民间流传的"李太白醉酒草诏戏力士"的故事。

一桩桩的大事小情，加之谗佞之言，彻底把玄宗惹怒了。于是，皇帝把李白赶出大明宫，逐出长安城！

也有说，是李白主动提交辞呈的，他既厌恶这份差事，也觉察出玄宗对自己的疏远，与其让老板辞你，倒不如自己辞老板，还可以保持文人的最后一丝尊严。

"赐金放还"，玄宗皇帝给了李白一笔数目可观的离职补贴。这既是皇帝惜才，也给足了李白面子，不枉君臣一场。

走就走吧，李白却心有不甘！

四十四岁的李白正年富力强，却又回到了二十年前的原点。

浪迹天涯，四海为家，吟诗作赋……苦闷但却自在。

安史之乱爆发了。

正在江南游历的李白以为报效国家的机会到了，他跃跃欲试。

然而事情并没他想的那么简单。等待他的是什么？他不清楚，更没有料到这是一场弥天大祸！

李白所在之地，行政与军事长官是永王李璘，他正在大张旗鼓地扩充兵马，广揽人才。当永王听闻李白正在自己的地界上，便效法刘备三顾茅庐，延请诸葛亮出山的求贤之举，盛邀李白入幕为宾。这一次的任务不同于当初做待诏，而是辅弼王爷军政，可以保靖安邦。李白终于有了报效朝廷、匡扶社稷的机会。

士为知己者死！李白爽快应允。

这一年，李白五十七岁，可谓老当益壮！

永王李璘是唐玄宗第十六子，肃宗李亨的异母弟，母亲为郭顺仪。郭氏死得早，李亨对弟弟亲爱有加，常常把李璘抱在怀中同睡，犹如兄长抚养。

做了太上皇的玄宗不甘心大权旁落，他盘算，自己虽然控制不了全国，但还可以控制南方，便利用交通、信息不畅的实际情况，仍在蜀地发出诏令。他暗中给李亨之外的几个据守南方的郡王授职授权，其中就包括永王李璘。玄宗加封他为山南、江西、岭南、黔中四道节度使，领江陵大都督，镇守江陵。

天宝十四载安禄山攻陷洛阳称帝，玄宗西逃。与此同时，永王李璘展开了声势浩大的出师东巡，这个举动不知出于什么目的，是为昭示大唐的力量，以威慑叛军，还是另有图谋？

殊不知，肃宗于灵武登基以来，一直有个心结化不开：虽说自己是既定太子，接班没有悬念，但自己在父皇西逃之际，先斩后奏地登基，到底欠妥。因此肃宗终日忐忑，担心的就是兄弟、亲王们借此生事。

肃宗李亨与永王李璘兄弟阋墙就在于此。

现在永王于江南舞刀弄棒的，几个意思？恰有人添油加醋，心里本就发毛的肃宗认定，这分明是在挑战自己的皇位，是公然的谋反，即便永王李璘是自己抚养成人的挚爱兄弟，也不能宽恕。

这便是史上著名的永王之乱。

性质既定，一个永王算什么？很快，唐军大破李璘，永王兵败被杀。这一回，李白摊上大事了，附逆证据确凿：有职务，有跟随永王东巡的行动，还有一组名为《永王东巡歌》的诗歌，有十一首之多。这些诗称颂永王，鼓之呼之，大造舆论。

除此，李白还不忘以东晋名相谢安自况，希望能像谢安在淝水大败前秦百万雄兵那样，施展自己的政治抱负，求得一番大作为。

然而，李白站错了队，押错了赌注。永王李璘很快身败名裂，李白的梦想也碎了一地。

李白逃了，于浔阳被抓下狱，后经御史中丞宋若思和宣慰使崔涣说情相救方免予治罪，长流夜郎 [1]。

长流，顾名思义，就是长期流放以至终老。

夜郎乃蛮荒之地，一个去了就别想回来的地方。一向乐天的李白不由得悲从中来，破天荒地写下"平生不下泪，于此泣无穷""天夺壮士心，长吁别吴京"的凄然诗作。

至此，李白究竟与颜真卿有没有交集？

从官场的角度考察未见痕迹。

其他渠道呢？

有一个关系纽带——"岑夫子"，就是李白《将进酒》中的岑夫子，其大名叫岑勋，是李白的好友，而岑勋与颜真卿是有过往的。当年长安千福寺落成的时候，那个记写建寺过程的"感应碑"，其撰文者就是岑勋，书丹的人就是颜真卿。千福寺的兴建是玄宗皇帝都下过敕令、拨过经费的。作为这么大的一件文化盛事，岑勋和颜真卿应属非常关键的两个人物，他们的一文一书（丹）可谓高手联袂，珠联璧合。因为颜真卿的书法名气太大，遮掩了大美文章，后人只知颜真卿却不知岑夫子岑勋。

李白与颜真卿，通过岑勋这层关系，相互之间不会没有耳闻吧？

其实具有这种纽带关系的人物何止岑夫子，还有颜真卿的书法老师张旭，颜真卿父辈的世交贺知章，颜真卿的诗友高适，李白的族叔、尤善篆书的大书法家李阳冰。彼时，但凡颜真卿撰文书丹之碑，几乎都是李阳冰撰篆额 [2]。他们堪为绝配的艺术搭档。

再说，李白的文集就是李阳冰整理的。这些名士达人都分别是李白的酒友、诗友、文友和亲友，层层叠叠，密密匝匝，关系套着关系，交游中都有机会涉及彼此，并关联他人。

只可惜李白与颜真卿的交集均未见到确凿的记载。

---

1. 夜郎：今贵州省桐梓县境内。
2. 篆额：用篆字书写碑额。碑额相当于一个"内容提要"。许多的碑刻历经岁月沧桑，碑身或许损佚，但由于碑额的存在，仍然可以知道碑主是谁或所铭何事。

倒有一个"野史"记录——安史之乱前夕李白游历至当时河北地界，曾经拜访过在那里做太守的颜真卿，并写下《留别于十一兄逖裴十三游塞垣》。史有记载，确有李白前往幽州其事，但途中是否遇到过颜真卿，便不好说了。

绕来绕去，有两件事是实的。

其一，李白写了一首诗，叫作《寄韦南陵冰，余江上乘兴访之遇寻颜尚书，笑有此赠》：

> 南船正东风，北船来自缓。
>
> 江上相逢借问君，语笑未了风吹断。
>
> 闻君携伎访情人，应为尚书不顾身。
>
> 堂上三千珠履客，瓮中百斛金陵春。
>
> 恨我阻此乐，淹留楚江滨。
>
> 月色醉远客，山花开欲然。
>
> 春风狂杀人，一日剧三年。
>
> 乘兴嫌太迟，焚却子猷船。
>
> 梦见五柳枝，已堪挂马鞭。
>
> 何日到彭泽，长歌陶令前。

诗歌所作时间，应该是颜真卿在升州的时候，诗中的韦冰是颜真卿的叔丈（颜真卿妻子的叔叔），颜尚书就是颜真卿。韦冰去找颜真卿，时值仲春，颜、韦相见了，李白作为韦冰的故交，也一道宴饮，彼此交谈。然而两人都没有意识到，越过千年之后，或更久的时间，其中所包含着貌似平淡实则传奇的意义。

其二，大历二年（767），李白曾游金陵，于古道场蒋山寺[1]题写了

---

1. 蒋山寺：相传建于齐梁。蒋山即钟山，又名紫金山，在江苏省南京市东北。

《志公画赞》。越五年，也就是大历七年（772），颜真卿在同一地点抄录了李白的《志公画赞》一诗，两人肯定未在一起，但颜真卿和李白联袂做的这件事很有意义——李白的诗，颜真卿的书法，吴道子的画，皆汇聚于一幢石碑之上，其诗、书、画均为如此量级大家之作，故称为"三绝碑"。

题诗在先，书丹在后，从时序的角度看，颜真卿对李白的诗作和为人是认可的，所以才做了抄录之事，此举不乏惺惺相惜之情谊。

人们试图找出更多的线索以便夯实二人交集的故事，遗憾的是，从已发掘的史料看，远未达到人们的期许。因此，说二人的关系若隐若现、虚无缥缈，似乎更恰切。

说到底，颜真卿与李白不是同路人。倒不是指道德品质上的不同路，他们都是好人，都是有良知的人。不同之处主要在性格和行事的风格上，以至于如此量级的人物未能给后世留下他们之间彼此交集的美好故事。

不能简单作比，更不该苛求于谁。

颜真卿与李白都是名垂青史、光彩夺目的人物，一个笃实，一个浪漫而已。

李白还是有运气的，当他负罪前往夜郎，行至巫山的时候忽遇朝廷大赦——新皇帝代宗李豫给李璘平反了，像李白这样的长流之人可以赦免。李白重获自由，其兴奋是难以言喻的。于是李白调转船头，顺流而下。

来的路上，心里有装不下的晦气与悲伤；现在，满眼净是美景。李白喜不胜喜，欣然写下《早发白帝城》这一千古传诵不绝的诗作。

后世对于李白的生平事迹未必知晓，而其身后留下九百余首诗作，他的那些脍炙人口的诗句世代传颂，这就是李白的价值和意义所在。

此刻，颜真卿在哪里，又在做什么呢？

第十三章

秉义立朝

61. 峰回路转

宝应元年，这一年事情很多。

四月，太上皇玄宗李隆基、皇帝肃宗李亨相继去世。

李辅国设计杀死张皇后[1]和赵王李系、兖王李僴等人，引太子李豫即位，是为代宗。

十一月，李白逝世于安徽当涂，时年六十二岁。

唐代宗李豫，初名李俶，肃宗李亨长子，性格仁孝温恭。这样性格的皇帝能够驾驭大唐社稷，特别是安史之乱尚未彻底平息、政事纷繁复杂的局面吗？史载，李豫定计诛杀权宦李辅国、鱼朝恩及宰相元载，流放宦官程元振，任用杨绾、刘晏等人，整饬吏治、漕运、盐政等，致力于安定社会、发展生产，是取得了一定成效的。

李辅国不用说了，其他如鱼朝恩、元载、程元振、杨绾和刘晏等人物，都将在后面与颜真卿一一过手。

代宗对李辅国的态度很复杂、很纠结：既慑惧又感激。

慑惧，是因为李辅国大权在握，骄纵专横；感激，是李辅国助他即

---

1. 张皇后：肃宗李亨皇后。美貌而狡黠刻薄，巧言令色。嫁给太子李亨，授良娣，颇得宠爱。肃宗即位后册为淑妃，勾结太监李辅国干预政事，谋逐名臣李泌，迫害建宁王李俶。乾元元年，册立为皇后，图谋废太子李豫，立己子李侗为太子，但并未成功。宝应元年，图谋掌控政局，事泄被捕，幽禁于别殿，坐罪处死，追贬为庶人。

位，否则还不知是谁做皇帝呢——尽管自己是太子。在漫长的封建时代，太子做不成皇帝的也不在少数。皇家立嗣、夺嫡、篡位的血腥博弈，伴随的厮杀之声总是不绝于耳。

基于这种复杂的心境，代宗李豫不称李辅国为爱卿，而以尚父[1]相称。二人之间的关系并不只体现在简单的称呼上，重要的是凡大事小事代宗皆听命于李辅国。

五月，皇帝下诏，颜真卿由长史擢迁利州[2]刺史。这一次擢迁李辅国未加阻拦。为什么？是希望颜真卿擢迁后靠拢于自己，变成自己人，还是给新皇帝代宗留些面子？史未有载。

捉弄人的是，颜真卿接诏上任时，利州正被羌人围困，进出不得。颜真卿赶到利州，等待多日，却无法到任。正在徘徊之际，颜真卿再接诏书——回朝待命。

这年隆冬时节，颜真卿回到了长安。与家人相见，自是道不尽的亲情冷暖。

不幸的是，二兄长允南已病入膏肓，未几日便溘然而逝，终年六十九岁。回想儿时受兄长的照护与教诲，回忆起这几十年来自己无暇顾家而兄长对家族则默默守护，颜真卿泪迸不止，肝肠寸断。

允南葬于万年凤栖原祖茔，颜真卿为兄长撰写了神道碑铭，借此表达缅怀和祭奠。

峰回路转，柳暗花明。

由户部侍郎、京兆尹、判度支盐铁转运使刘晏推荐，拟由颜真卿接替他所任的户部侍郎职位。

朝廷下诏准允。

颜真卿与刘晏本不相识。刘晏是朝中鼎鼎闻名的"开元神童"，及

---

1. 尚父：即可尊敬的父辈。
2. 利州：治所在今四川省广元市。

长，进士及第，铨选为官，成为大唐杰出的理财家。不相识却举贤能，这种事情并不多见，由此可见刘晏公允不俗。

不熟识，也得有依据吧，岂能凭空举荐？

一是颜真卿既仁德，又才干出众；二是缘分——上一年，刘晏也被酷吏敬羽诬陷，被贬外放刺史，其任官所在正是与蓬州为邻的通州。刘晏虽不认得颜真卿，但颜真卿政绩斐然，百姓拥戴，口碑、官声是有力量的，他当有所耳闻，遂有了举贤因由。

令人欣喜的是，代宗对刘、颜二人皆予认同，有"殊惬朕怀"[1]之批答为证。就是说，此番荐举，朕非常满意。

蹉跎坎坷之后，颜真卿终于再回朝中。

好事确是好事，但颜真卿不无忧心——宦海难料，"瘭瘭无宁"。

代宗李豫乃一代帝君，对未来是有抱负的，只是处境太难。应该说他对尚父李辅国之做派早有认识，却碍于自己即位不久，阵脚未稳，不得不委曲求全，而心中暗自盘算：早晚铲除这个恶疾。

事情分两步做：

第一步，削权。还是在颜真卿上任利州的时候，代宗李豫拜李辅国为司空兼中书令，即百官之首的宰相。表面上看，代宗对尚父很是倚重，而六月即免掉了其行军司马[2]和兵部尚书头衔，去了他的兵权，乃是明升暗降。

第二步，暗地清剿。十月之上，有"江洋大盗"潜入李府，诸般财宝家资皆不取，唯斩了李辅国头颅和手臂。

横行于朝的阉宦一命呜呼。

李辅国身首异处的当月，代宗擢太子、雍王李适（后来的德宗）为天下司马大元帅，命其率军征讨安史之乱之余孽史朝义，即史思明的

1.《谢户部侍郎表》代宗"批答"，见《颜鲁公集》卷一。
2. 行军司马：官名。掌本镇军符号令、军籍、兵械、粮廪、赐予等事务，权任甚重。

长子。

叛军兵败，史朝义逃窜。

次年，无力回天的史朝义于莫州[1]自缢而亡。

至此，祸患长达八年的安史之乱以这样一幕终结。

要知道，安史之乱几乎把唐朝推向万劫不复的境地，这是后面的历史所证明了的。现在噩梦终于结束，举国上下怎能不雀跃若狂，狂喜到爆棚。诗人杜甫闻知，喜不自胜，欣然写下《闻官军收河南河北》的诗作：

> 剑外忽传收蓟北，初闻涕泪满衣裳。
> 欲看妻子愁何在，漫卷诗书喜欲狂。
> 白日放歌须纵酒，青春作伴好还乡。
> 即从巴峡穿巫峡，便下襄阳向洛阳。

杜甫诗向以"沉郁顿挫"著称，而此诗却一反往日，爽朗明快，欢欣跳宕，脱口而出，"一气旋折，八句如一句，而开合动荡，元气浑然，自是神来之作"[2]。

颜真卿任户部侍郎已五十四岁。

在三十七岁的代宗眼里，颜真卿乃历经三朝的老臣工了。代宗对颜真卿很是欣赏，在批答颜真卿的"谢表"时，难抑其赞：

> 郁然词宗，雅有朝望。高标劲节，历霜霰而不渝；握镜悬衡，鉴人伦而式叙。[3]

宝应二年（763）三月，颜真卿接代宗诏命，改任吏部侍郎，加银

1.莫州：今河北省任丘市

2.蘅塘退士：《唐诗三百首》评语。

3.《谢户部侍郎表》代宗"批答"，见《颜鲁公集》卷一。

青光禄大夫，正四品上阶。中间仅四个月。

七月，代宗改年号为广德。

此时，举荐颜真卿接替户部侍郎的刘晏已兼任宰相。

正当颜真卿"怀粉骨之诚"，竭尽整饬吏治，为朝廷铨选人才之时，颜真卿又得诏书，被任命江陵尹兼御使大夫，加阶金紫光禄大夫，充荆南[1]节度使，官阶从三品。

为什么刚回朝中，才任吏部侍郎不几日，又外放他乡任职？

江陵也称荆州，自古为天下重镇，北依汉水，南濒长江，"右控巴蜀，左联吴越，南通五岭[2]，北走上都"[3]。从颜真卿的态度看，心中自是欣喜的，他一面呈送谢表，一面聘任了同行的僚属，一心准备赴任。

不料，正待启程，又遭"密近[4]所诬"，代宗遂收回成命。还有这样的玩法？天威难测，朝廷果真水深，宦海如过山之车，跌宕骤然不定，不可思议。

"密近"是谁？所诬陷的又是什么？不得而知。

官场之上，嫉贤妒能、排斥异己、贬毁忠良及私心自保等，皆是惯用伎俩。颜真卿无法防范那些玩弄权术、钻营私利、党同伐异的群小，现在又一次成为阴谋的牺牲。问题是，做皇上的代宗，只因"密近"诬陷，就不辨真伪、不察不问，出尔反尔，收回成命。那么，代宗的"批答"是对颜真卿的真心赞许，还是虚伪堂皇的辞藻，抑或是帝王的驭人之术，将臣工们玩于股掌之上？

至少，在这件事上，如同儿戏，难称明君。

这个时候，那个志大才疏、为一己之私几乎坏了收复两京大业的房琯死了。

---

1. 荆南：又称南平，今湖北省江陵县。
2. 五岭：原指大庾、始安、临贺、桂阳、揭阳五岭。现指通往岭南的五条路。
3. 颜真卿：《谢荆南节度使表》。
4. 密近：指帝王左右亲近信用之人。

62. 鲁公之名

虽说安史之乱已经结束，但天下并未太平。

还在河北平定之前，吐蕃部落已加快对大唐西北的进犯，几年之间，攻陷数十州郡。广德元年（763）七月，河西、陇右尽被占领，以至凤翔以西已非唐朝之地。

早在四月，郭子仪已发现吐蕃军队东侵迹象，便几次向朝廷进言，应早做防范，不可掉以轻心。

三个月后，果如郭子仪预见，边关告急。当时独断朝政的是宦官程元振，他曾因协助李辅国辅代宗即位有功，官拜骠骑大将军[1]兼元帅行军司马[2]。其人居功自傲，恣意横行。真乃去了李辅国，换了程元振，有过之而无不及。

程元振对边地急告不禀不奏，一概压下。直至吐蕃军队过了凤翔，代宗李豫方才知晓，匆忙下诏命雍王李适为元帅、郭子仪为副帅出兵咸阳，予以抵抗。

因郭子仪闲居多时，无官无职，属下尽已离散，几无可用之将，即奏朝廷派兵增援，程元振刻意阻挠，以致郭大将军出兵不利，于周至一役陷落。

十月，面对如此形势，代宗仓皇无措。

是命运的安排，还是魔力的驱使？群臣没有给出更好的御敌之策，三十六计走为上计。拙劣的代宗竟仿效祖父玄宗的样子，选择了逃离，"出幸"陕州。

不可思议的是，连逃亡都一模一样，难道这也隔代相传？

---

1. 骠骑大将军：古代武散官名。西汉始置，历代沿置。唐宋为从一品，为武官最高阶。
2. 元帅行军司马：古代职官名。北周起至隋唐，行军统帅幕府中设有行军司马一职。唐代在节度使下亦设立行军司马，主兵修甲，协理军务。

丑陋的活剧一再上演，实在是大唐的悲哀。

官吏出逃，六军四散，社稷一片混乱：护驾出幸的将军有反叛者，索性离代宗而返，胁迫代宗之子丰王李珙等十王西迎吐蕃军队。

早已投降吐蕃的泾州刺史高晖竟与吐蕃将领一道拥立广武王李承宏为新帝。

吐蕃军队烧杀抢掠，长安再罹兵燹之祸。

代宗驻跸陕州。因突发战事，原本应诏上任江陵的颜真卿不能成行，便随代宗到了陕州。代宗重新下旨，颜真卿改任尚书右丞[1]，辅佐仆射[2]掌钱谷之政。

安史之乱方休，胡骑又起烽烟，颜真卿忧心如焚。

京城危急，陕州危急，以致危急到皇帝身边竟无勤王之兵。颜真卿想到，驻守于汾州[3]的朔方节度使仆固怀恩拥有重兵，且离陕州亦近。国难当头，召他"勤王"应是救急之策。

仆固怀恩是蒙古族铁勒仆固部族人，郭子仪部属，于安史之乱中屡建战功，剿灭史朝义之役军功最高。然而，此前朝中与仆固怀恩有宿怨的人散布其有反状。是否为真，并未证实。恰遇代宗召见仆固怀恩议事，他却拥兵自重，未遵旨入朝。这可落了把柄，如此的态度，难怪令人生疑。

颜真卿想好之后，便禀奏代宗，说自己愿意赴汾州见仆固怀恩，以《春秋》之义[4]责问：君主流亡于外，做臣子的理应恭敬奉职，岂能坐视不救？

---

1. 尚书右丞：古代职官名。东汉始置，为尚书台佐贰官，居尚书左丞下，秩四百石。掌授廩假钱谷，假署印绶，管理尚书台专用文具及诸财用库藏，并与左丞通掌台内庶务，保管文书章奏。唐朝罢尚书令，玄宗开元（713—741）以后，仆射、尚书亦渐成名誉职务，尚书省政务实由左、右丞主持，实权反在仆射之上。诏敕经门下省审查后，须经左、右丞复审，有权封驳，或有加"同平章事"衔成为宰相，入政事堂议政者。

2. 仆射：尚书省的主官。

3. 汾州：治所在今山西省隰县。

4.《春秋》之义：指春秋时代通行的义法，即以王命为重，处理好上下、大小的关系。

如果仆固怀恩遵命，则以讨伐"吐蕃之乱"来朝，自是名正言顺。

然而，这个主意代宗未予采纳。

为何没有采纳？是信不过仆固怀恩，还是颜真卿的主意欠妥？尚不知晓。

颜真卿的奏议乃心系朝廷和社稷安危之举——既可以调遣兵力，为代宗保驾，也可以安抚仆固怀恩，平息一场可能的叛乱。

实话实说，以当时的情境而言，颜真卿去汾州并非一般差事，此去是要冒着巨大危险的，被拘甚至被杀都是可能的。而颜真卿就是这样一个人，忠于社稷，不惧生死。

所幸，朝廷重新起用功臣郭子仪，凭借其威望和谋略，收编了"六军"，又四处聚拢散落的官兵，达四千兵马之多。

是日，郭大将军率军于长安之南的蓝田发起反击。大军所向披靡，吐蕃军闻风丧胆，逃之夭夭，长安克复。

十二月，西北塬上，高坡裸露，朔风吹过，黄沙漫天。

出幸一年的代宗西入潼关，于寒凝冷峭中，嗒然回到京师长安。

第二年正月，颜真卿获任检校[1]刑部尚书兼御史大夫，正三品的官阶。

不知代宗是怎么想的，当初未采纳颜真卿的奏议，如今却重提旧事，拟召仆固怀恩入朝。是对其怀柔、安抚，还是削他的权力、减他的兵力？

代宗找来颜真卿商议，打算派他以充朔方行营汾晋等六州宣抚使[2]的身份，去汾州召仆固怀恩来朝。

颜真卿认为，现在去宣慰仆固怀恩已时过境迁。当初命他勤王护驾可行，而今情境全变了——陛下已然回到京师，再命他救驾解难的理由

---

1. 检校：官制用语。最早指代理，隋及唐初皆有，即尚未实授其官，但已掌其职事。中唐以后，使职、外官多带中央台省官衔，其加三公、尚书仆射、尚书、丞郎等高级官衔者，称检校官，为寄衔之意，仅表示官品高下，不掌其职事。

2. 宣抚使：中国古代官名。唐后期派大臣巡视战后地区及水旱灾区，称宣慰使或宣抚使。

已经不复存在了。对于仆固怀恩来说，若进不能勤王，退不能散部署，作为野战部队而言，他怎么会奉召而来？

颜真卿将自己的判断据实禀报代宗，特别提议，不如以郭子仪取代仆固怀恩，因仆固怀恩的将士本就是郭将军的部下，郭有恩信于他们。如此，无须武力，将士必定归向朝廷。

这个主意，代宗倒是从之，遂拜郭子仪代为朔方节度使。果如颜真卿所料，仆固怀恩闻报，仓皇而逃——他已经不是当初的仆固怀恩了。

广德二年三月，万物复苏，春风拂面，大明宫的国槐已染绿枝头。

朝廷降旨：颜真卿晋爵鲁郡开国公[1]，上柱国二品勋阶。

颜真卿五十六岁。

从颜真卿的一生看，现在所受封赏应是其最高爵位了。按照唐制，异姓不能封王。当然也有例外，例外的乃是功勋卓著者，而这个功勋卓著者仅限于建立军功的武将，如郭子仪因平叛安史之乱战功赫赫而获封汾阳王，文官则没有先例。正如俗语所云"文到天官武到侯"。文官颜真卿与武将郭子仪不好相比。

就功名而论，颜真卿二十六岁入仕，历三十年沉浮，如今奖掖，亦为名至实归，自然也是家族的至高荣耀。因为颜真卿正色立朝，刚而有礼，尤其是能够"非公言直道不萌于心"[2]，浩气冲天，从不折腰，这等高贵的品质，朝野上下人皆敬重！

自此之后，人们称呼颜真卿的时候，不再以姓名相称，而直呼"鲁公"。

这一年里，平定安史之乱的大功臣、颜真卿的挚友李光弼病逝。

还有，宰相张镐卒，他是颜真卿于平原做太守时向朝廷举荐的人才。

---

1. 鲁郡开国公：开国郡公是爵位中的第四等，属正二品。唐朝国公（第三等）以下爵位前规定加"开国"二字。
2. 欧阳修：《新唐书·列传第七十八颜真卿》。意为：不合乎规矩制度的话语不说，不合乎公正道理的行为不去想。

63. 恶了元载

当年，郭子仪、李光弼收复长安之后，肃宗李亨从凤翔行在还京。颜真卿曾上谏：建坛于野，天子素服哭告祖宗三日，然后回宫。肃宗很不情愿，却碍于礼数，勉强从了。事情虽然过去，肃宗却记恨于心，颜真卿遭贬同州、蒲州和饶州就是此事之后果。

如今，代宗还京，颜真卿又奏请代宗沿袭先例。这"鲁公"是忘记了当初自己的遭际，还是恪守朝廷礼仪执着不渝？

在颜真卿看来，代宗出幸于外，虽不似肃宗是背着父皇改元称帝，有先斩后奏的不尊不敬之为，但代宗于京师沦陷之前，出幸于陕州，有损社稷之誉，祖宗因此蒙羞。如今失地收复，难道不应该将洗雪耻辱之事告慰祖宗，得祖宗宽恕和谅解吗？先皇肃宗都如此而做，难道今上就可以不做吗？

俗话说，江山易改，禀性难移。用它来说颜真卿再准确不过了——已经有过上一次的情形，并遭受过严酷的贬黜，为何不吸取教训，变通一下自己的做法？

然而，颜真卿不曾改变，依旧严守礼法，执拗较真。

祭拜祖宗之事虽说有理，但代宗并不情愿，这倒是跟他的父皇肃宗一个模样。由此可以推论，这样的事情，恐怕天底下任何一位帝王都不会情愿。明摆着的是，合了礼法、宗法，就丢了脸面，失去个人的王法。

回都回来了，还不尽快入宫，该做什么做什么，难道非要在隆冬时节，于荒郊野外，在祖宗陵墓前哭诉自己无能？

颜真卿的奏谏给代宗出了难题——否决了无理，从了不情愿。

代宗不悦。

看皇帝脸色行事，颜真卿不会，却有人擅长，而且极为擅长，此人不是别人，乃当朝宰相元载。

元载，凤翔岐山人，家境寒微，自幼丧父，母亲改嫁，姓随继父。继父元景升，本非元姓，他是曹王李明（李世民的第十四子）元妃的用人，遂冒姓元氏。

元载性格灵敏，嗜好读书，尤精道家学说。尽管勤奋好学，元载还是多次科考落榜。不过，此人也有过人之处——毅力坚韧，越挫越勇。天宝元年，唐玄宗举行策试，要寻找精通道家学说的人才，元载撞上好运，终于"圆梦"，高中进士。

在肃宗上元二年（761），元载被擢升户部侍郎，任铸钱、盐铁兼江淮转运使等职。恰好圣上宠臣、宰相李辅国之妻也为元姓，元载与其同宗，便交结攀缘，昵狎附会。李辅国对元载十分器重，曾举荐元载任京兆尹，元载不受——元载是有野心的，他的心思在相位上。当时，李辅国权倾海内，常在肃宗面前夸赞元载，为其上位铺路。元载巧舌如簧，善于揣摩上意，颇受肃宗恩宠。

代宗即位，元载又升中书侍郎。不久，任判天下元帅行军司马[1]，可谓步步高升。

李辅国遭诛之后，元载以重金收买内侍宦官董秀，目的是为了从他这儿刺探皇帝的旨意，以达到自己所呈奏言皆能契合圣意。此乃典型的小人做派。于是，元载越发受到倚重，直至拜为同中书门下平章事，入相位。

如此一个奸佞邪恶之人，却得代宗欣赏，倚重有加，甚至视其为"盖世高才"。奸人当道，岂是朝廷与社稷之福？

此刻，元载察觉到皇帝的神情，立即启奏：

颜真卿之见陈旧、迂腐，不合时宜，不可如此。

对元载的曲意逢迎，颜真卿十分厌恶，厉色回敬：

我的意见采纳与否，全在你宰相，而我的意见有何罪过？朝廷的纲

---

1. 判天下元帅行军司马：古代职官名。唐代出兵征讨时所置。代皇帝行使军马政令。

纪岂能容忍如此再三地随意破坏吗？[1]

元载没想到，颜真卿竟直接反诘。宰相者，乃一人之下，万人之上。满朝文武，有谁敢如此嚣张？元载对颜真卿的回敬怒不可遏，这分明是在指责他专断，骂他践踏朝纲，警告他没有好下场。

元载就此记恨于心。

颜真卿遭其报复是早晚的事。

"哭告祖宗三日"的奏谏，的确难为到了代宗。

代宗就这样被架在了火上。迫于大义，代宗无奈之下，只得同先皇肃宗一样做了。

代宗的气恼是可以想象得到的，一旦有了合适的机会，他一定会收拾颜真卿。

64. 书颂中兴名将

广德二年，徐州传来噩耗——临淮郡王李光弼病逝。李光弼乃平定安史之乱的主帅，功勋卓著。有人说其名气没有郭子仪大，这只是一家之言。《新唐书》评李光弼"战功推为中兴第一"，与郭子仪齐名，世称"李郭"。

李光弼足智多谋，治军威严而有方，善于出奇制胜、以少胜多，被誉为"自艰难已来，唯光弼行军治戎，沉毅有筹略，将帅中第一"[2]。他因

1."用舍在相公耳，言者何罪乎？然朝廷纪纲，岂堪相公再破除也！"（殷亮：《颜鲁公行状》，《全唐文》卷五一四）

2.王钦若：《册府元龟·将帅部·威名第二》。

功勋卓著，被加宰相衔，位至三公[1]，封为临淮王，并获赐铁券，名藏太庙，绘像于凌烟阁。

颜真卿虽与李光弼交集不多，也无开怀畅谈的机会，但李光弼的仁德、正气和军功事迹却留给颜真卿非常深刻的印象。尤为不忘的是，在平原举义之时，为抗击叛贼，二人于互为联络、互为支持的特殊情境下，熔铸情谊，历久弥坚。颜真卿与李光弼年纪相仿，李长颜两岁，同为朝臣，一文一武，职责不同，却灵犀相通。

今日将军溘然辞世，令颜真卿慨叹悲痛，唏嘘不已！

时隔一月，李光弼之弟，既是诗人又是太子太保的李光进请颜真卿为兄长撰写神道碑铭。颜真卿当然应诺，生前的交情未能表述，现在唯有以文寄托，遂将自己对李将军的缅怀与敬仰尽情写入碑铭之中。碑文请的是著名书家张少悌行书勒石。碑石立于富平祖茔。

颜真卿的《李光弼神道碑铭》是一篇经典美文，咏赞忠魂正气，千古流传。

又数日，十一月之上，郭子仪击溃叛将仆固怀恩，得胜而归。代宗大悦，为奖励郭氏卓越功绩，遂赠予郭子仪亡父郭敬之太子太保。这是古代帝王调动和激发文武百官积极性的惯常手段，所谓一荣俱荣，一损俱损，人人奋力。

平定安史之乱后，因郭子仪资兼文武，忠智具备，肃宗拜为中书令。郭子仪掌朝达十数年之久，是一位天下少有的人才，能于复杂的战场上立不世之功，在险恶的官场上得以全功保身。郭子仪在世时，德宗称其为尚父；死后，陪葬于肃宗建陵。

何等殊荣！

郭子仪打算于家庙树碑记事。谁来撰文和书丹？这是一件十分庄重

---

1. 三公：指太尉、司徒和司空。隋唐以来，决策权转移至中书门下，而行政权在尚书六部手中。"三公"品级虽高，无实际职事，属于"加官"，尤以唐后期各种检校官为甚。

的事情。

郭子仪向颜真卿发出邀约，请他撰文并书丹。

论地位，郭子仪的功勋和声誉自不待言；论年龄，郭子仪长颜真卿十二岁。郭敬之郭老先生乃颜真卿长久仰慕的先贤前辈，郭子仪郭大将军是颜真卿敬重的当代英雄尊长。郭家的邀约，是既撰文又书丹，这是极高的信任和礼遇。颜真卿二话不说，欣然允诺。

颜真卿做人正直求真，作书作文亦是如此。凡有邀约，颜真卿皆认真、尽心，从不敷衍、含糊。在他看来，这既是一种信任和荣耀，也是一次书艺的研创机会。眼下应了郭家之请，他更是精心创作，深情书写，遂于书史上留下一系列散文佳作和书法墨宝，包括撰文并正书的《郭氏家庙碑》（又称《郭敬之家庙碑》《郭公庙碑铭》）[1]，撰文并行书的《郭公庙碑阴记》[2]。

碑文对郭子仪父子的功名、生平和为人做出评价，旨在赞颂郭氏两代"忠于朝廷""做人正气"的笃实家风、高尚品德和武功业绩。写郭敬之言谈忠信，行为端方，不苟合取容、低眉求宠，不趋炎附势、阿谀权势，不悖逆大道、侥幸于走运得时。

写郭子仪忠国孝家，"威可畏而仪可象"，胸怀豁达，待人厚道，对自己信任之人尽发挥其能，从善如流。总是"推赤诚而许国，蹈白刃以率先"。其丰功伟绩和风云平生，皆源自耿耿忠心和凛然正气。

《郭氏家庙碑》，全称为《有唐故中大夫使持节寿州诸军事寿州刺史上柱国赠太保郭公庙碑铭并序》，此碑原在陕西西安府布政司署内，后移入西安碑林。由于风化严重，碑面剥损，字迹漫漶不清。幸好，太原乃郭姓祖籍，故晋祠亦存一碑，虽是翻刻之作，但依据的版本十分珍贵，即南宋《忠义堂帖》刻本，笔画完整，字口清晰，属存世作品中最

---

1. 颜真卿：《郭公庙碑铭》，《颜鲁公集》卷四。
2. 颜真卿：《郭公庙碑阴记》，《颜鲁公集》卷四。

颜真卿《郭氏家庙碑》（局部）

能体现《郭氏家庙碑》原碑风采之版本。

　　创作这两件作品的时候，颜真卿五十六岁。

　　这个年龄段的创作体现了其成熟期的风格——字体体势略向右上欹斜，于端庄中显出刚劲笔意。结字宽博、疏朗，不拘谨、少矜持，落落浑然。用笔沉实，保持特有的横细竖粗之特色，尤为骨感；竖画左右微向内曲，如箭在弦上，蓄势而发。整体赏去，端正严肃，违而不犯，和而不同。既儒雅端庄，又不失庙堂之气，书者的个性特征甚是明显，达到"文质相合"[1]的最佳境界。

　　彼时，朝野上下，文章高手和书法能人比比皆是。李、郭两家树碑立传之大事，何以不约而同先后皆请颜真卿参与？绝非偶然。他们看重的是颜真卿之为人秉性，亦爱颜字的浑然大气。

　　李家和郭家相信，碑文碑铭由颜真卿所书与所写，不仅文章好，书法造诣

1. 孙过庭：《书谱》。

高，还经得住历史的考验，不会因为人事变迁、时代更替而失去原本的光彩。相反，英雄、文章和书作三者相得益彰，定然历久弥珍。

65. 争座位与《争座位帖》

广德二年二月，那个仆固怀恩还真的反叛了朝廷。他勾结回纥、吐蕃军队二十万兵力，由西向东大举进犯。

长安又陷入张皇惊惧之中。

郭子仪再次临危受命，出镇奉天。

十月初七夜，郭子仪暗中发兵于乾陵之南，埋伏于四野，严阵以待。

仆固怀恩率军直逼奉天。奉天在长安以西，乃京城门户，两地距离不过百四十里路，攻下奉天，长安岌岌可危。这是仆固怀恩的如意算盘。然而，仆固怀恩轻敌且误判，以为唐军未做防备，遂于次日清晨兵临奉天城下，正准备突袭，却于微曦中发现唐军阵势，这是他万万不曾想到的，吓得抱头逃窜。

唐军追击，至邠州[1]而返。

天助大唐，奉天之役不费一刀一枪即告获胜。

十一月，郭子仪挥师凯旋。

代宗高兴，命宰相率百官于长安城西开远门迎接。

代宗本人没有出城迎接，而是在皇城安福寺设宴，犒赏大军，为郭子仪接风洗尘。那场面甚是隆重。

---

1. 邠州：治所在今陕西省彬县。

　　既是仪式，总有座次。百官排位的事情交给了尚书右仆射[1]郭英乂操办。

　　座次向来讲究，如何安排？既有礼仪的意义，也有朝廷的纲常，还有不可告人的目的。

　　彼时，宦官鱼朝恩拜为天下观军容宣慰处置使。这个官职不可小觑，虽为临时差遣的使职，权力却重。当初肃宗命郭子仪、李光弼等九节度之师围讨安庆绪，任务很重，却不置统帅。为什么？朝廷担心统帅者拥兵自大，于是发明创造了观军容宣慰处置使（简称观军容使）一职，把这个职位和权力授给了宦官鱼朝恩，其作用就是压在九位节度使之上的钦差大臣，替皇上监督诸军。

　　此乃高级的帝王之术，用着你，还得看着你，不放心。

　　鱼朝恩文不通经史，武不能挥戈，能得上位，唯凭谄媚、驯顺、贴己、效忠。到了代宗朝，因鱼朝恩保驾有功，再被拜为观军容宣慰处置使。代宗为了表明倚重的程度，还在官衔前面加上登峰造极、无以逾越的"天下"二字，即天下观军容宣慰处置使，足见宠信已到无以复加的地步。

　　除此，代宗觉得还不过瘾，又擢其统率京师神策军[2]等职。果真，鱼朝恩的权力天下无比，他横行朝中，气焰嚣张，慑服百官。

　　虽说鱼朝恩位尊权重，但在大唐的吏治和官阶排序上，他不在六部尚书之上。这是法定的礼数。

　　郭英乂为取悦鱼朝恩，竟将鱼朝恩的座次提到前列，排在品阶比他高的六部尚书之前，这是乱了朝纲！对于如此露骨的献媚之举，颜真卿忍无可忍，遂致书郭英乂，对其所为进行严词斥责：

---

1. 尚书右仆射：唐宋左右仆射为宰相之职。
2. 神策军：唐朝中后期中央北衙禁军的主力。原为西北的戍边军队，后进入京师成为唐王朝的最重要禁军，负责保卫京师和戍卫宫廷及行征伐事，为唐廷直接控制的主要武装力量，是维持统治的最重要的军事支柱。

前者菩提寺行香，仆射指麾（挥）宰相与两省（上二字或已删，或为衍文）台省以下常参官并为一行坐，鱼开府及仆射率诸军将为一行坐。若一时从权，亦犹未可，何况积习更行之乎？一昨以郭令公父子之军，破犬羊凶逆之众，众情欣喜，恨不顶而戴之，是用有兴道之会。仆射又不悟前失，径率意而指麾，不顾班秩之高下，不论文武之左右。苟以取悦□军容为心。曾不顾百寮之侧目，亦何□清画攫金之士哉！甚非谓也！君子爱人以礼，不闻姑息。仆射得不深念之乎？真卿窃闻军容之为人，清修梵行，深入佛海，况乎收东京有殄贼之业，守陕城有戴天之功。朝野之人，所共景仰……且乡里上齿，宗庙上爵，朝廷上位，皆有等威，以明长幼，故得彝伦叙而天下和平也。且上自宰相、御史大夫、两省、五品以上供奉官自为一行，十二卫大将军次之，三师、三公、令仆、少师、保、傅、尚书左右丞、侍郎自为一行，九卿、三监对之。从古以然，未尝参错。至如节度军将，各有本班。卿监有卿监之班，将军有将军之位。纵是开府、特进，并是勋官，用荫即有高卑，会宴合依伦叙。岂可裂冠毁冕，反易彝伦。贵者为卑所凌，尊者为贱所逼，一至于此，振古未闻。

古人云："益者三友，损者三友。"愿仆射与军容为直谅之友，不愿仆射为军容佞柔之友。……

朝廷纪纲，须共存立，过尔隳坏，亦恐及身，明天子忽震电含怒，责斁彝伦之人，则仆射其将何辞以对？[1]

在信中，颜真卿并未直接论安福寺之事，而是追溯至菩提寺行香的活动。那一次也是由郭英乂负责安排座次。郭英乂以仆射之职指挥宰相与尚书省、中书省、御史台及两省以下经常入朝参见皇帝的官员作为一行，

---

1. 颜真卿：《与郭仆射书》，《颜鲁公集》卷四。

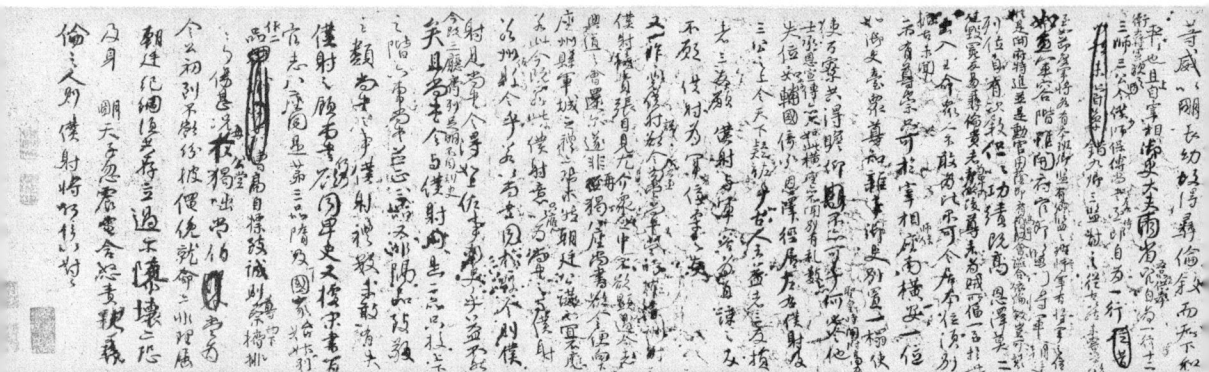

颜真卿《与郭仆射书》（俗称《争座位帖》）

　　鱼朝恩与仆射大人率将军作为一行。此种排次，即使是一时权变，也是不妥的，何况这是一个开端，从此可以这样因循、沿袭吗？

　　在皇帝举行的欢迎郭家父子凯旋的犒赏会上，仆射大人一点儿也不反思菩提寺行香时的过失，竟然率意而为，再次不顾官员品级、秩次高下，也不论文官武官的位置，只从个人取悦鱼朝恩的角度考虑，不见百官同僚们之侧目以视，如此做法与白日里明火执仗抢人财物有什么两样！

　　在颜真卿的观念里，君子敬重应以礼相待，从未听闻过可以无原则地生拉硬扯，将低的抬高，将高的压低。仆射大人难道连这个道理都不明白吗？

　　颜真卿写到此处，笔意反转——"抬举"鱼承恩道：曾闻观军容使大人为人清心寡欲，诚心敬佛，何况他为收回东京（洛阳）建树了灭贼之业，在陕州护驾中有可与天比的功勋，朝廷内外无不敬仰。

　　此乃欲贬先褒，以利说理。颜真卿继续写道：

　　乡间的俚俗是尊重年龄长者，寺院里尊重的是地位高者，朝廷上尊重的是官阶高者，皆等级威严，长幼有别，如此才人伦有序，平和安泰。

（此处为颜真卿《争座位帖》行草书法影印件）

颜真卿在重申自古沿袭至今的官员位次之后，严厉指出：

岂可无视官爵等次，违背条理顺序，造成尊贵者被低贱者欺凌、逼迫的情形，此等事情旷世未有！

古人云，益者三友，损者三友。希望仆射与观军容使鱼朝恩大人做真率诚信之友，不要成为谄佞柔媚之友。

最后，颜真卿严正申明：

朝廷纲纪须大家共同遵循、维护，谁若是损坏了它，恐怕也会损坏自身。

书写至此，颜真卿质问郭英义道：

倘若圣明的天子忽然发起雷霆之怒，斥责败坏人伦秩序之事，仆射大人将如何对答？

颜真卿的正色斥责显示了其作为封建士大夫，对于坚持和维护封建伦理纲常、等级制度的鲜明态度和执着立场。但有人不这样看，认为官阶高低贵贱、尊崇冒渎的观念正反映出颜真卿的迂腐和狭隘，简直是封建礼法的卫道士。

乍听上去，这似有道理。甚至还有人会认为，为了一个兴道会的座次，竟写信论争，太小题大做了吧？

这实在是误解、误读了颜真卿，甚至玷污了颜真卿高尚、高洁的品性。

遇到郭英乂、鱼朝恩等败坏风气、破坏朝纲的人，以颜真卿秉义立朝、疾恶如仇的个性，又怎能不挺身而出，既斥郭英乂之佞，复夺鱼朝恩之骄，不给歹人以机会？

因此，官位座次事小，在阿谀谄媚、趋炎附会、蝇营狗苟之风弥漫于朝的时候，伸张正义和匡扶正气事大。颜真卿所斥责的正是这种不正之风，也是对以鱼朝恩为代表的那些骄纵专横、贪赃索贿、肆意而为的权臣、宦臣的无情鞭笞。

《与郭仆射书》的意义在此。

《与郭仆射书》，恐有读者少闻，而它的另一个叫法则熟悉多了，即书史上著名的《争座位帖》，也称《论座位书》，其行文内容不再赘述。

这一颜真卿无意于书而自工的书信，成为流传后世的一幅书法巨制，与《祭侄文稿》《祭伯父濠州刺史文》并称颜真卿行（草）书三稿。也有将其与"书圣"王羲之的《兰亭集序》并称为天下行书"双璧"的。《与郭仆射书》备受赞誉，尤其受到讲求气节的历代士人钟爱，在书史上占有极高的地位。

《与郭仆射书》属信函文体，真迹已佚，后世所见为刻石翻转的碑版。

颜真卿所用之笔，毫毛已顿（谓之"秃笔"），字迹看似锋芒不显，却蕴含遒劲、刚直、耿介之气。《与郭仆射书》是碑版之作，虽不见墨色之韵致和用笔之牵连，却尽显骨架之硬朗，笔意之纯粹，形质之融合，顿挫之颖达。此外，《与郭仆射书》书于即兴，则免不了夹行小注和勾改痕迹，与从容有备的应承之作截然不同，因而灌注情绪，真切率性，一气呵成，给人激越不羁、朗朗坦荡的审美感受。

《与郭仆射书》计一千一百余字，如此浩大的篇幅是历代碑帖卷帙中绝少见到的。比如，王羲之《兰亭集序》三百二十五字，《祭侄文稿》二百三十四字，《蔡明远帖》一百三十八字。

　　篇幅长、字数多带来两个效应：一是美感的丰富多样。作品中，重复出现的字很多，处理不好就会呆板、雷同，而颜真卿却做到了同字不同样，同样不同形，同形不同体，变幻多姿，各美其美，令人叹为观止。二是洋洋洒洒，赏之解渴，阅之过瘾，犹如一场视觉盛宴，美不胜收。

　　有好事者将《祭侄文稿》与《与郭仆射书》做比，问两者孰优孰劣？这确是个书史难题。

　　难，也可有解：宋代的米芾不喜欢《祭侄文稿》，褒王（羲之）而贬颜（真卿），而见到《与郭仆射书》，态度大变，对其推崇备至。他说该帖"字字意相联属飞动，鬼形异状，得于意外"，点评至此仍不过瘾，还认真、热忱、"铁粉"一般地给《与郭仆射书》定位，乃"世之颜行第一书也"。就是说，两者同为颜真卿行（草）书，而《与郭仆射书》更胜一筹，是颜真卿行草书中的"第一书"。

　　不管米芾做了多少度的转弯，是九十度还是一百八十度，落实到《与郭仆射书》的评价，应是公允、客观的，而且十分地道、十分用心。

　　宋代黄庭坚高度赞赏《与郭仆射书》，说："观鲁公其帖，奇伟秀拔，奄有魏晋隋唐风流气骨，回视欧（阳询）、虞（世南）、褚（遂良）、薛（稷）、沈（传师）辈，皆为法度所窘，岂有鲁公肃然出于绳墨之外，而卒与之合哉！盖自'二王'后能臻书法之极者，惟张长史（张旭）与鲁公二人。"[1]意思是说，《与郭仆射书》既有魏晋风度，又不受技法约束，而最终是符合书法本性的，书法造诣乃"二王"之后的最高水准。

　　清末民初学者杨守敬《学书迩言》则给予极高的评价："行书自右军（王羲之）后，以鲁公此帖为创格，绝去姿媚，独标古劲。……至推之出《兰亭》上。"其中"创格"一语指的是树立了新的风格或法式。这真是评到节骨眼上了。由"二王"确立的魏晋书风，经三四百年的传承，已经固化，几乎无人撼动。现在被动摇了，而这第一个吃螃蟹的人

---

1. 黄庭坚：《山谷题跋》。

就是颜真卿，他没有囿于先贤，做了"独标"一派的先锋。

唐代书法名家张怀瓘在《书断》中将书法等级分为三品，即神品、妙品和能品。神品自然是水平最高的。宋代书法评论家写了《续书断》，第一次将《与郭仆射书》列为神品。

说来，《祭侄文稿》与《与郭仆射书》亦有不同。有何不同，或者说欣赏上如何看出高致？

要领有三：一是以时间为尺度，两者间隔六年，写《与郭仆射书》时颜真卿五十六岁，相比而言，《与郭仆射书》更为成熟老到，书艺炉火纯青。二是《祭侄文稿》先于《与郭仆射书》，具有先锋和标志意义，这也是不争的事实。三是两篇作品所书写的内容和情绪差异较大。《祭侄文稿》是悼文，悲情为主调，是啼血悲歌；《与郭仆射书》乃为书信，辩理与抨击为主旋，字里行间闪烁着正义的光辉，阅之莫不令人肃敬而尊重。

从一个微妙之处也可见出作品特色：《与郭仆射书》是颜真卿信函的原题（名），何以为后世"俗称"为《争座位帖》抑或《论座位书》？作品的"俗称"恰恰抓住了作品的主旨和灵魂。"争"字不是计较官阶座次，而是与歪风邪气而斗，是于矫枉过正中"扳回"被谗佞小人搞乱的纲纪。而"论"字，讲究的是辩明道理，论者虽然义愤填膺、怒不可遏，但终究是于斥责中伸张道义，因而通篇文字有理、有力、有节，人们面前站立的是理性的颜真卿、正义的颜真卿，而不是意气的颜真卿、温良的颜真卿，其堂堂正正令对方敬畏而无可辩驳。

66. 既乞米又求脯

颜家又断炊了。

上一次断炊还是在颜真卿离升州回京履新之际，家人和衙署同僚断了炊烟和盘缠。幸好有挚友蔡明远相助，解了燃眉之急，尔后颜真卿写下了答谢书札。这幅作品因"故事"深情感人和书作笔意隽永而名扬天下。

这一次断炊发生于《与郭仆射书》之后不久，一家老幼再次陷入连喝粥也无以为继的窘境。

一粥一饭难倒了英雄汉。

颜真卿只得向亲朋好友、同僚求援，于是就有了恳切乞米的"求救书"和"借据"。这些片纸只字是颜真卿日常生活的写照，也于不经意间构成其书法遗产的组成部分。

论起来，颜真卿的书法作品传世者不少，其中有三幅十分特别。暂且不论其书法造诣如何，就内容而论，实为稀世少见——两次因"断炊"而作，一次由妻子患病求药而书。与断炊有关的两幅，一幅是著名的《与蔡明远帖》，另一幅即眼下的《乞米帖》。《鹿脯帖》[1]虽流传于世，却鲜为人知。

《乞米帖》，顾名思义，乃为断炊求米的借据！

颜真卿作为一个正气、清高之人，日子过到如此地步，何其尴尬，何其酸楚？他真的不知该向谁开口了，思来想去，只有向那些家境尚可且有交谊的朋友了。此次所求者不是别人，乃抗击安史之乱的大英雄李光弼之弟，时任太子太保兼御史大夫的李光进。

颜真卿与李光进二人供职于台省，同为御史大夫，关系甚好，其缘分可追溯到安史之乱。颜真卿于平原举义，得到过李光弼将军的鼎力支持，二人遂于讨逆中相敬相知，结下友谊。

在李光弼病逝后，颜真卿曾应李光进之邀，为其兄撰写了神道碑铭，盛赞英雄丰功伟绩，并表达缅怀追思之情。三人乃旧谊故交，情义深厚。

窘迫与拮据之际，向至交开口乞食，虽尴尬，却合常情。

---

1. 颜真卿:《与李太保帖》,《颜鲁公集》卷一一。

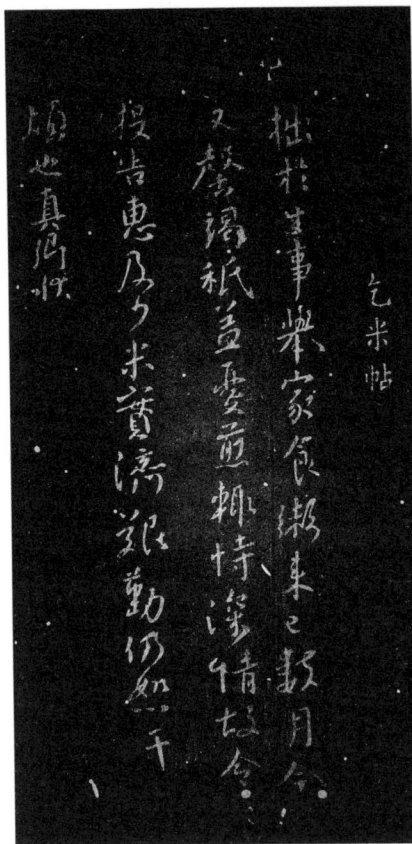

《乞米帖》
唐·颜真卿书，行书，信札，拓本，永泰元年（765）。高 36.5 厘米，宽 16.5 厘米。4行，计 44 字。藏于浙江省博物馆

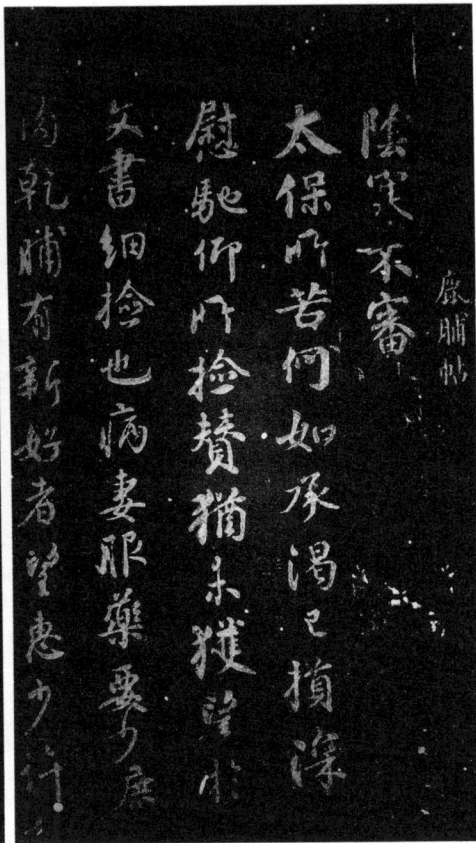

《鹿脯帖》
唐·颜真卿书，行书，信札，拓本，永泰元年。高 35.6 厘米，宽 16.5 厘米。9 行，计 82 字。藏于浙江省博物馆

颜真卿在《乞米帖》中写道：

　　拙于生事，举家食粥，来已数月。今又罄竭，只益忧煎，辄恃深情。故令投告，惠及少米，实济艰辛。仍恕干烦也。真卿状

虽寥寥四十余字，却道出颇多内容：颜真卿不擅长理家生财，深为

此事内疚。全家人吃粥已经数月，现在连稀粥也无。断炊不止一次——现又用尽断炊。忧愁煎熬、困难之际，唯有念及与李家彼此间之情谊，命人投奔相告，求友人借给一些米粟，救济眼前艰难。

落款之前，颜真卿深表歉意——又要麻烦李家了，恳请见谅。"仍恕干烦"仅有四字，却表达出颜真卿此刻极度无奈、惭愧、不安、沮丧之情，读之令人动容。

"借据"中还透露出一个重要信息——颜真卿向李光进的求借已非一次。

出于友情，李光进伸出援救之手自不待言。

又一件事，也令颜真卿难以启齿：妻子韦氏患病，医生开出的药方中有一味药引乃鹿脯，这是比较昂贵且难于购得的。

鹿脯入药，其性乃温且甘，具有补五脏、调血脉、壮阳气之功效。

同为鹿脯，有人服用是为强身健体，属锦上添花；而韦氏需鹿脯佐药，足见其病为虚症，羸弱已久，属治病救人。

一家人连食粥都有困难，何况鹿脯？

颜真卿二十六岁与韦氏成婚，二人三十载朝夕与共，相依为命，举案齐眉，感情至深。如今夫人生病，一味药引却难住了堂堂硬汉颜真卿，其内心的滋味，实难言状！

于万般无奈下，颜真卿于乞米之后再求药引，写下《鹿脯帖》，这一年，他五十七岁。

《鹿脯帖》写道：

　　病妻服药，要少鹿肉干脯，有新好者，望惠少许。幸甚，幸甚！

据考，所求之人仍为李光进李太保。

已开尊口，也不差一次，索性再求鹿脯吧！

可以推测，颜真卿一生中为生计的求告之书不止三札，也不唯蔡明远和李光进二人。其他接济过他的人皆为佚名，其他之书也遗失于历史的变迁中。

乞米也好，求药引也罢，不可思议的是，彼时的颜真卿可是官居刑部尚书兼御史大夫的三品大员。

何至如此？

分析下来，是有主客观原因的。

史载，唐代官员俸禄有过变化，早期曾"厚京官而薄外官"，即朝中官员之俸禄高于外放州郡的官员。到了元载，改制为"厚外官而薄京官"，正好反过来了——京官不能自给，常从外官乞贷（求讨求借）。[1]颜真卿多次遭贬外放，其待遇正是"厚京官而薄外官"的俸禄制度之际，日子窘迫，也少积蓄。如今颜真卿做了京官，却赶上"厚外官而薄京官"之政策。

运气不佳，落得清贫寒酸。这是客观原因。

颜真卿歉疚于自己"拙于生事"。这是颜真卿为"举家食粥""今又罄竭"所做的自我检讨，权为主观原因。

认真细想，果真如此吗？

颜真卿"拙于生事"不善理家，肯定有这回事，但绝不止于此。

儒家以"修身齐家治国平天下"为立身处世的最高标准，自然也是颜真卿对自己的要求。在修身方面，颜氏一族堪称世之楷模，颜真卿自不在话下。

就治国而言，颜真卿在治理州郡、整饬朝纲、监察百官方面，成绩卓著，为百姓所称赞拥戴，被同僚所钦佩赞叹，是连天子都认同、夸赞的能臣。

当社稷危亡之际，颜真卿挺身而出，以一介儒官统帅义军讨逆贼而平天下，其事迹震撼朝野，以致玄宗皇帝都赞不绝口。

以常识而论，无论是"治国"还是"平天下"，能做且做得好的人，

---

1. 司马光：《资治通鉴》卷二二五。

是凤毛麟角，少之又少。相比之下，"齐家"的难度，几可忽略不计。

问题来了，对于颜真卿而言，难之又难的事都能做得如此之好，而"齐家"这样的易事反倒做不到呢？

真正的原因，不是所谓官员俸禄的变迁，也不是个人理家能力的高下，而是人品官德之故——同样出入宫禁，同为台省重臣，同样常参天子，鱼朝恩、郭英乂、元载之流，皆富压天下。仅以元载为例，不仅城中有多处豪华府邸，郊野还有数十座富丽别墅，钟鸣鼎食，纸醉金迷。

元载被贬，居然从其家中抄出八百石胡椒。胡椒这东西在今人看来算不得什么稀罕之物，而在一千二百年前是尚好的西域调味之品。家中囤积如此之巨的调味品，显然不是自家日常之用，而是囤积居奇的生意和买卖。

回到本题，此刻再来品读颜真卿的"拙于生事"，会感到其中大有意味。"拙于生事"，绝不止于一般的家务和生活起居之料理，颜真卿所"拙"的，是不善官场之上的苟营、交易，不会索贿纳贿，化公为私，聚敛财富，巧取豪夺，颜真卿是一尘不染、两袖清风的正人君子。

再者，颜真卿有一个"执拗"的"忠孝观"——永泰元年韦陟死了。安史之乱中，韦陟在凤翔行在曾与崔光远（礼部尚书）、颜真卿（刑部尚书）一起审理杜甫案。照唐制，这个级别的臣工死了，若无罪错，是有谥号的。这是一种死后殊荣。太常博士程皓领命为韦陟草拟谥号，用了"忠孝"二字。皇上知道颜真卿对礼仪礼制造诣颇深，遂请他审核所拟是否妥当。颜真卿审后提出异议，认为"忠则以身许国，见危致命；孝则晨昏色养[1]，取乐庭闱[2]，不当合二行为谥，'忠孝'殊高"[3]。意思是说，

---

1. 色养：指儿子和颜悦色奉养父母或承顺父母脸色。《论语·为政》："子游问孝。子曰：'今之孝者，是谓能养。至于犬马，皆能有养；不敬，何以别乎？'子夏问孝。子曰：'色难。'"朱熹集注："色难，谓事亲之际，惟色为难也。"
2. 庭闱：内舍。多指父母居住处。
3. 刘昫：《旧唐书·列传第七十八颜真卿》。

忠孝是相抵牾的，能做到既忠又孝很难。用这个谥号不甚妥当。

在颜真卿的观念里，韦陟生平未能做到忠孝两全，名实不副。

这份拟议，仆射郭英乂等人也审过，都不觉得有什么问题，唯独颜真卿看法不同。

是因为多数人没有异议，还是什么别的缘由，最终，皇上拍板选定程皓拟的文稿。

程皓其人，是岑参的好友，岑参是颜真卿的好友，颜真卿明知其中的关系，却较真不做妥协。

此事除去反映颜真卿的耿介性格外，还折射出颜真卿"拙于生事"的主观原因，归根结底，在于他"顽固"地秉持着"许国养亲"不两立观。就是说，颜真卿恪守的是夙夜在公，忘我而不惧生死，因而无顾于家计，以至于生活穷困、拮据。一句话，忠孝不能两全。

颜真卿就是如此轴，如此拙，也是如此自我苛责。

书法艺术的呈现形式，并不都是恢宏巨制，原本是多样的，既有正襟危坐式的专事创作，也有情绪激越或悲苦的直接挥毫，也还有平日里粗茶淡饭、儿女情长的书写。不论哪种方式，只要是真性情、真感触、真兴致就是契合书法本性的好作品。

《乞米帖》与《鹿脯帖》不似颜真卿此前诸多书作，如《多宝塔感应碑》的玄妙端庄，《东方朔画赞碑》的挺括遒劲，《离堆记》的浑厚沉雄，《祭侄文稿》的悲情恣肆，《与郭仆射书》的铿锵凛然。

两帖并非大手笔、大制作，也非命题的、应邀的精雕细琢、从容之作，只是于处境艰辛、窘迫之中，因事而书，信笔天然的笔记。其体裁之少有，篇幅之微小，是颜真卿作品中的特例，亦属浩瀚书史中的罕见，却超然出众，精彩照射——为颜真卿光彩照人的清廉品格立此存照。

人格大过书品。

第十四章

江南十年

67. 直言忤旨

永泰二年（766）初。

是日，晨曦初现。大明宫宣政殿御道两侧的朝房里坐满了文武百官，他们像往常一样，身着齐整的朝服，手持笏板，早早聚集在这里，等待皇帝听政。

左等不来，右等不来，日上三竿，仍不见皇帝临朝。

莫非发生什么事情？否则……

正在众人起疑、纳闷之时，宰相元载大摇大摆走将出来，高声宣读圣旨：

> 缘诸司官奏事颇多，朕不惮省览，但所奏多挟私谗毁。自今论事者，诸司官皆须先白长官，长官白宰相，宰相定可否，然后奏闻者。[1]

此为何意？

这是说：各个衙署官员的奏章很多，皇帝我固然不惧一一阅览，但这些奏章大都夹杂着对他人的私怨与诋毁。因此，从即日起，衙署官员上疏奏事的，须先告知自己的长官，由长官告知宰相，宰相决定可否上

---

1. 颜真卿：《论百官论事疏》，《颜鲁公集》卷一。

奏。宰相许可的再呈上来。

圣旨一宣布，静肃的朝堂炸开了锅，文武百官顿时一片哗然，喧嚣鼎沸，人神共愤。原来，今日圣上久不临朝，是在"憋着"这么一个主意。

当年李林甫专权时，也曾断绝言路，却远未到如今"奉进止"[1]的地步，其"管控"、约束还仅限于谏官与御史之间，未扩大至百官。

颜真卿当然明白，这个"规则"分明是元载亲手炮制的。李辅国被诛前，元载与其沆瀣一气，狼狈为奸，横行朝堂。李辅国被诛后，元载变本加厉，其跋扈骄纵远超李辅国。

炮制出这样一个"怪东西"，是因为他元载坏事做绝，总是心虚惶恐，担心有人攻讦、揭露其结党营私、横行不法、贪腐受贿的种种丑事，遂极力怂恿皇帝颁布奏事"新规"，以此堵塞言路，遮蔽耳目，混淆视听，以此保全自己。

李林甫乃有唐第一奸佞，横行朝堂，也未曾对玄宗说不必临朝听政，百官奏议之事由其挑拣后再向上奏报。

杨国忠是国舅兼首辅，一手遮天的主儿，也不敢让皇帝等着听他的信儿再决定国是。玄宗懒得理政，甚至不朝，不是他人强迫、限制，而是他自己相信国舅，出于自愿。

比起李林甫、杨国忠之流，元载是有过之而无不及。

元载的叵测居心和代宗的惰政昏聩令颜真卿义愤填膺。他仰天喟叹：历朝历代，何曾如此奏事？真乃见所未见，闻所未闻！

如此倒行逆施、卑鄙妄为，岂能容忍！颜鲁公的正直秉性再次爆燃——必须上疏驳斥。

想过后果吗？当然想过：如此而做无异于违抗圣旨，犯上作乱，是要遭严厉惩处的。

1.奉进止：唐代以来常称奉圣旨为奉进止。

代价太高！

然而，颜真卿的"倔劲"上来了，纵然背负忤旨的罪名，哪怕身败名裂，也不向奸佞让步，遂纵笔直书，写下《论百官论事疏》：

> 诸司长官皆达官也，言皆专达于天子也。郎官、御史者，陛下腹心耳目之臣也。故其出使天下，事无巨细得失，皆令访察，回日奏闻，所以明四目、达四聪也。今陛下欲自屏耳目，使不聪明，则天下何述焉……今天下兵戈未戢，疮痛未平，陛下岂得不日闻谠言以广视听，而欲顿隔忠谠之路乎！

颜真卿认为：各司长官本就是达官，上传下达是应有的职责。那些谏官更是皇帝的心腹和耳目，有了他们，皇上才得以耳聪目明。不然，天下人有话又如何说给皇上呢？当今大唐境内，战火尚未停息，战争的疮痍也未痊愈，皇上怎么能够不每日听取真诚、正直的言语以扩大自己的视听，而"顿隔忠谠之路"呢？

颜真卿继续写道：

> 臣窃闻陛下在陕州时，奏事者不限贵贱，务广闻见，乃尧、舜之事也。凡百臣庶，以为太宗之理，可翘足而待也。臣又闻君子难进易退，由此言之，朝廷开不讳之路，犹恐不言，况怀厌怠，令宰相宣进止，使御史台作条目，不令直进。

昔日，皇上出幸陕州时，奏事不分职位高低，广开闻见和言路，其高风亮节堪比尧、舜。那时，百官庶民皆以为太宗皇帝当年在位时天下大治的景象抬脚的工夫即到来了。

自古以来，君子之畏，是上进难而后退易。由此而论，若朝廷毫无讳忌，大开言路，还怕君子不能畅所欲言？与其让对他们的言语怀有厌倦、怠慢的宰相预先压制、裁决并决定进止，为什么不让他们直接上奏呢！

颜真卿的言辞越发激切：

> 从此人人不敢奏事，则陛下闻见，只在三数人耳。天下之士，方钳口结舌，陛下后见无人奏事，必谓朝廷无事可论，岂知惧不敢进，即林甫、国忠复起矣！凡百臣庶，以为危殆之期，又翘足而至也。如今日之事，旷古未有，虽李林甫、杨国忠犹不敢公然如此。今陛下不早觉悟，渐成孤立，后纵悔之无及矣！

如果人人不敢奏事，皇上所听到的，就只是二三人的声音了。天下有识者的口舌如同被钳子夹住、绳子捆住而不能发声。以后，皇上发现无人上疏，必然会认为朝中无事可议，岂知是由于人们惧怕而不敢言奏，甚至还以为是李林甫、杨国忠之辈又重新复活了！

无论百官或是庶民，都会以为危急的岁月即将到了。即使李林甫、杨国忠也不敢公然如此。陛下如果不及早察觉，就会逐渐被孤立，以后纵然后悔也来不及了。

上疏中将元载与罪大恶极的李林甫、杨国忠比对，可谓言辞犀利，态度无惧。

颜真卿的奏疏递上去了，其结果是预料之中的——怎能不激怒元载呢！这样的奏疏，元载是不会压下不报的，因为元载清楚，颜真卿的态度一定会激怒皇上，治罪于斯，这正是元载迫切希望的。奏疏遂被径直呈给代宗。

何曾有过这等高效。

代宗御览之后必然恼怒，也是预料之中的：朕的旨谕竟然由你颜真卿横加阻拦，说三道四？

不知是良心发现，还是动了恻隐之心，正要发作的代宗又忆起往日颜真卿的诸般忠贞之举，便强压怒火，只将奏疏留中不发。

于是，这边颜真卿虽未当即降罪，却被记录在案；那边新规颁布，大行其道。

由于颜真卿的《论百官论事疏》暂被压下，便有了发酵的机会。毕竟是秉义之言，元载再如何跋扈、专断，也阻挡不住复合、复议的呼声。史载，先是后宫皇帝近侍的宦官们争相抄录，继而传布于宫廷内外，大赞鲁公的披肝沥胆、直言切谏，大赞上疏说出百官积压于心、想说而不敢说出的话。

正义之声，好评如潮。

元载闻知，深以为恨，且恨入骨髓。他当然记得颜真卿对他的诸般不恭、冲撞和抵牾。小的不算，比较激烈的就有几次：一次是代宗自陕州回銮，颜真卿非要皇上素服哭拜祖宗三日，元载反对而遭颜真卿责诘。再一次即刚刚发生的"百官论事"，颜真卿带头生事，公然与其作对，险些搅了他的"论事新规"。

眼下还有一次，即太庙祭祀礼器不整之事。代宗知道颜真卿深谙朝廷礼法，便命颜真卿以刑部尚书身份代太常寺卿祭祀太庙。在一次祭祀中，颜真卿发现礼器有损坏，摆放得也不合规矩，认为这是有关部门失职，对祖宗不敬，便于事后将"礼器不整"的情况向朝廷如实上报。说来也巧，颜真卿所"批评"的这个部门恰是由元载分管的。真是冤家路窄，元载自是大不高兴——这是颜真卿成心找事，与他为敌。

元载自掌权以来，生杀予夺、刚愎自用惯了的，居然遭此一再顶撞，哪能再忍？他怒火中烧：必须打掉颜真卿的"气焰"，否则日后必成大患。于是他开始授意党羽罗织罪名，伺机报复。经过一番谋划，终于有了弹药——向代宗诬告，说颜真卿讪谤时政。

"时政"为何？硬是将颜真卿报告太庙"祭器不整"这件事上纲上线——皇帝治国就是时政，指摘首辅工作就是指摘皇帝时政，指摘皇帝时政就是犯颜作乱。原来"讪谤时政"的罪名就是这样来的。加上之前的上疏忤旨、抗旨等，大罪小过一并算账，罪莫大焉！

元载做出一副公忠体国、为君分忧之状，声泪俱下，力谏外贬颜真卿，以示惩处。

代宗昏庸，为了求得所谓"平稳安定"，竟不辨忠贞，允准。

朝中文武百官面对元载阻塞言路这等大事，虽有不满，议论纷纷，却不曾发声。只有颜真卿挺身而出，铮铮陈词，上疏论辩，真乃丈夫！

孰料君王昏昧、奸臣乱政，到头来竟遭诬陷，再被贬谪，远放硖州[1]。

壮哉！

悲哉！

68. 别驾改司马

永泰二年二月，虽已立春，冰雪已开始消融，却无半丝暖意。高原的西北风仍然肆虐，长安城内春寒料峭，宫禁中枝头尚未发出嫩绿。

圣旨传来，颜真卿被贬黜硖州别驾[2]。对此，颜真卿既不惶恐，也无懊悔，因为对此结果他早有思想准备——在起草《论百官论事疏》时，就已将升陟罢黜、福祸荣辱甚至生死置之度外。

忤旨，不论什么原因，终究是要治罪的。颜真卿自开元二十四年入仕以来，从朝堂外放、罢黜、贬谪，这已是第四次了。

第一次是在玄宗朝，杨国忠当道，颜真卿因不愿依附，于天宝十载由尚书省兵部员外郎外放任平原太守，虽不属贬黜，表面上看还升了职级，而实际上却是明升暗降的排挤，颜真卿被置于官场边缘。

第二次是至德二载十一月，因权臣憎恶颜真卿对军国大事知无不

---

1. 硖州：治所在今湖北省宜昌市。
2. 别驾：也称别驾从事，是州刺史的佐官。刺史巡视辖境时，因其别乘驿车随行，故称别驾。

言、抗颜谏诤，由宪部尚书兼御史大夫贬为同州刺史，又改为蒲州刺史。

一年后，于乾元元年再贬饶州刺史，这是外放期间的连续贬谪。

第三次是上元元年八月，因触犯专权宦官李辅国，由刑部侍郎贬黜蓬州长史。

眼下贬谪硖州是第四次。此次遭贬，文献上未见颜真卿有谢恩谢罪之类的表书，即使有，大抵也只能看作是例行文字，其真实的心态如何？当事人不言，谁又知晓。

不过，颜真卿致李光进的私信里言及了此事：

> 疏拙抵罪，圣慈含宏，犹佐列藩，不远伊迩。省躬荷德，恩贷实深。兢栗之诚，在物何喻。

颜真卿清楚，"疏拙抵罪"，这次贬黜是既沉重又狠毒的——从年龄讲，中国古代，六十岁为"耆"，泛指老人，颜真卿彼时五十八岁，已近老年；从地域讲，硖州距长安千里之遥，可谓"不远伊迩"；从官阶讲，从正三品京官降至五品下，可谓陡降。

一至于此，颜真卿仍一如既往，感念圣上"恩贷"。外放、贬黜，对很多人来说，是打击、挫败乃至毁灭，伴随的是萎靡、悔恨抑或改弦更张。

对于颜真卿而言，每一次的贬黜，他从未改变自己。若是有变，变的只是权势和职位高下，不变的是忠贞和为官大道，倘若联系颜真卿此后人生，主要是职场上的，其行路经历，一步步倒是愈贬弥坚，视贬如归，直至视死如归。

从颜真卿给子孙的《守政帖》中，可以看到其心底之声——

> 政可守不可不守，吾去岁中言事得罪，又不能逆道苟时为千古罪

颜真卿《守政帖》（局部）

人也。虽贬居远方，终身不耻。绪汝等当须谓吾之志，不可不守也。[1]

短短数语，正气充塞天地。

"政"是什么？

孔子曾云："政者，正也。子帅以正，孰敢不正？"（《论语·颜渊》）作为孔孟之道的忠实信徒，颜真卿的"守政"就是"守正"，护卫正道、正义、正直、正气。

颜真卿认为，自己因上疏得罪了专权者，因而受到贬谪，危难临头。要不要妥协、退却？要不要认怂、讨饶？不可！坚决不可，宁愿如此负"罪"，也绝不违背大道而苟且过活。若真是那样，将成为千古罪人。

颜真卿还认为，自己虽遭陷害，去到荒远偏僻之地，确属极大的伤

1.颜真卿：《守政帖》，《颜鲁公集》卷六〇。

害，但永远也不认为这是耻辱的。颜真卿要求儿孙后辈要明白他的心性和志向，即使身处逆境，困顿挫折，身处动荡，也不忘为国守政，不忘守住本志，不改操守。

此刻的颜真卿，心中朗朗，忠君报国之心愈坚，正如屈原《离骚》所云"虽九死其犹未悔"，其忠厚品性，真是"光明正大、疏畅洞达、磊磊落落而不可掩者也"[1]。

三月初九，颜真卿收拾行装，携一家老小，去往硖州上任。

颜真卿以罪贬谪，照例朝廷是不供给驿马的，举家迁徙，唯有佣租私车民船。路途有多艰辛，是可以想象得到的。他们行至蓝田，短短八十里路，竟用了三天时间。

一家人正准备打尖赶路，有中使太监匆匆追赶而来，传旨颜真卿改任吉州[2]别驾。

为何改任？

原来代宗虽厌烦颜真卿，允了元载的奏议，但事后又觉得罚过其罪（罚重了），故而发生眼前一幕，以示皇恩"浩荡"。

不过，代宗是否知晓，吉州并不比硖州更近，其距长安三千六百五十里。只有一点他倒是清楚：硖州属下州，别驾从五品上；吉州属上州[3]，司马从四品下。

差别不很大，确是存在。

唐代地方行政区划是有等级的，州、县两级均按照其地位的轻重、辖境的大小、户口的多寡及经济社会发展水平的高低，分为上、中、下三等。通常，三万户以上为上州，二万户为中州，二万户以下为下州；五千户以上为上县，二千户以上为中县，一千户以下为下县。相应的，

---

1. 朱熹：《王梅溪文集序》，四部丛刊本《朱文公文集》卷七五。
2. 吉州：隋开皇中改庐陵郡置，治所在庐陵县（今江西吉水北）。唐时辖境相当今江西省新干、泰和间的赣江流域及安福、永新等县地。
3. 上州：州的等级之一。唐制为第五等，在辅、雄、望、紧之下，中州、下州之上。

官员的官阶、待遇也分成三六九等，不一而足。也就是说，同是就任某地的州太守、刺史或县令，表面看是一样的，都叫太守、刺史、县令，实际上却并不相同，轻重、薄厚、肥瘦有异。

代宗还是想到了上述规制和待遇政策，考虑到两地的差异。然而这差异也太微乎其微了吧？以颜真卿来说，从原本的正三品刑部尚书一下贬为从四品下，中间尚隔着好几级呢。

一面是欲加之罪何患无辞，一面是下州改上州，真乃伴君如伴虎，高处不胜寒！

69. 庐山吟陶

江南风物总宜人，雨量丰沛，气候温润，植被茂盛，生机盎然。

对于颜真卿来说，这里成了他的疗伤之所。

伤，当然不是身体的，是心。

江南，在唐代的时候还不是今日人们脑子里的概念。那个时候经济中心仍在中原，在北方的黄河流域，包括八百里秦川的渭河平原。

而且，此地离朝廷长安很远，又是一个遭贬黜而放逐之地，颜真卿并不是去那里游览与玩赏，他内心的感受是全然不同的，心在淌血，像针扎一样的痛！

然而，江南毕竟是江南，彼时虽比不得宋、明时代繁盛，但自唐代起就已因气候、水文及人口迁徙等缘故，开始了弯道超车的崛起。

对，用"江南崛起"来表述是最恰切的。

难怪白居易写下"江南好，风景旧曾谙。日出江花红胜火，春来江水绿如蓝，能不忆江南"的美好诗句。

一年之计在于春。虽然写的只是春季，但其他三季也错不了。

白居易号称"唐代三大诗人"之一，他比颜真卿小了六十几岁，虽说都是唐代人，却是无法有交集的。

唯有一点算是相同的，即被贬黜的遭际——白居易也是热血之人，积极参政，直陈时弊。唐宪宗元和十年（815）六月宰相武元衡遇刺身亡，白居易上表主张严缉凶手，却被认为是越职言事，遭诽谤被贬为江州[1]司马。颜真卿因《论百官论事疏》，被贬于吉州别驾。一个是司马，一个是别驾，职位差不多，贬得都够狠的！

关键是，两个人的放逐地都属江南道，白居易的江州与颜真卿的吉州，空间上相距不远，时间上相距五六十年，都在江南生活过，同是天涯沦落人。

相比而言，颜真卿要惨得多，吉州之后又转为抚州，再而湖州，外放江南近十年。

在江南生活过的白居易，虽遭贬，却依旧本色不变，保持诗意栖居，写下了《忆江南》的不朽诗篇，同时也为后世认知江南留下绝好的描述。

绝不沉沦的颜真卿也作诗，却不以诗名世，他在江南这方土地上，在为百姓谋福祉的同时，将这一段特别经历化作翰墨之情，创作了平生最重要的书法作品，还完成了《韵海镜源》的大作。

江南乃颜真卿一生中的重要过往。

颜真卿在陕西蓝田接到改任其为吉州别驾的圣旨后，即改道向吉州而行。

吉州属江南道，河湖交错，三千六百五十里路，以舟船水路为主，虽少受旱路颠簸之苦，却风雨飘摇，且夫人韦氏仍在病中，行旅依旧艰辛。

由春至夏，四个月后，颜真卿一家行至江州，表侄殷亮（舅父殷践

---

1. 江州：今江西省九江市。

献之孙）和妻弟韦桓尼早已来此迎候。

江州，玄宗时改称浔阳，代宗一朝重又称江州，几经变迁，却不改其舟车辐辏、商贾云集之通衢地位。

同时，江州还是人杰地灵、人文荟萃之所。

殷亮、韦桓尼二人深知颜真卿一家舟车劳顿，遂建议他们在此地休养数日，再行赴任不迟。恭敬不如从命，颜真卿接受了亲人们的一番厚意，暂驻襜帷。

作为一介文人士大夫，颜真卿与诸同道一样，原本也是有游历、交友、吟诗、作书之好的。同时，因家风和家学的影响，除对儒学有深厚造诣之外，他对辞赋、文章及佛理、道学也深为喜好，颇有感悟和心得。别的不说，仅以颜真卿二子颜硕的乳名为例，就可为明证。

颜硕的乳名叫穆护。此中寓含何意？原来这是祆（xiān）教[1]僧职的称谓。颜真卿将其作为儿子的乳名，可见他对西来宗教的态度。这种态度也来自颜家信仰传统，颜真卿自己的乳名叫羡门子，是为同理。

实际上，颜真卿是向佛的，在他后来的生活中，包括书法活动，越来越明显。

颜真卿入仕三十年来，忙碌于朝廷公务、浴血于平原举义、奔波于济世安民……无暇顾及个人的兴趣与雅好，以至虽生于长安，却未曾登顶近在咫尺的西岳华山，唯五十岁被贬黜饶州时于上任途中拜谒了华岳庙，但也不过是对"奇险天下"的山峰远远眺望而已。

五岳之首的泰山，拔地通天，孔子登临而小天下，颜真卿素来心向往之。平原郡与泰山为邻，而颜真卿任平原太守四年，却未曾走近半步……

这一次，颜真卿痛快地接受了亲人的拳拳盛邀，于五月初八登临

---

1. 祆教：一般指琐罗亚斯德教，是在基督教诞生之前在中东最有影响的宗教，公元前 6 世纪被奉为波斯国教。4 世纪传入中国，在中国被称为祆教。

庐山。

是晚，一家人借宿于东林寺。

东林寺为庐山名刹，由高僧慧远创建于东晋大元年间。据传，慧远法师住持于此三十余载，引来沙门千人，组织天下学问僧一百二十余人，译佛经、释佛理，同修净土之业。东林寺渐成为净土宗的发祥之地，声名远振。

在寺里，颜真卿聆听了慧远大师的功德，瞻仰了镇寺之宝——慧远袈裟等遗物，特别是看到谢灵运所译《涅槃经》珍本，感触颇多。

谢灵运乃东晋、南朝宋诗人，性格乖张，官场多舛，后皈依佛门，纵情山水，成为佛学家和山水诗派鼻祖。其融儒、释、道三者之成就，甚至任性忘我的性格令人敬慕。而谢氏出游，常十数天不归，治民、进贤、决讼等为官之职，一概不闻不问，却是颜真卿绝不认同的。

在寺僧陪同下，颜真卿来到香炉峰下，仰头远眺，一泓山泉飞溅，直泻潭底，轰鸣震耳，煞是奇伟壮观。李白的七言绝句《望庐山瀑布》所绘奇景不由浮现眼前。

"登山则情满于山"，颜真卿伫立山间，一时心旷神怡，宠辱皆忘，胸中似有涌动直下的清流，将那些凡尘俗念荡涤一空，令人不胜赞叹，忻慕不已。

寺僧诚邀题词以纪，颜真卿欣然从命，作《东林寺题名》[1]。

次日，颜真卿一行又至西林寺。韦桓尼就在此学佛，他陪伴一行人拜会了其师阿阇黎法真律师。在这里，颜真卿得见南朝梁著名画家张僧繇所绘卢舍那佛画像，还有一度放弃皇位、削发为僧的梁武帝之奉佛遗物。

触物感怀，颜真卿应法真律师所求，作《西林寺题名》[2]。

---

1. 颜真卿：《东林寺题名》，《颜鲁公集》卷一一。
2. 颜真卿：《西林寺题名》，《颜鲁公集》卷一一。

在颜真卿此次庐山之行中，最引发颜真卿兴趣的乃是曾隐居于此的先贤陶渊明之故里。

陶渊明乃东晋田园诗人，生前常与慧远大师交游，其人其事迹早为颜真卿知晓。陶渊明质性自然，少怀大济苍生之思，不堪为高门上第者鄙视，忠贞于晋，不屈躬背晋臣宋。其弃官归隐，不受"心为形役"[1]所囿，不为五斗米折腰的操守和品性，深为颜真卿景仰、敬慕。

如今触景怀思，惺惺相惜，颜真卿不禁心潮翻卷，难以平复，遂作《陶公栗里》[2]一首：

> 张良思报韩，龚胜[3]耻事新。
>
> 狙击不肯就，舍生悲缙绅[4]。
>
> 呜呼陶渊明，奕叶为晋臣。
>
> 自以公相后，每怀宗国屯。
>
> 题诗庚子岁，自谓羲皇人[5]。
>
> 手持《山海经》[6]，头戴漉酒巾[7]。

---

1. 心为形役：指人的思想不自由，做一些违心的事。陶潜《归去来辞》有"既自以心为形役，奚惆怅而独悲"句。

2.《陶公栗里》：《全唐诗》卷一五二作"咏陶渊明"。栗里，在今江西省九江市西南，庐山温泉北面一里许。晋陶潜曾居于此。

3. 龚胜（前68—11）：字君宾，汉朝大臣、学者。年少好学，通晓五经，选为郡中小吏。举茂才山身，起家重泉县令。汉哀帝时授谏议大夫，屡次上书抨击刑罚严酷、赋敛苛重，迁丞相司直。不满汉哀帝宠幸董贤，出为渤海太守，迁光禄大夫，王莽秉政时，归老乡里。新王莽授太子师友、国子祭酒，拒不受命，绝食而死。

4. 缙绅：古代称有官职的或做过官的人。也作搢绅。原意是插笏（古代朝会时官宦所执的手板，有事就写在上面，以备遗忘）于带，旧时官宦的装束，转用为官宦的代称。

5. 羲皇人："羲皇上人"的简写，指伏羲氏以前的人，即太古的人。比喻无忧无虑，生活闲适的人。

6. 手持《山海经》：陶潜有《读〈山海经〉十三首》。首篇为序诗，咏隐居耕读之乐，后十二首从《山海经》《穆天子传》中撷取题材而写成。

7. 漉酒巾：滤酒的布巾。泛指葛巾。陶渊明曾摘下头上葛巾滤酒。

兴逐孤云外[1]，心随还鸟泯[2]。

颜诗所云：张良先祖有五世曾任韩王国相，张良自己成汉朝开国功臣后总是念着报答故国韩国，于是功成而退，回归故里。

龚胜乃汉代名臣。王莽篡政之时，强征其为官，龚胜以此为耻，不受命，辞官归乡，绝食而亡。

诗云此处，颜真卿转而激赞陶渊明，真是可钦可佩——祖上为东晋臣民，陶渊明自己也为东晋小官，但在晋宋易朝之际，乃怀故国之思，不做新国之臣，解绶退隐，植杖耘籽。

陶渊明熟读《山海经》，头戴漉酒巾，终日怡然称快，观云卷云舒，望飞鸟归还，活得那叫洒脱、超俗、自得。

诗言志。通过《陶公栗里》的诗作，颜真卿对于陶渊明的生活态度，表达了由衷的赞叹和钦佩。这种赞叹和钦佩，是通过比兴的手法，以张良和龚胜为典而表达的。张、龚二人各有故事，但有一点是相同的，要么于功成名就之后，急流勇退；要么不事新朝，回归故里。

也许是巧合，不只是诗中之典，陶渊明与谢灵运、张良、龚胜四人皆有或归隐或归乡或皈依的遁世故事。

颜真卿没有他们那样的故事，他的人生态度与上述四人是不一样的。

颜真卿自入仕为官以来，三十二年里，忠诚朝廷，心系社稷，济民水火，敢与奸佞和不公谏诤。无论遭受多大的打击、挫折、不幸、坎坷，骨头永远是硬的，他从未脱逃、退缩、回避、苟且，始终秉持的是刚正执着、精励尽职、克效忠勤的儒家思想，入世而非出世，积极而不沉沦。

---

1. 兴逐孤云外：陶潜《归去来兮辞》有"云无心以出岫"语，以出岫之云寓意自己出仕本属于"无心"。

2. 心随还鸟泯：陶潜《饮酒二十首》其五有"山气日夕佳，飞鸟相与还。此中有真意，欲辩已忘言"句。

两种态度岂不是格格不入吗？

回答是肯定的。既是不一样，为什么颜真卿又是题记又是作诗，为之感叹且赞赏有加呢？

难道颜真卿对于陶渊明的敬重和推崇，仅仅限于陶渊明萦怀于晋、不事刘宋新朝的忠贞品性，并不认同也不赞成陶渊明后来的"遁世"人生？

显然不是。

诗中所表达的情愫是真挚、坦诚的，是被陶渊明洒脱不羁的高士风范所感染、所打动的——既往的颜真卿，很少于任上或赴任之时游览名山大川和古今胜迹，而"以疏拙贬吉州"途中，于庐山逗留，确是破例。

这是一次极不寻常的破例，对于此时长途跋涉、身心疲惫的颜真卿而言，无疑是一次从未有过的休整。以往数次贬黜外放，皆匆忙赴任，几无一次从容闲适。

这一次则不同。

何以不同？

一是年岁增高。颜真卿已五十有八，近六十杖乡之年，体力已不似从前。二是路途之遥。毕竟有三千数百里，舟车兼程，颠沛辗转，谁能承受得了？三是贬谪之重，重于既往。以前之贬，好歹贬为主官，而吉州之贬，是贬为别驾虚职，几乎就是得一份俸禄苟活而已。

颜真卿何时苟活过？不能做事，不能践行理想、抱负，仅为苟活，这对于忠贞不渝、奋发而为的颜真卿来说，何其残酷？

可以想象，颜真卿的内心是很苦、很纠结的。

正是这样的复杂心境，上到庐山，因缘际会，产生共鸣。

那么，颜真卿能够如陶渊明一样，不"以心为形役"，荷锄归田，采菊于南山篱下，"纵浪大化中，不喜亦不惧。应尽便须尽，无复独多虑"[1]，安度余年吗？

当然，颜真卿不是陶渊明，也不是谢灵运，颜真卿不是"出世"主义者，他是不会退缩，不会逃避，不会归隐的，其后的人生经历也证明了这一点。

人生终是复杂的，颜真卿也不例外。

若言有什么改变的，那便是调适自我，学会从容，换一换生活方式和处世态度，这种态度甚至影响到他的艺术创作——在笃实、端正中，蕴含着通脱清逸和倜傥儒雅。恐怕这是之前的颜真卿所不曾有过的心事、感悟，也算意外受益。

70. 抚州纪事

吉州，位于赣江中游，古称庐陵，不仅物产丰饶、风光旖旎，也是商贾辐辏、百业云集之地，素有"金庐陵""江南望郡"之誉，确属上州。

刺史梁乘是个好人，对颜真卿的仕途经历和为人早有知晓，对其本人颇为敬仰和同情。颜真卿到任后，梁乘与衙署上下皆以礼相待，处处关照。

当然，别驾之任本就是虚职，并无严格意义上的职责，若有事要做，也是听凭刺史"吩咐"，有事即做，无事则免。因州郡治理尚好，四方安定，百姓乐业安居，衙署之事自不烦琐。

梁乘为政开明，古道热肠，凡事能不打扰便不打扰。颜真卿更是知趣，摆正身份位置，绝不给主官添麻烦。此等闲适境况是颜真卿自任醴

---

1. 陶潜：《形影神并序》其三《神释》。

泉县尉起，几十年里从未有过的。

青原山乃吉州名山，刺史梁乘曾于闲暇时间盛情邀颜真卿同游，却因故未能成行。

这倒勾起颜真卿的雅兴，遂于大历二年秋月，颜真卿自己邀上同僚、子侄一道登山游览。

山中藏古刹靖居寺，早先的住持名青原行思法师，乃禅宗六世祖慧能的高徒，在佛界很有影响，各地来此地参禅拜谒的僧众络绎不绝。[1]颜真卿瞻仰胜迹和寺中秘藏后，心中多生感慨，信笔撰下碑阴题名。[2]

赋闲的颜真卿有了足够多的时间来结交闻达贤士，与往来的文人墨客，或交游，或品茗，或把盏，论学理，吟诗赋……

颜真卿还饶有兴味地将所作诗文编为《庐陵集》十卷。只可惜大作失传，后人无缘拜读。说到颜真卿的散文造诣，史评堪与当时著名散文家萧颖士、李华等齐名。此二人乃唐代古文运动之先驱者，也是陈子昂的后继者。

众所周知，唐代的文学成就，除了诗歌达到巅峰之外，还有一项了不起的成就是散文。说到散文，必绕不过"古文运动"。

古文运动是中国文学史，特别是唐代文学史的重要事件。从内容上说，是明道载道，把散文引向致用；从形式上说，是由骈体而散体，体现散文自身发展的要求。应该说，这是一次有目的、有理论主张、有广泛参与者并且有深远影响的文学革新。

古文运动自盛唐后期兴起，至中唐达到高潮，以后渐次衰落。古文运动的领袖，耳熟能详的是韩愈和柳宗元。然而，古文运动的奠基与兴起，恰处在颜真卿生活的时代，更重要的是，这项文学运动与颜真卿息

1. 禅宗六世祖慧能门下有南岳怀让、青原行思二支，为唐末以降禅宗的主流。南岳门下传有"沩仰宗""临济宗"，青原门下传有"曹洞宗""云门宗""法眼宗"，是为五家。以后的禅学发展大抵不出这五家的范畴。
2. 颜真卿：《靖居寺题名》，《颜鲁公集》卷一一。

息相关。韩愈与柳宗元比颜真卿年龄小很多，相差几乎是半个世纪以上。就是说，颜真卿时代的古文运动是韩柳巅峰的先声——没有盛唐晚期的古文改革之兴起，就谈不上后世韩柳的文学地位与成就。

前面提及的萧颖士、李华等人物，以及比他们再早的陈子昂，均是古文运动兴起时代的领袖人物。在这个群体里，颜真卿的散文地位不仅与他们齐名，其本人还是文学运动的重要组织者。

作为古文运动的先驱者，颜真卿的大名虽然写在中国文学史上，却不免偏颇。在人们的视听及文学舆论上，颜真卿不及萧、李诸人声名远大。

何以至此？因其文名被书名所掩，同时也被职场政事牵绊。颜真卿的《论百官论事疏》及《论座位帖》等诸篇文本，都是散文杰作，却仅归入书法碑帖之类，沦落为书法的附属，只被后世从书艺与技艺的角度予以赏析，而忽略了其在散文革命中的重要地位和应有的文学价值。

当然这也与颜真卿的很多文章乃至文集散佚有关。只有少数作品留存下来，缺少了可供研究的第一手史料，遂造成后世难于论究与书写，这不能不是一个莫大的遗憾。

所有这一切使得一部浩瀚的中国古代文学史中涉及颜真卿的只有寥寥数字、一笔带过而无法从容评价。

在吉州供职的日月里，可以说，颜真卿换了一种活法，其禀赋中原本的雅兴与嗜好一下子被释放出来了。同时，颜真卿因仕途坎坷而备受折磨、劳顿、疲惫的身心也得到了滋养和休整。

人生如此，也属因祸得福了。

大历三年五月，江南正值梅子黄时雨，稻花风时节，虽荫翳却湿热润泽。这已是颜真卿在吉州的第三个年头。

朝廷传旨，着颜真卿迁任抚州刺史。

算上这一次，十四年间，颜真卿已是第五次担任刺史了。由别驾虚职转任正职主官，且乃中州品级，秩为正四品上，也属晋升了。

不过，此刻的颜真卿早已宠辱不惊，不过履行程序，从容赴任而已。

颜真卿深知，刺史责任不比别驾、司马，乃为州郡主官，须上不负朝廷，下造福百姓，有作有为，敢作敢为，绝对不能懒政，这是颜真卿不变的本色。

颜真卿一到任上即抖擞精神，进入角色。

抚州境内有一条大河称为汝水[1]，常泛滥成灾，淹没农田，多年来成为百姓之忧患。颜真卿了解民情之后，决意改变旧况，用其利而避其害，便不辞辛劳，实地勘察，制定了治水方案。方案既定，颜真卿身先士卒，率衙署官员，与民众一道挖沙清淤，拓宽水巷，加固河岸。工程的重点是在河心小岛之南筑起一道塍陂[2]。

寒暑易节，耗时一年半，工程终于竣工。

自此，汝水旧貌新颜——雨季拦洪蓄水，旱季引水灌田，水患得以根除，汝水变成益河，百姓称快，遂将塍陂称为"千金陂"。

在诸多的治理中，颜真卿经手的一桩离婚案于当地广为流传。

有一儒生杨志坚，好学而家贫，其妻耐不得贫困而求离婚改嫁。杨志坚不厌其烦地向妻子表明心志：求取功名之后，日子定会好起来。然而，功夫白费，不见一点用处。于无可奈何之下，杨某作七律一首，同意离婚。真乃书生意气。诗云：

平生志业在琴诗，头上如今有二丝。

渔父尚知溪谷暗，山妻不信出身迟。

荆钗任意撩新鬓，明镜从他别画眉。

今日便同行路客，相逢即是下山时。

---

1. 汝水：抚河的古称，隋开皇九年置抚州后遂称抚河，在江西省东部。发源于闽赣边界武夷山西麓，经青岚湖入鄱阳湖。
2. 塍陂：石坝。

杨志坚说，不是自己变心，家贫是以诗书琴瑟为命而造成的。进而他做了一番比喻——渔夫尚且知道鱼群习于山谷溪流深处，而不辞辛劳，自己的妻子却不明白获取功名之事并非一朝一夕之事。最后他表明心迹：没有办法，只得让妻子随心装扮，另觅新欢，自此二人成陌路之人。

杨妻持诗来到官府，诉判离改嫁。

照当时的律条，只要夫妻两厢自愿，是可判离的。颜真卿并未简单处置。他察访案情，特别是了解杨某为人，发现民妇状告的丈夫实是一个才华满腹、行为端正、无任何不良的"穷书生"。即便家徒四壁，他仍能坚持苦读诗书，堂堂正正做人，实在是读书人的榜样。

颜真卿认为，此乃社会正能量，应予褒奖；而杨妻鼠目寸光，不能与夫同甘共苦，是背离传统礼俗的恶德，必须予以惩戒，遂写下判词：

杨志坚素为儒学，遍览九经，篇咏之间，风骚可摭[1]。愚妻睹其未遇，遂有离心。王欢[2]之廪[3]既虚，岂遵黄卷[4]；朱叟[5]之妻必去，宁见锦衣[6]？恶辱乡闾，败伤风俗，若无褒贬，傥幸者多阿王。

令杖二十后，任从改嫁。同时，赏杨志坚布绢各二十四、米二十石，并聘用为幕僚。

---

1. 摭（zhí）：拾取，引申为可圈点。
2. 王欢：晋代人，安贫乐道，专精耽学，不经营产业来谋生，常常边乞讨食物边诵读《诗》。虽然家中没有一斗粮食的存储，精神上还是快乐的。他的妻子对此感到忧虑，有时焚烧他的书而要求改嫁，王欢笑着对妻子说："你没有听说过朱买臣的妻子吗？"当时听说这话的人大多嘲笑他。王欢更加坚定他的志向，最终成为一位学识渊博的人。
3. 廪：本指粮仓，引申指粮食。
4. 黄卷：指书籍，引申为学问和功名。
5. 朱叟：指朱买臣，汉代人。家贫，好读书。不治产业，砍柴换米，柴担子上还挂着书，歇下来就读。卖柴市中，还经常唱歌。其妻羞之，求去。后终于背买臣而去。
6. 锦衣：指精美华丽的衣服。旧指显贵者的服装。引申为出仕为官。

这个判例实在大出民众所料。

由于州官带头倡导读书，鼓励勤勉，从此抚州境内清贫学子专心耕读，风俗一变，教化大行。

既然二人离婚符合唐律，并无罪过，颜真卿何以令杖杨妻？看上去并不妥当，史有诟病。

对颜真卿的判决，我们究竟应做何评价？

唐时确有相关律条，但同时也有儒家礼教，两者并行不悖，相辅相成。杨妻提出离异，虽合法却不合"女子既嫁从夫"之礼。再者，大唐之律乃以礼行律，即依礼教为法的基础。如此，颜真卿的做法属依礼断案，并无不妥。

事实上，颜真卿所张扬的并不是"女子既嫁从夫"的礼义，而是妻与夫应当安于贫贱的美德。正因为如此，颜真卿才超出一般判词的写法，以典明理——晋代王欢和汉代朱买臣都因好读书而家贫，他们的妻子却不能安于贫贱，提出离异。朱买臣之妻更是以"欺贫重富"成为反面典型。

儒家重视礼教，要求士人安贫乐道，也要求为妻的与之同甘共苦。

汉代梁鸿与孟光夫妻是传统社会公认的正面案例。杨妻不能做贫贱夫妻，有违传统道德，这才是颜真卿杖笞严惩的真正原因，目的在于实施儒家教化，匡正薄俗。

如此为民利民的好事很多，不胜枚举。

斗转星移，颜真卿十抚州任上励精图治，五年时间转瞬而过。

五年里，颜真卿为百姓谋福祉，深受人民爱戴，造就了封建时代典型的官民鱼水关系。这就是颜真卿的人格魅力所在。后世抚州人民真心爱戴这位父母官，为他兴建了"鲁公祠堂"，碑石上镌刻着颜真卿爱民如子、秉公执法的故事。

71. 健笔凌云意纵横

北人颜真卿，在江南竟转徙了十余年。

先贬谪吉州，后迁任抚州刺史，再任湖州刺史。

一个人的生命有多长？

照古人的说法，人生七十古来稀。如此算来，颜真卿生命的重要时光留给了江南大地和那里的百姓。

抚州偏安东南，湖州也远离京城，却有着共同的地域特色——富庶且文蕴深厚。其中人文环境一条，与颜真卿的文人情怀很是契合。

颜真卿是朝廷官员，有着强烈的政治抱负。

颜真卿又是一个文人，不论诗书、翰墨，还是文章、训诂，都是他的平生追求。

眼下，于国家而言，安史之乱后，人心思定，暂无狼烟，处在中兴之季。于个人处境而言，远离宦海险阻，州境平安，实在是天赐的清净时日。

于是，政事之暇，重拾编纂著述、怡情翰墨、崇尚释道之学成为颜真卿于江南生活的重要内容。

抚州城东南四里有一景观叫翻经台，当年谢灵运为临川内史[1]时，在此翻译《涅槃经》，因而得名。此时，原来的楼台已是梁柱无存。面对遗址，颜真卿不禁伤怀，并想到若能重建该有多好。

颜真卿曾于吉州结识僧人智清，智清佛法道行颇深，又是可信之人，彼此常有往来。若要重建，必得有能者担当落实。颜真卿便将这个想法告知智清，智清则表示愿促成此盛事，颜真卿很是欣慰。

---

1. 内史：西晋武帝太康十年（289）改诸王国相为内史，掌管民政。东晋、南北朝沿之。魏、晋、南朝宋为五品。

《逍遥楼刻石》

唐·颜真卿书，大字楷书，为颜书大字之最，大历五年（770）。碑高232厘米，宽123厘米。为颜书成熟期的作品，形态饱满，结体端庄，气势恢宏，丰腴笔画中显示骨力遒劲。原碑藏于桂海碑林博物馆

　　翻经台落成之时，颜真卿特意撰写了《抚州宝应寺翻经台记》，此后又撰写了《抚州宝应寺律藏院戒坛记》。从这两篇记事中，我们可以看出颜真卿对佛教教义及佛教历史颇有研究，也看出他对佛教的敬重和推崇。

　　抚州还是江右[1]道教圣地，道教胜迹甚多。抚州南城县有麻姑山，即道教文化名胜，因古时女仙麻姑在此得道而得名。

　　唐代开元年间，深受玄宗敬重的道士邓紫阳早年曾隐居于此，留下遗言要归葬麻姑山。邓紫阳讲学传道，影响日重，方有了道教之邓天师一脉。

　　州治临川县有石井山，相传有上清派始祖、紫虚元君南岳魏夫人所设坛场，屡显灵异。

　　本地繁多的道教遗存和浓郁的道教文化大大触发了颜真卿原本深藏于心的道学情怀。于是，颜真卿只要有闲，便去寻访仙人踪迹，踏勘、观瞻，并为之撰文刻石。在传世的诸多墨迹中，著名的有《魏夫人仙坛碑铭》《华姑仙坛碑铭》《麻姑仙坛记》等遗存。其中尤以《麻姑仙坛

1.江右：江西的古称。古人在地理上以东为左，以西为右，故江西又名江右。

中，令言卿使人擎經鞭之，曰：麻姑者神人，汝何忽謂其不可卿以把背耶，見鞭者經背，亦不見有人持鞭者。方平告經曰：吾鞭不可妄得也。大曆三季，真卿又白。麻姑按圖經，南城縣有麻姑山，頂有古壇，相傳云麻姑於此得道。壇東南有池，中有紅蓮，近忽變碧，今又白矣。池北下壇，傍有杉松，皆偃盖，時間步虛鍾磬之音。東池北有暴布，淙下三百餘尺。東北有石崇觀，高石中有洞穴，源口有神，祈雨輒應。東南有螺蚌殼，或以為桑田所變。西北有麻源，謝靈運詩題入華子崗，是麻源第三谷，恐其處也。開元中，道士鄧紫陽於此習道，蒙召入大同殿修功德。廿七季，忽見虎駕龍車，二人執節於庭中，顧謂其友竹務猷曰：此迎我也，可為吾奏，願欲歸於本山。仍請立廟於壇側。玄宗從之。天寶五載，投簡於仙宇真壇。命李山甫於瀑布石池中，有黃龍見，玄宗感焉，乃增修仙宇真儀，侍從雲鶴之類於龍池之側，立壇裁祠。士增修仙季十德，誠繼修香火，勢行勞瑍仙而食。地尊巖而史玄姪男曰通誠，由眞縈瓊華皆清虛服道。籙絕嶺粒紫陽洞，左則昌由眞縈盛歲，若斯之盛者夫。花黎嶺絕粒紫陽。美真娘莘承餘烈，敢刻金石而志之。時則六季夏四月也。

颜真卿《麻姑仙坛记》（全称《有唐抚州南城县麻姑山仙坛记》）

有唐撫州南城縣麻姑山仙壇記

顏真卿撰并書

麻姑者葛稚川神仙傳云王遠字方平欲東之括蒼山過吳蔡經家教其尸解如蛻蟬也經去十餘年忽還語家言七月七日王君當來過到期日方平乘五龍車馬駕五龍各異色旌旗導從威儀赫奕如大將也既至從官當半於方平也麻姑相聞麻姑來但聞其語不見所使人須臾引見王方平敬報久不行民間今來在此想麻姑能暫來有頃信還但聞其語云麻姑再拜不見忽已五百餘年尊卑有序修敬無階思念久煩信承在彼登山顛倒而先被記當按行蓬萊今便暫往如是便還還即親覲願不即去如此兩時間麻姑來時聞人馬簫鼓聲既至從官半於方平也麻姑至蔡經亦舉家見之是好女子年十八九許頂中作髻餘髮垂之至腰其衣有文章而非錦綺光彩耀日不可名字皆世所無有也得見方平方平為起立坐定召進行廚皆金盤玉杯無限美膳多是諸華果而香氣達於內外擗脯行之云是麟脯也麻姑自說接待以來已見東海三為桑田向到蓬萊水乃淺於往者會時略半也豈將復還為陵陸乎方平笑曰聖人皆言海中復揚塵也麻姑欲見蔡經母及婦姪時經弟婦新產數十日麻姑望見乃知之曰噫且止勿前即求少許米便

记》一碑为重，是颜真卿书法乃至中国古代书法发展的标志性作品。

继手书《麻姑仙坛记》后两个月，颜真卿又书写了《大唐中兴颂碑》。《大唐中兴颂》乃元结所撰。元结是唐代文学家，韩柳古文运动的先驱者，为官清廉开明，为文敢于批判时政，为诗注重反映人民疾苦。

上元二年，肃宗收复两京，社稷再安，元结欣喜不已，遂撰文颂扬，就像杜甫作《闻官军收河南河北》诗一样。所不同的是，元结乃率军参战的英雄，其内心的感受自超过旁观的杜氏。为使后人不忘历史，元结拟将自己文字刻于石上，流传千年万载。

谁来书丹？元结认为非颜真卿莫属。

在平定安史之乱中，元、颜二人曾各领一方，浴血奋战，因忠义之举结下友谊。两人又是唐代古文运动的文友，相知相敬。现在，元结邀请颜真卿为他的文稿书丹，大好文章与大好书法联袂，再续友谊，真乃一件令人欣慰的快事。

自此，《大唐中兴颂碑》为书史留下了一通重要作品。

于抚州期间，颜真卿还为宋璟撰拟碑文。宋璟乃玄宗朝宰相，与房玄龄、杜如晦、姚崇并称唐朝四大贤相。宋璟之子宋浑任御史中丞，颜真卿是其部下。宋浑深知颜真卿文章和书法造诣都非常深厚，便请颜真卿为乃父撰写碑文。

不料，因宋浑贪赃枉法，原本业经皇上批准的立碑之事只得作罢。事隔二十一年后，宋璟之孙宋俨为"追念祖父德业"，重议为祖父宋璟立碑之事。由谁来写来书？对于家族而言，这实在是一桩大事。后生宋俨不忘当初其父的邀约，再请颜真卿撰拟碑文并书丹。能为先贤宋璟做这件事，颜真卿感到太荣幸了，遂欣然应允，命笔而书。

宋璟是邢州南和（今属河北邢台）人，历仕武后、唐中宗、唐睿宗、唐殇帝四朝，到唐玄宗已是第五朝了。俗话说，一朝天子一朝臣。宋璟竟打破此种限定，创下职场生涯"五朝元老"的纪录，不是神话也近似神话了。

说是神话，其实也非一帆风顺，宋璟也曾历经坎坷，几度被整得死去活来，唯有初心不改，一生为振兴大唐励精图治。

历经五朝，最精彩的莫过于与姚崇同心接力，辅佐唐玄宗开创了开元盛世。

宋璟重回玄宗一朝，是姚崇辞别大明宫之前向玄宗推荐的，这一举荐正合玄宗之意，所以他欣然准了。

每届宰相都有特色，如果说姚崇最大特点是足智多谋、机敏善断，那么宋璟则是刚毅正直、大公无私。不仅如此，宋璟的人缘很好，有"有脚阳春"（长着脚的阳春三月）之美称。此话怎讲？是说凡宋璟所到的地方，即带去一派欣欣向荣的景象，人们都能感受到如同阳春三月般的温暖与舒适。这真应了那句俗谚——群众的眼睛是雪亮的，口碑就是力量！

岂止是群众的眼睛，玄宗最赏识宋璟的就是他的正派与亲和力。

宋璟履新，是开元时代继姚崇之后第二届宰相班子。宋璟刑赏无私，敢犯颜直谏，为玄宗所敬惮，即使有不合意处，也只得勉强采纳。宋璟致仕后，唐玄宗任用李林甫、杨国忠等奸相，由姚、宋苦心建立起来的朝廷纲纪被破坏殆尽。相传，安史之乱发生后，唐玄宗狼狈逃到咸阳，一位长者向玄宗说："臣犹记宋璟为相，数进直言，天下赖以安平。自顷以来，在廷之臣以言为讳，惟阿谀取容，是以阙门之外，陛下皆不得而知，草野之臣，必知有今日久矣。"令人不胜唏嘘，足见民间对宋璟的赞扬和怀念。

先贤宋璟是颜真卿心中的一座丰碑，自入仕为官以来颜真卿便将其奉为楷模。用今天的话说，宋璟是颜真卿的偶像。

颜真卿在《宋璟碑》中对宋璟不顾生死、敢于直谏的品格尤为颂扬——"行其道而死生勿替"，强调禀义直谏是儒家道义所在，为臣者理应竭尽如此。颜真卿以宋璟为榜样，几十年来正色立朝，不惧邪恶，

颜真卿《宋璟碑》(局部)

甚至将生死置之度外，是与先贤大道和前辈的精神一脉相承的。

书至于此，颜真卿本已平静的心绪再度血脉贲张。

遗憾的是，因政事所扰，未及书丹即暂且搁笔。

颜真卿自而立之年，书艺已于探索中初见颜体焕然风貌，却因后来的安史之乱、政事忙碌、宦海多舛、屡遭外放等，少有闲暇，难以纵笔。虽不乏传世经典之作，如《祭侄文稿》《争座位帖》《蔡文远帖》等，也多为即兴的行草作品，以及少量的大楷正书如《离堆记》等，却未能达到顺遂心愿的境地。

失之东隅，收之桑榆。

贬谪抚、湖，对颜真卿而言是人生遭舛、心灵喋血、蒙受屈辱的事情。然而，已逾耳顺之年的颜真卿调适身心，以淡定、从容之态面对，原本失去的东西反而变成财富，丰富的人生阅历岂可白白浪费？

所有这一切，对于书艺而言，皆可化作翰墨的深厚底蕴。同理，对于书者颜真卿而言，他的一腔刚正、浩然之气，乃逐渐固化为其书法的灵魂，且老而弥坚。

书法这门艺术就是如此特别，倘若没有灵魂，说到底只是写字而已，可能很漂亮却未必美。

心手双畅，人书俱老。颜真卿的书法创作骤然进入繁盛之季，超越以往任何时候，可谓才情喷薄而涌，一发不可收拾。

除去上述《麻姑仙坛记》《大唐中兴颂碑》《宋璟碑》等大作之外，尚有一系列碑石，例如《颜允南碑》《殷践猷神道碑》《元子哲遗爱颂》《横山庙碑》《八关斋会报德记》《颜元孙碑》《颜杲卿碑》《浪迹先生玄真子张志和碑铭》等，佳作迭出，难以备述。

大历六年（771）三月，颜真卿罢官，另有任用。

借休整待命之暇，颜真卿离开抚州，北上金陵，祭拜了葬于此地的先祖颜含之墓，撰书《颜公大宗碑铭》，记述了颜含及十五世子孙的事迹。

随后颜真卿又与当年平原举义，结下生死交情的部下、老友刘太冲晤面。刘太冲自进士及第后，逾三十载仍官阶低微，郁郁不得志，将欲西游，再谋官职。面对老友的境况，颜真卿很是同情，称他"虽才不偶命，而德其无邻"[1]，撰写了《送刘太冲序》予以勉励。

"夫书以神情为精魂"，这是唐太宗的学书心得，他喜好书道，确实得其真要，表达得很是到位，《送刘太冲序》正是一幅尤重神情的好作品。该序情义挚诚，文采飞逸，以行书传世。在具体书写上，结字疏朗，笔墨相副，字外情多，百般滋味，特别是骨力中蕴含秀逸之气，历来为后世称颂。米芾谓之"如龙蛇生动，见者目惊"。《送刘太冲序》字

---

1. 颜真卿：《送刘太冲序》，《颜鲁公集》卷一二。

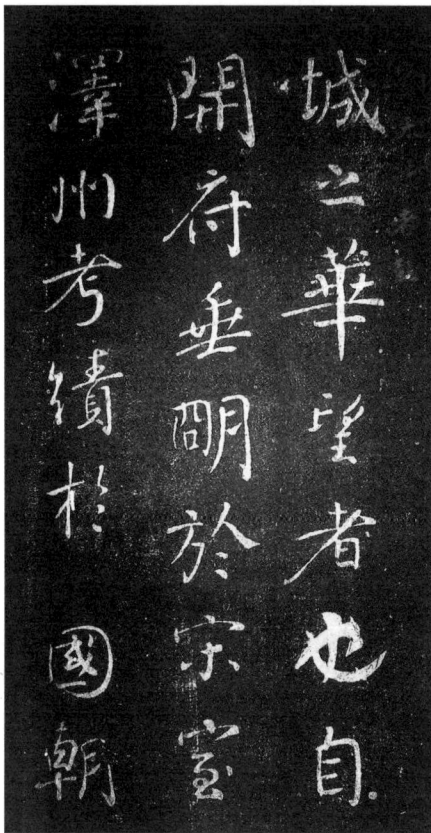

颜真卿《送刘太冲序》（局部）

虽寥寥，却饱含情义，堪为稀世之宝。

九月，颜真卿抵达东都洛阳。僧人怀素慕名请见。

怀素是书法艺术的大家，以草书著称，与张旭齐名于后世，有"颠张醉素"之誉。然而，这是后来的事，在他求见颜真卿的时候，其书艺还远未有大名。有人说，怀素与颜真卿的这次洛阳晤面，是两位书法巨擘的交集，是书法史上的一个重要事件，这是把后来的历史搬到当下，超前、穿越了，并不符合史实。

二人相遇是一个事实，也很有意义，但是把二人皆称作"巨擘"，就言过其词了。

颜真卿与怀素二人，无论是年龄、阅历，还是书学造诣，当时是存在差距的，而且这差距还不是一星半点。年龄上，颜真卿长怀素近三十岁，不是同一辈人。再者，颜真卿已是三朝中央高官，即使此时他只是个刺史，却已有平原举义的阅历和见识。人们会说，怀素仅是个游方僧人，布衣平民。最重要的是，颜真卿的书法，从其家传到名师张旭栽培，再到朝野上下、圈子和江湖上的影响力，早已声名远播，其代表性书作如《多宝塔感应碑》《祭侄文稿》和《麻姑仙坛记》等已彪炳史册；而怀素呢，此时不过是个书艺新秀。

不过，后生可畏，怀素能做到的，又是颜真卿所不及的，那便是年轻人初生牛犊不怕虎的胆气。他心存志向，又善交际——离开家乡永州[1]游历南北，遍谒闻人名流，请求对己书作品评。品评的人包括李白、卢象、戴叔伦、任华、苏涣、徐浩等，他征集到三十多篇赞赏诗，名动一时。照今天的说法，这叫作很会自我营销。

怀素与颜真卿的相遇正是他满载盛誉离开长安还乡途中。他经过洛阳，适逢颜真卿在此，特登门拜谒。

怀素乃晚辈后学，先前所得到的赞誉真正涉及书艺精髓的并不多，看看给予其赞誉的都是什么人？李白、卢象、戴叔伦都是文学家、诗人，名气很大，字应该也写得不错，但毕竟不以书道见长和闻名，即使书法大家如徐浩者也是赞誉多于书艺交流，而且怀素所征集的赞誉之评，不是正经的批评文体，而是诗歌。

怀素还算聪明，暂且不谈论他年纪轻轻就搞这种征集个人书法作品赞赏诗的举动有华而不实之嫌，就他闻知颜真卿要来洛阳，能请求谒见，是可赞可嘉的。事实证明，唯有在与颜真卿的多日切磋中，怀素才真正在拜师、求教的路上找对了门、找对了人，方才真正得到切中肯綮的点拨与指导。

暂且不论怀素的心诚和好运气，颜真卿就是这样的一个人，从不搞虚头巴脑的一套，诚恳、笃实，虚怀若谷。他不仅为官如是，社交待人亦如是。尤其见到怀素这样有抱负、有才华、有书法天赋的年轻后学，他更是爱之、惜之，二话不说，倾囊相授。他把从张旭处得来的笔法诀窍，以及自己的平生心得，毫无保留地传授给了怀素。

临别时，怀素请颜真卿为其所携名人诗歌作序，颜真卿允诺。在序中言道：

　　　　开士怀素，僧中之英。气概通疏，性灵豁畅，精心草圣。积岁

---

1. 永州：今属湖南。

时，江岭之间，其名大著。……夫草稿之作，起于汉代，杜度、崔瑗，始以妙闻。迨乎伯英，尤擅其美。羲、献兹降，虞、陆相成，口诀手授。以至于吴郡张旭长史，虽姿性颠逸，超绝古今，而楷法精详，特为真正。真卿早岁，尝接游居，屡蒙激昂，教以笔法。资质劣弱，又婴物务，不能恳习，迄以无成。追思一言，何可复得！忽见师作，纵横不群，迅疾骇人，若还旧观。向使师得亲承善诱，函挹规模，则入室之宾，舍子奚适！嗟叹不足，聊书此以冠诸篇首。

颜真卿认为怀素堪称"僧中精英"，有着贯通诸家的气概和性灵，并称赞他孜孜以求地研习"草圣"张旭书法，名声很响。在追溯了草书体的发展流变之后，颜真卿也表达了自己对张旭书法的独到见解，认为张旭不仅草书雄逸绝伦，且楷书十分精到，这是很多人不曾留意的。而这一重点提示也正是很多人草书写不精、写不好的原因所在。

颜真卿很谦虚，说自己天性不高，又纠缠于冗繁事务，学而无成，真诚希望怀素能成为张旭的"入室之宾"。颜真卿就是颜真卿，他的言语并未止于此，他继而委婉地指出怀素书艺之不足，既有奖掖，又不一味溢美。由此可见颜真卿真诚、仁厚的长者和大家风范。

此次相晤，若从书史长远发展而论，对怀素来说，前辈颜真卿的耳提面命促进了怀素在书法之路上的自我超越；对颜真卿来说，这并非单向的给予，后辈的精进也是一种外在动力，推动着他的书艺臻于至精。

此外，如果说张旭是颜真卿的恩师，那么在此意义上说，颜真卿是怀素的恩师，这也成为一段铭刻书史的佳话。

颜真卿仍然记挂着两年前《宋璟碑》未了之事，此次于洛阳完成书丹，并于六年之后，以七十古稀之年，又为该碑撰写了"侧记"。

一通碑石之作，书文（碑之正文）、书丹，再加书侧（碑之侧）皆出自颜真卿一人之笔，且跨越十个寒暑，如此念兹在兹，如此精益求

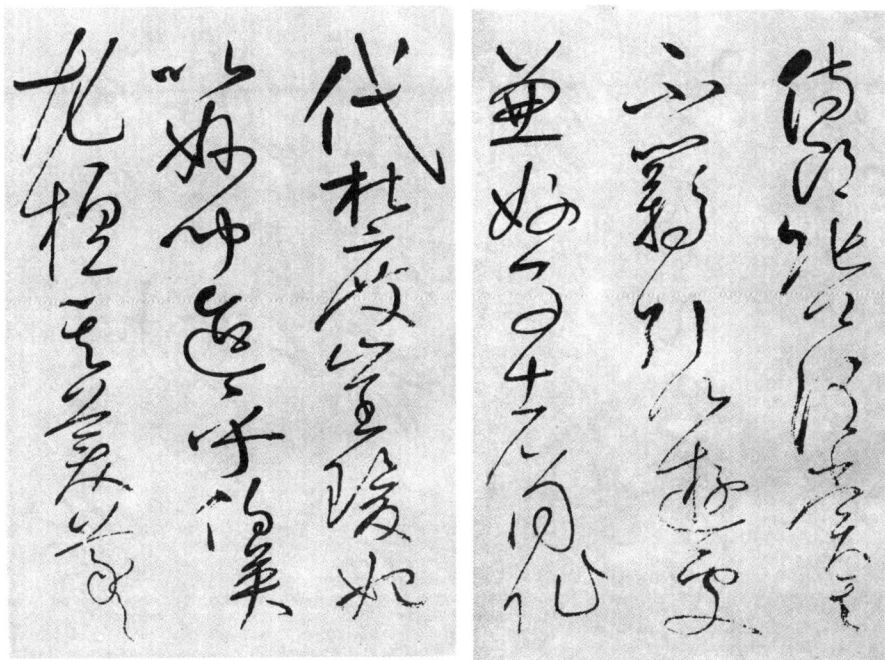

怀素《自叙帖》（局部）

精，足见宋璟在颜真卿心中的位置之重。

　　《宋璟碑》除文义竭尽挚诚外，其笔法也别具匠心。宽博疏旷的结体风格不变，而将用笔略做敛收、细化，则刚义、英朗、隽永之气油然而生。

　　颜真卿为何要如此书写？

　　这源自颜真卿对宋璟的全面和深入的了解。宋璟其人除去是唐代高官、贤相之外，还工诗善赋，曾作《长松篇》《梅花赋》，以松、梅自比，追求高洁有节精神，知名于当时。《新唐书·艺文志》著录其文集十卷，已佚。《全唐诗》存其诗六首。也就是说，宋璟不仅官做得好，还颇富文采。晚唐文学家皮日休在其《桃花赋序》中称赞："余尝慕宋广平之为相，贞姿劲质，刚态毅状。疑其铁肠石心，不解吐婉媚辞。然

颜真卿《元结墓表》（局部）

睹其文，而有《梅花赋》，清便富艳，得南朝徐、庾体，殊不类其为人也。"这是颜真卿十分在意的，也是由衷佩服的。宋璟的文学精神又转化为高尚操守，深深地打动、感染了书者颜真卿，他要通过自己的书作，表现出宋璟少有的品性——如炼铁成钢，坚不可摧；如雪中梅花，纤弱却自傲高洁。此种手法是颜真卿其他作品不曾见的。在颜真卿的意识里，唯其如此，才配得上宋璟的人品和气节。

《宋璟碑》因是颜真卿撰文并书，亦称《颜鲁公碑》。原碑坐落在邢台信都区东户中学院内，今为全国重点文物保护单位。

是月，颜真卿接旨：改任湖州刺史。

嗟乎！京师回不去了，还得继续外放江南。

颜真卿于赴任湖州途中，听闻好友元结病逝，不胜感慨，痛惜不已，遂于驿站秉笔撰写了《唐故容州都督兼御史中丞本管经略使元君表墓碑铭并序》，即后世流传的《元结墓表》，又名《元结碑》，又称《容州都督元结碑》《元次山碑》。

碑铭赞元结才德美好，缅怀不尽。

书丹是到了湖州任上，于冬月里补写的。该碑与此前《麻姑仙坛记》等作品间隔时间不久，笔意风格相近，深厚而稳重。

近十年的江南外放，颜真卿不曾消极蹉跎，而是换了一种活法。若仔细形容，是于原来的刚直上加了韧性，仅以翰墨书法而言，则于超然物外、洒脱风雅中深耕、淬炼、升华，达到了高光时刻。

72. 颜体

何为书体？

康有为认为，魏晋以前，"体"这个字表示的是书体，而魏晋以后则转向表示个人风格，如"二王""欧体""褚（遂良）体"等，并非是三种字体，仅仅表示三种不同风格的书法而已。[1]

康有为说得不错，却只说对了一半。

实际上，书体的概念包含两层含义，一个是指汉字的一种体式，比如真书（正书或楷书）、草书、隶书、篆书、行书，是五种不同的书体。另一个，又指不同书家所书同一体式的不同艺术风格，如同是隶书体，有《张迁碑》之体式，有《曹全碑》之体式，还有《乙瑛碑》之体式，它们是不一样的隶书，代表不同的风格。当把它们加以区别的时候，每一种风格就是一种体式，这个体式是指风格。只是因为隶书碑刻，包括很多篆书碑刻，未能留下书写者的名字，后世无法称其为"张体""曹体"，或者"乙瑛体"，只能顺着碑石（刻）名字而叫。楷书也是同理。

因此，确切地表述，书体的概念既是体式，也指风格，当对不同书家做出界定和区别之时，是可以定义为书体的。

康有为的说法或多或少给后世造成了误导。

弄清楚概念之后，就会发现，对于颜体而言，把他的书法作品和他的书作价值仅看作是区别于其他书家的艺术风格，就大大低估其所具有的不可替代的价值。换言之，颜体就是颜体，绝不仅限于艺术风格，颜体最为重要的意义和价值在于它是中国书法史上一个分水岭和里程碑式的伟大书体，是书法史乃至文字史演进过程中划时代的现象和事件。

相比较而言，其他的很多书家都没有这样的地位，唐中后期的柳公权，其"柳体"不是；宋代四家的"苏、黄、米、蔡"不是；董其昌、赵孟頫的名气不可谓不大，但其人和其字也不是划时代和里程碑式的人物和体式。

1.康有为：《广艺舟双楫》。

《曹全碑》（局部）　　　　　　　　　　《乙瑛碑》（局部）

何为颜体？

顾名思义，是由书法家颜真卿所创的一种特有字体。它的确立，付出了创制者颜真卿几乎一生的心血甚至生命。若是将概念稍做延伸，即由书学延伸至文字学乃至文化学的层面上，将颜体定义为是关于颜真卿的人生之学，并不为过。

在中国书法的殿堂，颜真卿之前，有名有姓且具有标志性的书家，先是汉代的蔡邕、钟繇；后为两晋的王羲之、王献之父子；再往后，离颜真卿最近的，就是"初唐四家"。

蔡邕擅长篆书和隶书，尤以隶书造诣最深，但从汉字书体演进来看，篆隶仍是过渡性字体。

钟繇就不一样了，他所处的时代正是汉字由隶书向楷书演变并接近完成的时期，他篆、隶、真、行、草多种书体兼工，是个兼收并蓄的书家，因此钟繇充当了继往开来的角色，重要的是，他乃是楷书的先驱者。

到了王羲之，自不用说了，是行书的一座高峰。

而颜真卿的书法，虽已于朝野之上颇负盛名，但在"书体"的意义上，尚无他的席位，属无名之辈，仍处于继承、效法前辈书家，包括两晋的"二王"、"初唐四家"，以及颜、殷家学（伯父颜元孙、姑母颜真定、舅父殷践猷）的阶段。

但是，颜真卿不是守成之人，不是庸俗之辈，按照老师张旭的说法，他是一个世上少有的"志高人士"。颜真卿于继承和效法前人书艺的过程中，有意地、积极地做着探索、改变、突破和创新。

那么，赫赫闻名的颜体又是何时确立的？换言之，颜体究竟是什么时间进入书法艺术殿堂，享有至尊地位的？

这一时间节点，就是颜真卿贬黜饶州以后，也即他在江东江南任职期间——乾元元年至大历八年（773），尤以任职抚州时段为主。此前，颜书经历了二十三年的准备，两次蜕变，经扬弃、超越，蜕变、完善，终于修成正果，凤凰涅槃！

第一次蜕变，也即第一个阶段，颜真卿四十三岁至四十七八岁，是他在接受张旭的笔法之后。颜真卿很是兴奋，认为七八年之后自己的书法会有一个很大的变化，遂孜孜以求，刻苦磨砺。果然在天宝十一载，颜真卿书碑改变了前辈书家主要是"二王"以来的瘦劲书风，丰腴、端庄之态破茧而出。天宝十一载后，颜真卿有一系列带着新气象的作品问世，如《郭虚己墓志》《郭揆碑》《多宝塔感应碑》《夫子庙堂碑》等。

越二年，天宝十三载，又有传世之作《东方朔画赞碑》《东方朔画赞碑阴记》等。天宝十四载，安禄山反叛，国难当前，颜真卿作为朝臣、一郡太守，义无反顾地投身于征讨叛军的作战之中，戎马倥偬，他

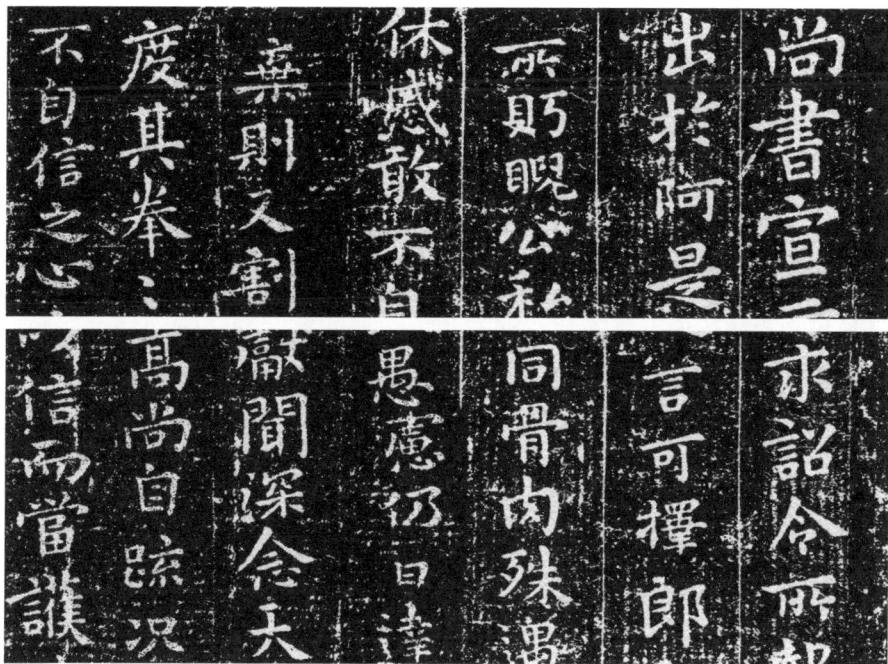

钟繇《宣示表》（局部）

无暇顾及笔砚艺事。

颜真卿的书法发展出现了空档。

此种境况，对于一门艺术而言，是莫大的憾事。

在颜真卿可以从事书法研习与创作的时间里，即安史之乱前，虽然各碑面目或有差异，但已是颜休初步形成阶段。以《多宝塔感应碑》为代表，用笔上，沉着、雄毅，打破瘦硬，增添筋肉；结体上，宽博、端庄，字形由长变为方正；章法与布白上，减少字间行间的空白而趋茂密。总体上，从初唐而来，又脱初唐而去，自立一家面目，进入雄中寓秀的美感境界。

五十岁后至六十五岁是颜真卿书法发展的第二阶段，也即第二次蜕变。这个时期的主要作品有《同谒金天王之神祠》《离堆记》《颜允南碑》《韦缜碑》《郭氏家庙碑》《颜乔卿碑》《殷践猷神道碑》《抚州宝应寺律藏院戒坛记》《麻姑仙坛记》《小字麻姑山仙坛记》《大唐中兴颂碑》《颜含大宗碑》《宋璟碑》《八关斋会报德记》等。

经历了安史之乱的洗礼，遭受官场的频繁贬黜，颜真卿尝尽悲苦辛酸，也于多舛的遭际和频繁转换的生活方式中，一次次地拓展了人生与心灵的空间：书生、斗士、统帅，立朝、外黜、立朝……颜真卿将这一切挫折和坎坷化作财富而"一寓于书"。

与此同时，颜真卿书法的技巧也得到极大的淬炼。

颜书至此，可谓心手双畅，形神兼具，百炼成钢，终以成熟、定型、完备、独有的面貌示人——颜书升华为颜体。

以《麻姑仙坛记》和《宋璟碑》为代表，在用笔上，中锋为主，借鉴篆籀（篆及大篆籀）之法，成圆转藏锋之形；捺，一波三折，若蚕头燕尾[1]；竖，力含千钧，若弓弩蓄势；横竖笔画变粗细一致为横细竖粗，对比错综，姿态横生；各种钩画，如直钩、平钩、斜钩等，皆取势饱满，先顿后挑，出其尖锋，耀其精神；其折笔，提笔暗转，斜向折下，犹如折钗股[2]。

在结体上，方正端庄，稳健厚重，中宫（字体的中间部位）宽绰，四周形密，尤为典型的是，不以欹侧（倾斜）取势，而重心居中；不以左紧右松取妍，而对称示人。

在布白上，字间栉比，行间茂密——密者可跑马，疏者可透风，犹如朗朗乾坤，虚实相生。

六十五岁以后的十多年，主要是湖州任职以后，乃颜体发展的第三阶段，也是最后的阶段。这个阶段与前两个阶段，尤其是第二个阶段相比较，其意义不能说不重要，最主要的是由成熟臻于精微、臻于神奇的

---

1. 蚕头燕尾：形容书法起笔凝重，结笔轻疾。
2. 折钗股：用力去弯折一根金钗所产生的转折处的效果，虽弯曲盘绕而其笔致依然圆润饱满。钗是古代妇女头上的金银饰物，质坚而韧，折钗股是对水准极高的折画用笔的形象性比喻。

过程。此时期的作品有《元结墓表》、《干禄字书》、《颜杲卿碑》、《杼山妙喜寺碑铭》、《李玄靖碑》、《颜勤礼碑》、《颜氏家庙碑》、《自书告身》、《奉命帖》（又称《奉使蔡州书》）、《移蔡帖》等。其中以《颜勤礼碑》[1]和《颜氏家庙碑》为典型代表。

颜体于老辣中富有新鲜活泼的生机，在疏淡中显示质朴茂密的风神，在笔锋得意处显现功力的炉火纯青，在圆润丰腴中透露自己的豪迈气度。

这正应了孔子关于人生不同阶段有不同意义的箴言："六十而耳顺，七十而从心所欲，不逾矩。"颜真卿晚年的书法的确达到了此番境界，人生彻悟，书艺升华，人生与书艺之间双向打通。一点一横，写下生命的斑驳血泪；一撇一捺，彰显秉性的正义刚直；且润且枯的墨色，灌注百折不挠的咏叹；开张宽博的结体，容得下万壑山川、江海湖河；牵连、飞转的线条，挥洒激越奋发的一腔豪情；又于栉比鳞次的布白中，透出人格于神性的光芒！

真可谓变法出新意，雄魂铸颜体。

"故诗至于杜子美，文至于韩退之，书至于颜鲁公，画至于吴道子，而古今之变，天下之能事毕矣。"这是宋代大文豪、才子苏轼的感言和评价，其评不止就书论书，就颜论颜，还勾连诗画大家作结，尤为深刻，尤为准确，尤为服人，堪称古今诸评中最懂颜真卿的人，没有第二。

对此，美学家李泽厚在《美的历程》一书中有精辟论述：

　　如果说，以李白、张旭等人为代表的"盛唐"，是对旧的传统规范和美学标准的冲决和突破，其艺术特征是内容溢出形式，不

1.《颜勤礼碑》：该碑的艺术价值极高，却因很早遗失，直到20世纪20年代才被发掘，因此古人对该碑的评价稀少，是为遗憾。

少家標歷遷外
保三傷歲太少
德州之赤子不
業刾名尉舍得

永人仕入者以
大屬進高三林
子孫等界
文歷遷外

受形式的任何束缚拘限，是一种还没有确定形式、无可仿效的天才抒发。那么，以杜甫、颜真卿等人为代表的"盛唐"，则恰恰是对新的社会规范、美学标准的确定和建立，其特征是讲求形式，要求形式与内容的严格结合和统一，以树立可供学习和仿效的格式和范本。如果说，前者更突出反映新兴世俗地主知识分子的"破旧""冲决形式"，那么，后者突出的则是他们的"立新""建立形式"。"江山代有才人出，各领风骚五百年。"杜诗、颜字，加上韩愈的文章，却不

颜真卿《颜氏家庙碑》（全称《唐故通议大夫行薛王友柱国赠秘书少监国子祭酒太子少保颜君庙碑铭并序》）（局部）

止领了数百年的风骚，它们几乎为千年的后期封建社会奠定了标准，树立了楷模，形成为正统。他们对后代社会和艺术的密切关系和影响，比前者（李白、张旭）远为巨大。杜诗、颜字、韩文是影响深远、至今犹然的艺术规范。这如同魏晋时期曹植的诗、"二王"的字以及由汉赋变来的骈文，成为前期封建社会的楷模典范，作为正统，一直影响到晚唐北宋一样。曹、王、骈体、人物画与杜诗、颜字、古文、山水画是中国封建社会在文艺领域内的两种显然有异

颜真卿《颜勤礼碑》（局部一）

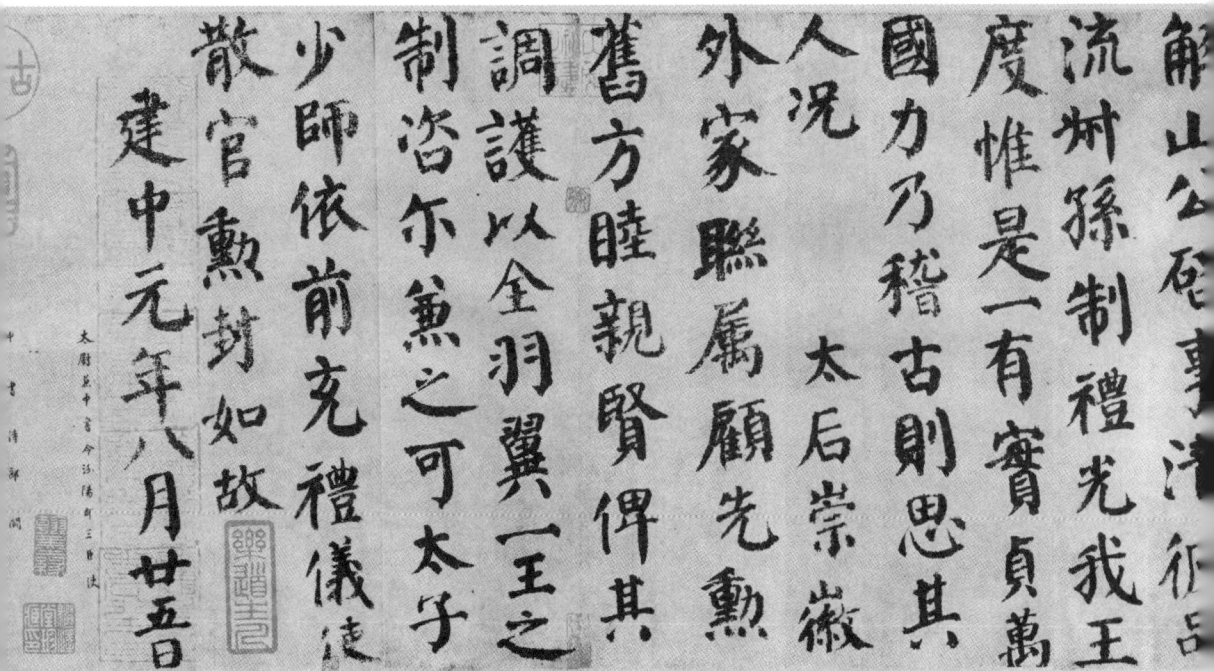

颜真卿《自书告身》（局部）

的审美风尚、艺术趣味和正统规范……

　　这些产生于盛中唐之交的封建后期的艺术典范又有些什么共同特征呢？

　　它们一个共同特征是，把盛唐那种雄豪壮伟的气势情绪纳入规范，即严格地收纳凝练在一定形式、规格、律令中。从而，不再是可能而不可习、可至而不可学的天才美，而成为人人可学而至、可习而能的人工美了。但又保留了前者那种磅礴的气概和情势，只是加上了一种形式上的严密约束和严格规范。……它确乎更大众化，更易普遍接受，更受广泛欢迎。人人都可以在他们所开创建立的规矩方圆之中去寻求美、开拓美和创造美。

外服劳社稷静专由
规存乎士範述職中
忠讜罄于臣節貞
文碩學為百氏之宗
踐行當四科之首發
國公顏真卿立德
儀使上柱國魯郡開
夫行吏部尚書克禮
賢何以審諭光禄大
本固必由教先非求中
導乃元良之教將以
勅國儲為天下之本師

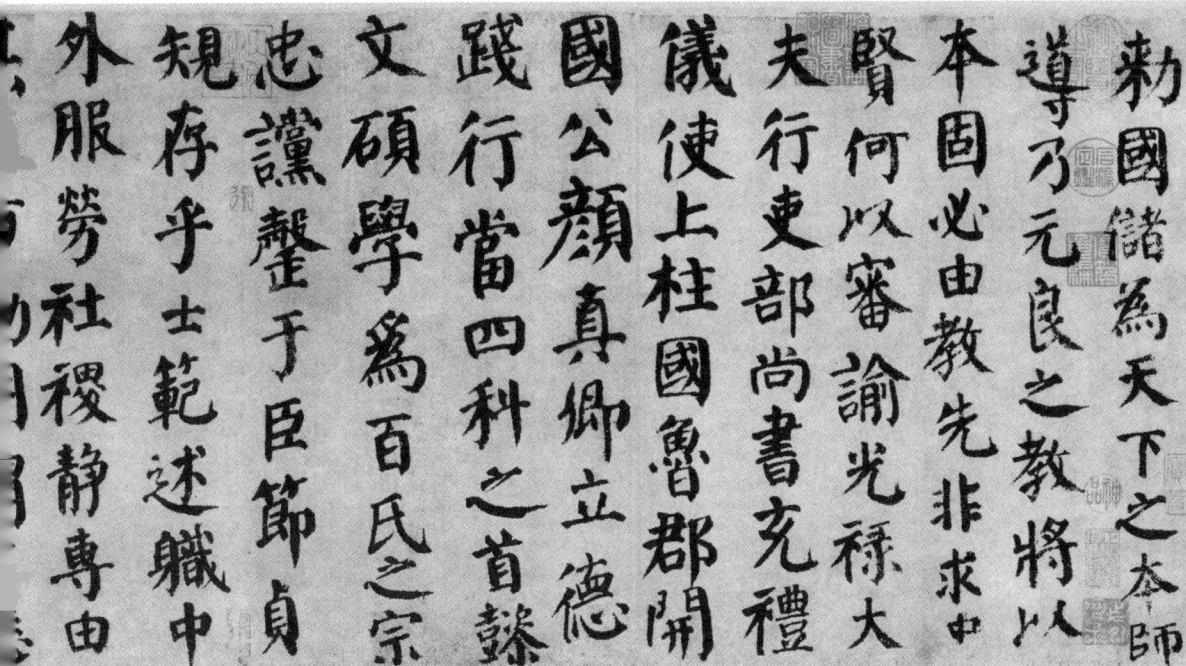

　　最为重要的是，前文已述，颜体是中国书法的划时代和分水岭的书体。那么怎么理解"划时代"和"分水岭"呢？

　　概而言之，颜真卿和颜体之前，书法的天下，只有一座高峰，就是以"二王"为代表的魏晋以来瘦劲一统的书风，欹（斜）侧、秀逸、英朗、妍美、风流……乃其基本面貌。

　　即便到了唐代，初期书法仍是这条路线和血脉的延伸，没有发生根本性改变，其中包括颜真卿本家和姻亲殷氏先辈书家的风格也是如此。可以这样说，凡数得出的资深诸家，无一例外。

　　直至颜真卿，"变法"成功，开创了崭新的书法风貌，丰腴、端庄、宽博、浑厚、遒劲……书法的世界，才辟地开天，换了新颜！

　　自颜真卿的颜体起，一扫瘦硬一统的传统书风，优美与壮美，"二王"与颜体，一山独高变成两峰而立，是相互拱卫的态势，审美风尚的单一格局归于平衡。平衡者，乃审美对象、审美感知和审美鉴赏不再是一边倒的状况。美是多样、丰富、绚烂的。

以往，说到传承，以楷书、行草为例，言必称王羲之。而颜体横空出世之后，一家独大、没有其他审美主体的书法与法书局面被彻底打破！

这个双峰对峙、众水分流的局面，是由颜真卿自己赢得的。

颜体对后世影响大而深远。

首当其冲的是唐和五代，今天所见到最早学颜体而近其风神的是本朝的林藻。之后，学颜成绩最大的是柳公权，他比颜真卿晚生了七十年，彼时公卿大臣的碑志多出自柳公权手笔，因为学得好，后人遂以颜、柳并称。柳公权吸取了颜真卿结体稳重端正的特点，变外紧内疏为内紧外疏，以瘦劲见长，世乃有"颜筋柳骨"之说。

柳公权《玄秘塔碑》（局部）

紧邻唐代的两宋及其以后历朝历代，凡有成就的书家，无一不是学颜的，苏轼、黄庭坚、米芾、蔡襄、董其昌、赵孟頫、尹秉绶、王铎，还有何绍基，一直延续至近现代，诸书家无不从颜体汲取养分，继承进而发展。在这些书家之外，还有一位官员学颜学得最好，他便是北宋仁宗朝的宰相韩琦，他学颜体比宋代四家都早。

不仅是楷书，以行草为例，唐以后一些名家在学习"二王"

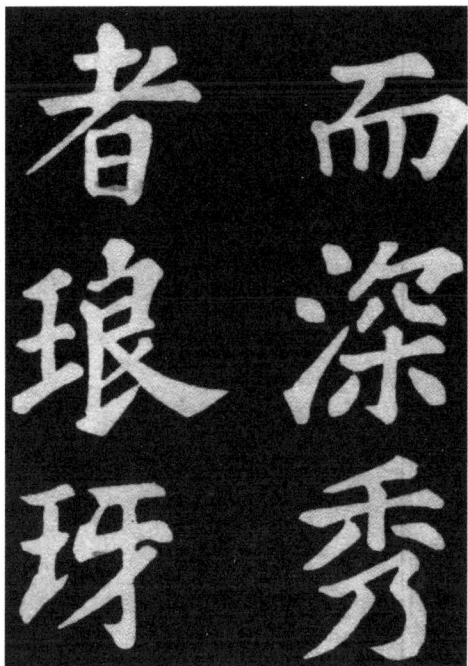

苏轼《醉翁亭记碑》（局部）　　　黄庭坚《松风阁诗帖》（局部）

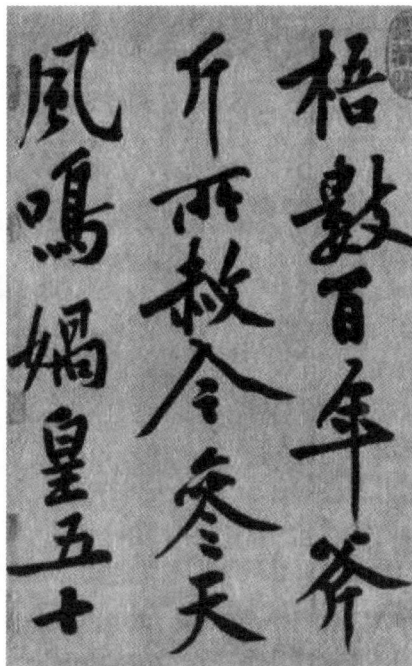

的基础之上，再学习颜真卿，遂建树起自己的风格，成家成派。

颜体对后世的影响，其深其远，并不限于书法领域，还延伸至并泽被于后世的文字学之字体学，特别是宋以后的印刷与出版业，以及近现代装潢美术字体的格局与样貌。

应该这样说，人们司空见惯的宋版印刷之宋体，近现代书籍报刊上的宋体，乃至当今数字时代字库中的宋体，其造字之本源皆来自颜真卿的颜体。

毫不夸张地说，没有颜体就没有宋体美术字和宋体印刷字体。

说颜体博大精深和地位至尊，绝不为过。

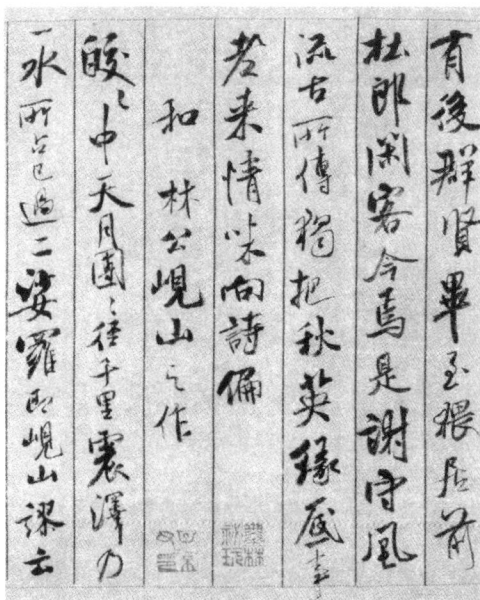

米芾《蜀素帖》（局部）

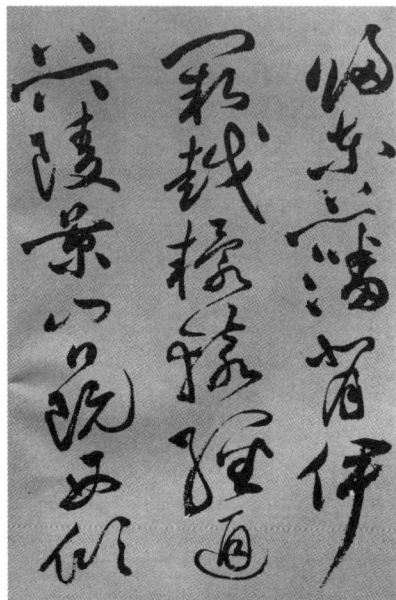

祝允明书《洛神赋》（局部）

宋版印刷字体

变体宋体美术字

73. 湖州日月

大历七年十一月，颜真卿于湖州上任，时岁六十有四。

在湖州任上，颜真卿一如既往，心系百姓，政务恭谨。

为"加勤于政"，特请来于平原举义时，曾共同作战的旧部，现任杭州富阳丞的李萼做防御副使[1]，还调来其他几位属下，组建了一个十分得力的衙署班子，与众人如同当年抗击叛军般勠力同心，共谋湖州治理之局。

一切都按部就班，各业井然，不在话下。

湖州为江南大郡，不惟富庶，更是人才济济。比起同是江南的抚州，湖州的风物人情似更受文人士大夫的青睐，那里有文人诗赋中的苕溪、霅（zhà）溪，有因吴兴太守诗句"汀州采白蘋，日暮江南春"而名的白蘋洲，有由若溪水酿造的"若下酒"，还有顾渚山的贡品紫笋茶……

琴棋书画诗酒茶，向来助文人雅兴，颜真卿已经适应了这里的生活，治政之暇，按捺雄心意气，以虚己下士之高风，延纳贤彦，讲谈论议，宴会名流，好不逸气自在。

《韵海镜源》是颜真卿当年做校书郎时，个人进行的一项汉字音韵兼类书的编纂工程。彼时，已编纂了若干卷，于外放平原之时接续前面的工作，已成二百卷的规模。因安史之乱，文本多有散佚，编纂辍止。至抚州重启，中间竟搁置近四十年。

湖州人才济济，天时地利人和，诸事具备，颜真卿即招募文士，开始新一轮《韵海镜源》的编纂之事，工作地点选在湖州治所乌程县西南的杼山。

---

1. 防御副使：古代散官名。唐玄宗天宝（742—756）后置，佐防御使掌本州军事防务。

杼山，相传因夏王杼巡狩至此而得名。

南朝诗人鲍照、江淹曾于杼山赋诗。那里是一处清幽胜地，青山绿水，茂林修竹，是著述编纂、宜人宜事的雅地。

参与编纂的四方文士达三十余人。因人手干练，编修顺利，不到一年即告完成。

在湖州的编纂工作，主要是对抚州已成稿的五百卷进行修订。其间比较大的变化，就是于"正经"之外加入了释、道语词。

从所增内容可以看到两个现象：一是顺应唐代儒、释、道并举于天下的文化实际，彰显出大唐的文化自信和气度，体现了与时俱进的编纂理念；二是颜真卿个人信仰的变化——迟暮之年，开始从佛、道之中寻找排遣和解脱，并从中获取义理和灵感。

经过此番删繁就简，《韵海镜源》得以定稿，终成三百六十卷的音韵学巨著。比之抚州稿本，有所"缩水"，却在《切韵》基础上扩增了一万四千七百六十一个字韵。所增举措，得到后世（清代）著名辑佚家黄奭[1]的高度评价，叹曰："自有声韵以来，其撰述该备，未有颜公此书也。"[2]

伴随着《韵海镜源》的编纂，文人雅士往来频繁，游赏饯别，赋诗唱和，渐成远近闻名的诗会。

诗会颇具规模，也产生不小的影响，先后共聚集了九十余位文士、学者、贤达。其中就有陆羽、袁高、吕渭、刘全白、张荐、吴筠、柳谈、皇甫曾[3]、张志和、耿湋、杨凭、尘外等人[4]。

---

1. 黄奭：清代著名辑佚家。
2. 黄奭：《汉学堂经解》。
3. 皇甫曾：字孝常。皇甫冉弟。玄宗天宝间进士。历侍御史。后坐事贬舒州司马，移阳翟令。工诗，出王维之门，诗名与兄相上下。有诗集。
4. 唐代宗大历年间到德宗贞元中之间，在江南环太湖地区的重要州郡浙江湖州，以颜真卿、皎然为中心，以修订《韵海镜源》为主要任务，聚集了大批文人雅士，诞生了一个较为固定的文人集团。他们诗酒唱和、雅集联句，开展了丰富多彩的创作活动，形成了当时除首都长安之外的又一文学活动中心，称为"湖州文人集团"或"浙西诗人群"。

　　既是雅聚，自然少不得唱和，有心的颜真卿将这些人的作品辑为
《吴兴集》十卷，可惜集子编成之后，不知何故而佚失，而从其可考知
的作品来看，可以窥见当时文会境况之盛大。

　　在诸多的交游中，颜真卿尤与隐士陆羽、张志和，以及诗僧皎然情
好款洽，一时传为佳话。

　　陆羽，即后世人们所熟悉的"茶圣"。陆羽是个孤儿，不知父母何
人，是僧人智积捡拾于水滨，将其当作自己的弟子来养育，并为其取名
"陆羽"。陆羽成人后不愿意做出家人，离开师父出外求学。

　　安史之乱爆发后，陆羽隐居于杼山，闭门读书、赋诗、做文章。他
平生嗜茶，精于茶道，以著《茶经》而闻名于世。

　　陆羽工于诗，但传世者不多。"茶圣"之名，是他逝世以后被人们
追加的。陆羽受时人推崇的并非茶道，而在于其文人身份和文学作品。
茶学上的造诣是排在文学之后的第二位成就。

　　颜真卿与陆羽交往中，自然会学得茶之妙用，乃至与朋友煮茶品
茗，乘兴吟出"流华净肌骨，疏瀹（yuè）涤心源"的佳句。

　　颜真卿对陆羽的赏识与器重，更在其品性和文学造诣。换句话说，
颜真卿实在是陆羽的知遇恩人。陆羽在遇到颜真卿之前，不过是一介有
才气、有专长的隐士而已。颜真卿慧眼识人，又爱才惜才，便将陆羽举
荐给朝廷。陆羽被任命为太常寺太祝[1]，才有了大唐乃至中国古代文学史，
特别是茶文化史的至伟人物。不然的话，陆羽只不过是碌碌无名、湮没
于平野的无名之辈。

　　陆羽也颇识颜真卿的书法之妙，将鲁公书法与名噪一时、肃宗朝吏
部侍郎徐浩做比，认为颜书高于徐氏一筹。

　　杼山之上有妙喜寺，寺中主持是和尚皎然。

　　皎然，字清昼，俗姓谢，自称是谢灵运第十世孙。皎然学问渊博，

---

1. 太祝：掌宗庙礼仪的官职。

学贯经史，文章亦华美，诗名誉满江南，著有《杼山集》十卷和《诗式》五卷。

《诗式》乃中国古代诗歌理论专著，其中关于"意境"的论说，对后世，不论是古典文论，还是古代美学都有不小的影响。

皎然先于颜真卿结识陆羽，陆羽居于妙喜寺，二人每日唱和品茗，很是投缘，结为忘年之交。

颜真卿组织编纂《韵海镜源》时，得知皎然的学问，诚邀其参与修订工程，并指定其为编纂骨干。两人于编纂工作中逐渐熟识起来，一起交游，一起切磋学术，一起宴请宾客……

颜真卿是官不像官，屈己待人，学问等身，深得皎然的佩服。出家人多超然物外，眼光挑剔，唯独对颜真卿另眼相看，奉为至交，常常陪奉于颜真卿身侧。

颜真卿有诗《谢陆处士杼山折青桂花见寄》：

> 群子游杼山，山寒桂花白。绿蒉含素萼，采折自逋（bū）客。
> 忽枉岩中诗，芳香润金石。……

此诗记述了颜真卿与陆羽、皎然三人之间的厚谊。友人寄来的青桂花，花味芳馥，令人温暖，令人感动。

在湖州短居的名士文人中，张志和的到来最令人瞩目。

张志和是个奇人。字子同，本名龟龄，自号"烟波钓徒"。曾撰《玄真子》十二卷，遂又以书名为号。玄真子这个名字与颜真卿的乳名羡门子倒有一比，二者皆源于道学。

张志和聪明过人，十六岁即以明经入仕，深得肃宗赏识，钦命待诏翰林，又做过金吾卫录事参军、南浦[1]县尉等职。因有感于宦海风波和

---

1. 南浦：今重庆市万州区。

人生无常，于母亲和妻子相继故去之后，便弃官弃家，隐于山野、河湖。其兄张鹤龄对兄弟十分挂牵，担心他浪迹不归，于越州[1]筑屋，劝其安居。张志和倒真听兄长的安排，竟十年闭门不出，唯读书、赋诗、作画。此后仍旧浮三江，泛五湖，渔樵为乐。

大历九年，颜真卿闻知此人，看中其为人做派，便邀张志和来湖州杼山一聚。张志和应了邀请，前往湖州参加诗会，受到热情款待。

在欢迎会上，座中奏乐设舞，张志和乘兴执笔挥毫，泼墨绘湖州山水，墨色泅染，技艺娴熟，意境幽深，众人见之皆惊叹不已。皎然赋诗，记载了这个场景："颜公素高山水意，常恨三山不可至。赏君狂画忘远游，不出轩墀坐苍翠。"

张志和小颜真卿二十岁，应为晚辈，但颜真卿赏识张志和的风操和率性，也深受其生活态度之感染，虽不能如张志和一般扁舟垂纶，任情恣肆，却忘年交游，引为同道。

日后，张志和与陆羽一样，成为颜真卿的门客、挚友。

张志和作有五首《渔歌子》，其一最为后人传诵："西塞山前白鹭飞，桃花流水鳜鱼肥。青箬笠，绿蓑衣，斜风细雨不须归。"彼时，该诗体尚未流行，诗会众人包括颜真卿在内，颇感新鲜，纷纷试和，计有二十五首唱和之作。遗憾的是流传者不多，即便后世所见的，亦难确定出自何人。

大历十一年（776）冬，张志和在他寄身乐道的山水中不慎落水身亡。

颜真卿痛失忘年好友，悲伤不已，为之撰写了《浪迹先生玄真子张志和碑铭》，极言张志和的文学、书画造诣，以及不求仕宦、放浪于山水的孤洁性情，刻石立碑，以志怀念。

颜真卿在碑铭中写道：

---

1. 越州：今浙江省绍兴市。

（志和）立性孤峻，不可得而亲疏；率诚淡然，人莫窥其喜愠。

视轩裳如草芥，屏嗜欲若泥沙……忽焉去我，思德滋深。

于碑文最后，颜真卿感叹：张志和若能一心辅佐明主，一定是个好官，又岂会浪费自己的生命，葬身于苕霅[1]烟波！颜真卿深为张志和隐遁江湖，浪费自己的生命而惋惜。其实，这也是他自己意欲为国为民效力而不得，内心郁结的表露。

当然，也可从中看出，颜真卿与张志和之间的价值观是有差异的。张志和个性孤峻，乃是一个甘于贫贱的士人，志趣在"泛湖海，同光尘；宅渔舟，垂钓纶"。而颜真卿不然，他是一个唐室忠臣，骨子里是儒家入世思想，心中是"齐家治国平天下"的政治抱负。

包括陆羽这样的山野奇人在内，颜、张、陆三人之间原本难以相融相和。三人为什么能够走到一起，不仅一起交游，更是结为至交？原因在于他们彼此有着相同的禀性——洁身自好，重清誉，有傲骨。

对于颜真卿而言，其官场不幸，屡遭贬黜，内心是有变化的。

人不是神，颜真卿亦如是。

颜真卿正在调适自我，设法过随遇而安的生活，此刻遇到了张志和等名士文人，他们的生活态度和生活样貌是颜真卿所缺少的，因而令其羡慕。底色的契合使颜真卿于交往中得到一定的排遣，或是解脱。

同时，颜真卿品德高贵、学问等身，加之长者风范，也深为张志和等人敬重敬仰。

不过，张志和毕竟是张志和，颜真卿纵与张志和为至交，也还是不能完全悟懂张志和，感叹其"莫可测也"。倒是李德裕[2]看得准，说："志

---

1. 苕霅（tiáo zhá）：浙江太湖水系中苕溪、霅溪两条支流的合称。
2. 李德裕（787—850）：字文饶，小字台郎，赵郡赞皇（今属河北）人。唐代杰出的政治家、文学家、战略家。

和隐而有名，显而无事，不穷不达，严光[1]之比云。"[2]

在湖州，颜真卿与名士文人的交集何止陆、谢、张等，还有很多，如著名诗人皇甫曾于大历九年三月来过湖州。大历十一年（776）秋，诗人耿湋以左拾遗充任图书使也来湖州采访图书。

主客宴集，唱酬频频。

大书法家李阳冰也来过湖州。李阳冰就是李白的族叔。在李白穷困之时，曾施舍、接济过这位天才的族侄，包括为李白结集编纂了《太白文集》。李阳冰师从张旭，算是颜真卿的同门师兄，其篆书最为著名，独步唐代。

对李阳冰的到来，颜真卿甚是高兴，热情款待，切磋诗书，好不惬意。恰好李阳冰接到朝廷征召，离别湖州之际，颜真卿赋诗以送，成为佳话。

在湖州交游的佛道名师，除诗僧皎然外，还有吴筠、尘外等。吴筠是道教上清派传人，善诗文，与李白交往甚密。曾于天宝年间，应唐玄宗征召入京，能以微言讽帝，深蒙赏赐。后被高力士谗言所伤，固辞还山，东游至太湖，隐居林屋洞。

尘外，即韦渠牟，乃颜真卿妻从弟，曾入道，号遗名子；又为僧，法名尘外；大历末还俗，入朝为官，累迁四门博士，迁右补阙、左谏议大夫等职，乃"周流三教"之人（即指他精通儒释道三教，是个学问家）。德宗时期，奉旨参与"三教论衡"，深得德宗称赏。

吴筠、尘外二人皆受颜真卿之邀，于湖州杼山共襄《韵海镜源》编纂，主要参与其中有关儒释道之学的编修工作。编纂修订之余，二人也热衷于湖州诗会，与颜真卿交游甚欢。

吴筠离湖州时，颜真卿为其饯行，并作《洞庭山歌》赠别。诗已

---

1. 严光：东汉初隐士。原名庄光，后人因避汉明帝刘庄讳称其为严光。
2. 欧阳修：《新唐书》卷一二一。

佚，幸有皎然和诗尚存，诗中称颜真卿为"道家流"，意思是夸赞颜真卿于道学上的深厚造诣，足见颜真卿彼时于道教之学热衷之程度。由此也看到，唐代儒释道三教合流乃普遍的文化现象，颜真卿作为一介大儒，顺随了时代的潮流。

尘外作诗《天竺寺十六韵》，颜真卿颇为赞赏，为其和诗作品撰序，还命画工据其诗意作画于妙喜寺墙壁之上。

从湖州诗会现存作品看，整体上情趣清雅闲逸，体现了大历年间诗风的基本特征。这个时期的诗人被文学史称作大历诗人，其诗人主体以地域划分，则有京城诗人与江南诗人之别。江南诗人的聚集，尤以湖州诗会和此前的越州诗会规模盛大。

从诗体上看，两大诗会皆有不少多人联句诗，形式多样，不拘一格，其中湖州诗会的发展，对后世的孟郊、韩愈联句诗有一定影响。

以颜真卿为主盟的湖州诗会是大历诗坛不可或缺的组成部分，对中唐诗歌的发展是做出了贡献的。

在湖州的日子里，有一件事情给颜真卿带来意外惊喜。大历十年（775），儿子颜颇突然归来。当年在平原，为了稳住安禄山麾下的平卢游弈将刘客奴、先锋使董秦、安东都护府将军王玄志三人，让三人归顺朝廷，合力抗贼，颜真卿毅然送年仅十岁的儿子颜颇去做人质。后来，刘、董、王率师进击安禄山范阳老巢，却因走漏消息，遭遇伏兵，全军覆没。

颜颇从此下落不明。经多方打探，均告知已经死难。夫人韦氏因此抑郁成疾，颜真卿也痛彻心扉。

二十年后，父子、母子相见，真乃恍如梦寐。

二十年间，颜颇几次逃离，又几次陷落贼手，备受折磨，苦难不堪。正如后世文天祥《指南录后序》所言："呜呼，死生昼夜事也。死而死矣，而境界危恶，层见错出，非人世所堪。痛定思痛，痛何如哉！"

三人喜极而悲，抱头痛哭，心绪之复杂，难以言表。此时物非人亦非，几令大喜大悲的颜真卿道心失守。

皎然目睹了此番情景，写下五言律诗以记，诗题为《奉贺颜使君真卿二十八郎隔绝自河北远归》：

相失值氛烟[1]，才应掌上[2]年。

久离惊貌长，多难喜身全。

比信尚书重，如威太守怜。

满庭看玉树，更有一枝连。

1. 氛烟：战火。
2. 掌上：极言爱抚。

第十五章

谗佞当朝

74. 复职回京

　　大历十二年（777）三月，湖州正值阳春，水无澜，山如黛，新竹滴翠，青阳不燥。

　　京城传来消息：贪赃枉法、为所欲为、横行专权的佞臣元载已令代宗无法容忍，代宗终于狠下决心将元载收监，赐其自尽。

　　元载妻妾和子女皆处死，家产抄没，其财物之巨，天下无人可比。

　　此事大快人心，颜真卿闻讯自是喜不自禁。

　　四月，代宗以太常卿杨绾、礼部侍郎常衮二人为相，杨绾尤受倚重。

　　杨绾出身世家，举进士，以儒行[1]称道，清廉俭朴，不肯依附元载，朝野上下皆予敬重。拜相诏书一出，满朝庆贺。

　　新官上任，杨绾主张革除弊政，遂出台了一系列举措，朝纲得以整肃，骄奢官僚之风得到收敛，朝廷始现新气象。

　　用人之际，杨绾、常衮向代宗推荐身在湖州的颜真卿回朝中任职，代宗允准，当即下令召还。

　　颜真卿的为人、能力和品行，朝野尽知。杨、常二位曾与颜真卿同列于朝堂共事，对他很是熟悉，也十分敬重。此次二人一道举荐，堪称

1.儒行：儒家的道德规范或行为准则。

同声相应，同气相求。

颜真卿旋即接到圣旨，令其回京任职。

从触怒元载而贬谪外放，至今已是十一年的光景！虽说是"谁无暴风劲雨时，守得云开见月明"，"种桃道士归何处，前度刘郎今又来"，但如果能将这十一年的光阴用在整顿朝纲、励精图治上，大唐王朝早就中兴有望了吧？

人生能有几个十一年？

回首往昔，颜真卿心中无限感慨。十一年外放，颜真卿度过了一段散淡、风雅的岁月，这是其人生修行中的一个特定时期。即便如此，颜真卿的本心终是未改，他将重新振作起来，守住理想和抱负，在有生之年，再为大唐社稷和庶民百姓效力。

八月，六十九岁的颜真卿官复原职，仍任刑部尚书。

只可惜，颜真卿未能见到杨绾，他已于七月病逝，实在令人痛心……

常衮继之主政，德望却不及杨绾。

颜真卿在官言官，很快恢复了昔日状态，勤勉、精诚、恭谨，上任不久即上呈奏章提出若干治理与革新对策，得到代宗支持。

大历十三年（778），颜真卿已届古稀，按照唐代吏制，七十岁乃致仕之年。颜真卿连续三次上奏章，请求致仕。代宗不仅未准，又令其转任吏部尚书，这是一个责任更重的职位，颜真卿只好从命。

上任伊始，颜真卿推出"清汰九流，用正庶官"的举措，即从官员队伍中清除那些非文非武、靠钻营谋位的人员，通过科举和铨选的正道，举贤才任官。

当时，常衮接续杨绾职位，有大力扭转元载弊政的愿望，重视官员任免事项，杜绝贿赂，使得卖官鬻爵现象得到遏制。但常衮以宰相之尊，独揽大权，涉及官员任用的事项，即便吏部提出了相关意见，也断然驳回。

　　常衮性情耿直，为人清俭孤洁，但不免对人苛求，过于关注细节，有时还全凭自己好恶行事。比如他厌恶少詹事赵甚，便减少其俸禄，反而增加其姻家任文学的俸禄，受到时人讥讽。常衮还有一个成见，就是排斥非进士及第者为官。常衮以一己之见，致使候选官员贤愚不分，人才难以进用。面对来自宰辅的阻力，颜真卿虽有一腔改进吏治的良好愿望，却举步维艰，难有作为。

　　大历十四年（779）五月，代宗去世，三十八岁的德宗李适即位。

　　德宗李适乃唐代宗长子，他的即位虽然说不上血雨腥风，却也是磕磕绊绊，险情不断。

　　史书记载，李适降生时，因长相不好，祖父肃宗李亨和父亲代宗李豫都有些嫌弃。只有两个人对其疼爱有加，一个是生母沈氏，另一个就是曾祖父玄宗李隆基。玄宗看着这个皮肤黝黑的男婴说：像我，真是我的后嗣啊！

　　肃宗和代宗不喜欢他的原因哪里是长相，真实的原因是他乃庶出，生母沈氏本为宫女。

　　但曾祖父李隆基的一句话，为这个不受待见、庶出的曾孙的未来打下了坚实的政治基础。

　　立储之事，按照嫡长子继承制"有嫡立嫡，无嫡立长"的原则，长子李适几乎没戏，因为正妃崔氏生养了次子李邈。

　　凡事总有意外：崔氏是杨国忠、杨玉环的后辈。彼时，皇亲国戚和满朝文武中，有很多人与杨家兄妹矛盾深重，如果立了郑王李邈，杨国忠就是舅姥爷，可以想象，某一天新帝心血来潮，给杨家平反也未可知，那时朝廷的麻烦就大了！

　　代宗经过通盘考量，从安定团结出发，只好委屈嫡出的李邈了。

　　博弈的结果还是李适做了储君。

　　然而，代宗因疼爱李邈，终是做了手脚——在太子册封后不久，就免了李适天下兵马大元帅一职，转手给了李邈。

以后还发生了其他风波……

李适最终熬过了老爹，坐上了万人瞩目的皇位。

作为玄宗器重的重孙，李适确实没有辜负曾祖的厚望，并且完美地继承了玄宗的人生轨迹——前期励精图治，后期躺平摆烂。

励精图治的时候，他尚能坚持信用文武百官，严禁宦官干政，用杨炎为相，废租庸调制而改行"两税法"[1]，颇有一番中兴气象。执政后期，政局陡转，无可救药。他任用卢杞等佞臣，加重苛捐杂税，致使民怨日深。

建中二年（781），德宗发动削藩战争，但因社会和政治条件不成熟，反而导致四镇之乱及兵变。德宗被迫出逃，与他的父亲、祖父一样，上演了逃离长安的戏码，辗转流离，直到乱平才得以返回长安。

代宗的葬礼须有礼仪官主持。颜真卿出身儒学世家，向以熟稔礼仪闻名朝野，遂有朝臣举荐由他担任礼仪使，德宗准奏。

礼仪使的职责是，制定代宗皇帝治丧仪式。按照儒家经典《周礼》中"五礼"所记，皇帝丧事属其中之第二礼——凶礼。

在唐初，有"凶事非臣子所宜言"之说。这是说，凡遇有"凶事"，包括皇帝葬礼，是不允许臣子在档案上记录的。这便出现了一个问题：后世遇国丧之事，如何操办则查无依据，只能是临时"采掇附比以从事"[2]——采集有关做法，参考、类比着办。事毕又"讳而不传，故后世无考焉"。

颜真卿为难了：既无成法可循，又必须完成任务。

颜真卿不愧为朝中权威的礼仪专家，他深谙儒家经典，想到了《礼经》[3]，何不从中参考借鉴？颜真卿遂据《礼经》制定了详细的礼仪程序，

---

1. 两税法：唐德宗建中元年（780）由宰相杨炎建议推行的新税法。即将征收谷物、布匹等实物为主的租庸调制改为征收金钱为主，一年两次征税，故名。
2. 采掇：采集。附比：归附从属。欧阳修：《新唐书》卷二〇。
3.《礼经》：又称《士礼》，出自先秦六经之一的《仪礼》。

从招魂、复魂开始，到大祥[1]结束，练达古今，十分完备。

这套程序也依照旧例，于丧事过后，讳而不传。

即便如此，做事缜密的颜真卿事毕之后还是做了一件不同凡响的事情。他想，泱泱大唐，此类礼仪盛典日后还会遇到，总不能每次都是无章可循、束手无策。

有什么好办法吗？

颜真卿开动脑筋，做了一个变通——在不违背祖制和祖训的前提下，以一种妥当的方式，将有关程序留存下来。具体说，颜真卿做了《元陵仪注》——既非档案，也非实录，而是笔记，以这样的方式将此次代宗葬礼仪式保存于杜佑的《通典》中。

《元陵仪注》约计四千七百字，是迄今能看到的唐代皇帝葬礼仪式的唯一存世文献，虽然有烦琐之嫌，确属国礼必需，十分珍贵。

这是一个不大不小的贡献，填补了中国古代，主要是唐代的礼仪制度与文化的空白。

当时，礼仪程序虽完备，也是有朝臣横加指责的。不过颜真卿正道而行，未予理会。重要的是，不要把"礼仪程序"当作单纯的治丧文本看待，一项礼仪，其中一定贯注有明确的主旨——通过礼仪，体现皇帝之尊严，增强朝廷之权威，维护中央集权国家的统一。

要知道，这并非小题大做，更不是为了仪式而仪式。彼时的大唐，虽然安史之乱结束了，吐蕃侵扰也得以平复，天下暂时恢复安宁，但藩镇称雄、尾大不掉、朝廷威权衰弱的基本局面并未改变，不可高枕无忧，掉以轻心。

颜真卿的眼光和格局确实非同一般。

代宗去世前颁布了一道遗言，内容是节度使、观察使、刺史等地方官员行礼务须节俭。颜真卿领会了代宗的意图，便把遗言的精神落实于

---

1. 大祥：古时葬礼中的一个环节，指两周年的祭礼。

"礼仪程序"中，变成可实操的细则规定，其深意已不单是先帝的遗言，更是新帝德宗的政治欲求——抑制藩镇势力，最终达到削平。

眼下，则是通过礼仪不动声色地达到"令行禁止"的目的。

德宗即位之初是有励精图治之心的，也有变革的举措。代宗丧礼的制定，绝非表面的仪式，实际上反映出维护中央集权的意图。

颜真卿的主张和做法得到德宗的鼎力支持。

同年七月，德宗要为先皇帝撰拟谥号，有人乘机罗列无数称颂、赞美的字眼统统叠加给先帝，意图非常明显，是借此向德宗邀宠。

颜真卿看出这些人的卑鄙用心，很是反感，他有自己的观点：

自玄宗皇帝以来，因奸臣窃权，不断增加皇上的谥号，以致有的皇帝的谥号多达十一字之多。

谥号的做法始于周朝。

彼时，追忆周文、武二帝，称文不称武，言武不言文，文字不多，十分简要、准确。如此这般，难道两位帝君的盛德就不高吗？当然不是。实际上，倒是凸显了臣子在称颂他们最崇高的德行啊！

谥多不为褒，谥少不为贬才是道理。

现在，诸帝谥号太广，去古质而尚浮华，有违于自古传承而来的规则。直白说，走样了！

怎么办？应当自中宗以来，皆遵循最初的谥号，睿宗曰圣真皇帝，玄宗曰孝明皇帝，如此一来，既省字还真挚，正名敦本。

颜真卿很"固执"，遂将想好的意见写成《请复七圣谥号状》，上呈德宗。

德宗收到颜真卿的奏议，下诏命百官集议。

颜真卿的意见得到很多人，尤其是儒家学养深厚之士的赞同。而那些玩弄献媚之术的人却不开心，他们认为大唐一代岂可比诸周？睿宗、玄宗、肃宗、代宗，以至当今陛下，哪一个不是天纵英明，哪一位不是盖世帝君？谥号字太少，岂可表达其圣明？

一番言语，说得德宗心中惶然、犹豫不定了。

恰于此刻，有人提出，诸帝谥号皆已镌刻于灵庙玉册，不可轻改。说的也是，先人的谥号都是既定的，怎么好改呢？

德宗得以解围，颜真卿的建议终遭否决。

谥号之事虽搁置，却见出颜真卿卓尔不群的儒学功底，更见出他永远不变的耿介、直言之性情，也见出朝中争斗依旧，暗流涌动。

德宗即位不久，便拜中书舍人知[1]吏部选事[2]崔祐甫代常衮为相。崔祐甫为人公正，有谋略，受德宗信任，声望甚高，朝野上下认为天下太平有望。

只可惜，崔相在位仅一年有余即病逝。

德宗又拜另相杨炎主政。

杨炎早有文名，也有才干。奸佞元载为相时，以同乡而拔擢杨炎为吏部侍郎，亲近器重无比。元载倒台，杨炎被贬道州[3]司马。

这个时候，国库空虚，德宗很是焦虑，要实行财税改革，以解燃眉之急。谁可担当此任？

崔祐甫举荐了杨炎。

德宗即召杨炎回朝，任中书侍郎、同平章事，拜为宰相。

当崔祐甫病重时，杨炎已大权在握，辅佐德宗税改，创立了两税法。原租庸调法废除，由以人丁为税负之本改为以资产为本，扩大了征税的范围，且操作便利，对大唐政局起到重要作用，对后世也有深远影响。

杨炎为相，固有政绩，不可否认。

但杨炎有问题，而且问题严重。

杨炎始终暗念元载昔日之恩，且是个居心叵测、睚眦必报的小人。

---

1. 知：主持，掌管。
2. 吏部选事：考选举士，铨选职官之事。
3. 道州：今湖南省道县。

如今，杨炎不仅重回朝廷，还深得皇上倚重，贵为宰相。在他看来，报仇的时机到了。

报仇的第一个目标即刘晏。

当初，杨炎受元载提携任吏部侍郎，是个副职。辅佐主官做好工作才是本分。然而杨炎不是这样，他依仗元载权势，与主官吏部尚书刘晏不睦。元载获罪之时，又是刘晏受命主持审讯。代宗下诏，元载赐死，杨炎因牵连而遭贬谪。

一系列的事情搅在一起便种下仇恨，且恨上加恨——杨炎先向德宗建言，说刘晏当年曾上疏给先帝，支持更立太子。这是德宗最敏感也最不能容忍的。德宗的脸顿时沉了下来，杨炎心中得意，顺势提出应当罢免刘晏转运诸使的职务，德宗允了。继而杨炎罗织罪名诬告刘晏，德宗将刘晏贬为忠州刺史。

都到了这个地步，杨炎仍不肯放过，必置刘晏于死地而后快，特指使元载时代挚友庾准诬告刘晏有谋反之意，这个罪名可就大了！德宗竟也相信，当即派遣中使到忠州将刘晏杀害。

刘晏乃才干杰出、曾为安史之乱后大唐的财用困窘和复兴农耕工商做出过巨大贡献的功臣，竟如此死于非命。他比颜真卿小六岁，享年六十六岁。

按照唐例，刘晏所犯之罪是要抄家的。然而，抄家的人兴冲冲而去，却空手归返。原来，刘宅里除去生活必需品，唯一值钱的东西就是两车书本和不多的米麦。

刘晏执掌国家财政多年，过手的钱财数以万计，却清廉到如此地步，令人慨叹！

刘晏之死，朝廷沸然。

史载：天下冤之。

杨炎绝不会就此罢手。颜真卿作为刘晏的好友，又是元载的冤家对头，已是在劫难逃。

那个曾于德宗为父皇代宗撰拟谥号之际，竭尽向德宗献媚者，不是别人，正是杨炎。

颜真卿力主谥号宜从古从简的意见分明是蔑视他，打他的脸，杨炎岂肯容忍？

当然，对付颜真卿并非易事，一是颜真卿在朝堂上的威望很高，二是颜真卿与德宗算是姻亲——虽为远亲，但毕竟存在。

德宗的生母沈氏生于吴兴，颜氏一族自颜含于东晋为官即与沈家结亲。德宗生母沈氏在安禄山攻入长安时，与诸王妃妾一起被掳往东都洛阳囚禁，广平王即后来的代宗李亨收复东都，沈氏不知所踪。

代宗即位后，立李适为太子，下诏寻访其生母沈氏却未能找到。建中元年七月，德宗遥尊沈氏为皇太后。因母族势力单薄，德宗还是很重视与颜真卿的这层姻亲关系的，毕竟是娘家人脉。

因了这层关系，德宗对颜真卿还是倚重有加的。

然而，职场黑暗，荆棘丛生。德宗的好意适得其反，颜真卿反倒因此而遭奸佞忌恨。这其中自然少不了杨炎。

杨炎想：若再用除掉刘晏的方法对付颜真卿，也显得自己太没招数了。

阴狠、狡猾的杨炎变换了报复之手法——以擢为贬，欲抑先扬。

杨炎奏表德宗，建议授颜真卿太子少师，极言颜真卿诸般之好，德行、政事、言语、文学皆优，堪为众人师表。由颜真卿做太子少师，调教、护佑太子，确保太子茁壮成长，没有比其更合适的人选。

德宗闻听，深觉有理。

是啊，是啊！杨炎的称颂、赞美并不过分，颜真卿就是这样一个公、忠、能、廉之卿。建议很好，悠悠诸事，还有什么比培养接班人的事更大？

允准。

谕旨下：罢颜真卿吏部尚书，改任太子少师，并依前仍充礼仪使。

德宗迷糊，杨炎得意，正所谓"外行崇宠，实去实权"。

杨炎于声色不动之中，夺了颜真卿朝廷重臣之权，还断了德宗拟拜颜真卿为相的动议，一箭双雕，其报复计划圆满顺遂。

75. 封山之作"两颜碑"

杨炎的把戏，以及明升暗降的处置，对于已经三上辞呈、打算致仕归乡的颜真卿而言，实在算不得什么！颜真卿想：既然皇上还信任自己，便安心辅导太子，恪尽礼仪使之职罢了。

被边缘化的颜真卿自然无甚朝堂政事，倒也清闲。

颜真卿回首往昔经历，颇为感慨：

自至德二载扈从肃宗回长安，任宪部尚书兼御史大夫以来，曾三次出贬，尔后又四次召回朝廷，可谓"三出四进（回）"。

第一次是至德二载十月至至德三载二月。第二次是上元元年八月至宝应元年十二月。第三次是永泰二年二月至大历十二年八月，谪守硖州、吉州、抚州和湖州，再次回京，中间间隔十一年之久。在当时唐代中央政府的三省六部中，颜真卿曾先后任过宪部尚书、刑部侍郎、吏部侍郎、尚书右丞、检校刑部尚书等要职，经历四朝皇帝——玄宗、肃宗、代宗和德宗，堪为资深重臣，却没有任过宰相之职。

究其原因，史书尚无记载，但从实际情况推断，颜真卿的耿介、直言，不善自保，秉持公道正义，触犯了谗佞小人，甚至也惹恼了皇帝，令他们"难堪"，以致频繁贬黜，屡遭外放，不能不是一个因素。

颜真卿心胸宽广，笃实而敦厚，虽历经坎坷，遭受冤屈，却总是心怀感恩，忆念皇帝恩宠和朝廷礼遇。包括眼下，虽被罢了吏部尚书的职位，但授之太子少师之职，阶高正二品，还是尊贵、显赫之享，颜真卿是知足的。

那句"心底无私天地宽"用在颜真卿身上，恐怕再合适不过了！

颜氏自五世祖颜之推以来，一门六代，地位、荣誉、品阶都没有超过颜真卿的。颜真卿认为这不仅是自己个人的荣耀，也是颜氏家族的荣耀，应该记写下来，告慰于列祖列宗，与先人一起分享。为此，颜真卿做了三件事：先是整理家谱，撰拟《颜氏家谱》一卷，并作序；再为父亲颜惟贞立了家庙，撰文并书《颜氏家庙碑》，碑额则请了时任集贤院学士、大书法家李阳冰篆书题写；又将以前为曾祖父撰拟的《颜勤礼碑》碑铭稿本找出来，正式书写，勒石上碑。

树碑立传、编修家谱乃旧时家族的礼俗传统，名门望族尤甚。颜真卿深谙礼仪之学，又是朝中礼仪使，自不例外，只是做得更为讲究，没有比他更专业的了。

以上诸事，就内容而言，多是记述先人功业、列举子孙才行、颂扬祖宗贻泽后代之德，仅此而已。而于书史而言，则于文字之外，又是两幅重要的传世珍品——《颜氏家庙碑》和《颜勤礼碑》。

这一年，颜真卿七十二岁，已逾古稀。

古稀的颜真卿，淡看世间繁华，笑看人生百态，比任何时候都淡定平和、庄重达观。于此般心境之下书写的两幅作品，成为颜真卿晚年书法的代表作。加之此后作品已不再多，将《颜勤礼碑》和《颜氏家庙碑》视为颜真卿封山作品也非不可。

抚州时期的作品已然是颜真卿晚年之作，但未达终点，唯此"两碑"用"人书俱老"形容才贴切到位。稍做分析，即可看到妙处：

于用笔上，字的竖画端部（收笔处）之提按、藏锋、驻笔较之此前更加饱满。不仅如此，还由原来的笔挺转而略带微曲，犹如张满的弓弩，不见锋芒而力量蕴含。

横画更细，此为重张初唐瘦劲遗风，横细竖粗，对比鲜明，于丰腴中尽显刚劲和骨力。

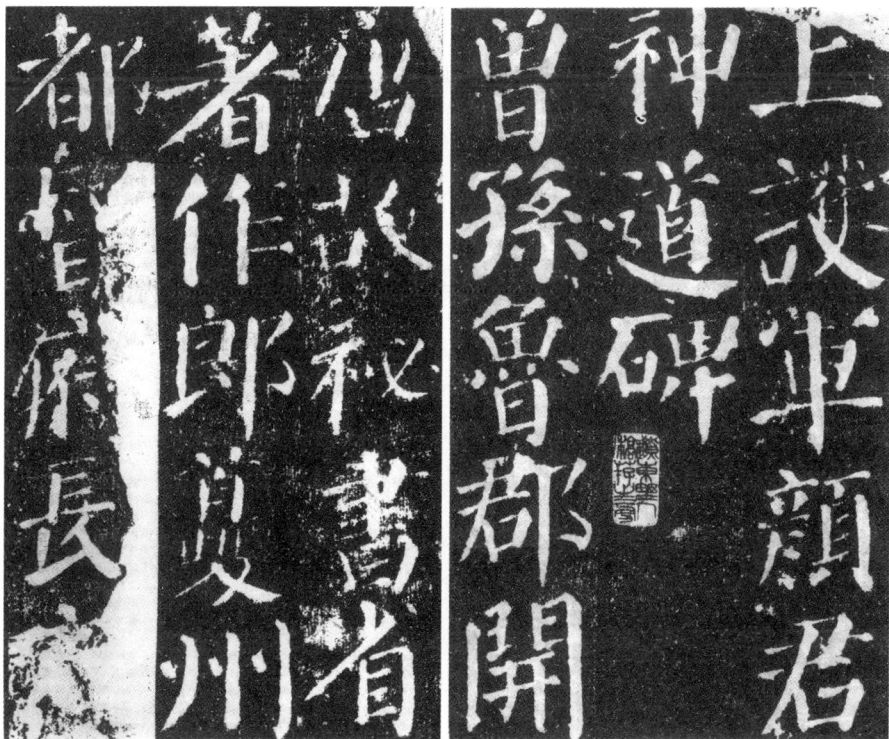

颜真卿《颜勤礼碑》(局部二)

于结体上，总体特征仍是不变的"外紧内松"，开张阔达，但比之先前的作品，字形发生改变——由原先的趋于正方而上下拉长，左右微束，看上去不减端正、庄严、遒劲，却再添风雅秀逸之气韵，可谓宝刀不老，豪气蕴藉。

书史之上，书家的评点不可不信，也不可迷信。

对同一作品，评价大相径庭者有之。

有人把《颜氏家庙碑》和《颜勤礼碑》排在颜真卿中晚年作品中的最末位，并非因为作品创作时序晚，而是认为鲁公年事高迈，精力衰减，加上碑文又是称述祖德的，终难奇绝。

为何非要"奇绝"才好？

难道称述祖德不合时宜？清人王澍不是这样看的。他认为，颜真卿"年高笔老，风力遒厚，又为家庙立碑，挟泰山岩岩之象，俎豆[1]肃穆之意，故其为书庄严端悫[2]（què），如商周鼎彝，不可逼视"[3]。"泰山""俎豆"皆为比喻，一是五岳之首，一是先秦至尊礼器，生动形象，直观易解，王澍评得极好！

看来，王澍是真懂颜真卿，懂颜字的。在某种意义上说，此两碑当为颜真卿书法超越自我的巅峰之作、至善至美之作。

除去《颜氏家庙碑》和《颜勤礼碑》之外，颜真卿又将朝廷授自己为太子少师的告身以正楷书写出来，后世称《自书告身》。

书史有研究认为，《自书告身》并非真迹，笔意确实体外有余，嫌纤嫌软，但有一点是毋庸置疑的，即其书写风格与同时期的颜真卿其他作品是相近的，不然如何能以其名义流传至今？

从一定意义上讲，真迹与否还重要吗？

76. 奸相卢杞

因为略施心计就架空了颜真卿，打击了颜真卿，杨炎煞是得意。

然而，不过半年的时间，建中二年初，德宗任用卢杞为相，自此，杨炎专权"独相"的时代结束了。

杨炎与卢杞同时执政，却互不相容。

杨炎看不起卢杞，时常假托有病不与之共事，即便共事也多不合

---

1. 俎豆：古代祭祀、宴飨时盛食物用的礼器，亦泛指各种礼器。后引申为祭祀和崇奉之意。
2. 悫：正直诚谨。
3. 王澍：《虚舟题跋》。

作，卢杞因此怀恨在心。几个月后，杨炎即被排挤罢相，贬为崖州[1]司马，于赴任途中，德宗下诏赐死。

发配就发配吧，何至于要其性命？

这便是卢杞的可怕与阴险之处，而且达到了无以复加的地步。

杨炎与京兆尹严郢不睦。原因是严郢进士出身，能力强，人清高，杨炎为相之时，朝臣都去拜码头，唯有严郢不去。

杨炎自是要给严郢颜色的，便指使御史弹劾严郢，罪名是地方治理不佳，引起民众聚集闹事，矛头直指皇上。皇帝怒了，下旨严惩。后因遇其他事情，案件逆转，严郢被免罪释放。皇帝这边了了，而杨、严二人却势成水火，不共戴天。

卢杞得知两人龃龉，便向朝廷举荐严郢为御史大夫，皇帝允了。至此，杨炎最后的命运被设计完成——在被卢杞挖掘、激发了复仇心理后，严郢在卢杞授意下，编造了下面的案情：

杨炎在长安曲江建造家庙，而家庙费用和用地存在行贿受贿，有不正当的利益输送。

实情并非如此，杨炎为了将家庙修得好些，就委托时任河南尹的赵惠伯帮助卖掉自家在洛阳的宅院，作为建庙费用。恰好赵惠伯有更换衙署的想法，当即拍板拨款买下杨炎的宅院，用为新的衙署。

实话实说，赵惠伯的做法恐怕不无讨好杨炎之意。而严郢认为此事并非表面上这样简单，坚持认定是杨炎利用职务之便，从中牟利，遂抓捕赵惠伯，严加审讯。

赵惠伯拒不承认此事是杨炎授意，坚称自己和杨炎都是清白的。

戏，原本不是这样唱的，岂可罢休？

大刑伺候！

几番刑讯逼供后，赵惠伯屈打成招。

---

1. 崖州：治所在今海南省儋州市三都镇。

卢杞高兴，找来大理正议罪。大理正说，这是杨炎授意属下操纵市价，从公务交易中获利，依法应予以撤职。

卢杞听罢就恼了：费了那么多功夫，就一个免职？一边去吧！卢杞罢黜了原大理正的官，换人重新议罪，这一次不费周折，十分顺利：此为监守自盗，理应判处绞刑。

卢杞甚是高兴。为了置杨炎于死地，再加一条"炎有异志"。

异志为何？

在卢杞看来，杨炎买地修家庙的那块地是有王气的——开元年间，宰相萧嵩曾看中过，想置下建家庙，但被玄宗发现，玄宗认为不妥，把人撵走了。

如今，杨炎胆大包天，明知用地特殊，却偏要在这儿修庙，实属别有用心。

这下子罪过就大了——"异志"就是谋反，罪名升级，乃是敌我矛盾了！德宗皇帝脸色大变，下令改判。

在距离崖州还有百里路的时候，杨炎再接诏书——"缢杀之"。

这个结局与刘晏一样，是杨炎不曾想到的。

暗室亏心，神目如电！

杨炎绝非好人，但他确实也是被冤杀的。

那又怎样？刘晏死得不冤吗？

只能说，杨炎输给了一个比他更奸诈狡猾、更精于算计、更心狠手辣的人。

卢杞何许人也，竟有如此能量？

卢杞乃安史之乱中，被安禄山所杀、由段子光传首于平原的洛阳东台御史中丞卢奕之子，也是开元初以清白著称的宰相卢怀慎之孙。史载，父祖两代都是官场上少见的老实人。当初，其祖父卢怀慎官拜宰相，与贤相、名相姚崇搭班子，鉴于自己能力不及姚崇，遇事多迁就对方，被人讥讽为"伴食宰相"，意思是只会跟班吃白饭的宰相。

卢杞虽出身名门，而品行却与父祖迥异，他不学无术，阴险奸狠。

史书记载，卢杞是个蓝脸，不知是否为实，但其面貌丑陋是铁定的。

卢杞因父得福确是事实——其父卢奕凛然赴死，朝廷上下无不同情，这种出于人们善良之心的舆论确实对其有利。

然而，卢杞依傍元载，仕途青云直上，这才是起决定作用的因素。

起初，卢杞不厌恶衣粗食，人们以为他能继承先祖的清白廉正，实际上那是伪装。拜相之后，他原形毕露，台省之内，顺我者昌，逆我者亡，只许他一人发声。

至于卢杞的阴险，除去整掉杨炎，尚有故事可证：功勋盖世的汾阳王郭子仪养病在家，朝臣故旧纷纷探望，郭子仪皆允妻妾陪侍身旁。而闻知卢杞欲来，急忙吩咐妻妾回避。家人不解，便询问何故如此？

郭子仪遂解释道：此人不得不防。他面色发蓝，相貌奇陋，你们看到难免发笑。若是他发现有人窃笑，必然怀恨于心，一旦得势，我郭家子孙恐怕要遭其诛灭而无存焉！

听起来令人悚然。

如此一个"烂人"，德宗为何启用？

难道是因为卢杞祖父曾为名相，父亲为国捐躯，要弘扬忠义？还是有什么其他的缘由？不得而知。

德宗"多忌"确为史载[1]。君子用人之道乃疑人不用，用人不疑。今上多忌，必然会导致两个结果：一是因为猜疑朝内无人可用；二是谗佞小人便有可乘之机，陷害忠良、独断专行便大行其道。

"渣相"卢杞对于不依附他的人必欲置之于死地。杨炎这个最大的反对派已经被除掉，谁还是他的眼中钉，肉中刺呢？

颜真卿。

---

1. 参见《资治通鉴》卷二二七。

　　问题是，一把岁数的颜真卿刚由外放召回朝中，与卢杞几乎没有交集，无冤无愁；颜真卿本人又曾坚辞致仕，并不恋栈，且被前相杨炎"整得"只剩礼仪使的职务，卢杞何惧之有？

　　这在于颜真卿的地位和名望。因为颜真卿可不是普普通通的臣工，乃四朝元老，且贵为国戚，立德践行，当四科[1]之首；懿文硕学，为百氏之宗。这般身份、地位和威望，可是了得！

　　关键是，颜真卿一向忠贞义气、禀义直言、不惧权贵，甚至不惧生死的品性，名传遐迩，卢杞当然知晓。若是一个正人君子，当以颜真卿的品性为榜样，敬仰之，效法之；而对于卑鄙小人来说，尤其对于专擅弄权、飞扬跋扈、唯我独尊之流，颜真卿便成了潜在的威胁，是他们内心的恐惧和忌惮。

　　卢杞便是后者，早晚要将颜真卿除掉。

　　当初，杨炎亦是如此，不能容忍颜真卿的正色立朝、建言直行，遂以计谋夺了颜真卿吏部尚书的权，任其为太子少师的虚职兼礼仪使，颜真卿被严重地边缘化。

　　如今，卢杞更狠，要将颜真卿的礼仪使也罢掉，彻底架空他！

　　卢杞也用计谋。他仿效杨炎，于建中三年（782）八月进言德宗，下诏擢颜真卿为太子太师，再升一级，官阶从一品，免去其礼仪使。

　　自此，颜真卿真的成为一介名副其实的"清望官"。

　　德宗曾经有拜颜真卿为相的打算，不唯姻亲，论品德、资格和能力，颜真卿都绰绰有余，堪为最佳人选。但德宗多忌，第一次的动议，杨炎钻了空子，没说一句好话，被搅黄了。现在是卢杞，他岂能容忍颜真卿上位？自是暗地使了手脚，第二次的打算也泡汤了。

　　看来，颜真卿此生无缘宰相之职啊。其实，宰相不宰相的，并非颜真卿所愿，平心而论，中唐肃宗以降，有多少宰相、首辅？一茬茬走马

---

1. 四科：指德行、言语、政事、文学。源自儒家评定人物的分类。

灯似的，"你方唱罢我登场"，更迭轮换。论德、论学、论能、论廉，又有多少人可称良相，能比过颜真卿的又有几人？

官场莫测，人心不古，命运不济的颜真卿无奈，徒称中兴的大唐无奈。

不要说拜相，恐怕连留京都难了。罢了礼仪使，不过是卢杞"清障"的第一步，他的根本目的是不想让颜真卿留在朝中。

彼时，安史之乱平定已近二十年，但潘镇割据的问题并未得到根本解决。德宗即位后，深感肃宗、代宗两代所用姑息政策纵容了藩镇势力，节度使们越发骄横、祸患无穷，尤其河北藩镇臣服于朝廷的局面并未持续多久，反叛闹剧始终不断。

德宗不庸碌，想作为，他认为不能再如此下去，决意革除弊病，削平藩镇。

可叹的是，德宗虽有强烈的愿望和坚决的态度，却未做好充分的准备，尚不具备根治的时机。

大唐未稳，河北不宁。

照理说，不在其位不谋其政，而颜真卿一辈子胸怀"修身齐家治国平天下"的抱负，岂因无职无权就不为朝廷和社稷分忧？

颜真卿做不到。

凭着太子太师的高位，颜真卿仍然该言就言，该奏就奏，坦坦荡荡。也是因为颜真卿的威信高、资格老、经验亦丰富，以致朝中那些钦佩、敬重他的人，每遇难决之事便登临府上咨询、求教，相处融融。虽无甚职权，其府邸却宾客盈门，络绎不绝。

此情此状是卢杞特别不愿意看到的。

更使卢杞恼怒的是，监察御史李华不仅出入颜府，还请颜真卿书写自己所撰《元德秀墓志铭》。

元德秀乃本朝著名诗人和朝廷官员，少年丧父，家境贫寒，母子相依为命。元德秀进京赶考，须背着母亲同往。元德秀中了进士，母却亡故，遂守孝三年。后经铨选得鲁山县令职。元德秀品行高，学识好，为官廉洁，名重一时。三年任满后，他便辞官不仕，隐居陆浑山中，以抚琴作诗为乐。

李华敬重元德秀，于三十年前即为其撰写了墓志铭，现在诚请颜真卿书碑，颜真卿高兴地应允。李华又请集贤院学士李阳冰书碑额。该碑于建中四年（783）立于元德秀墓前。瞻仰者既对墓主人之高尚品德赞不绝口，也对李华的碑铭、颜真卿的正书和李阳冰所书碑额交口称颂，乃曰"四绝碑"。

朝臣之间的正常交往在卢杞看来却是大逆不道：什么"四绝"，分明是影射本相；与颜真卿走动，就是目中无我。

既是如此，阴损的卢杞开始实施"清障"计划第二步，设法把颜真卿撵出朝廷，撵出京城，撵得越远越好。

机会来了，诸节度使割据称雄，纷纷坐大。节度使名为朝廷官员，实为一方诸侯，是很多人觊觎的美差，何不以一方节度使之职诱颜真卿离京外任？

想到这儿，卢杞便派心腹登门试探颜真卿：

老太师忧国忧民，是否可以出任一方藩镇？

如若老太师乐意，觉得出任哪方节度使更合适呢？

此乃公然驱逐之意！

颜真卿闻听来言，心中愤怒。不过，他没有发作，来者不过是个传话的，颜真卿明白，这背后是卢杞的主意，于是，他根本不去理会来使，而是径直去到中书省衙门，当面责问卢杞：

清臣（颜真卿的字）因为性情急躁，为小人憎恨，被贬黜不止一次，如今已经衰老，幸亏受到宰相大人的保护。

那年洛阳保卫战中，大人先父御史中丞卢奕誓死不降，被安禄山杀害，其头颅曾被传至平原，面有血污。清臣不敢用衣袖擦拭，硬是用舌舔净。

如今，大人对清臣竟不能相容？

卢杞闻言，眼泪哗哗，惶恐不迭，俯身下拜：

此乃鲁公大恩大德，卢杞当涌泉相报。

那样子看上去像是动了感情，很是诚恳。

实际呢，卢杞的心头却充满了恨，对颜真卿的恨，恨之入骨——这是以此要挟本相，与我作对，休想！

既然卢杞如此不容，颜真卿何不明哲保身，就此应允呢？

对此，史上是有议论的。

认为颜真卿此举不明智者有之——鲁公向来忠贞直道，虚位闲职就虚位闲职，已然年逾七十的人了，何不养尊处优，非要争个所以然？

"闻者难以言智矣。"[1]

提到致仕退休之事，实际上颜真卿一到七十岁就请辞归乡，且申请了三次，是德宗未予应允，不是颜真卿恋栈，不想退休。

为颜真卿不肯就外任而扼腕叹息者有之——鲁公既知卢杞恶名昭著，又有去处，何不依了卢杞，欣然从之。要不就隐居避世，辞官东去。

"终不自为去就，以蹈危机。"[2]

事实上，颜真卿以往多次外放，皆因权臣设罪名陷害，有皇帝诏书在那儿，他从未辩解、申诉、喊冤过，每次都是忍受、屈从，因为不得忤旨。

眼下这一次不一样。颜真卿并无罪名，卢杞也非皇帝，不公就要抗争，岂容谗佞小人败坏朝纲，肆意而为？一句话，绝不主动退避，让权臣得逞。

不肯依就，不肯明哲保身，不肯纵容奸佞，是颜真卿此刻的心态。

1. 胡三省：《通鉴释文辨误》。
2. 洪迈：《容斋随笔》。

77. 独赴国难

志向远大的德宗要举刀削藩了。

安史之乱的教训还不够惨痛吗？前世之事，后事之师。德宗脑袋里天天想的就是这件事。

寝食不安。

然而，以什么为突破口，选择什么时机，又当有什么样的准备，包括军备和国家的财力，都是大问题。

对此，德宗及朝廷众臣都没有想好，更没有准备好。

一件事引爆了河北叛乱。

河北成德节度使[1]李宝臣病危，他不愿意将自己的地盘拱手交给朝廷，而一直想着要把职位传给儿子李惟岳，就于临终前给朝廷上疏，提出自己的请求。

朝廷迟迟没有批复。

"父位子传"的做法曾有过先例，如两年前魏博节度使田承嗣就是死前将职位传给其侄田悦的。这是肃宗、代宗两位皇帝因软弱无能而做出的妥协与迁就。

今之圣上是谁？是德宗李适。

德宗正要通过武力削藩解决那些反叛朝廷的势力。李宝臣、李惟岳父子运气不佳，撞在刀尖上了。

长安，德宗的态度明朗，说打就打；河北，李惟岳串通其他几家节度使结成反削藩同盟，要打就打。

矛盾激化，箭在弦上。

---

1. 成德节度使：又称恒冀节度使、镇冀节度使，唐末到五代时割据河北，为河北三镇之一，管辖恒、冀、深、赵、沧、定、易等州县。

这中间，河北内部发生了一些事情，但一致对抗朝廷的方向未变。他们一起在背叛朝廷的路上越走越远。建中三年十一月一日，大地冰封，寒风凛冽。

幽州节度使朱滔、魏博节度使田悦及恒冀观察使王武俊纷纷宣布各自为王，即冀王、魏王和赵王；淄青[1]节度使李纳为齐王，田悦、王武俊、李纳三人一同拥戴朱滔为盟主。此后，朱滔以盟主身份对众称孤，田悦、王武俊、李纳对众称寡人。四人以各自所治州为府地，自置官署，与朝廷分庭抗礼，此乃公然的叛逆。

德宗削藩的主张没有错，但所做的战略与战术研判错了：低估了敌人，高估了自己。没承想，河北诸藩根本不把朝廷、不把皇帝放在眼里，真的就反了！

朝廷并无准备，陷入手忙脚乱、束手无策之中。

德宗震惊、恼怒。平叛得有人呀！于慌乱中他想起了一个人，此人乃淮西节度使李希烈。

李希烈，燕州辽西人。少年李希烈参加了平卢军，追随李忠臣并做了李的养子。李忠臣即当年与刘客奴一起反叛安禄山、归顺朝廷的董秦，玄宗赐名"李忠臣"。李忠臣对李希烈亲宠有加，李希烈遂屡得擢升。

李忠臣贪暴恣肆，不理政事，触犯众怒，李希烈率众将驱逐了李忠臣，并上报朝廷。代宗感其忠勇，委以蔡州刺史、淮西留后[2]，后又晋升淮西节度使。

德宗即位后，宠信卢杞，又为李希烈加官晋爵，授御史大夫等职。建中二年，山南东道节度使梁崇义反叛，德宗又加封李希烈为南平郡[3]

---

1. 淄青：唐、五代方镇，一度占地至十五州，为当时最强大方镇之一。
2. 留后：官名。唐朝节度使或出征或入朝或死而未有代者，皆置知留后事。
3. 南平郡：唐天宝元年改渝州置，治所在巴县（今重庆），辖境相当于今重庆及江津、璧山等市县地。乾元元年复为渝州。

王，授汉南[1]、汉北[2]兵马招讨使[3]，命其讨伐梁崇义。

李希烈出师得胜。德宗高兴，再加授他兼同平章事，这已经是宰相的待遇了！

李希烈接二连三地加官晋爵，被委以重任，宠得没样了！

然而，李希烈并不满足。他欲望膨胀，骄纵蛮横，目无朝廷——在征讨叛贼梁崇义的时候，擅自攻取汝州，尔后竟将汝州并入自己的辖地。

这也太放肆了！眼里还有没有朝廷，有没有皇帝？

这是德宗不愿意看到，却是真真切切的事实。

李希烈如此嚣张，朝廷却还要任由他拥兵自大，一步步养虎为患，这与当年的安禄山、史思明有什么两样？

重蹈历史覆辙，德宗可悲可叹！

才平了梁崇义，河北又告急。

德宗无奈，卢杞无能，只得遣李希烈出兵。

征讨之前，朝廷又加封李希烈为检校司空[4]，兼淄青、兖、郓、登、齐、莱等州节度使、支度营田使，指望着用加官晋爵、高官厚禄予以笼络。

当年安禄山不过三镇节度使，而今李希烈竟创下历史新高了。

其实，德宗和卢杞想错了，也做错了：李希烈的心已经变了，不再是以前的他了，"同平章事"和七八个藩镇节度使又算什么，他是要做皇帝的。

于是，李希烈并未出兵淄青，而是乘机率三万大兵移师许州[5]，假称

---

1. 汉南：今湖北省汉水下游南侧汉川市南部和武汉市蔡甸区。
2. 汉北：今湖北省汉水下游北侧汉川市北部和应城市南部地区。
3. 兵马招讨使：在平叛战争中设置的军队统帅，兵罢则省。
4. 检校司空：唐代设此官，为散官，无职事，非正式加官。
5. 许州：今河南省许昌市。

派使者前往青州招谕李纳，实际上是与其勾结。十二月二十九日，在朱滔、王武俊、田悦、李纳等人的唆使下，李希烈将四镇称王的闹剧升级——不到一个月的功夫，他就自称天下都元帅、太尉、建兴王。

天下都元帅是个什么职位？相当于天下兵马大元帅，乃朝廷最高的军事权力象征，唯有大唐太子或是亲王才可领受的官衔，岂是外人可以称得的？

李希烈野心昭然。

第二年正月，李希烈攻陷汝州，夺取尉氏，随后开始围剿郑州，进逼洛阳。

郑州距洛阳不过二百多里，近如咫尺，中间一马平川，难守易攻。洛阳离长安还远吗？消息传来，朝野上下，百姓官员，无不惊骇。

志向远大的德宗唯有欲哭无泪。

卢杞知道，作为首辅，陛下不向别人问计也得找他，这是跑不掉的。

如何应对？

卢杞绞尽脑汁，主意有了：日前，太师颜真卿曾找上门来，以安葬家父尸骨的旧事挑战本相的权威，他的清高、他的蔑视、他的气焰都是一种威胁。如果任由了这个老东西，他便会不断地来要挟，那么，本相的日子就不好过了。因此，必须了断，颜真卿一日不除，终是隐患。

现在机会来了！

德宗如热锅蚂蚁，急召卢杞问策。卢杞趁机将谋划已久的主意抛出来，对德宗道：

李希烈乃一年少骁将，打过几场胜仗即恃功骄慢、得意忘形，手下将佐无人敢于谏言，即使派一般官员劝阻也不会奏效，若是有德高望重的老臣，奉旨宣谕圣上恩泽，说明利害关系，李希烈定会洗心革面、幡然悔过。如此，不劳动三军而祸患即平。

概而言之，就是以忠正之言说服李希烈，给他分析形势，晓以利害，最终阻止事态进一步恶化。卢杞凭借他的三寸不烂之舌，把这不动兵戈、企图劝降的谋划说得头头是道，颇具蛊惑性。

当然，卢杞是不会毛遂自荐领受此命的，那是送命的差事。他暗藏杀机，只等德宗接招。

听罢卢杞的话，一筹莫展的德宗顿生喜悦，说：主意甚好，谁可胜任？

卢杞故作沉思，过了好一会儿才开口说话。这个无能，那个不行，贬这贬那，绕来绕去，遍数朝中之臣，最后止于颜真卿的名字——老太师乃四朝元老，他忠贞刚决，名重朝野，声望十分显赫，文武百官没有人不信服他老人家的，担负此任，非他莫属。

此刻的德宗像是抓到了一棵救命稻草，既未与他人征询是否还有其他良策，也未在朝堂上听取众臣议论，便急不可待地下诏：任命颜真卿为淮西宣慰使，赴许州安抚李希烈。

如此关乎社稷安危、百姓命运的重大决策就这样定了。

消息传开，朝廷一片哗然，文武百官为之失色，皆认为不妥。卢杞的内心比他的脸要险恶得多，眼下的形势，所派之人必定有去无回。稍有正常脑子的人都会想到，如果李希烈那么好说话，他就不会造反了。

这个主意绝对是个坑，是要把颜真卿往死里坑的坑。

颜真卿何尝不知此去的结果？必是凶多吉少。颜真卿当然也知道，这是卢杞在借刀杀人，使自己死难归葬。

都是生死档口了，颜真卿想得最多的不是个人生死，而是大唐安危——若能劝阻李希烈迷途知返，保社稷安宁，免百姓罹受兵燹，也死得其所。

于是，颜真卿毅然领命。

情愿迎难而上，情愿深入虎穴，情愿以卵击石，情愿飞蛾扑火……进士甲第的颜真卿，平原举义的颜真卿，六次遭贬黜的颜真卿，仕途多舛、历经生死别离的颜真卿，他是绝不会退缩的。换言之，若是退缩，那就不是颜真卿啦！因为保社稷平安、济世救民是他忠贞不渝的理想和抱负。

清代林则徐在《赴戍登程口占示家人》中写道："苟利国家生死以，岂因祸福避趋之。"林诗的写作时间与颜真卿的时代间隔了一千多年，却让人们读之思绪瞬间回到大唐，回溯到颜真卿的时代。在写作本书的时候，笔者自然而然地想起这句格言。感谢林则徐，他把封建士大夫的那种高尚伟大的情操写得如此透彻。可以确认，两者的精神是一脉相承的。

颜真卿的领命，不带丝毫犹疑，或许恶人卢杞也被惊住了！不过，这不正是他想要的结果吗？

颜真卿的态度出乎朝野所有人的预料，善良正义的人都为他捏一把汗，为他担忧，也为他抱不平。

对于这个诏命，颜真卿是有理由、有权利拒绝的，可以托病、托老，但他还是接受了这个明显不怀好意的任务。

君命召，不俟驾。颜真卿很快就启程了。

随行只带了僚属、家童数人。夫人嘱咐身边须有家人陪伴才肯放心，便又有子侄颜岘同去。

长安是颜真卿的根，是念兹在兹的故土，而今已是他六出长安：第一次是开元九年，舅父病逝，少年颜真卿随母亲投奔江南吴县外公；第二次是天宝十二载，被外放州牧，去平原郡做太守；第三次是肃宗至德二载，收复长安不久，因忤圣旨，被贬为冯翊太守；第四次是乾元三年，遭酷吏敬羽诬陷，被贬蓬州长史；第五次是永泰二年，奸相元载以诽谤时政治罪而将其贬谪硖州别驾；现在是第六次，不是被贬黜，而是领命抚叛，赴许州宣谕……

亲友纷纷送行，不免生死别之情。

颜真卿途经洛阳的时候，与府尹郑叔相见，郑叔得知颜真卿是去说服李希烈，很是吃惊，他认为此行太危险，便推心置腹地相告：

李希烈反状已明，其身边的人早就劝其称帝，他本人也乐得其成。

要想让李希烈接受朝廷安抚，难于登天。鲁公此去必受其祸，还是暂且留住，等待朝廷此后之命吧。

颜真卿非常诚恳地谢过郑府尹的好意，义无反顾，慨然答道：君命也，焉避之？毅然出了洛阳城。

颜真卿昔日任御史大夫的同僚、现任检校司徒[1]的李勉认为此举极为不妥，急向朝廷禀诚上表直言：

颜大人此去宣谕，大唐会损失一名元老和重臣，得到的只是羞耻。李勉坚请德宗留下鲁公。

德宗岂允？他满脑子唯有皇位安危，早把古稀老臣之生死抛于脑后，更遑论所谓皇亲国戚。

李勉见劝谏徒劳，便派人追赶颜真卿，试图拦阻，以免其受祸，却迟了一步而未能赶上。李勉仗义、正直之心殷殷可鉴。

自开元、天宝以来，如颜真卿这样的忠臣，大唐能有几人？出了多少杨国忠、元载和卢杞等奸佞，还有安禄山、史思明、梁崇义和朱滔等逆贼？而德高望重如宋璟、姚崇、杨绾者少之又少。

颜真卿此行，朝野上下无不惋惜！此乃历史的一面。而国难当头，士大夫理当舍身为国，见危效忠，怎能留恋家园，色养父母？更不能罔顾社稷，失节保身，以个人得失与国家使命利害相权衡，而这又是历史的另一面。

《颜氏家训·归心》中即有明确的训诫："诚臣徇主而弃亲，孝子安家而忘国，各有行也。"颜氏一族是有这样的传统和家风的，因此而有七世祖颜见远曾恸绝于梁武帝，五世祖颜之仪则抗玺于隋文帝，还有颜杲卿能不惧赴死，禀义于安禄山。

这些颜氏子孙皆为以身许国、忠贞烈烈的徇主忠臣。

---

1. 司徒：官名。隋唐置太尉、司徒、司空为三公，正一品。其职到隋朝改为民部。唐朝为避李世民讳改称户部尚书。

　　颜真卿能够为君命而不避生死，毅然弃亲，独赴国难，固然出自封建伦理道德和忠君思想，也源于颜氏一族的传统和家风，更是一种"行其道而死生勿替"[1]的殉道精神。

1. 颜真卿：《宋璟碑》。

第十六章

慨然殉国

78. 许州宣谕

建中四年正月末，雨水之后，中原大地上仍是光秃秃的，寒潮频仍，春意未现。

颜真卿抵达许州。

城内，旌旗猎猎，兵勇遍布，煞是森严。

闻听颜真卿要来，李希烈十分紧张，而且从来没有这么紧张过，为什么？因为李希烈知道，他即将见到的这个人是曾让杨国忠、安禄山、史思明、李辅国、鱼朝恩、元载、杨炎等一干人吃过苦头的硬人，是宁折不屈的汉子。

为了避免见面时被颜真卿的气势压倒的尴尬，李希烈想了一个办法——他让自己的上千号养子站满大堂，这些人随身都携带了兵刃，既是为了镇场子，也给来者一个下马威。

实际上，李希烈搞的这个架势，与其说是吓唬颜真卿，不如说是给自己压惊，对颜真卿而言没一点儿作用。

他低估了颜真卿。

面对李希烈的阵势，颜真卿神情若定，只用双眼的余光瞄了一下四周，便稳步走向大堂正中。

颜真卿禀明来意，欲见李希烈，以宣读圣旨。

不等颜真卿开口，李希烈的养子和手下将士便呼啦啦围逼上前，手舞刀枪，狰狞呼啸，杀气腾腾，一派碎割吞食之势。然而，颜真卿足不移，色不变，视若无睹。

李希烈见吓不倒颜真卿，才佯装惊骇不知的样子，从一旁出来，假惺惺地上前以身体掩护颜真卿，并喝令众人退下，以礼相待。

颜真卿整好衣冠，神情威严，一派刚毅之气，朗声宣读诏书。

诏书大意是：晓以利害福祸，令其悬崖勒马，不得与朝廷作对。

李希烈何等奸诈！他连忙表示，自己本无反意，愿意休战，请鲁公大人向朝廷上书，为其洗刷罪名。

第一个回合就这样收场了，李希烈送颜真卿于馆舍住下。

李希烈原本并不想禁留颜真卿，只是希望颜真卿宣谕之后，回京在皇帝那里为其言好话而已。

住了几日，李希烈既不见朝廷有新的消息，又拿颜真卿没什么办法，就打算送颜真卿还朝。

李希烈设了饯行宴席。席上，被叛军捉拿而投降的汝州别驾李元平在座。李元平乃唐宗室子弟，门荫入仕，原本为湖南判官，有一些才学，口才极好，是一个大话先生，善论兵法，一旦讲起战略战术，便滔滔不绝。有人将他举荐给宰相卢杞，卢杞视其有"将相之器"，遂擢为汝州别驾，知州事。就是他，一遇叛军围城，还没交手，就败下阵来，纯粹是个纸上谈兵的家伙。被叛军俘获时，李元平被吓得屎溺污地，李希烈见状大骂道：盲宰相以你来抵挡我，明摆着是看轻我啊！

李元平此刻在座，这是李希烈有意安排的。

李希烈是让李元平伺机劝降颜真卿。

看到席间的李元平，颜真卿十分鄙视，厉声斥责其背负朝廷、降于逆贼的失节行为。李元平被羞臊得无地自容，便悄悄退席。他拟了一张字纸传给李希烈。

李希烈阅后遂改变主意，将颜真卿扣留于许州，不再送还。

不久，号称"四王"的朱滔、王武俊、田悦和李纳各派遣使者前来许州，向李希烈上表称臣，再劝其自立为帝，还说这是四海臣民人心所向，众望所归。

李希烈十分得意，将此事告诉了颜真卿：

请颜鲁公明察，"四王"并未商量，却齐派使者拥立我建大统，登帝位，这回您知道了吧，不是我李希烈图谋反叛，非要夺李家江山，实在是天意难违，不接受不成啊！

李希烈是在抖机灵，为自己的野心称帝造舆论。

即便如此，颜真卿忠于职守，仍不放弃规劝的机会，希望李希烈能够改过，于是劝道：

什么"四王"，分明是四凶！你为何不思保全自己的功勋业绩，却与乱臣贼子混在一起，难道是想与他们一起灭亡？

颜真卿继续说道：

如你接受皇上诏书，与贼人断了来往，做一个大唐忠臣，朝廷可保你既有的官阶和荣华不变，让你青史留名。如若不听劝告，一意孤行，必将遗臭万年，那便是死无葬身之地了。

一番话如兜头冷水，把得意扬扬的李希烈搞得灰头土脸，极为尴尬。

颜真卿太不知趣！

李希烈欣欣而来，却悻悻而去。

碰了壁的李希烈不甘心于此，心中又生一计。

几日后，李希烈以宴请"四王"所派来使为由，邀颜真卿出席，目的仍是劝降颜真卿。

席间，李希烈请来倡优[1]表演，以助酒兴。倡优唱念的内容皆是诋毁朝廷的，这是李希烈有意安排的，他要看看颜真卿究竟是何态度。没料到，颜真卿愤然大怒，拂袖而起，当众责问李希烈：

相公大人，你身为朝臣，为什么要这样做呢？

1.倡优：古代称以音乐歌舞或杂技戏谑娱人的艺人。

李希烈惭赧，遂喝止倡优。

四位使者见机说道：

我等久闻太师的名德，今日相见，果然气概如山，令人钦佩！大王您即将登上帝位，正好有鲁公到来，这不是天赐的宰相吗？求取宰相，何人能先于鲁公？

此话看着是由来使的嘴里说出来的，实则是降官李元平所设计谋——把颜真卿拖下水，让他做了降臣，与自己为伴。

颜真卿闻听大怒，正色呵斥道：

什么宰相？你们都听说过颜杲卿吧？他是我的兄长。安禄山谋反，我兄举义，周旋抗贼，大败敌军。后因小人拥兵不救，他被贼所缚，直到被害，痛骂安禄山，不绝于口。我今行将八十，官至太师，甘愿守住我兄气节，死而后已，岂能接受尔等诱惑和胁迫！

颜真卿气节凛然，举座失色，吓得再不敢多言。

李希烈打错了算盘，颜真卿根本不买他的账，因而他恼羞成怒，下令拘禁了颜真卿。

囚禁颜真卿的馆舍四周布满全副武装的士兵，庭院之中还挖了一个丈余大坑，不知何用。

李希烈来到馆舍，冷冷地对颜真卿道：大人是明白人，请听好，是做宰辅，还是入土而终，任公自取！

原来这坑是用来威吓颜真卿的。颜真卿早已将生死置之度外，既然敢孤身领命而来，岂惧以死威胁？他淡然地对李希烈说：

死生已定，何必多事，枉费周折，一剑杀了我足矣。

言罢，颜真卿便冲向坑中，纵身就跳，幸而被侄儿颜岘和随员迅疾拦住。

李希烈是想吓唬颜真卿，逼迫他答应做自己的宰相。李希烈岂能不知，若要建立一个新朝，单靠一帮只会拼杀的武夫，没有运筹帷幄、经世治国的文臣，尤其是宰辅之才、饱学之士，是万万不成的。

谁人不知，颜真卿确是大唐少有的忠臣、儒臣和能臣，是国之瑰宝。李希烈从内心里是敬佩、服膺颜真卿，需要颜真卿的。他看到颜真卿如此忠于大唐，看到他的赤胆铁骨及根本不从的顽固样子，觉得煞是可恶，恨不得立即活埋了他。

李希烈转念一想，小不忍则乱大谋，将要称帝的宏图大业不能因意气用事而泡汤，遂止住怒气，强装笑脸，假意道歉：

岂敢如此，是本人一时着急，得罪老太师啦！

目的尚未达到，李希烈并不罢休，再作周旋。

这一囚竟是近两年的岁月。史料中并无记载，颜真卿是如何怀着必死的决心，在许州度过这段孤独难熬的岁月的。但可以肯定的一点是，其间李希烈换着法子让颜真卿屈服，从软到硬，从硬到软，威逼利诱，无所不用其极，而颜真卿大义凛然，始终不为所动。

79. 形势突变

许州这里，颜真卿领命宣诏，而长安德宗却改了主意，不等抚叛结果如何，即下诏讨伐李希烈。

武力征讨李希烈的主张无疑将原本处于险境的颜真卿推向深渊。

据说，给德宗支招，让他改变主意的仍是奸臣卢杞，他唯恐李希烈不下杀手，又千方百计说服德宗，对叛贼唯有武力征讨方可奏效。

可叹千里之远的颜真卿并不知晓，仍在不辱使命，苦口规劝，争取李希烈迷途知返，以期大唐不生烽烟，百姓不陷战火——

真卿奉命来此，事期未竟，止缘忠勤，无有旋意。然中心恨恨，始终不改。游于波涛，宜得斯报。千百年间，察真卿心者，见此一事，知我是行，亦足达于时命耳。

这段文字就是后世著名的《奉命帖》。其言辞慷慨，心地光明，誓不变节，并寄意于后而相知。

"游于波涛"，试想一下，身处虎穴的颜真卿，既要代表朝廷尽力劝慰，又要忠贞守节不能屈降，而叛逆的李希烈贼心不变，时刻以死威逼，真乃与狼共存、共舞，这得需要多大的胆量和勇气，又是何其危险！

奉命，奉命，忠臣于虎穴中守节、尽职，遭受牢狱般的囚禁与折磨；那厢里，朝廷之上，皇帝听信奸佞摆布，改弦更张，却不顾使臣死活……后世之人每读于此，无不景仰颜真卿的气节和至忠。

为了确保讨伐李希烈之役不会如安史之乱一样打成持久战，朝廷派出强大的征讨大军，有宣武军节度使李勉、东都汝州节度使哥舒曜（名将哥舒翰之子）、江西节度使李皋[1]和荆南节度使张伯仪。

两军交战，各有胜负。

建中三年三月，荆南节度使张伯仪在阳翟[2]与叛军交战，大败。张伯仪丢弃旌旗，狼狈而逃。李希烈令人将张伯仪的旌旗和死难将士的首级拿给颜真卿看，并大肆夸耀他的战绩如何辉煌，企图震慑住颜真卿，使他降服。

颜真卿见状，悲愤交集，恸哭倒地，许久才苏醒过来，从此不再与人言语。

不久，哥舒曜收复汝州。

李希烈不甘心丢掉汝州，命大将周曾同康琳等部再攻哥舒曜，妄图夺回汝州。

1. 李皋（733—792）：字子兰。唐朝宗室名臣，唐太宗李世民五世孙。嗣封曹王。历仕秘书少监、衡州刺史、湖南观察使、江南西道节度使、荆南节度使、山南东道节度使等。曾参与平叛李希烈之乱。为人勤俭，体察百姓疾苦，多智数。
2. 阳翟：今河南省禹州市。

颜真卿《奉命帖》（局部）

　　这个周曾和另一位叫王玢的将军是在许州行辕见过颜真卿的，他们深受颜真卿忠义精神感召，对李希烈不满，不愿再做叛贼。

　　周曾领命之后，与王玢暗地里策划，决定不去攻打汝州，而是杀一个回马枪，突袭李希烈。二人分工，王玢做内应，于许州按兵不动，只等周曾奔袭而来，共剿李希烈，反正之后归顺朝廷。

　　然而，事情泄露，李希烈得知，立即调集其精锐部队骡子军三千突袭周曾。周曾因措手不及，当即大败，周曾等人血战而死，等待内应的王玢也遭杀害。

　　周曾、王玢等人的行动虽未付诸实施，却把李希烈吓得不轻。

　　颜真卿闻知此事，悲愤之余难免痛惜不已。他设下酒食、作了祭文，如同祭奠当年随他征战守城的将士们那样，哀悼遇难将士。祭毕，颜真卿用手指着拘所西向墙壁对人说，此我殡所也。在被拘禁的这段岁月里，颜真卿已经很久不与人言语了。此刻，他手指的应当是长安，那里是朝廷和家的方向。他的意思是说，自己死后还是要向着朝廷所在，故乡所在。

　　看守颜真卿的兵士无不为之难过，唏嘘落泪。

　　颜真卿被李希烈拘禁之后，朝中不少人为之叹息。颜真卿于广德年间的幕僚、时任监察御史的戎昱写下《闻颜尚书陷贼中》诗云：

> 闻说征南没，哪堪故吏闻。
> 能持苏武节，不受马超勋。
> 国破无家信，天秋有雁群。
> 同荣不同辱，今日负将军。

　　汉时苏武出使匈奴，曾被扣留，十九年持节归汉。戎昱借喻颜真卿，希望他也能完节归朝。

　　还有许多人设法营救。当时，李希烈的母亲在长安，其妻子的祖母和妹妹也在长安，他们一同被关押于大理寺中。这是营救颜真卿的一个筹码。颜真卿于湖州的门客，时任大唐史馆修撰的张荐冒险上疏：

> 颜真卿于四朝为臣，乃国之元老，忠贞正直，孝悌友爱，尽忠社稷。行年八十，身有病疾，却被囚拘于环堵之内，目及所见皆刀枪剑戟……请求以在押三人赎回太师。[1]

张荐所奏，情切意深，句句在理，声声泪下。

张荐哪里知道，置颜真卿于死地，正是卢杞所愿和所谋，奏表被卢杞扣压不报自是必然的。

是年秋，朝廷的征讨之策并未奏效，李希烈非但毫无收敛，反倒变本加厉，更加猖獗，其势如浊浪滔天，不可阻挡——逼近襄城[2]，夺取汴州，切断漕运。钱粮无依，大唐危急。

祸不单行。朝廷从西北泾原[3]调往襄城的增援部队（号称五千兵士）途经长安时，因不满待遇，哗变作乱，将士们拥立闲居于京师的前泾原节度使朱泚为帝，国号大秦，立其弟朱滔（即早已背叛朝廷、自立为冀王的朱滔）为皇太弟。

朱泚率军攻占长安。

危急之际，德宗仓促出宫，奔往奉天避难。是历史捉弄人，还是人捉弄历史，志向远大的德宗逃得飞快，连个影子都找不到。不管他主观上怎样想，在实际行动上，重演了太祖玄宗、父皇代宗宠信奸佞、遇乱即逃的历史剧。剧中各个桥段的细节可能有异，但逃离本身，其效法得这般惟妙惟肖，是一点儿也不掺水的。

大唐落到如此地步，群臣不满，怨声鼎沸，德宗迫不得已，贬了卢

---

1. 欧阳修：《新唐书》卷一六一。
2. 襄城：今属河南。
3. 泾原：唐方镇名。长期辖有泾、原二州，相当今甘肃、宁夏的六盘山以东，浦河以西地区。

杞，谪任岭南新州[1]司马，拜翰林学士陆贽于危难之际辅政。

陆贽倒是颇有谋略，且直言论事。

如何直言？就是不绕弯子，实话实说。因为此前奸臣卢杞太狡诈，太绕弯子，话说得舒服、耐听，结果呢，却把皇帝带到沟里。新官如若仍旧虚与委蛇、瞒天过海、兜来兜去，大唐便危在旦夕，一切都来不及了。

陆贽力谏德宗以缓兵之计、怀柔之策解当下社稷的困境。德宗允准，于次年改元兴元（784），正月初一颁布了由陆贽代拟的《罪己大赦诏》。德宗"引咎罪己"，改弦更张，以求聚拢人心，共克时艰。

同时，《罪己大赦诏》赦免李希烈、田悦、王武俊、李纳诸藩镇。这里有个细节，所赦之人，没有朱泚。为什么？因朱泚已经称帝，性质变了，属敌我矛盾了，罪不可恕。

田悦、王武俊、李纳诸人算是识相，接受赦令，去除自封的王号，重为朝臣，上表谢罪，高呼万岁！

李希烈是要称帝的，只是未正式宣布，对外是以天下都元帅自称。念他尚未走向极端，朝廷不与他较真，仍给出路，这已经是相当宽厚为怀了。但这个家伙不识时务、不自量力，俗话说就是不识相，给脸不要，反在背叛朝廷的路上加油门快跑——自恃强大，负隅顽抗，拒不受诏。

贞元元年（785）正月，李希烈由许州回蔡州，这里是他的大本营。颜真卿也被押解至此，囚禁于龙兴寺。

龙兴寺位于蔡州之北，远离城郭，人迹稀少，四面有高墙围设，又有重兵把守，是一安全之所。

这一日，是贞元元年正月五日。

龙兴寺内，香烛之烟袅袅，一众僧人于住持带领下，面佛诵经，经文和着引磬与木鱼之音，朗朗萦绕，传入囚室……

冥冥之中，颜真卿感到，这一次由许州来蔡州，恐怕是他人生中的

1.岭南新州：治所在今广东省新兴县。

颜真卿《移蔡帖》（局部）

最后一次迁移，而龙兴寺兴许就是他生命的终结之地。思及于此，他心生无限感慨，遂命笔而书：

> 贞元元年正月五日，真卿自汝移蔡，天也。天之昭明，其可诬乎！有唐之德，则不朽耳。十九日书。[1]

这篇寥寥三十六字的笔札，后人称之为《移蔡帖》，其名气很大。大，是因为它记述了颜真卿彼时的真实心境——自己被李希烈移拘于蔡州，乃为天意。相信天是清明而洞悉万象的，岂可肆意欺骗，肆意毁谤？大唐的德政，将是不朽的。大，还在于它是颜真卿一生中最后一件作品。

《移蔡帖》字体为正书，笔意刚毅、沉着；章法严整、从容。书者的心态，没有旁念、没有慌乱、没有茫然，即便身陷图圄也无怨无悔，并且对平定叛乱充满信心，对大唐一朝心怀敬仰。

---

1. 颜真卿：《移蔡帖》，《颜鲁公集》卷一六。

《移蔡帖》出自七十七岁高龄的老人，其手稳心定，丝毫不见人老而衰的颤抖、阻滞；其胸襟博大，老而弥坚，深而意远，骨清神洁。殊不知，颜真卿自东出长安来许州抚慰，至今囚禁于龙兴寺，时间已近两年，这日子何等痛苦、煎熬！而颜真卿就是这样，面对顽敌，面对刀枪剑戟，面对时刻都会发生的杀戮，却凛凛然，视死如归。

《移蔡帖》精悍而经典，是凝结于悲怆中的大美。

颜真卿自度自己必死，要想生还除非降了贼人，然而，这是绝对不可能的。

存世无多日，颜真卿为自己撰写了墓志铭和祭文。以往，都是亲朋好友和闻人故交慕名延请颜真卿撰拟墓志铭、碑文，以及书丹上石。今日里，却是颜真卿给自己做这件事，心中别有一番滋味，不由喟然太息。

颜真卿又挥毫写了家书。在家书中，他嘱咐夫人和儿子一定要好生抚养尚未成年的子嗣，好生读书、明理立身，不忘颜氏德行、书翰、文章和学识之传世家风。

家书里，颜真卿还嘱托如何料理自己遗骨归葬之事。墓志铭和祭文皆藏于寝室的墙角下。

其淡定自若，哪里像是大难临头、生死之际？

只可惜，上述翰墨书帖未能流传下来。

80. 殉国

一心想称帝的李希烈甚至没有忘记颜真卿曾是朝廷的礼仪使，对历朝历代礼仪研究精深，包括帝王登基仪式，李希烈便差人跑到龙兴寺来向颜真卿询问帝王登基典礼之事。

颜真卿明白了，李希烈背叛朝廷，忤逆称帝，已是铁定了心，再无悬念，那些宣谕、规劝、抚慰乃至赦免统统都是徒劳。

现在，这个反贼竟为"登基"仪式求他帮忙指导，真是痴心妄想！颜真卿暴怒，厉色正言相告：

老夫已古稀之年，虽曾为大唐掌管国礼，但能记住的都是诸侯、封疆大吏朝拜觐见皇帝的礼仪！

言外之意是：本人熟稔礼仪不假，却从未见过叛唐称帝典礼。尔等忤逆，与朝廷不共戴天，老夫岂能助你！

颜真卿不与合作，焉能阻碍称帝大事？

李希烈不再等待，终在汴州自封为皇帝，国号大楚，年号武成。

事后，气急败坏的李希烈派心腹部将辛景臻带一队人马到龙兴寺，在颜真卿因所前堆起十柴，浇之以油，燃之以火。有风袭来，风助火势，顿时烈焰腾腾！

辛某对着颜真卿大声喊话：

颜太师，大楚皇帝命我问你，是乖乖地做我朝宰相，还是违旨抗命？从命就尊享荣华，否则……

不等颜真卿说话，辛景臻继续威胁道：

吾皇敕令：事已至此，再不屈服，就自焚！

颜真卿毫无惧色，并不回话，纵身扑向火焰。敌将与兵士急忙阻止，李希烈以死相逼的计谋再次失败。

贞元元年五月，官兵收复长安，先于李希烈称帝的朱泚日暮途穷，为部将所杀。其弟，即那位受封"皇太弟"的朱滔，因寡不敌众，上表朝廷待罪，获唐德宗宽赦。

李希烈的弟弟李希倩因系朱泚党羽，于长安被朝廷斩首。

消息传来，李希烈暴跳如雷，怒火中烧。

发火有何用？战局巨变，官军势如破竹，胜利捷报频传。不久，汴州被收复。李希烈望风而逃，败回蔡州老巢。

李希烈自觉大势已去，穷途末日之下，拘留颜真卿已再无益。如果留下活口，难免不生变故。李希烈开始盘算善后的事情，包括如何处置颜真卿。

最让李希烈不能忍受的，是朝廷杀了他的胞弟，此仇不报更待何时？苟延残喘的李希烈、穷途末路的李希烈、丧心病狂的李希烈决意杀害颜真卿。

八月二十四日清晨。

本该秋高气爽的季节，却阴风四起，阴云遮蔽了晨曦，林木于风中瑟瑟发声。龙兴寺没了往日的静谧，也不闻经声、磬音和钟鼓之鸣。

周遭一切像是突然失去了生机。

李希烈不敢直面颜真卿，因为经过几轮较量，他皆一败涂地，他内心惧怕，怕极了；他不想自己下手，因为那会留下杀戮英雄的恶名。

李贼使出最后的也是最卑鄙的伎俩——再派他的心腹辛景臻带上一名宦官，假冒朝廷中使，来到龙兴寺，假称皇上有敕，宜赐卿死。

颜真卿于朝廷上未曾见过这位中使宦官，心中生疑，便问"中使"道：

老臣无罪状当死，纵不知使人何日从长安而来？

"中使"答曰：

从大梁[1]来。

颜真卿顿时明白：大梁不过是叛贼李希烈的伪朝之地，什么朝廷、皇帝旨意，只是反贼罢了，何称诏书？分明是骗局！

颜真卿岂能受此般欺骗和侮辱，厉声骂道：

乃逆贼耳，何敕也！

颜真卿胸中腾起烈焰，怒发冲冠，仰天笑道：

尔等以为骗我伏诛就可以掩盖罪恶，挽回行将到来的覆灭？那是痴心妄想。老夫敢冒死领命宣谕而来，就未曾打算活着回去！

颜真卿继续说道：

---

1. 大梁：今河南省开封市。

贼等须知，古往今来，凡违忤天道，倒行逆施者，有谁得了好下场的？一个没有，皆身败名裂，遗臭万年，而江河万古长流不废！

颜真卿凛凛威风，气贯长虹，言如刀枪，语如雷鸣，惊得逆贼战栗不堪……

穷凶极恶的辛某于惊骇中喝令手下手持绳索，冲向前去，紧紧地勒住了老人家的喉咙……

带着颜氏家族的一身贵气与荣耀，怀着对大唐王朝的忠贞，对尚未收复失地的殷殷牵挂，对百姓苍生的拳拳眷顾，对家人亲朋的深深思念，还有对书法、文学的孜孜追求，颜真卿被缢杀了！

颜真卿壮烈殉国，享年七十七岁。

笔者行文全此处，亦不禁悲从中米，为鲁公慷慨赴死扼腕不已。掩卷沉思，鲁公存留于汗青的一幕幕倏然弹现：

……

景龙三年初夏

黎明时分

长安东南隅通化坊

颜家大宅

一个乳名羡门子的男婴出生

……

开元十二年（724）夏

十六岁的颜真卿回复贺知章的笑问

要早自立

报国报家

……

开元二十二年二月

颜真卿春闱高中

可惜亦父亦师亦楷模的伯父颜元孙已于两年前故去

……

天宝五载（746）

从不课徒的"草圣"张旭

破天荒地授笔意真传于三十八岁的颜真卿

……

天宝十四载十月

安禄山反了

河北诸郡接连沦陷

颜真卿主盟平原举义

……

天宝十五载

从兄颜杲卿和从侄季明的灵柩经蒲州回长安下葬

颜真卿痛祭先烈

泣血而书《祭侄文稿》

……

至德二载九月

长安收复

颜真卿提议筑坛于野哭三日

触犯肃宗

第一次遭受罢黜

以后接二连三地遭贬

……

永泰二年

颜真卿上疏痛责元载堵塞言路

惹怒代宗

远贬硖州别驾

……

大历三年五月

花甲之年的颜真卿谪守江南，一去十余载

划时代的颜体横空出世

……

大历十二年

六十九岁的颜真卿奉召回京

三次恳请辞官

而德宗不允

……

颜氏宅邸虽历沧桑

也少修葺

却不变当年旧貌

依旧坚实、规整、敞亮

阳光穿过窗棂

满堂柔和、温馨

书斋字台之上

纸已铺开

墨也研好

只等主人书写新作

该是负暄弄孙

颐养天年的时候了

然而

……

顷刻，天地失色，大雨倾盆，松柏低垂，江河呜咽。为忠魂殉国而泣，为义胆捐躯而鸣！

81. 日月丽天

颜真卿杀身成仁，举国悲恸！

噩耗传出，唐室宗亲曹王李皋号啕大哭，他的部下及三军将士也呜咽不绝。拭泪思定，李皋毅然上疏朝廷，恳请德宗对忠贞直道的颜真卿予以表彰。疏中言道：

> 所悲去古日远，浇风荡浮，多苟偷生，曾不顾节，使忠孝寂寞，人伦憔悴……今颜真卿……发挥教训，近冠青史，远绍前贤。夫日月丽天，幽明向烛，忠烈耀世，回邪革心。[1]

意思是说，当今世风日趋浮薄，人多苟且偷生，不守名节，忠孝也无约束，人伦泯灭，道德沦丧。而颜真卿的事迹，可歌可泣，是世人的榜样，近可载于青史，远可承前贤风范。他的精神品德，如日月丽天，洞烛幽明；他的忠烈光辉，足以照耀社会，去除邪恶，澄清人之心灵。

李皋之谓，言辞恳切，深邃洞明，实在是道出了举国上下凡正直、善良之人的内心情愫，感人至深，耐人寻味。

颜真卿的一些幕僚、友朋无不痛惜、哀悼，纷纷撰文、作诗，缅怀他的忠贞义举。有工部尚书兼东部留守贾耽和淮西宣慰使、尚书左丞郑叔则先后请朝中文豪穆员[2]执笔撰写祭文凭吊先烈。文中有云：

> 昔者仰挹重名，遐跂明德。藐焉当代，如望古今。敬慕高风，感叹大节。卓尔不朽，凛然如生。巨猾歼夷，幽魂招奉。灵车归

---

1. 李皋：《请表太师颜真卿忠节疏》，《颜鲁公集》外集卷五。
2. 穆员：字与直，怀州河内人。生卒年不详。工文辞，尚节义。杜亚为东都留守，辟为从事检校员外郎。早卒。

路，千里同悲。

悼文所表达的是：颜真卿人格伟大，是当代所罕见的，其高风亮节同古之圣贤一样。今敬慕他的高风亮节，悼念他的卓尔与不朽。愿烈士忠魂正气永存人间，万古不朽。

李希烈杀得了颜真卿，却无法扭转自己彻底失败的危局。朝廷大军接连攻克汝州等州郡，"大楚"风雨飘摇，四面楚歌，溃败在即。

贞元二年（786）三月，李希烈部属、偏将陈仙奇不愿再替李贼卖命，遂设计谋杀李希烈。

彼时，牛肉乃稀罕之物，陈仙奇假意逢迎、安排内眷烹饪后送给李希烈。李希烈很是感动，夸赞不已。

然而，李希烈食之暴亡，正是陈仙奇投毒所致。

曾不可一世、呼风唤雨的李希烈，未死于两军交战，而落得众叛亲离，被部下毒死的可悲下场。

是年四月，归顺朝廷的陈仙奇派军护送颜真卿灵柩回京，途中，颜真卿的儿子颜颇、颜頵、颜硕迎丧。天气渐热，不便再向长安而行，于襄城时暂葬。

是年十一月，正值严冬，飞雪漫天，山河缟素，万民同哀。

颜真卿的英灵回归故里，庐州刺史李崿、亲戚殷亮（颜真卿的表侄、舅父殷践猷之孙）、检校国子祭酒杨昱、户部员外郎权器等众亲友故交为颜真卿营葬。

颜公灵柩安葬于京兆万年县凤栖原祖茔。

右庶子[1]令狐峘撰写了神道碑铭。令狐峘是颜真卿的同朝同事，进士出身，知识渊博。此人性格孤傲，不善攀结权贵，因而多次受贬。其为人正派，很像颜真卿。他曾是贤相房琯的学生，二人交好。令狐峘任过

1.右庶子：古代职官名。掌侍从、献纳、启奏。

刑部员外郎，先是颜真卿的部下，后来二人做了搭档。他与颜真卿秉性相投，乃为至交，相互信赖。

有更多不相识的正直士人也为其壮怀激烈、慷慨赴死的事迹所慨叹、扼腕、唏嘘不已，祭奠之人络绎不绝。

德宗颁布诏令，废朝（停止朝会）五日，举国哀悼，追赠司徒，谥号"文忠"，并派中使吊唁。据说，德宗也泪洒当庭。

德宗于诏书中盛赞颜真卿：

> 器质天资，公忠杰出，出入四朝，坚贞一志……拘胁累岁，死而不挠，稽其盛节，实谓犹生。

诏书中，德宗除了对颜真卿高度赞誉之外，还特意表达了痛悔和自责："朕致贻斯祸，惭悼靡及……"[1]

意思说，是他造成这个祸患，惭愧与哀悼不及。

事实证明，在听信奸佞卢杞谗言，不辨忠奸，派遣颜真卿许州宣谕，帮助卢杞实现借刀杀人之计上，德宗确是错了。历来，帝王皆自我神圣化，自称天子，所做的一切都正确。而德宗能做出此番"自责"，将颜真卿的死难归咎于己，即使其中不乏应景、作态的成分，却也是良心发现，是切合实情的。

不过，有史家把德宗看个透彻，认为这不过是他的一时之悔，他并未深刻认识自己的罪责。因为此后，德宗仍旧不断地制造类似的祸害与冤狱，所谓"保奸伤善，听断不令"[2]，就是说，保奸必然伤善，断决讼事也必然不依律令。

仍以卢杞为例，在天怨人怒之下，德宗不得已，罢黜了卢杞，让他

1. 刘昫：《旧唐书》卷一二八。
2. 刘昫：《旧唐书》卷一二三。

做了新州司马，两年后又改任澧州别驾。

如此祸国殃民、几乎把大唐再次推入深渊的奸相卢杞，德宗给予的处置仅仅是个贬谪，不予极刑。群臣天真了，百姓天真了，低估了德宗与卢杞的关系——贞元元年正月初一，德宗大赦天下，竟也赦免了卢杞。

赦免也就罢了，德宗还千方百计要给他加官晋爵，拟任饶州刺史。

这个做法激起众怒，有叫袁高的给事中，官微位卑，却冒死进谏，认为绝不可擢升：卢杞为相之时，坑陷陛下，屡献奸计，致使陛下逃离长安，贼人侵入。卢杞穷凶极恶，文武百官恨之入骨，恨不能食其肉，啜其血，陛下怎么还打算再起用他呢？

话说到这份上，德宗仍听不进去，在大刑伺候袁高之后，又向宰相李勉征询。李勉回答得精彩，他说：陛下想要委任官职的话，就算是宰相也是可以的。但话说回来了，如果陛下真这么做的话，那陛下是要和全天下作对了。

在百官的坚决反对下，德宗才悻悻放弃。

正月二十六日，卢杞满怀欣喜地接到诏书，以为自己可以擢升为刺史，但只是改任澧州（湖南澧县）别驾。他很失望，在去往澧州的破船上一命呜呼。

奸佞卢杞，千夫所指！

德宗昏庸透顶可见一斑。

这应当是颜真卿殉国后的故事了。

史上昏庸、刚愎的君主，险恶、奸邪的谗佞，还有那些凶残、狠毒的强盗之辈皆如一抔黄土，于风吹雨淋中仅留下些微痕迹，为人所不齿。

唯有颜真卿名垂青史，浩气长存，与日月同辉。

在颜真卿曾经任职的吉州、抚州、湖州等地，当地人民相继修建鲁公祠，他们不忘颜真卿曾造福本地百姓之恩泽，还希望后世子孙能够铭记颜真卿的忠义、正气。

历史将永远铭记颜真卿的英名和事迹。

后晋刘昫修撰《旧唐书》，称扬颜真卿"守道殁身，为时垂训，希代之士也"。颜真卿成为世代之楷模，令人感动，乃旷世罕见之士。

宋代欧阳修在《新唐书》中满怀情感地写道："呜呼！虽千五百岁，其英烈言言，如严霜烈日，可畏而仰哉！"[1]

纵使千万年过去，颜真卿的英名、正义、气节仍然如严霜，冰冷凛冽，令邪恶畏惧；如阳光照耀世间，暖意融融，令人敬仰。

这些评价肯綮而公正。

宋代张载有"为天地立心，为生民立命，为往圣继绝学，为万世开太平"四句名言，是对封建士大夫品性和文人精神的精辟概括。张载与颜真卿相隔三百多年，绝对没有交集。不知何故，我写颜真卿、研究颜真卿，特别是写颜真卿凛然赴死的时候，这四句话就会不由自主地闪现眼前，挥之不去。

一千多年后，有一个叫鲁迅的人，他的著述似乎没有直接评价颜真卿，但他的"中国的脊梁说"一下子让今天的人们联想起颜真卿：

> 我们从古以来，就有埋头苦干的人，有拼命硬干的人，有为民请命的人，有舍身求法的人……虽是等于为帝王将相作家谱的所谓"正史"，也往往掩不住他们的光耀，这就是中国的脊梁。[2]

恪守儒家道义、正色立朝、刚直坚毅、忠烈殉国、彪炳于史的颜真卿，是封建时代儒家士大夫的杰出代表，也是世代仁人志士的典范和楷模，他的精神不正是"中国的脊梁"的精神吗？

颜真卿流传于后世的，何止于其道德的、思想的，乃至政治的遗产，还有文化的遗产，其中尤以鼎鼎大名的颜体著称于世。

---

1. 欧阳修：《新唐书·列传第七十八颜真卿》。
2. 鲁迅：《中国人失掉自信力了吗》。

　　长久以来，书史对颜体的评价多局限于书法艺术本身，却忽略了颜体更丰富的内涵——颜体是盛唐精神及颜真卿个人人格力量的另一种诠释与呈现方式。甚至可以说，颜体的文化价值更高，传布和影响更远，远达天下，利在千秋！

结　语

书若人然。

人品，是中国古代评价文人士大夫个人品德的重要标准，在官员身上体现的是"官品"，在诗人身上体现的是"诗品"。自然，在书家身上体现的是"书品"。官品、诗品、书品都是人品的代名词。关于"书品"，有一个范畴，叫作"书若人然"，即"书如其人"的意思。时间久了，圈子里的说法也传布至民间，成了半个俗语了。

关键是人们普遍地认同这个说法。

何为"书如其人"？

按照宋人苏轼的说法，就是论书"兼及品其平生"。钱锺书的解释就是人格化的书评。一句话，就是以书品论人品或以人品论书品。比如，王羲之的行书被誉为"清风出袖，明月入怀"，是说他的字飘逸、潇洒、风流，恰如其人。这是人们乐于接受的一面，还有另一面，如唐代的书法批评家张怀瓘就指出王羲之的书法缺乏神气——"逸少草有女郎才，无丈夫气，不足贵也"。

同样一幅作品，却得出不同的感受，关键在评人。

评张旭草书，气势磅礴、狂放浪漫，表现了他的"喜怒窘穷，忧悲、愉佚、怨恨、思慕、酣醉、无聊、不平"[1]的种种情态。

评黄庭坚草书"如抱道足学之士，坐高车驷马之上，横斜高下，无

1. 韩愈：《送高闲上人序》。

不如意"[1];"黄太史书如高人胜士，望之令人敬叹"[2]。

评清代王铎的草书，点画狼藉、奇险莫测，表现了他骚动、矛盾的内心。为何是骚动和矛盾的？

王铎本是明代著名书家，诸体皆能，尤善草书。然而，王铎为官的时代正值明末清初。当清人攻入南京的时候，身为户部尚书的王铎没有反抗，却跟着礼部尚书钱谦益开城门降清。

这种行为在中国正统文化里是令人不齿的。自此，其书法声名一落千丈。

在降清后的很长时间里，书法成了王铎"贰臣"心理矛盾和落寞情怀的排遣，确实失去崇祯朝的扛鼎之力和奋发之气。

还有一人与王铎的经历近似，那便是赵孟頫。

赵孟頫的名气很大，书史上"楷书四大家"中"欧颜柳赵"的"赵"指的就是他。其实赵与王两人还是不同的，赵孟頫并未像王铎一样"开城门而降清"，他是在南宋灭亡后退隐民间，在元世祖忽必烈遍访前朝名士的时候，经人荐举做了翰林学士承旨、荣禄大夫。如此说，他是被动"仕元"。即使如此，人们也不认同、不理解，甚至不原谅——赵孟頫身为宋太祖十一世孙，却在元朝做官，实在是背祖忘宗。

于是，赵孟頫的书法遭到诟病，清代学者项穆认为："若夫赵孟頫之书，温润闲雅，似接右军正脉之传，妍媚纤柔，殊乏大节不夺之气。所以天水之裔，甘心仇雠之禄也。"[3]意思是说，赵孟頫的书法虽接续于王羲之，但现在不行了，变得如女子之态，缺乏临难不苟的节操，于生死关头仍不改变其原来志向的气概。

评得最狠的莫过于清代书法家傅山了，他说赵孟頫的书法"巧"

1. 晁公武：《郡斋读书志》卷五下引宋徽宗语。
2. 赵琦美：《赵氏铁网珊瑚》卷五。
3. 项穆：《书法雅言》。

"媚""轻滑"，是"松雪曷尝不学右军，而结果浅俗，至类驹王[1]之无骨，心术坏而手随之也"[2]。

这个评价近乎抨击了。

其实，赵孟頫为自己的选择既懊恼又纠结，身心承受了极大的压力，精神生活不舒坦。

赵字真的如此不堪？

显然不是，但赵孟頫的字偏于秀媚，缺乏阳刚之气，这也是实情。

例子还有很多。宋代的蔡京、蔡卞兄弟是千古佞臣，二人书艺都是很高的。就书艺论，蔡卞胜蔡京，蔡京胜蔡襄，但蔡京、蔡卞均因人品卑劣，他们的书法不被看重，所谓因人掩其书。

书法史上为人称道的"宋四家"当然不包括蔡京和蔡卞。

这就是中国书法评价的一个定势，它体现了一种倾向（或力量），具有形象、生动、可感的特质，以及突出的人本优势，因此易于被人们接受。

当然，此种评品方式并非书法艺术独有，而是普遍地存在于文论、画论中，乃至戏曲、音乐等艺术理论中，是东方传统艺术的共同特点。黄庭坚主张"文章好恶止系于人"，朱熹认为"有德尔后有言"，清代戏曲家李渔同样强调"人品与文品"的关系。

其实，以人论书（论艺、论文学），以及用形象喻示和比拟，不仅仅是书法评价的定势，也是书法欣赏的逻辑——笔墨情趣。一幅书法作品，原本都是抽象的笔画、线条，还有间架结构和字与字之间的布白，怎么就能够看出孰优孰劣，看出江河大川的气势，看出日月星辰的变幻，看出那么多的感受？这在很大程度上是"人化"的迁移作用，依赖于意象的喻示和比拟。就是说，如果没有这样一种欣赏方式，书法艺术

---

1. 驹王：中国历史上西周早期诸侯国徐国的国君，曾参与了以武庚为首的商朝残余贵族针对周朝的叛乱——武庚叛乱，徐子自称徐驹王，反抗周公的东征。
2. 全祖望：《阳曲傅先生事略》。

所独具的民族特色和美感意味是难于把握的。

　　这种把握，用西方美学家的说法就是"对象的审美效果，不仅依赖于它们实际上是什么，而且也依赖于它们的外观唤起了我们什么"[1]。否则就什么都不是——字就是字，仅此而已。

　　正因如此，才有了"为书之体，须入其形。若坐若行，若飞若动，若往若来，若卧若起，若愁若喜，若虫食木叶，若利剑长戈，若强弓硬矢"[2]，有了"观于物，见山水崖谷，鸟兽虫鱼，草木之花实，日月列星，风雨水火，雷霆霹雳，歌舞战斗，天地事物之变，可喜可愕，一寓于书"[3]，有了"识书之道，风神骨气者居上"[4]，有了"书必有神、气、骨、肉、血"[5]，有了"骨肉、气韵、意象、声色"[6]等。

　　风神"骨气"也罢，"血""肉"也罢，皆与人相关，本质上仍然是品评的人化。

　　把"人品"与"书品"紧紧地吸附在一起，并以"人品"之高下决定"书品"：人品低下，书艺虽高，也被视若粪土；品德高洁，则重其人品，也重其书品。

　　平心而论，这样一个传统肯定有其局限性；史家和书家对诸多书家的评价未必都妥当贴切，肯定有被冤枉的，有被歧视的，有被耽搁的。

　　然而，无论是"以字论人"，还是"以人论字"，这两把尺子对颜真卿而言都是适用的。岂止是适用，分明就是真切而笃实的写照。"书如其人"，人品与书品融为一体，在颜真卿身上得到了完美体现。

　　在中国书法历史上，有哪一位书家能像颜真卿那样典型、恰切、名副其实，并赢得如此广泛的信服度？没有，无出其右。"鲁公可谓忠烈

1. 李斯托威尔：《近代美学史评述》。
2. 蔡邕：《笔论》。
3. 韩愈：《送高闲上人序》。
4. 张怀瓘：《文字论》。
5. 苏轼论书语。
6. 胡应麟论书语。

之臣也……其发于笔翰，则刚毅雄独，体严法备，如忠义之士，正色立朝，临大节而不可夺也。扬子云以书为心画，于鲁公信矣。"[1]

——"颜公书如忠臣烈士，道德君子，其端严尊重，人初见而畏之，然愈久而愈可爱也。其见宝于世者有必多，然虽多而不厌也。"这是宋代欧阳修眼里和心中的颜体。评价入耳、入心、入魂，真不愧是古之"骨灰级"的"颜粉"。

——"点如坠石，画如夏云，钩如屈金，戈如发弩，纵横有象，低昂有志，自羲、献以来，未有如公者也。"这是宋代理学大家朱长文的所知所识，用借喻之法勾勒出一个鲜活的颜鲁公。

——"平原如耕牛，稳实而利民用"[2]，这极言颜真卿为人、做事忠义厚道，严谨稳重。"耕牛、稳实、利民"六个字，字字入心。

——"如项羽挂甲，樊哙排突，硬弩欲张，铁柱将立，昂然有不可犯之色。"[3]米芾偏爱王字（王羲之书法），但对颜字的这番评价是客观、公允、令人信服的。

的确，如果仅就写字而言，"书学不过一技耳"[4]。只有书中立品、寓品——"品高者，一点一画，自有清刚雅正之气；品下者，虽激昂顿挫，俨然可观，但纵横刚暴，未免流露楮[5]外"[6]，书法才能获得丰富而深邃的文化内涵。

最早将颜真卿的字与其人品联系起来研究、评价并推而广之的是宋代的欧阳修。他甚至召唤人们"爱其书者兼取其为人"[7]，爱得诚恳、真挚，毫不掩饰。他所做的这件事功德无量，后世应当感谢他——不仅在

---

1. 朱长文：《墨池编》。
2. 包世臣：《艺舟双楫》。
3. 米芾：《海岳书评》。
4. 朱和羹：《临池心解》。
5. 楮（chǔ）：纸的代称。
6. 朱和羹：《临池心解》。
7. 欧阳修：《世人作肥字说》，《欧阳文忠公全集》卷一二九。

于时间最早，还在于他所发现的对象太典型、太精彩、太完美，堪称中国书史乃至中国文化史上之最。

颜真卿书法浑厚遒劲，气势恢宏，表现出忠义之魂，成为大唐盛世的丰碑，是文人士大夫的榜样！

历史越过一千三百年，许许多多的东西冲淡了、消失了，甚至无影无踪，然而，颜真卿"以道德、事功、文章、风节著者……论世者，慕其人，益重其书，书人遂并不朽于千古"[1]。

就是说，颜真卿的道德精神可以凭借其至高的书品（载体）流传至今，影响并光耀后世。同时，颜真卿的书法又凭借其至高的人品（内核）而彪炳史册，流芳千古而不朽。

至此，有一句话要告诉读者：本书不是专为书法爱好者而写的，而是写给所有读者的（书法爱好者自然包括其中）。为什么这样说呢？

长期以来，颜真卿都是以书法的声名著称于世的，这是不争的事实，却远不全面。本书要为读者展现一个完整的颜真卿，也可以说是书法之外的颜真卿。

在某种意义上，书法之外的颜真卿比之书法中的他更灿烂。

逻辑非常简单：因为人的灿烂才有书艺的灿烂、颜体的灿烂。

然而，写来写去却脱不开颜真卿头上耀眼的书法的光环，这是千百年来所形成的惯性。而"书如其人"抑或"以书论人"，给了解决问题的办法：惯性未必是坏事，索性沿着这惯性思考，蓦然发现，颜真卿很幸运——通过巨大的书法遗产，后世一代代的人们可以认识颜真卿，铭记颜真卿。

同样，我们很幸运——透过颜真卿的人品而读懂为什么其书法如此伟大。

"书如其人"真好，就像一扇旋转的、洞开的门扉——颜真卿就伫

---

1. 朱和羹：《临池心解》。

立在人们的面前："鲁公可谓忠烈之臣也……其发于笔翰，则刚毅雄独，体严法备，如忠义之士，正色立朝，临大节而不可夺也。"[1]

殷殷然，颜鲁公忠贞正义；凛凛然，颜鲁公浩气长存。

他不幸，却不朽！

---

1. 朱长文：《墨池编》。

附　录

颜氏世系一览

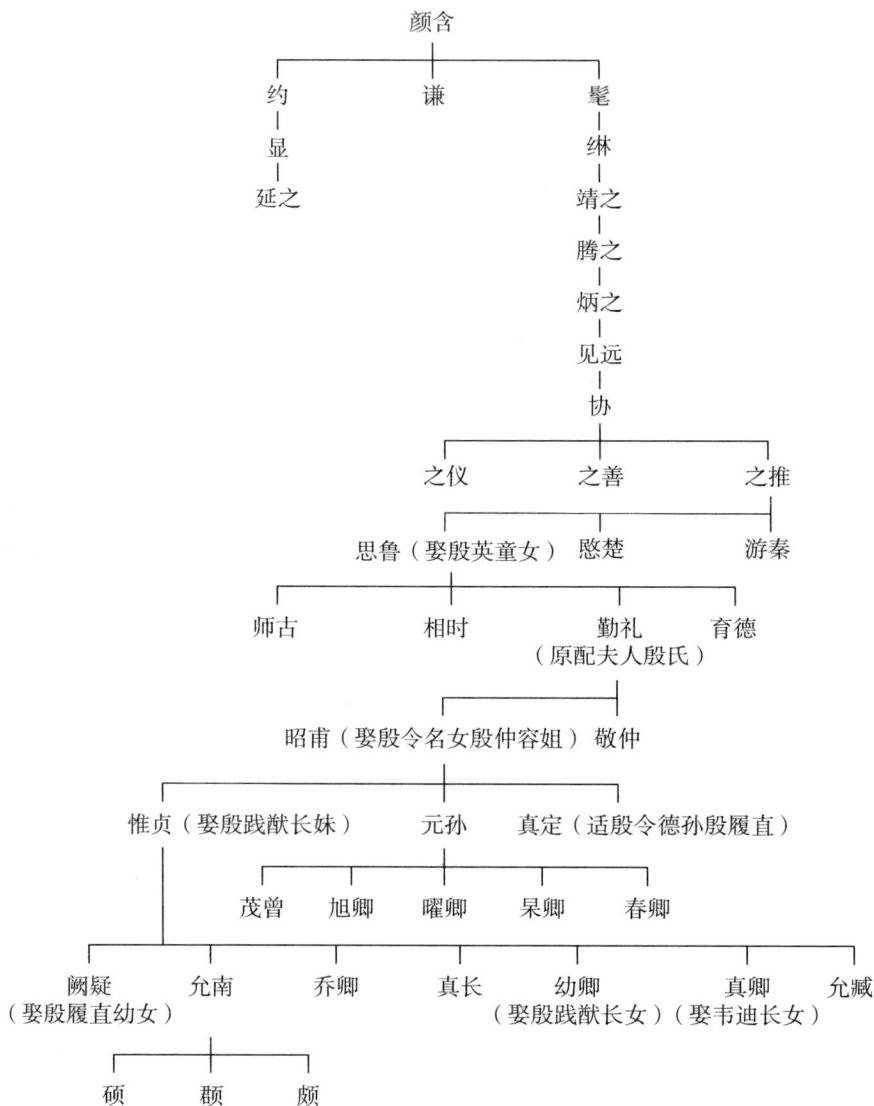

颜含

约 — 谦 — 髦

约
│
显
│
延之

髦
│
綝
│
靖之
│
腾之
│
炳之
│
见远
│
协

协
├── 之仪
├── 之善
└── 之推

思鲁（娶殷英童女）　愍楚　游秦

师古　相时　勤礼　育德
　　　　　　（原配夫人殷氏）

昭甫（娶殷令名女殷仲容姐）　敬仲

惟贞（娶殷践猷长妹）　元孙　真定（适殷令德孙殷履直）

茂曾　旭卿　曜卿　杲卿　春卿

阙疑　允南　乔卿　真长　幼卿　真卿　允臧
（娶殷履直幼女）　　　　　　　（娶殷践猷长女）（娶韦迪长女）

硕　頙　颀

殷氏（颜真卿母系）世系一览

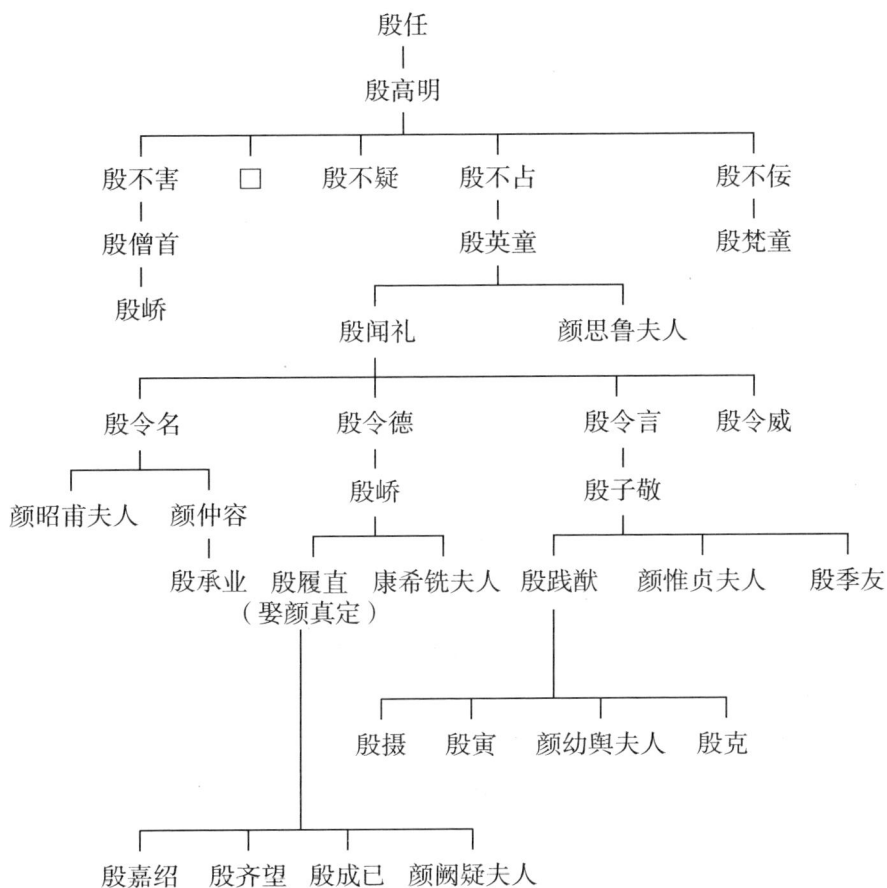

```
                              殷任
                               |
                             殷高明
        ┌──────────┬──────────┼──────────────────────┐
      殷不害       □        殷不疑    殷不占                    殷不侫
        |                              |                       |
      殷僧首                         殷英童                    殷梵童
        |                   ┌─────────┴─────────┐
      殷峤               殷闻礼              颜思鲁夫人
              ┌──────────────┬──────────────┬──────────┐
            殷令名         殷令德         殷令言       殷令威
        ┌──────┴──────┐      |            |
    颜昭甫夫人    颜仲容   殷峤         殷子敬
                     |  ┌──────┬──────┐  ┌──────────┬──────────┬──────────┐
                  殷承业 殷履直 康希铣夫人 殷践猷  颜惟贞夫人      殷季友
                       （娶颜真定）      |
                                  ┌──────┬──────┬──────┐
                                 殷摄   殷寅  颜幼舆夫人 殷克
              ┌──────┬──────┬──────┐
            殷嘉绍 殷齐望 殷成已 颜阙疑夫人
```

颜真卿编年简表

唐中宗景龙三年（709）一岁

颜真卿出生于京兆长安县朱雀大街西，通化坊祖宅。父颜惟贞，年四十一岁，时任太子文学。

景龙四年、唐睿宗景云元年（710）二岁

唐睿宗李旦即位，七月改元景云。七月初，父迁薛王友。

景云二年（711）三岁

七月，父卒。伯父颜元孙由太子舍人出为润州长史。母殷氏率遗孤十人，寄居舅父殷践猷家。

唐玄宗开元四年（716）八岁

七月，伯父颜元孙由滁州刺史迁沂州刺史，遭诬陷，黜归乡里。得伯父颜元孙"师父之训"。

开元九年（721）十三岁

七月，舅父殷践猷以丽正殿学士卒。随母殷氏南下，寄居于外祖父殷子敬官舍。

开元二十年（732）二十四岁

伯父颜元孙卒于其子春卿翼城县丞任所。

开元二十一年（733）二十五岁

通过国子监考试，寄居福山寺。

开元二十二年（734）二十六岁

正月，参加尚书省考试。二月，登甲科，进士及第。本年，娶太子中书舍人韦迪女为妻。

开元二十三年（735）二十七岁

萧颖士、李华、赵骅、柳芳等及第。与萧颖士交好。

开元二十四年（736）二十八岁

参加吏部铨选，选为甲等，擢拔萃科，授朝散郎、秘书省著作局校书郎。着手编纂《韵海镜源》。与高适交好。

开元二十五年（737）二十九岁

校书郎任上。正月，至相州，撰《周太师尉迟迥碑铭》。姑母颜真定辞世。

开元二十六年（738）三十岁

校书郎任上。母殷氏辞世，丁忧。

开元二十七年（739）三十一岁

为母守丧。

开元二十九年（741）三十三岁

除服。待职。

天宝元年（742）三十四岁

九月十八日，应博学文辞秀逸科试，登科。十月，授京兆醴泉县尉。

天宝四载（745）三十七岁

醴泉任满。赴洛阳向张旭学书法。撰《述张长史笔法十二意》。

天宝五载（746）三十八岁

王鉷举荐升任长安县尉。散官加通直郎。子颇出生。

天宝六载（747）三十九岁

迁监察御史。充河东、朔方军试覆屯交兵使。

天宝七载（748）四十岁

八月，充河西、陇右军试覆屯交兵使，平反五原郡冤狱。

天宝八载（749）四十一岁

春，再充河东、朔方军试覆屯交兵使，弹劾朔方某县令郑延祚兄弟不孝。八月，迁殿中御史。不久，为身兼御史中丞的奸佞杨国忠所忌恨，出为东都畿采访判官。

天宝九载（750）四十二岁

五月，撰《河南府参军赠秘书丞郭君神道碑铭》《郭揆碑》。

八月，再任殿中侍御史。十二月，迁御史台侍御史。

天宝十载（751）四十三岁

改任兵部员外郎，散官加朝议郎。

天宝十一载（752）四十四岁

三月，兵部改武部，任武部员外郎。四月二十二日，书《多宝塔感应碑》。同月，书《扶风孔子庙堂碑》。

天宝十二载（753）四十五岁

七月，为宰相杨国忠排挤，出任河北道平原郡太守。察安禄山反状，暗作战备。

天宝十三载（754）四十六岁

平原太守任上。举荐处士张镐，遣使入朝密奏安禄山反状。十二月，安禄山遣判官平冽等巡按平原，颜真卿与之同游东方朔神庙，正书并篆额晋夏侯湛撰《东方朔画赞碑》，撰书并题额《东方朔画赞碑阴记》。本年，邀郡人封绍及族弟颜浑等编辑《韵海镜源》，成二百卷。

天宝十四载（755）四十七岁

平原太守任上。十一月初九日，安禄山反于范阳，直下东都洛阳，所过州县皆降。派人间道赴长安奏报。年底，安禄山攻陷洛阳，遣段子光等携东都留守李憕、御史中丞卢奕等人首级徇平原。腰斩段子光，祭奠烈士，誓师拒叛。堂兄常山太守杲卿起义，与河北诸郡一起，共举义旗，颜真卿被推为盟主。

天宝十五载、唐肃宗至德元载（756）四十八岁

平原太守任上。正月初八日，颜杲卿抵拒叛军，太原尹王承业拥兵不救，致常山失守，杲卿与子季明殉难。朝廷加颜真卿户部侍郎兼本郡防御使。三月，联络清河、博平二郡取得棠邑大捷，收复魏郡；召北海太守贺兰进明，让棠邑之功。平卢游弈将刘客奴谋以渔阳归朝廷。派员跨海输赠刘客奴以军资，以子颜颇为质。三月二十九日，朝廷加官为河北招讨使。六月初九日，潼关失守。十三日，玄宗西奔；十七日，长安陷落。七月十二日，肃宗李亨即位于灵武，改元至德。数遣使以蜡丸裹书陈事，诏授工部尚书兼御史大夫，仍以河北招讨使守平原，散官加银青光禄大夫。安禄山指使康没野波进攻平原，十二月二十二日，颜真卿率部弃城。

至德二载（757）四十九岁

二月，诏授宪部尚书。四月，至肃宗凤翔行在，弹劾吏部侍郎崔漪带酒容入朝、谏议大夫李何忌在朝班不肃。十月，弹劾王府都虞侯管崇嗣不遵礼法。长安收复，十九日扈从肃宗归长安，于二十三日至。奏请肃宗先祭太庙，东向哭三日然后入宫。十一月，贬为冯翊太守。

乾元元年（758）五十岁

三月五日，迁蒲州刺史，充本州防御使，使持节蒲州诸军事，封爵丹阳县开国侯，十八日到任。侄泉明赴河北找回常山死难将士遗属三百余人，求得父杲卿及弟季明等人尸骨。九月三日，撰书《祭侄文稿》。十月初九日，因酷吏诬陷，贬谪饶州刺史。十月二十一日，途径洛阳，扫拜伯父元孙墓，撰书《祭伯父濠州刺史文》。

乾元二年（759）五十一岁

饶州刺史任上，智擒盗首，四境肃然。六月四日，除升州刺史，充浙江西道节度使兼江宁军使。查知宋州刺史刘展欲反叛，预为战备。冬，撰并书《天下放生池碑铭》。

乾元三年、上元元年（760）五十二岁

正月，奉诏入朝，未至京，授刑部侍郎。不几日改为尚书。书《与蔡明远帖》。八月，因率群臣上表请问迁于大明宫的太上皇李隆基起居，被宦官李辅国遣御史诬奏，出贬蓬州长史。途经阆州新政县，撰《离堆记》。

上元二年（761）五十三岁

蓬州长史任上。救灾恤患，民颂其德。五月，太子太傅、宗正卿李齐物卒，为其撰写神道碑铭。

唐代宗宝应元年（762）五十四岁

蓬州长史任上。四月初五日，太上皇崩。十五日，改元宝应。十八日，肃宗李亨崩。二十日，代宗李豫即位。

五月，拜为利州刺史，因羌人围城，未就任。奉诏入都。十二月下旬，代刘晏任户部侍郎。

宝应二年、广德元年（763）五十五岁

户部侍郎任上。正月，安史之乱平定。三月，改任吏部侍郎，复阶银青光禄大夫，加上柱国。七月十一日，改元广德。八月二十七日，拜江陵尹兼御史大夫，加阶金紫光禄大夫，充荆南节度使，未行，由卫伯玉代任。

十月初七日，吐蕃入长安，从代宗奔陕州，迁尚书右丞。

十二月，长安收复。奏请代宗先谒五陵九庙然后还宫，与宰相元载抵牾。

广德二年（764）五十六岁

正月初五，除检校刑部尚书兼御史大夫，充朔方行营、汾晋等六州宣慰使，奉诏宣慰仆固怀恩，未行。留知省事。三月二十二日，晋爵鲁郡开国公。

七月四日，临淮郡王李光弼卒，撰《李光弼神道碑铭》。十一月，撰《与郭仆射书》，谴责尚书右仆射郭英乂谄媚观军容使、宦官鱼朝恩。

为郭子仪父撰并正书《郭氏家庙碑》、行书《郭公庙碑阴记》。

永泰元年（765）五十七岁

正月，改元永泰。吏部尚书任上。二月初至次年，先后书《与李太保帖》《乞米帖》等八通。八月，为座师孙逖文集作序。

永泰二年、大历元年（766）五十八岁

正月，上《论百官论事疏》，反对元载专权。二月，摄祭太庙，以祭器不修言于朝，元载以诽谤时政罪贬为硖州别驾。三月，改贬吉州别驾。有《疏拙帖》（也称《硖州帖》）。六月登庐山，有《东林寺题名》《西林寺题名》。十月，撰《左金吾卫大将军康阿义屈达干神道碑铭》。十一月十二日，改元大历。

大历二年（767）五十九岁

吉州别驾任上。正月，撰书《鲜于仲通神道碑铭》。十二月，书《靖居寺题名》。又书"祖关"二字。书《守政帖》。

大历三年（768）六十岁

吉州别驾任上。与友人诗酒讲论，诗文辑为《庐陵集》十卷。五月，迁任抚州刺史，在州人左辅元等人帮助下整理、补修《韵海镜源》。十一月，弟允臧已卸任江陵少尹，卒于江陵，同胞兄弟唯余颜真卿一人。

大历四年（769）六十一岁

抚州刺史任上。正月，撰书《华盖山王郭二真君坛碑记》。三月，撰书《魏夫人仙坛碑铭》《华姑仙坛碑铭》。四月，撰书《抚州宝应寺翻经台记》《颜允南碑》《颜乔卿碑》《颜幼舆碑》《颜允臧碑》等。本年，《韵海镜源》增广至五百卷。

大历五年（770）六十二岁

抚州刺史任上。兴修水利，"治陂灌田，民赖其利"，书《千金陂碑》记其事。五月，撰书舅父《殷践猷神道碑》。撰《宋璟碑》。八月，撰《案杨志坚妻求别适判》。

大历六年（771）六十三岁

闰三月，罢抚州刺史。四月，撰书《麻姑仙坛记》。六月，书前道州刺史元结撰《大唐中兴颂》，后刻于永州祁阳县浯溪石崖。左辅元等辑其抚州所作诗文为《临川集》十卷。秋，离抚州。八月，返京途经上元县，游茅山，撰《横山庙碑》《慈恩寺常住庄田地碑》。十一月，拜谒十三世祖颜含墓，撰书《颜公大宗碑铭》《颜默碑》。游吴县虎丘，正书"虎丘剑池"四字。

大历七年（772）六十四岁

春，于金陵书《送刘太冲序》。五月，于宋州撰书《八关斋会报德记》。九月在洛阳，书僧怀素来谒，为撰《怀素上人草书歌序》。书《广平相国宋璟碑》。九月，授湖州刺史。冬，撰书《元结墓表》。

大历八年（773）六十五岁

湖州刺史任上。公务之暇，召集文士继续编纂《韵海镜源》。与诗僧皎然、陆羽等宴游唱酬，有诗作多篇、联句多韵。十二月，撰书《吴兴沈氏述祖德记》。

大历九年（774）六十六岁

湖州刺史任上。正月，书伯父颜元孙《干禄字书》，刻石。春，《韵海镜源》删削成书，为三百六十卷，撰《杼山妙喜寺碑铭》记修书始末，后献书于朝廷。三月，接应皇甫曾来湖州游。八月，张志和自会稽来湖州，相交莫逆。撰书《颜杲卿碑》。

大历十年（775）六十七岁

湖州刺史任上。长子颜颇离散十九年，来湖州团聚。七月，湖州洪水泛滥，书《湖州帖》记述灾情。十月，书《刘中使帖》。

大历十一年（776）六十八岁

湖州刺史任上。辑诗文为《吴兴集》十卷。撰书《康希铣神道碑铭》。挚友张志和溺水而亡，撰《浪迹先生玄真子张志和碑铭》。接应耿湋以江淮括图书使来湖州，有《送耿湋拾遗联句》。

大历十二年（777）六十九岁

元载伏诛，四月得新任宰相杨绾、常衮荐为刑部尚书，还京。作《梁吴兴太守柳恽西亭记》《李玄靖碑》《殷君夫人颜氏碑》。五月，离湖州。八月，任刑部尚书。十一月，献所编纂《韵海镜源》于朝廷。为前京兆尹杜济撰书墓志铭、神道碑铭。

大历十三年（778）七十岁

正月，三次上表乞致仕，未允。三月，迁吏部尚书。撰书《广平相国宋璟碑侧记》，书《广平帖》。

大历十四年（779）七十一岁

五月，代宗崩，德宗即位。以吏部尚书充礼仪使，制定代宗丧礼《元陵仪注》。书《颜勤礼碑》。

唐德宗建中元年（780）七十二岁

正月，改元建中。在长安通化坊祖宅建颜氏家庙。六月，撰书《颜氏家庙碑》。作《世系谱序》，著《颜氏家谱》一卷。八月二十七日，改任太子少师，仍充礼仪使，授光禄大夫。书《自书告身》。十月，撰《家庙碑后记》《家庙碑额阴记》。十一月，上《更定婚礼奏》。

建中二年（781）七十三岁

九月，当大祫（jiá），上《庙享议》，从之。

建中三年（782）七十四岁

八月，为宰相卢杞所忌，罢礼仪使，改太子太师。令左辅元编礼仪使任上文字为《礼乐集》十卷。正书李华撰《元德秀墓碑》。

建中四年（783）七十五岁

正月，卢杞建议遣颜真卿宣谕叛将李希烈，德宗从之。即日往许州，遭李希烈扣押。十月，李希烈部将周曾等谋反正，奉颜真卿为节度使，事泄被杀，颜真卿移囚汝州龙兴寺。书《奉命帖》于所囚壁上。十二月，李希烈派人咨询即帝位仪式，怒斥之。

兴元元年（784）七十六岁

正月，李希烈于汴州称帝。十一月，官军收复汴州，李希烈退归蔡州。

贞元元年（785）七十七岁

正月，改元贞元。正月五日，移囚蔡州龙兴寺。作遗表，自撰墓志铭、祭文。书《移蔡帖》。八月，被缢杀。

贞元二年（786）

四月，李希烈被部将陈仙奇毒杀。颜真卿灵柩归京师，暂葬于汝州。十一月，葬京兆万年县凤栖原祖茔。谥号文忠。

颜真卿主要传世书法作品录

据不完全统计，颜真卿书迹（包括著录部分）一共有 139 种，其中碑文 84 品、法帖 39 张、题记 16 处，但历经千年风雨侵蚀及战火波及，现今流传下来的仅仅是其中的少部分。

一、碑

752 年 《多宝塔感应碑》 楷书

752 年 《扶风孔子庙堂碑》 楷书

752 年 《东方朔画赞碑》 楷书

754 年 《东方朔画赞碑阴记》 楷书

758 年 《同谒金天王之神祠》 楷书

762 年 《离堆记》 楷书

764 年 《郭氏家庙碑》 楷书

770 年 《逍遥楼刻石》 楷书

771 年 《麻姑仙坛记》 楷书

771 年 《大唐中兴颂碑》 楷书

772 年 《元结墓表》 楷书

约 772 年 《臧怀恪碑》 楷书

772 年 《八关斋会报德记》 楷书

772 年 《宋璟碑》 楷书

774 年 《干禄字书》 楷书

774 年 《乞御书天下放生池碑额表》 楷书

774 年 《乞御书天下放生池碑表碑阴记》 楷书

777 年 《殷君夫人颜氏碑》 楷书

777 年 《梁吴兴太守柳恽西亭记》 楷书

777 年 《李玄靖碑》 楷书

779 年 《马璘新庙残碑》 楷书

779 年 《张敬因残碑》 楷书

779 年 《颜勤礼碑》 楷书

780 年 《颜氏家庙碑》 楷书

二、墓志

741 年 《王琳墓志》 楷书

747 年 《罗婉顺墓志铭》 楷书

750 年 《郭虚己墓志》 楷书

751 年 《臧怀亮墓志铭》 楷书

777 年 《杜济墓志铭》 楷书

三、文稿

758 年 《祭侄文稿》 行书

774 年 《竹山连句诗帖》 楷书

775 年 《湖州帖》 行书

775 年 《刘中使帖》 行书

780 年 《自书告身》 楷书

（不确定年代）《裴将军诗帖》 行草

773 年 《文殊帖》 草书

四、书迹刻石

756 年　《修书帖》行书

758 年　《祭伯父濠州刺史文》行书

759 年　《乍奉辞帖》行书

759 年　《邹游帖》草书

759 年　《与蔡明远帖》行书

764 年　《与郭仆射书》行书

约 765 年　《鹿脯帖》行书

约 765 年　《鹿脯后帖》行书

约 765 年　《捧袂帖》行书

约 765 年　《乞米帖》行书

约 765 年　《朝回帖》行书

约 765 年　《南来帖》行书

766 年　《硖州帖》行书

767 年　《守政帖》行书

770 年　《书马伏波语》行书

771 年　《清远道士诗》（疑伪作）楷书

772 年　《送刘太冲序》行书

772 年　《与夫人帖》行书

777 年　《送辛子序》行书

778 年　《广平帖》草书

783 年　《奉命帖》行书

785 年　《移蔡帖》楷书

　　　　《颜氏六告》行书

　　　　《江淮帖》行书

　　　　《华严帖》行书

　　　　《文殊帖》草书

《叙本帖》 草书

《中夏帖》 行书

《御史帖》 行草

《送书帖》 草书

《讯后帖》 行书

《草篆帖》 草书

《述张长史笔法十二意》 行书

主要参考文献

《史记》,〔汉〕司马迁,中华书局 1982 年。

《汉书》,〔汉〕班固,中华书局 1962 年。

《六臣注文选》,〔梁〕萧统编,中华书局 2012 年。

《文心雕龙校注》,〔梁〕刘勰著,杨明照校注拾遗,中华书局 1959 年。

《颜氏家训集解》,〔北齐〕颜之推撰,王利器集解,中华书局 1993 年。

《颜鲁公集》,〔唐〕颜真卿,〔南宋〕留元刚编,见《四部丛刊》本,高等教育出版社 2016 年。

《贞观政要》,〔唐〕吴兢,上海古籍出版社 1978 年。

《开元天宝遗事·安禄山事迹》,〔五代〕王仁裕、〔唐〕姚汝能,曾贻芬点校,中华书局 2006 年。

《诗式》,〔唐〕皎然,见《全唐五代诗格汇考》,江苏古籍出版社 2002 年。

《法书要录》,〔唐〕张彦远编,津逮秘书本影印,人民美术出版社 2003 年。

《杜诗详注》,〔唐〕杜甫,〔清〕仇兆鳌注,中华书局 1979 年。

《旧唐书》，〔后晋〕刘昫等，中华书局 1975 年。

《旧五代史》，〔宋〕薛居正等，中华书局 1976 年。

《新唐书》，〔宋〕欧阳修、宋祁，中华书局 1975 年。

《新五代史》，〔宋〕欧阳修、徐无党，中华书局 1974 年。

《资治通鉴》，〔宋〕司马光，中华书局 1956 年。

《苏轼文集》，〔宋〕苏轼，中华书局 1986 年。

《唐大诏令集》，〔宋〕宋敏求编，商务印书馆 1959 年。

《书史》，〔宋〕米芾，赵宏注释，中州古籍出版社 2013 年。

《宣和书谱丛书集成》，初编影印，津逮秘书本，商务印书馆 1936 年。

《舆地纪胜》，〔宋〕王象之，惧盈斋本影印，中华书局 1992 年。

《续书谱》，〔宋〕姜夔，百川学海本，江苏美术出版社 2008 年。

《书法雅言》，〔明〕项穆，文渊阁四库全书本影印。

《画禅室随笔》，〔明〕董其昌，文渊阁四库全书本影印。

《廿二史札记》，〔清〕赵翼，中华书局 1963 年。

《四库全书总目》，〔清〕纪昀等，中华书局影印本 1965 年。

《全唐诗》，〔清〕彭定求等编，中华书局 1960 年。

《艺概》，〔清〕刘熙载，上海古籍出版社 1978 年。

《全唐文》，〔清〕董诰等编，清内府刊本影印，中华书局 1983 年。

《承晋斋积闻录》，〔清〕梁巘，中国书画全书本，上海书画出版社 2000 年。

《竹云题跋》，〔清〕王澍，丛书集成初编本，浙江美术出版社 2015 年。

《广艺舟双楫》，〔清〕康有为，清光绪刻本，中国人民大学出版社 2016 年。

《中国通史简编》，范文澜，人民出版社 1965 年。

《中国道教思想史纲》，卿希泰，四川人民出版社 1980 年。

《唐代政治史述论稿》，陈寅恪，上海古籍出版社 1982 年。

《隋唐佛教史稿》，汤用彤，中华书局 1982 年。

《隋唐五代史》，吕思勉，上海古籍出版社 1984 年。

《士与中国文化》，余英时，上海人民出版社 1987 年。

《颜真卿传》，朱关田，上海书画出版社 1990 年。

《唐代书法考评》，朱关田，浙江人民美术出版社 1992 年。

《唐代科举制度研究》，吴宗国，辽宁大学出版社 1997 年。

《齐鲁诸子名家志：颜真卿志》，张守富、王汝涛、刘锡山编，山东人民出版社 1998 年。

《中国思想史论》，李泽厚，安徽文艺出版社 1999 年。

《中国书法史：隋唐五代卷》，朱关田，江苏教育出版社 1999 年。

《唐代礼制研究》，任爽，东北师范大学出版社 1999 年。

《唐代书法家年谱》，朱关田，江苏教育出版社 2001 年。

《唐代基层文官》，赖瑞和，中华书局 2008 年。

《颜真卿书法全集》，朱关田编，天津人民美术出版社 2010 年。

《唐代科举制度研究》，吴宗国，北京大学出版社 2010 年。

《忠魂正气：颜真卿传》，权海帆，作家出版社 2014 年。

《颜真卿》，严杰，南京大学出版社 2015 年。

《中国古代陵寝制度史研究》，杨宽，上海人民出版社 2016 年。

《颜真卿书法评价研究》，杜浩，中华书局 2020 年。

《盛唐的脊梁——颜真卿评传》，姚安，西安出版社 2022 年。

后　记

世上有很多的事是意想不到的。

就拿 2017 年与颜真卿不经意间的偶遇来说，是年 9 月，我和老伴去探望在美国耶鲁大学读书的女儿，参观了学校最大，也是全美第一的斯特林斯纪念图书馆。图书馆的建筑气势恢宏，大堂内，迎面挑高的拱门之上，是一组巨幅装饰壁雕，由代表人类文明进程的八种古老文字图形组成，有新石器洞穴壁画、埃及象形文字、巴比伦楔形文字、希伯来文字……其中中国汉字的浮雕映入眼帘，非常大气，非常雄浑，尤为醒目。

在如此遥远的地方，在地球的另一端，忽然看到自己国家的、民族的艺术作品，其惊喜是不言而喻的。更意想不到的是，壁雕中出现的中国元素竟是颜真卿的《颜氏家庙碑》。

能够代表中国的元素，可谓是浩如烟海！光书法艺术就灿若星河，而耶鲁大学图书馆的设计者没有选其他元素，偏偏选的是颜真卿。选颜真卿也就罢了，偏偏选的是颜真卿的《颜氏家庙碑》。《颜氏家庙碑》有一千四百余字，偏偏选的是唐肃宗御批褒奖颜氏家族的一段："卿兄以人臣大节，独制横流，或俘其主，或斩其元恶。当以救兵悬绝，身陷贼庭，旁若无人。历数其罪，手足寄于锋刃，忠义形于颜色。古所未有，朕甚嘉之。"这段文字讲的就是颜真卿从兄颜杲卿于平定安史之乱的战役中，被安禄山俘获，宁死不屈，英勇就义的事迹。

驻足观赏，真是心潮澎湃，感慨不已。感怀于颜杲卿及颜氏家族可歌可泣的凛然气概，感动于耶鲁大学对中国文化的认同和礼赞，感叹于一千二百多年前的颜真卿的书作及其精神，代表中国，代表中华文明走出国门，走向世界，传播得如此辽远……

其实，意想不到的原本就是情理之中的。作为国粹，书法领域名家如云，王羲之是公认名气最大的。为何越过王羲之而青睐颜真卿？个中自有其道理。"王字"确好，《兰亭集序》贵为天下第一，但它歌咏的是群贤踏春的雅聚，多情、飘逸且浪漫。《颜氏家庙碑》则不然，在形式上它更为厚重、雄浑；在内容上它书写的是颜氏祖上重德、重品、重义，甚至为社稷安危不惜赴死的家风与浩然之气，代表了中国人独有的思想情感和价值追求，堪为中国乃至东亚文化的主流价值观。它不浪漫，也不飘逸，却笃实正道，为国为民，以仁德为本，是人类多元文明中的一个经典品类，正应了那句名谚：越是民族的，越是世界的。

这次偶遇，让我想起自己的一个夙愿，那就是好好地写写颜真卿。

本人自幼学书，由祖父开蒙。在诸多的古代法帖中，祖父为我选了颜真卿的《多宝塔感应碑》作为范本。彼时懵懂的我，哪里知道谁的字好与不好，谁的字好在哪里？但祖父的教诲至今仍在耳际：颜体端庄、遒劲、大气，是练字的基础。与其说祖父认同颜真卿的字，不如说他更推崇颜真卿其人。祖父告诉我，颜真卿是一个善良的人、正直的人、纯粹的人，是一位刚正不阿、禀义直言、以身许国的英雄。若以老百姓的话说，是世所少有的"好人"和"好官"！这两句话、四个字，朴质无华，却最是到位。我是信祖父的，且深信不疑。

现在忆起来很庆幸，是祖父高明为我指了一条正道，关键是他老人家在我的心里播下了一粒种子——与颜真卿结缘的种子。

从颜体入门，直到今天，我仍对颜氏诸碑帖孜孜研习，不曾中断。尽管长成以后，我也涉猎诸家碑帖，像欧阳询的、柳公权的，还有赵孟頫的，远超过颜体一门，但越是深耕，越是涉猎广泛，越是体会到颜真卿的与众不同，他真的就像一部大书，其人其事博大精深，令人叹为观止，阅之不尽，读之不竭。

书法艺术之所以源远流长，传承不衰，重要的一条，是因为在技艺和技法的背后，深藏着生命和文化的意蕴。如果不是这样，写字不过就是写字，仅此而已。而颜真卿的字，之所以经天纬地，如高山般巍峨耸立，正在于他所书写的不仅仅是书法，更是他的人生理想、信仰和追求，承载的也不仅仅是他个人高尚的品格和道德情操，更是中国传统文化中以"家天下"为精神血脉的道统延续和士文化的集中体现。

如前所说，颜真卿是一部阅之不尽，读之不竭的大书。在被他宽厚宏博、沉雄博大、兼容并蓄的书法艺术所折服的同时，更要深入地去解读他，看到他作为《颜氏家训》最好的躬行者，在为人为事上已达到超凡入圣的境界。正是他这种不世出的高尚人格和胸怀天下的浩然之气，才成就了他在书法艺术上稳健磅礴的宏伟格局和震古烁今的万千气象。

令人遗憾的是，世人对于颜真卿书法之外的了解可谓少之又少。但在我们这个时代，既需要颜真卿的书法，也需要了解颜真卿的成长历程（颜氏家训、家族对他的影响），更需要看到在颜体成为书法艺术千古典范的背后，颜真卿足以为万世所敬仰的修身进德和精神价值追求。

该是还原颜真卿全部面貌的时候了。

当中国大百科全书出版社的曾辉主任敏锐地感知到阅读的需求，策划了颜真卿的相关选题，诚挚地邀我来写的时候，我慨然应允了。他是知我解我的，本人的夙愿终于可以实现了！我真心地感谢他给予的机会和信任。

当然，愿望是一回事，写好又是一回事。我内心是忐忑的，怕受个人水平所限，未必写得好。我又是自信的，一是本书的写作始终坚持写人与写书（法）两者融通的原则，不搞"两张皮"；二是本人曾长期在高校教授书法美学课程，对中国书法的本质和审美特性有一定的研究，不讲外行话；三是凡涉及书法艺术的内容，本人没有简单照搬书史定论，也不用那些人云亦云、千人一面、空泛、艰涩乃至套语式的表述，而是在尊重定评的前提下，写出"这一个"的解析，恰切、亲和、鲜活，且有代入感。

正因为是如此而写，相信这会是一部与同类题材不一样的书，是一部好看、易懂（对于书法艺术而言）、耐人寻味的书。

本书的写作得到了很多朋友和同仁的支持：首先要感谢社长刘祚臣兄，感谢刘杭总、丽君总、金双总、春玲主任给予的大力支持。感谢资深编辑黄鲁老师，副编审王婵红和责任编辑邬四娟、设计师鲁明静为本书所付出的辛勤劳动。

感谢陈光和唐丽芳两位博士，他们以深厚的中国古典文学和文史功底，以及编辑学的造诣，在本书的文学性、史学性方面给予权威的帮助。陈光更是全面关照，精心修改，还提供了大量的文献支持，十分暖心。

感谢首都师范大学图书馆王硕副馆长、北京市高等学校师资培训中心孙彤副主任、首都师范大学美术学院戴雷老师、荣宝斋出版社赵东总经理、《荣宝斋》杂志编辑部李向阳主任，在书稿图版，文献查寻、复制等方面给予的帮助。

感谢出版家、编辑家贵阳兄，他始终关心、关注本人的公众号《宋人艺谭》，尤其是对本书的写作给予了诚挚的帮助。

特别感谢著名作家、新闻出版家、青少年教育专家徐惟老，韬奋基金会理事长、出版人伯根兄热忱荐书。特别感谢中国书法家协会主席、著名书法家孙晓云女士为本著题写书名。

　　特别感谢著名作家、老友晓声兄拨冗为拙著赐序，言辞真挚，不吝褒扬，是对本人的莫大鞭策和鼓励。兄长对传主颜真卿的评价，视角独到，切中旨意，对广大读者来说，是非常中肯的导引，导引更多的人关注颜真卿。

　　感谢著述界的学者朋友，本书写作中参考了诸位的部分成果和文献。

　　由于本人水平有限，写作中难免有不周和疏失之处，还望方家指正。

2024 年 5 月 1 日
于茉莉园三乐堂